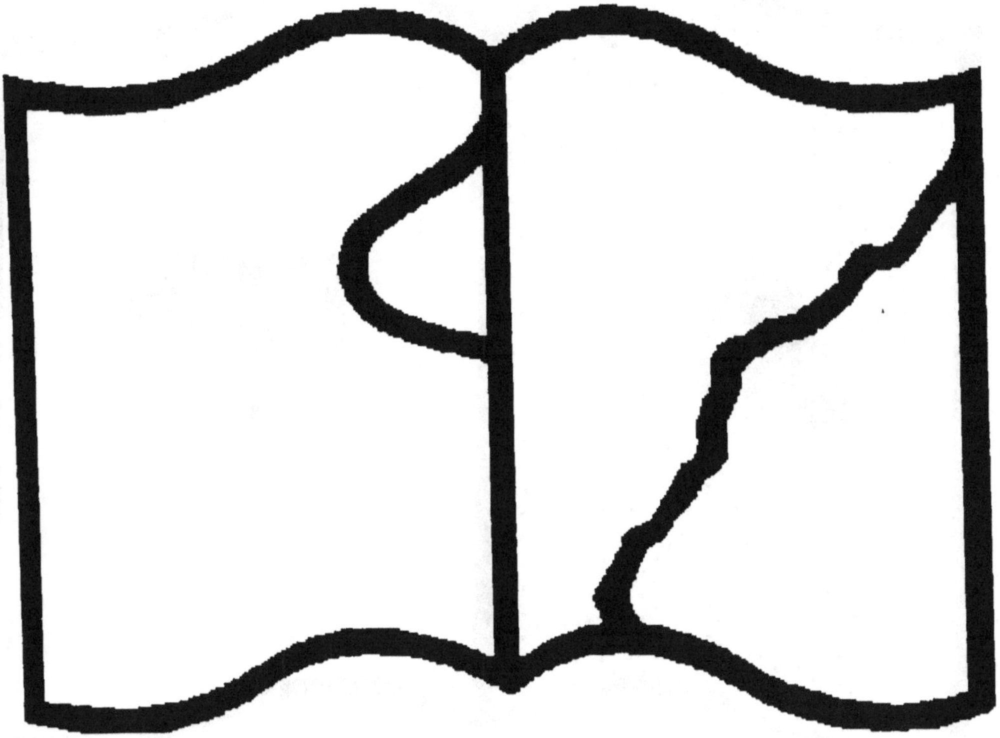

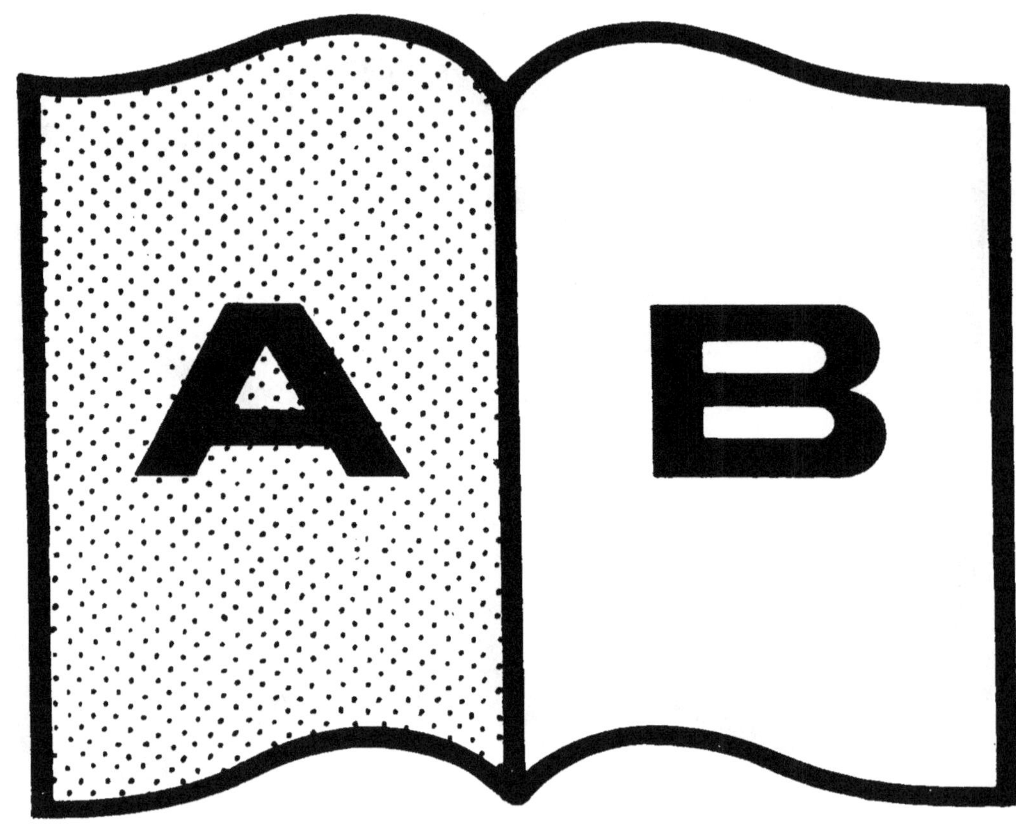

Contraste insuffisant

NF Z 43-120-14

SŒUR ANNE

C'est devant l'hôtel de Montreuille que les voitures sont en plus grand nombre.

CHAPITRE PREMIER

PROMENADE NOCTURNE. — LES CINQ CENTS FRANCS DE MA TANTE

Depuis longtemps les spectacles avaient fini, les cafés se fermaient, les boutiques l'étaient déjà. Les passants devenaient plus rares, les fiacres allaient plus vite, les réverbères brûlaient, et le gaz s'éteignait ; les rues de Paris allaient jouir, comme les habitants de cette capitale, de l'heure du repos.

Mais le repos ainsi que le beau temps n'est jamais général : quand on le goûte à Paris, souvent l'on se bat sur un autre point du globe ; et lorsque nous jouissons d'une température douce et agréable, à quelques cents lieues de nous, un orage détruit les moissons, ou une tempête submerge des vaisseaux. Puisque la paix et le beau temps ne peuvent être universels, sachons en jouir quand nous les possédons, et ne nous occupons pas alors du temps qu'il fait chez nos voisins.

Un monsieur, qui probablement n'avait pas envie de dormir, se promenait dans les rues de Paris, devenues presque tranquilles. Depuis plus d'une heure, il marchait sur les boulevards de la rue du Temple à la rue Poissonnière, et comme il n'avait pu mettre tout ce temps à faire ce trajet, il montait quelquefois les faubourg, sans trop savoir quel chemin il prenait; mais bientôt il s'arrêtait, regardait autour de lui, marmottait entre ses dents : « Où diable vais-je par-là !.. » puis descendait sur les boulevards.

Le monsieur qui se promenait ainsi pouvait avoir trente ans ; il était d'une taille moyenne, et plutôt gras que maigre. Sa figure n'était ni laide ni belle ; ses yeux un peu ronds étaient trop saillants, et son nez, sans être aplati, n'avait ni la noblesse du grec ni le séduisant de l'aquilin. Ce monsieur avait, en revanche, ce que l'on appelle de la physionomie, et possédait le talent de rendre ses traits mobiles, et de leur donner l'expression du sentiment qu'il voulait paraître éprouver : talent aussi précieux dans le monde qu'au théâtre, car on joue partout la comédie, et il existe à la cour, à la ville, dans les palais, dans les salons, dans les boudoirs, et même dans les antichambres, des gens de première force dans l'art de peindre ce qu'ils n'éprouvent pas.

Le costume de notre promeneur n'était ni recherché ni mesquin. Sa mise était celle d'un homme qui va dans le monde, mais non pour y faire voir la coupe de son habit ou la couleur de son pantalon. Enfin sa tournure répondait à sa mise ; elle n'annonçait aucune prétention. Vous me direz peut-être que ce n'est pas quand on se promène aussi tard dans les rues de Paris que l'on se donne un *air penché* ou une démarche légère ; j'aurai l'honneur de vous répondre que je vous fais le portrait de l'homme tel qu'il est habituellement, et que je n'ai pas attendu jusqu'à ce moment pour faire sa connaissance.

Maintenant que vous pouvez vous faire une idée de ce personnage, vous désirez peut-être savoir ce qui l'occupe sur les boulevards, et pourquoi il se promène si tard au lieu de rentrer se coucher? Pour le savoir, écoutons-le se parler à lui-même, tout en marchant, les deux mains dans ses poches, et d'un air aussi tranquille que s'il n'était que huit heures du soir.

— J'avais un pressentiment de ce qui m'arriverait... Je ne voulais pas aller chez cette petite Delphine... J'aurais encore mes cinq cents francs dans ma poche !... Mais elle est si aimable, cette petite Delphine !... elle m'avait écrit un billet si gentil !... Est-ce que je devais encore me laisser prendre à tout cela !... moi, qui connais le monde, et les femmes surtout !... Si du moins je n'avais mis que cent écus dans ma poche, il me resterait quelque chose ; mais non !... j'ai voulu faire le milord !... j'ai joué comme un fou. Ce petit monsieur qui m'a gagné retournait bien souvent le roi... hem !... cela n'est pas clair !... Ce qui est clair, c'est que je n'ai plus le sou ; que mon propriétaire m'a mis hier à la porte de son hôtel garni, parce que je ne le payais pas. Pour quatre misérables louis !... L'arabe !... J'allais les lui donner hier avec les cinq cents francs que ma vieille tante m'a envoyés, lorsque l'invitation de cette petite Delphine est venue déranger tous mes plans de sagesse !... Pauvre Dubourg ! tu es incorrigible, mon ami, et cependant tu commences à être d'âge à te corriger !

Ici Dubourg (car maintenant nous savons son nom) tira une tabatière de sa poche et s'arrêta pour prendre une prise. — O ma seule consolation !... ma compagne fidèle !... reprit-il en considérant sa tabatière d'un air presque attendri, c'est bien heureux que tu ne sois qu'en corne ! car sans cela il y a longtemps que je ne t'aurais plus. Mais résumons-nous un peu. Que diable vais-je faire ?... Je n'ai point de place : dans ces administrations ils sont si ridicules !... Je ne gagnais que quinze cents francs, je trouvais juste de ne pas travailler plus que mon sous-chef qui gagnait mille écus ; à la rigueur même, j'aurais dû travailler que moitié moins. Or, comme mon sous-chef, qui arrivait à midi pour s'en aller à quatre heures, passait ce temps à lire les journaux, tailler ses plumes, faire la causette, s'adosser au poêle l'hiver, et aller prendre l'air l'été, je trouvai tout simple de ne pas arriver plus tôt que lui, de ne point rester plus tard ; d'être une heure pour lire le *Moniteur*, trois quarts d'heure pour le *Constitutionnel*, et cinq pour les *Débats ;* de mirer ma plume fort longtemps avant de lui rafraîchir le bec ; de regarder, sans y toucher, la besogne qui était devant moi, de feuilleter quelquefois pendant une heure un dossier, pour le remettre ensuite à sa place, le tout sans avoir eu l'intention de rien écrire dessus ; enfin, de mettre, pour aller acheter un petit pain, le temps qu'il m'aurait fallu pour me rendre de Paris à Saint Cloud. Cette conduite, dictée par un esprit de justice, ne fut pas du goût de mes chefs ; des messieurs, qui voulaient me forcer à beaucoup travailler, afin de n'avoir rien à faire, trouvèrent fort mauvais que je m'avisasse de les imiter, ils firent contre moi un rapport au ministre, je fus destitué. A la vérité, on m'offrit, un peu plus tard, de rentrer comme aspirant surnuméraire ; mais je ne me sentais pas digne d'une telle faveur.

« J'entrai dans une maison de banque. Ah !...

quelle différence !... Là, les chefs donnaient l'exemple du travail. Depuis le premier commis jusqu'au dernier, chacun arrivait à huit heures, restait au bureau jusqu'à cinq, et y retournait à sept pour ne le quitter qu'à dix ; et pendant ce temps, pas une minute de repos !... sans cesse écrire ou calculer. Si par hasard on se permettait la petite conversation, c'est alors en copiant une lettre ou en ouvrant un compte. Point de fêtes !... Toujours des courriers à recevoir, toujours des courriers qui partent !... Jamais on n'en faisait trop !... et quand je quittais le bureau quelques minutes avant dix heures, un maudit Allemand, qui avait déjà passé quarante-cinq années de sa vie sur un grand-livre, me disait en tirant sa montre : *Fous êtes pien bressé ce zoir.*

« Ma foi, je n'ai pas pu y tenir !... Cette vie animale détruisait ma santé, et un beau matin qu'on venait de me donner une semonce parce que j'avais été prendre une bavaroise au café voisin, je pris mon chapeau et dis adieu aux maisons de banque et de commerce.

« Je voulus tâter du notaire, mais j'étais trop distrait : je faisais signer un acte de décès pour un contrat de mariage, et une procuration pour un testament ; on m'engagea fort honnêtement à renoncer au notariat.

« J'entrai chez un vieil avoué. Ah ! j'y fus assez bien pendant quelque temps. Il avait une femme déjà sur le retour, qui aimait beaucoup la promenade, et elle m'avait choisi pour son cavalier. Le mari, très content de se débarrasser de sa femme, trouvait fort bien que je prisse sa place auprès d'elle, et il m'aurait nommé premier clerc, si j'avais voulu m'engager à promener madame toute ma vie. Mais je me lassai d'avoir toujours au bras une tournure à la Pompadour et un visage de président à mortier. Je cessai d'être assidu près de madame ; monsieur en prit de l'humeur et me renvoya. O temps ! ô mœurs !...

« Dès lors je renonçai à la bureaucratie ; je sentais dans mon cœur une noble indépendance, un vif amour de la liberté !... Je me mis donc à ne rien faire... état superbe et à la portée de tout le monde ; profession charmante, quand elle est appuyée d'inscriptions au grand-livre. Malheureusement, je ne suis inscrit que sur le grand-livre de mon tailleur, de mon bottier et de mon traiteur. Je suis orphelin ; mes parents ne m'ont laissé que peu de chose, et ce peu de chose ne pouvait durer longtemps, surtout avec moi, qui ne suis ni avare, ni économe, ni prévoyant, et qui ne désire de l'argent que pour avoir le plaisir de le dépenser. Mon père, honnête Breton, exerçait la médecine ; il aurait dû s'enrichir !... Probablement que de son temps il n'y avait pas assez de fièvres, de rhumes et de mauvais airs. Il ne m'a laissé qu'un nom fort respectable que, malgré mes folies, je saurai toujours faire respecter, parce qu'on peut être mauvais sujet, mais honnête.

« Quand j'ai eu dépensé mon modeste héritage, je me suis mis à philosopher : j'avais envie d'écrire, comme Sénèque, sur le mépris des richesses !... Mais Sénèque avait une fortune de quarante millions quand il écrivait cela : il connaissait donc mieux son sujet que moi, qui n'ai pas le sou. Or, comme il faut tâcher de ne parler que de ce que l'on connaît, je n'ai point parlé des richesses que je ne connais pas.

« Heureusement il me reste dans le fond de la Bretagne une vieille tante qui ne s'est jamais mariée. La bonne femme n'a qu'une fortune assez médiocre, et pourtant elle n'a point abandonné son neveu !... Il est vrai que je lui ai écrit des lettres bien touchantes !... Pauvre chère femme !... elle me croit marié !... Ma foi, ne sachant plus quel moyen employer pour en obtenir de l'argent, dans ma dernière lettre je me suis fait tout de suite époux, père de famille, et d'un trait de plume, trois enfants jumeaux !... C'est ce qui m'a valu ce billet de cinq cents francs que je viens de perdre à l'écarté ! O maudit écarté !.. j'avais juré de ne plus jouer, je suis en malheur ce mois-ci ! Mais comment résister ? j'arrive chez cette petite Delphine, qui, depuis qu'elle a quitté le théâtre, reçoit chez elle la meilleure société de Paris !... tous artistes... auteurs... journalistes !... milords anglais, russes et tartares !... Ah ! oui, tartares ! je crois même que ce petit monsieur avec lequel j'ai joué était un peu grec. Passer dix-huit fois de suite, c'est trop fort ! Et cet autre imbécile, qui se tuait à m'offrir du punch toutes les fois que je perdais !... comme si j'avais pu en boire pour cinq cents francs ! Ah ! ma pauvre tante !... si vous saviez où est passé votre argent !... Le pis de tout cela c'est qu'elle ne m'en renverra pas de fort longtemps !... Je ne puis pas faire accoucher tous les mois l'épouse que je me suis donnée pour attendrir ma tante ; je l'ai déjà rendue deux fois malade ; j'ai fait avoir à mes trois jumeaux tous les accidents de l'enfance ; moi-même je me suis donné une fluxion de poitrine et une jaunisse ! Mais enfin, il faut bien que cela finisse !... Non, ma pauvre tante, non, je ne vous importunerai plus !... Non, je ne veux plus que vous vous priviez de mille petites douceurs pour votre vaurien de neveu. J'ai trop abusé de vos bontés ! Je rougis d'y avoir eu recours si souvent, je sens dans mon cœur une noble fierté... et quand je pense à votre dernier envoi de cinq cents francs !... Piqué sur quatre six fois !... Ah ! c'est épouvantable. »

Dubourg marche avec un peu plus de véhémence ; il ôte ses mains de ses poches, comme furieux de n'y rien trouver : mais il se calme enfin ; alors il s'arrête, reprend son pas ordinaire, puis s'écrie de nouveau : — Mais que diable vais-je faire ?

Dans ce moment passait auprès de lui une de ces personnes, qui une hotte sur le dos et un croc à la main, parcourent la nuit les rues de la capitale en s'arrêtant devant les endroits que nous évitons pendant le jour.

« Voilà certainement une ressource, dit Dubourg en considérant l'homme à la lanterne, mais j'avoue que je ne me sens pas encore le courage de l'employer ; et, quoique certain auteur ait dit : Ce n'est point la profession qui honore l'homme, c'est l'homme qui doit honorer la profession, je doute que l'on m'honorât beaucoup si je tenais ce petit croc ; eussé-je, avec la hotte, la sagesse de Caton, la clémence de Titus et les vertus de Marc-Aurèle.

» Au reste, j'ai des talents, et je n'en suis pas encore réduit là : j'aime les arts !... oh ! je les adore ; j'étais né pour être artiste !... Je ne sais pas dessiner, je ne joue d'aucun instrument, je ne fais pas des vers très facilement ; mais malgré cela j'aime la peinture, la musique et la poésie. Si je me mettais au théâtre... je crois que j'y aurais du succès. Mais débuter à trente ans... c'est un peu tard ; et puis le fils d'un docteur de Rennes monter sur les planches... Eh ! pourquoi non ?... Louis XIV y a bien monté ; il jouait devant sa cour, et certes, si j'avais été à la place de Racine, bien loin de chercher à le détourner de ce penchant, je lui aurais fait des rôles superbes. Nos auteurs aujourd'hui ne seraient pas si maladroits !... Aussi nos auteurs sont riches, et du temps de Racine, ils ne l'étaient point.

« Mais je ne puis pas débuter demain, et demain il faut que je dîne... solution désespérante lorsqu'on n'a plus ni argent ni crédit. Allons, Dubourg !... allons, mon ami, ne te chagrine point, conserve cette gaieté, ce sang-froid qui ne t'ont point abandonné jusqu'ici.

Rappelle-toi qu'il est beau de savoir supporter l'infortune ; que c'est dans les revers qu'un grand cœur montre son courage !...

Ah ! oui, je puis bien me dire tout cela maintenant que j'ai encore l'estomac plein des gâteaux, des brioches et du punch de mademoiselle Delphine ; mais lorsque je serai à jeun, j'ai bien peur d'être mauvais philosophe.

« Dans le malheur on a recours à ses amis... mais on n'a point d'amis quand on est dans le malheur. Quelquefois cependant les hommes ne sont pas aussi égoïstes qu'on le dit. Eh ! mais ! quel souvenir !... Frédéric ! oui, lui seul pourrait m'être utile ; Frédéric n'a que vingt ans ; il voit encore le monde comme on le voit à cet âge, quand on est resté jusqu'à dix-huit ans sous les yeux d'un père et sous la surveillance d'un précepteur.

Frédéric est bon, généreux, sensible... trop sensible même ; mais ce n'est pas à moi qu'il appartient de le blâmer de trop céder aux mouvements de son cœur. Il m'a obligé plusieurs fois... n'importe ; je suis certain qu'il m'obligera encore, s'il le peut. Allons trouver Frédéric. »

Et Dubourg, par un mouvement machinal, porte la main à son gousset de montre pour savoir l'heure ; puis il soupire en disant :

« Malheureux ! tu n'as jamais pu en garder une huit jours ! Ah, ma pauvre tante !... si j'avais encore vos cinq cents francs !... »

Le temps devenait noir ; quelques gouttes de pluie commençaient à tomber. Les fiacres avaient cessé d'interrompre le silence de la nuit ; les reverbères ne jetaient plus qu'une lumière faible et vacillante.

« Il doit être bien tard, dit Dubourg en jetant les yeux autour de lui. Frédéric demeure dans l'hôtel de son père, M. le comte de Montreville. Comment oser me présenter maintenant ?...

Le comte, son père, est un peu sévère ; ce n'est pas un père de comédie, dont on fait tout ce qu'on veut !... On prétend au contraire qu'il exige de son fils une grande obéissance, et que celui-ci tremble devant lui...

Oh ! l'on m'a sans doute exagéré sa sévérité : d'ailleurs il me connaît à peine !... Je suis allé plusieurs fois à l'hôtel, mais il m'a vu rarement... Le logement de Frédéric est dans un autre corps de logis que celui de M. le comte, par conséquent, avançons... »

Et Dubourg, qui était enfin sorti du cercle qu'il parcourait depuis si longtemps, se dirigeait à grands pas vers la rue de Provence, dans laquelle était situé l'hôtel du comte de Montreville.

Plus il approchait de la demeure de Frédéric moins il conservait l'espoir de le voir avant le lendemain. Devait-il au milieu de la nuit mettre tout l'hôtel sens dessus dessous ? En réveillant le fils, il réveillait aussi le père, et c'était une assez mauvaise manière de faire connaissance avec M. le comte que de se présenter chez lui entre deux et trois heures du matin.

Dubourg se disait tout cela, mais il avançait pourtant comme ces amants qui ne veulent plus revoir leurs infidèles, et qui tournent sans cesse autour de la demeure de la perfide, chez laquelle ils finissent toujours par entrer, en répétant encore : « Je ne la verrai plus ! » C'est qu'alors c'est la raison qui parle, et la passion qui nous conduit.

Pauvres humains !... est-ce donc votre faute si la passion l'emporte si souvent?

En approchant de l'hôtel, les yeux de Dubourg sont agréablement frappés par l'aspect d'une double file de voitures bourgeoises, dont les lanternes éclairent une partie de la rue. Il double le pas... c'est devant l'hôtel du comte de Montreville que ces voitures sont en plus grand nombre; la grande porte cochère est ouverte; la cour est remplie de coupés, de landaus, de vis-à-vis. Les cochers causent entre eux; les valets jurent, s'impatientent; les gens de l'hôtel traversent la cour; des lampions placés sur les bornes et sur le grand escalier ont chassé l'obscurité de la nuit, et une musique délicieuse qui part du fond de l'hôtel, dont le beau salon brille de l'éclat de mille bougies, contraste avec le triste silence qui règne un peu plus loin.

Dubourg ne marche plus, il court, il saute, il vole. La vue des lampions, le bruit que fait tout ce monde, et le son des instruments qui jouent des contredanses, ont déjà chassé de son esprit les réflexions un peu sérieuses qui commençaient à s'en emparer.

« Il y a soirée, s'écrie-t-il, il y a bal, imbécile que je suis !... N'est-ce pas aujourd'hui jeudi, jour de réception chez M. le comte, qui donne, dit-on, des soirées charmantes? Frédéric m'a invité plusieurs fois à y aller, il voulait me présenter à son père. Hem ! il tenait qu'à moi d'aller dans les plus belles sociétés, d'y faire de superbes connaissances qui m'auraient poussé dans le beau monde !... Mais non !... Je ne puis pas être sage et quitter ce maudit billard !... et...

Ah ! je reconnais cela... c'est du Rossini c'est une trénis... Je l'ai dansée au Vauxhall avec la grosse blonde.

Dubourg était dans la cour. Il avait passé à travers les voitures, les laquais et les cochers; personne n'avait pris garde à lui, et s'il avait eu une mise élégante, il aurait pu pénétrer dans les salons, jouer et danser sans peut-être être aperçu du maître de la maison; car, dans ces nombreuses réunions, il n'est pas rare que celui qui la donne ne puisse point, dans une soirée, voir toutes les personnes qu'il a reçues.

Mais Dubourg restait devant le salon du premier, dans lequel on dansait... Afin de ne pas être trop en vue, il s'était éloigné de l'escalier tout couvert de lampions et c'était à l'ombre d'une énorme berline qu'il considérait le bal et apercevait les danseurs.

Il est un moment tenté d'entrer dans le salon; mais, en jetant un coup d'œil sur sa mise, il sent que cela n'est pas le moment de se faire présenter à M. le comte, qui tient à l'étiquette. Il avait un habit bleu à boutons de métal, des bottes et une cravate noire. Tout cela était fort bon pour aller jouer à l'écarté et dire des gaudrioles chez mademoiselle Delphine; mais cela eût été fort inconvenant pour se rendre aux soirées de M. de Montreville.

Et Dubourg marmotte encore, en considérant son costume, puis en portant ses regards vers le bal : « Ah ! si j'avais gardé les cinq cents francs de ma tante, j'aurais éclipsé toutes ces tournures-là !... »

Tout en regardant danser et en lorgnant les dames à travers les croisées, dont une grande partie étaient ouvertes à cause de la chaleur, Dubourg aperçoit dans un petit salon une table à tapis vert, devant laquelle deux hommes d'un certain âge viennent de s'asseoir.

Bientôt les joueurs sont entourés de monde, et la table se couvre d'or.

Afin de mieux voir dans le petit salon, Dubourg monte derrière la voiture contre laquelle il se trouve; il peut apercevoir parfaitement la partie, et même le jeu de l'un des joueurs qui est placé tout contre la croisée.

« Qu'ils sont heureux ! se dit-il, ils jouent à l'écarté !... Peste ! la partie est échauffée... Au moins trente louis sur la table. Si j'avais encore l'argent de ma tante, je pourrais parier d'ici !... Qu'est-ce que je dis là?... Si jamais je retouche aux cartes !...

Tiens, voilà le jeu avec lequel j'ai perdu mon dernier coup... et pourtant je devais le gagner : c'est un jeu de règle. Eh bien ! qu'est-ce qu'il fait donc?... il va demander des cartes !... »

Et Dubourg, oubliant qu'il est dans la cour, et monté derrière une voiture, se met à crier :

— N'en demandez pas !... Jouez cela... jouez cela, vous dis-je !... Je réponds du point !...

La voix de Dubourg porte l'étonnement parmi les joueurs. On on retourne, on se regarde, on s'interroge.

— Quel est donc celui qui a conseillé? demande le vieux monsieur qui doit jouer. A-t-il mis au jeu plus que moi pour avoir le droit de parler ainsi? Répondez donc, messieurs.

— La voix partait de la cour, dit un jeune homme placé près de la croisée.

— De la cour ! de la cour !... Est-ce que ces marauds de laquais se permettraient de nous regarder et de dire quelque chose?...

Et le vieux monsieur poudré à blanc se lève et regarde dans la cour. Dubourg se jette à bas de la voiture, et le mouvement que cela donne au carrosse réveillant les chevaux, ils battent le pavé et veulent prendre le galop.

Les cochers, endormis, se frottent les yeux, croyant que le bal est fini; ceux qui causaient accourent et montent sur leurs sièges, et ceux de la rue, voyant le mouvement qui a lieu dans la cour de l'hôtel, s'empressent d'en faire autant, tandis que le cocher et les heiduques de la voiture à laquelle Dubourg vient de donner l'élan, tâchent de retenir les chevaux qui veulent quitter leur rang.

Pendant ce temps, Dubourg s'est faufilé le long de la maison en se disant : Il faudra donc toujours que je fasse des sottises ! Voilà une trentaine de cochers et autant de laquais en mouvement, et voilà des chevaux qui ont manqué de m'écraser, parce que j'ai voulu donner un conseil à ce vieux monsieur qui ne sait pas jouer, et qui va aux cartes quand il doit faire la vole. C'est fini, je ne me mêlerai plus des affaires des autres.

Tout en se glissant le long des murs, Dubourg était arrivé devant une salle basse, dont un valet sortait pour s'informer de la cause du bruit que l'on faisait dans la cour.

Le valet se trouve vis-à-vis de Dubourg, qui le reconnaît pour le domestique de Frédéric, et se hâte de l'arrêter.

— Où est ton maître, Germain?

— Ah! c'est vous, monsieur, dit le valet, qui reconnaît Dubourg qu'il voit venir souvent chez son jeune maître. Est-ce que vous venez au bal ?

— Non, non, je n'ai pas envie de danser. Où est ton maître, te dis-je?

— Oh! M. Frédéric danse... Il y a de jolies femmes là-haut... et vous savez qu'il est amateur.

— Diable! j'aurais bien voulu lui parler; j'ai quelque chose de fort important à lui dire... et pourtant je ne voudrais pas le déranger... ni entrer dans le salon... je ne suis pas en toilette...

— Écoutez, monsieur; si vous le désirez, je vais vous conduire à l'appartement de M. Frédéric; vous y attendrez tranquillement qu'il rentre se coucher.

— Tu as une idée délicieuse, Germain; conduis-moi vite à l'appartement de Frédéric.

Germain prend une bougie et conduit Dubourg, qui est enchanté d'avoir trouvé un endroit pour finir sa nuit. Le valet, qui a vu son maître témoigner à Dubourg beaucoup d'amitié, est certain qu'il ne blâmera pas ce qu'il fait.

On arrive à l'appartement du jeune homme, qui est assez éloigné de la salle de bal pour que la musique s'y fasse à peine entendre.

— Voulez-vous que je prévienne mon maître? dit le valet en laissant sa bougie sur une table.

— Non, ce n'est pas la peine, dit Dubourg; je vais lire en l'attendant. Oh! maintenant je ne suis plus pressé; laisse-le danser tant qu'il voudra.

Germain s'éloigne et laisse Dubourg seul. Alors celui-ci s'étend dans une vaste bergère, en jetant loin de lui le livre qu'il a pris.

— Au diable la lecture! dit-il en se plaçant le plus commodément possible pour dormir; il est temps que je me repose : je l'ai bien gagné! Dansez, dansez, vous autres... Comme on est bien dans cette bergère... surtout lorsqu'on a manqué coucher dans la rue! Me voici installé chez M. le comte de Montreville homme fort respectable, qui possède au moins trente mille livres de rente, et n'a qu'un fils unique... dont je suis l'ami... et dont je veux achever l'éducation... car ils lui ont fourré un tas de choses dans la tête, et ne lui ont pas appris l'essentiel : la connaissance du cœur humain... et surtout du cœur féminin... Et comme je suis assez savant dans cette partie-là, je veux faire quelque chose de ce bon Frédéric, et lui apprendre à connaître le monde... afin qu'il fasse son chemin comme moi...

Tout en se parlant à lui-même, Dubourg commençait à s'assoupir; et il n'y avait pas cinq minutes qu'il était étendu dans la bergère que déjà il dormait profondément.

CHAPITRE II

LE COMTE DE MONTREVILLE. — SOIRÉE DU GRAND MONDE

Le comte de Montreville était, à l'époque où nous commençons à faire sa connaissance, un homme de soixante ans. Issu d'une famille noble et riche, il avait servi, s'était marié, avait pris sa retraite, et avait su échapper aux orages de la révolution.

Le comte était un petit homme maigre, dont la figure froide et sévère imposait le respect. Il ne manquait point d'esprit, et n'était point entiché d'une foule de préjugés ridicules que quelques vieillards voudraient remettre à la mode, comme les paniers et les perruques à boudins.

M. Montreville n'était point de ces gens qui veulent reculer lorsque tous les autres avancent; il suivait l'impulsion des temps, et, sage au milieu de bien des fous, ne blâmait que ceux qui, par exagération, intérêt personnel ou incapacité, troublaient l'eau d'un fleuve que tous les efforts des hommes ne sauraient empêcher de couler.

Mais le comte avait été élevé sévèrement par

son père. Habitué de bonne heure à l'obéissance, il voulut trouver la même soumission dans son fils. A six ans, le jeune Frédéric perdit sa mère. Le comte ne voulut point se remarier, il avait un héritier de son nom, cela lui suffisait. Il plaça Frédéric dans un des premiers collèges de la capitale. A quatorze ans, le jeune comte, doué d'une rare intelligence, avait déjà remporté plusieurs prix.

Cependant son éducation n'était point terminée, mais son père, craignant qu'à cet âge il ne formât quelque liaison pernicieuse, et pressé du désir de l'avoir près de lui, afin de l'accoutumer à la plus stricte obéissance, le retira du collège et lui donna un précepteur.

Le précepteur que le comte mit près de son fils, et avec lequel nous ferons plus tard ample connaissance, n'était ni un savant ni un homme d'esprit; bien au contraire. Mais il était entièrement soumis à M. le comte, et n'aurait pas mené promener son élève sans en avoir préalablement demandé la permission à M. Montreville; c'est pourquoi, malgré le peu d'étendue de son génie, il avait été placé près de Frédéric.

Le comte chérissait son fils, mais il eût été désespéré de lui laisser voir toute sa tendresse; il aurait cru perdre de sa dignité et de ses droits au respect de Frédéric, s'il lui avait parlé avec la bonté d'un ami. Un père n'est-il donc pas le premier ami que nous donne la nature? et le respect qu'on lui porte devrait-il bannir la confiance et l'intimité?

Frédéric aimait son père, mais il tremblait devant lui. Accoutumé dès l'enfance à ne point lui répliquer, à exécuter ses moindres volontés avec promptitude, il avait conservé en grandissant cette habitude d'obéissance passive, et cette timidité qui, en sa présence, ne lui permettait pas de laisser franchement parler son cœur.

Cependant il faut rendre justice au comte de Montreville, il n'abusait point de son pouvoir sur son fils. Lorsqu'il eut dix-huit ans, trouvant son éducation terminée, il renvoya le précepteur de Frédéric, et faisant venir le jeune homme devant lui, il lui tint le discours suivant :

« Frédéric, je suis content de vous. Vous avez répondu aux soins que j'ai pris de votre éducation, et je n'ai point à me plaindre de votre caractère. Mais vous devenez d'un âge où il faut par soi-même apprendre à connaître le monde. Jouissez donc dès aujourd'hui d'une entière liberté. Vous continuerez à habiter le même hôtel que moi; mais je vous donne l'appartement situé dans le corps de logis qui donne sur la rue : le mien est au fond de la cour; par ce moyen vous pourrez sortir à toute heure sans craindre de troubler mon repos. Mon intendant a ordre de vous compter de l'argent toutes les fois que vous lui en demanderez.

Je vous connais, et je suis persuadé que vous n'abuserez pas de cette facilité. Vous êtes dans l'âge où l'on est avide de plaisirs, jouissez-en, livrez-vous aux folies de votre âge : j'entends celles qui n'égarent ni le cœur ni l'esprit. Vous êtes sensible, vous adorez toutes les femmes! mais ce transport n'aura qu'un temps.

Soyez plus difficile dans les liaisons que vous formerez avec les hommes de votre âge; ne vous livrez pas trop vite en amitié : il faut être plus difficile dans le choix d'un ami que dans celui d'une maîtresse.

Au reste, je ne vous perdrai pas de vue entiètièrement; j'espère que les principes que je vous ai donnés vous préserveront de tout excès blamable, et que je n'aurai point à me repentir de la liberté que je vous accorde. »

Frédéric, touché de ce discours, allait se précipiter dans les bras de son père ; mais le comte, réprimant ce mouvement de tendresse que son cœur partageait, se contenta de lui donner sa main à serrer dans les siennes en ajoutant d'une voix un peu émue :

« Dans quelques années... je m'occuperai de votre sort futur. Je songerai à vous trouver un parti convenable... Mais nous n'en sommes pas là... jouissez de votre jeunesse, et n'en abusez point. »

Le comte, en disant ces mots, se hâta de quitter son fils, car cette conversation l'avait attendri; il sentait une larme mouiller sa paupière, et il eût été désolé de la laisser voir à Frédéric.

Deux années s'étaient écoulées depuis cette conversation, pendant lesquelles Frédéric, devenu son maître, avait suivi la première impulsion de son cœur.

Doué d'une âme ardente et sensible, Frédéric devait éprouver bien vite les atteintes de l'amour.

A dix-huit ans la plupart des jeunes gens disent : Il faut aimer; comme : il faut jouer, danser et monter à cheval. Mais le jeune comte ne traitait pas l'amour aussi légèrement; son cœur tout neuf aimait ou croyait aimer réellement, il voulait être payé de retour; mais une perfidie le désolait, et il pleurait l'infidélité d'une maîtresse.

Frédéric était d'une jolie taille, d'une figure charmante, pleine de douceur et de noblesse; ses yeux exprimaient tout ce que son cœur éprouvait. Mais il n'avait pas encore ce ton léger, ces manières lestes des élégants du jour; il ne se dandinait pas en parlant, il ne se souriait pas dans les glaces, ne disait pas de ces riens qui font fureur dans un salon, et ne savait pas regarder les dames sous le nez pour leur dire qu'elles étaient adorables.

Or, comme ces manières un peu cavalières sont à la mode, et que les dames n'aiment que ce qui est consacré par cette déesse, elles trouvaient Frédéric un peu sentimental, un peu gauche même, et elles se disaient. « Il n'est pas mal, mais il a bien besoin d'être formé! »

Une petite maîtresse ne peut pas s'attacher à un novice; on veut bien avoir un caprice pour lui, mais il n'y a qu'un mauvais sujet qui sache inspirer une grande passion : c'est ce qui fait que le pauvre Frédéric était toujours trompé et quitté par ses maîtresses.

C'était chez Tortoni que Frédéric avait fait la connaissance de Dubourg. Ce jour-là le philophe, qui était en argent, mettait tout en révolution dans le café, où il régalait quatre de ses amis; quelques étrangers, que le bruit de ces messieurs ennuyait, voulurent leur imposer silence : pour toute réponse, Dubourg leur jeta à la tête le restant d'un bol d'un punch.

On se leva, on cria, on se menaça, et, pendant la querelle, les quatre amis que Dubourg régalait jugèrent prudent de disparaître successivement. Celui-ci, indigné de la conduite des lâches qui l'abandonnaient, continuait de tenir tête à ses adversaires, lorsque Frédéric se mettant de son parti, lui offrit de lui servir de second.

Dubourg accepta : un duel eut lieu le lendemain. L'antagoniste de Dubourg fut légèrement blessé, et l'affaire n'eut point d'autres suites; mais elle servit à cimenter l'amitié qui se forma entre Frédéric et Dubourg. Ce dernier, quoique ayant près de dix ans de plus que le jeune comte, était loin d'être aussi raisonnable que lui ; mais sa gaieté plaisait à Frédéric, qui avait souvent besoin des saillies de son ami pour oublier les les infidélités de ses belles.

Maintenant que nous connaissons le comte de Montreville et son fils, entrons dans les salons, où la plus brillante société est réunie, parce que, ainsi que l'a dit Dubourg, c'est jour d'assemblée.

La société est dispersée dans plusieurs pièces, toutes resplendissantes de l'éclat des bougies; ici on danse, plus loin on joue, de ce côté on cause, on se promène, on vient respirer un moment; la chaleur est accablante dans la salle de l'écarté, où l'on a de la peine à percer la foule des parieurs.

Les dames se font remarquer par l'élégance, et quelquefois l'originalité de leur parure. En général, la toilette des mamans est encore plus recherchée que celle des demoiselles; est-ce parce que ces dames pensent que leurs filles en o moins besoin pour plaire? ou serait-il vrai qu la coquetterie augmentât en raison inverse d charmes ?...

Je ne me permets point de juger la questio Pour les hommes, il n'en est pas ainsi : le co tume de bal une fois admis est bientôt adopté p tous, et il ne reste à ceux qui veulent se disti guer que les ressources de la coiffure plus ou moi originale, et du nœud de la cravate ; encore ce dernière branche de la toilette commence-t-elle n'être plus arbitraire.

Mais il est près de trois heures, et la soi touche à sa fin. C'est le moment où l'observate peut faire le plus de remarques; il y a moins monde à la danse, on y est plus à son aise, se permet de rire un peu. Vers la fin du bal, l bandon remplace la prétention, et beaucoup femmes ne commencent à avoir de la grâce q lorsqu'elles veulent bien ne plus être maniéré Quelques personnes, qui n'avaient encore pu parler, causent dans un coin du salon. Quelq jeunes gens lient conversation avec les jolies d seuses qu'il ont invitées de préférence. Quelq dames sourient plus tendrement à leurs cavali on se rapproche on se connaît davantage.

M. de Montreville parcourt ses salons avec ton aimable d'un maître de maison qui sait faire les honneurs. Il va causer avec une vie marquise qui est seule et trouve sur un sofa court dire un mot galant à une dame qui ne da pas, et trouve chemin faisant, le temps d'adre quelques compliments aux jeunes danseuses fait circuler le punch et les glaces, il va jeter coup d'œil à une table d'écarté, et s'il faut t un pari, il est toujours prêt.

Mais que fait Frédéric appuyé contre c cheminée? il paraît donner toute son attenti la danse; est-ce bien le quadrille qui l'occup et pourquoi, s'il ne songe qu'à regarder les légers de cette jolie demoiselle, paraît-il épro une souffrance secrète? Oui, pour l'observat son calme est affecté, le sourire qui vient d'e sur ses lèvres lorsqu'on lui adresse la parol rien de naturel... Frédéric est fortement p cupé, mais ce n'est pas de la danse!... A ques pas de lui est assise une jeune femme n'a que vingt ans au plus, quoiqu'elle soit m depuis trois ans à un notaire d'une soixan d'années qui dans ce moment est dans le de l'écarté.

Madame Dernange est fort jolie; sa viv sa parure, l'éclat de ses yeux, le brillant d esprit, tout en elle éblouit : elle plaît, elle jugue, elle enchaîne d'un coup d'œil, comme elle connaît le pouvoir de ses cha

Et lui-même, assis dans un coin, n'en est pas aperçu. (Page 10, col. 2.)

elle cherche sans cesse à augmenter le nombre de ses adorateurs. Mariée à seize ans, elle épousa M. Dernange sans avoir pour lui aucune préférence ; mais elle l'épousa avec joie. Il lui tardait d'être sa maîtresse, et de se livrer à son penchant pour la coquetterie.

Avec un mari de près de soixante ans elle était bien certaine de ne faire que ce qu'elle voudrait; en effet, M. Dernange lui laisse la liberté entière. On la voit à toutes les fêtes, à tous les bals, dans toutes les réunions. Quelquefois son mari l'accompagne, mais le plus souvent il va se coucher au moment où son épouse sort; ce qui n'empêche pas qu'il ne fassent fort bon ménage; car il est très facile de bien vivre avec sa femme : il ne faut pour cela que lui laisser faire toutes ses volontés.

M. Dernange est un mari qui sait vivre, il est enchanté de voir sa femme s'amuser. Beaucoup de gens assurent que la jeune épouse n'abuse point de sa confiance : cela est possible; elle est fort coquette, mais les coquettes n'aiment personne; cependant il ne faut pas trop s'y fier.

Frédéric n'a pu voir avec indifférence la brillante madame Dernange. D'un coup d'œil elle a su l'enflammer, et d'un coup d'œil elle s'est aperçue de sa victoire. Le jeune comte de Montreville n'était pas une conquête à dédaigner; madame Dernange résolut de le fixer à son char, et pour cela il ne lui fallut que quelques regards, quelques sourires, un léger serrement de main, de ces demi-mots dits d'une voix qui semble émue!... et la coquette employait avec tant d'art tous ces moyens! Elle n'aimait pas et n'en savait que mieux se faire aimer. La personne qui aime réellement a bien plus de peine à plaire que celle qui n'aime point; car cette dernière sait user de tous ses avantages, tandis que l'autre en voulant paraître aimable n'est souvent que gauche et embarrassée. Ninon a dit cela, et Ninon s'y connaissait.

Le pauvre Frédéric fut bien vite dupe de ce manège; il se crut aimé, adoré!... et pendant quelques jours il en perdit la tête. Mais, à la soirée de son père, un jeune et brillant colonel avait été présenté; c'était un homme que l'on citait pour ses bonnes fortunes, pour ses aventures galantes, un homme enfin qu'il était glorieux de compter au nombre de ses adorateurs, et madame Dernange s'était bien promis de faire cette nouvelle conquête.

Pauvre Frédéric! ce soir-là tu fus oublié: ce n'est plus de toi que l'on s'occupe, c'est du beau colonel. On t'adresse parfois un tendre sourire; mais tu aimes, tu es jaloux, et tu t'aperçois que les regards de la coquette se reportent ensuite sur celui qu'elle veut enchaîner.

Plusieurs fois le jeune homme s'est approché de la brillante Dernange; il voudrait lui faire voir qu'il s'aperçoit de sa perfidie; mais la jeune femme se contente de lui dire en souriant:

— Qu'avez-vous donc ce soir, monsieur de Montreville? Je vous trouve un air sérieux qui est tout à fait drôle.

Comme ces paroles sont consolantes pour un amant jaloux! Frédéric ne répond rien, il s'éloigne le dépit dans le cœur, tandis que la coquette rit aux éclats d'un joli mot dit par le colonel ou un autre de ses adorateurs.

Toute la soirée Frédéric a été sur les épines, et, vers la fin du bal, apercevant madame Dernange assise sur un sofa sur lequel le colonel vient aussi se placer, il a été se mettre à quelques pas. Appuyé contre une cheminée, il leur tourne le dos, et feint de s'occuper de la danse; mais il ne perd pas un mot de ce que l'on dit sur le sofa. Le colonel est aimable, galant; il fait sa cour à madame Dernange. Celle-ci fait usage de tout son esprit, et minaude avec sa grâce habituelle. Elle rit si bien... elle est si jolie, si séduisante, lorsqu'elle veut plaire! C'est un échange continuel de compliments et de reparties spirituelles, pendant lequel ce pauvre Frédéric est tout en feu. S'il ne se retenait, il provoquerait le colonel et accablerait d'injures la perfide. Heureusement, il conserve assez de raison pour sentir toute l'inconvenance d'une telle scène, et tout le ridicule dont elle le couvrirait; car, dans toutes les intrigues amoureuses, celui qui se plaint et que l'on trompe est toujours sûr de faire rire à ses dépens. On dit: les *battus* payent l'amende; on pourrait faire à ce proverbe une légère variante, qui le rendrait plus juste, excepté en Angleterre, où les maris se font payer quand ils sont ce que j'entends à la place de *battus*.

Le colonel fait sa cour en militaire, c'est-à-dire qu'il fait beaucoup de chemin en peu de temps. Malheureusement cette manière réussit souvent. Je dis malheureusement pour les amants timides; car celle qui nous rend plus vite heureux n'est-elle pas la meilleure? Frédéric entend que l'on demande à madame Dernange la permission d'aller lui présenter ses respects... Les respects d'un colonel de hussards!... Frédéric en éprouve une sueur froide. La jolie femme fait quelques façons; elle rit, badine, dit qu'il faut d'abord s'adresser à son mari, puis part d'un éclat de rire en ajoutant:

— Mais, non! non!... M. Dernange vous le permettrait!

Le colonel est pressant; la permission lui est accordée. Frédéric suffoque... il s'éloigne précipitamment, car il n'y tiendrait plus. Il passe dans une pièce où il n'y a personne, une grande partie de la société étant déjà éloignée.

Frédéric se jette dans un fauteuil. L'appartement n'est plus que faiblement éclairé par les lumières mourantes renfermées dans des globes de cristal; il peut se livrer sans contrainte à tout ce qu'il éprouve. Le jeune homme tire son mouchoir, il étouffe; des larmes mouillent ses paupières!... C'est presque toujours par des pleurs que l'on paye son apprentissage du monde. Mais encore quelques années, et il rira de ce qui le désole en ce moment. Après avoir éte trompé, il deviendra trompeur à son tour; mais il ne fera plus la folie de s'attacher à une coquette, et peut-être quelques cœurs bien aimants seront-ils délaissés par lui, car souvent les innocents payent pour les coupables. Attendons cependant; il est possible que Frédéric conserve toujours cette sensibilité, cette constance, qui maintenant lui font regretter un cœur qu'il n'a jamais possédé.

Les noms de perfide, volage, infidèle, sortent de sa bouche, et sont suivis de longs soupirs. Depuis plus d'une demi-heure il est plongé dans ses réflexions. Les bougies sont éteintes, le bruit de danse a cessé. Plusieurs personnes passent devant lui sans qu'il y fasse attention; et lui-même, assis dans un coin, n'en est pas aperçu. Quelques dames viennent chercher leurs châles qu'elles ont jetés sur une ottomane, non loin de Frédéric. Mais une voix bien connue vient de retentir jusqu'à son cœur : c'est celle de madame Dernange; elle parle avec une de ses amies. Ces dames semblent fort gaies :

— Comme je me suis amusée! dit l'épouse du vieux notaire. Ce colonel est vraiment fort aimable!...

— Mais, ma chère amie, as-tu vu la mine que faisait Frédéric?

— Oui, sans doute, et j'en avais une envie de rire!...

— Tu l'as désolé!...

— Oh! voyez le grand malheur!... Ce jeune homme est vraiment d'un romanesque, d'un sentimental à donner des vapeurs!... c'est un sot!

— Ah! ma chère, il est fort bien, et quand il aura perdu cet air de collège, quand il aura pris le ton de la galanterie à la mode, tu verras comme il sera recherché!...

— Quand je voudrai m'en amuser encore, il ne tiendra qu'à moi!... je n'aurai qu'un mot à dire, un regard à lui lancer pour le faire tomber à mes pieds. Mais donne-moi donc mon châle que tu tiens depuis une heure... Le colonel m'attend pour me donner la main jusqu'à ma voiture.

Les dames sont parties. Frédéric se lève aussi; il a de la peine à croire tout ce qu'il vient d'entendre. Le dépit, la jalousie, la colère, se partagent son cœur, où déjà l'amour ne tient plus autant de place, car on vient de blesser son amour-propre, et l'amour-propre offensé triomphe bien vite de l'amour.

C'est dans ces sentiments que Frédéric se rend dans son appartement, dont il ferme avec violence la porte sur lui, ce qui réveille Dubourg en sursaut.

CHAPITRE III

PROJET DE VOYAGE. — M. MÉNARD. — EN ROUTE

— Piqué sur quatre!... s'écrie Dubourg en sautant sur sa bergère, tandis que Frédéric, surpris de le trouver là, le regarde un moment en silence, puis se livre enfin sans réserve au plaisir d'épancher son cœur et de conter ses peines à son ami.

— Ah! mon cher Dubourg! c'est le ciel qui t'envoie!...

— Non, c'est mon propriétaire qui me met à la porte.

— Je puis donc enfin trouver un cœur qui réponde au mien, qui comprenne mes douleurs, qui plaigne mes tourments!

— Est-ce que tu as aussi parié du mauvais côté?

— La perfide! la volage!...

— Mon ami, la fortune est femme!... c'est tout dire.

— Oui... oh! femme bien cruelle!... Si tu savais ce qu'elle a osé dire de moi!...

— Comment! la fortune t'a parlé!

— Je ne suis qu'un sot!... Oui, en effet, elle a raison; j'étais un sot de l'aimer!... mais c'est fini! oh! pour jamais! Elle croit d'un mot, d'un sourire, me ramener à ses pieds, m'enchaîner encore! Oh! non, je ne serai plus sa dupe..., je la connais maintenant!...

Dubourg se frotte les yeux et regarde Frédéric, qui, d'un air désespéré, se promène à grands pas dans la chambre, tantôt s'arrêtant pour se frapper le front, tantôt laissant échapper un sourire amer.

— Mon ami, de qui diable me parles-tu?

— Eh! de madame Dernange, de cette femme dont le cœur est aussi faux que la figure est jolie, de cette coquette que j'adorais depuis deux mois, et dont je croyais être aimé. Eh bien! mon cher Dubourg, elle se moquait de moi.

— Et cela t'étonne? Ah! mon pauvre Frédéric! que tu es jeune encore!...

— Elle m'avait fait accroire qu'elle répondait à mon amour... et ce soir, un nouveau venu, un colonel m'enlève son cœur, et cela sans beaucoup de peine!... J'avais envie de provoquer, de tuer ce colonel...

— Cela aurait-il rendu ta madame Dernange moins volage?

— Non, sans doute; c'est ce que je me suis dit.

— En lui faisant la cour il a fait ce que tout autre eût fait à sa place. Ce n'est pas à lui que tu peux en vouloir; au contraire, tu lui devrais plutôt de la reconnaissance, car il t'a appris à connaître une femme qui se moquait de toi.

— Je crois que tu as raison, dit Frédéric en s'asseyant tristement dans un fauteuil, tandis que Dubourg, entièrement réveillé, croit convenable de faire un sermon à son ami.

— Écoute, mon cher Frédéric; je suis plus vieux que toi; j'ai beaucoup vu le monde, et j'ai de l'expérience, quoique je fasse encore souvent des folies. Or, je te dirai que tu as une malheureuse tendance au sentiment et aux passions romanesques qui te jouera quelque mauvais tour. Tu veux absolument être aimé, adoré!... Que diable! tu veux donc passer ta vie à soupirer! Est-ce ainsi qu'un jeune homme doit faire l'amour? Ce n'est pas qu'au fond tu sois plus constant qu'un autre, car voilà, depuis près d'un an que je te connais, ta septième passion malheureuse. Le grand mal, c'est que tes sept passions t'ont quitté les premières, et tu devrais, au contraire, leur donner l'exemple. Enfin, tu t'es toujours consolé, tu te consoleras encore de celle-ci, je te le promets. Mais, mon ami, je t'en prie, ne t'affecte plus sérieusement pour ce qui ne devrait être qu'une folie de jeunesse. Il faut du sentiment pour plaire à ces dames, mais il n'en faut pas trop, parce que, vois-tu, l'excès du sentiment... tue le sentiment; et ce que je te dis là est fort raisonnable; je suis sûr que ton père, le comte, m'approuverait s'il était là, et qu'il serait enchanté de voir que tu as un ami qui ne te donne que de bons conseils et qui t'en donnerait bien d'autres! s'il n'avait pas perdu cette nuit les cinq cents francs que sa pauvre tante lui avait envoyés!...

Frédéric n'avait pas fait grande attention au discours de Dubourg; mais cependant il était plus calme, parce que les crises les plus violentes sont toujours celles qui durent le moins, et le jeune homme se croyait beaucoup plus amoureux qu'il ne l'était réellement.

— Comment se fait-il que je te trouve ici, au milieu de la nuit? dit-il enfin à Dubourg.

— Mon ami... que veux-tu!... une suite de circonstances malheureuses... D'abord mon propriétaire, qui est un véritable *Vautour;* ensuite une soirée chez la petite Delphine... tu sais... je t'y ai mené une fois... mais comme il te faut toujours du sentiment, tu n'y est pas retourné; et pourtant elle t'en aurait donné, pour ton argent, qui aurait bien valu celui de madame Dernange. Enfin, mon cher j'ai joué, et j'ai perdu tout ce que je possédais! Je ne savais vraiment plus que devenir!... J'ai pensé à toi, je connais ton amitié; je ne comptais d'abord te voir que demain; mais tout étant en l'air dans cette maison, j'ai cru que je pouvais t'attendre ici, où j'ai fait un somme pendant qu'on te soufflait ta belle.

— Mon pauvre Dubourg!...

— Oh! oui, bien pauvre en effet!

— Écoute... il me vient une idée.

— Voyons ton idée.

— La vie de Paris m'ennuie...

— Elle m'ennuiera bien davantage, moi qui n'ai plus rien.

— La vue de ces femmes coquettes me fait envie?

— Oh! c'est fait pour cela!

— Je veux fuir les infidèles!

— Je ne sais pas trop où tu pourras aller!

— Ces sociétés où l'on cause sans rien dire, où l'on se connaît sans se lier, où l'on se rend plutôt par désœuvrement que par plaisir; tout cela me déplaît. Je ne vais dans le monde que depuis deux ans et demi, et j'en suis déjà fatigué; enfin, voici mon projet...

— Est-ce que tu veux te faire ermite?

— Non, mais je veux quitter Paris pour quelque temps; je veux voyager, parcourir divers pays: c'est de cette manière, c'est en comparant les mœurs, les usages des habitants de ce globe; c'est en admirant les merveilles, les beautés de la nature, que l'on se forme l'esprit, le jugement, que l'on agrandit ses connaissances, et que le cœur éprouve des jouisssances qu'il ne pourrait trouver dans ces réunions formées par la mode, l'étiquette et le désœuvrement

— Supérieurement pensé! dit Dubourg en se levant de sa bergère; il faut voyager mon ami, il n'y a rien de plus utile pour la jeunesse. Mais quand on voyage seul on s'ennuie; on n'est heureux qu'à demi lorsque l'on n'a personne à qui l'on puisse communiquer les sentiments que font naître un site enchanteur, un monument antique, une ruine imposante!... D'ailleurs, tu es trop jeune pour courir seul le monde; il te faut un compagnon sage, éclairé expérimenté surtout; eh bien! mon ami! je m'offre pour être ton mentor.

— J'allais te le proposer, mon cher Dubourg.

— Parbleu, c'est avec grand plaisir!...

— Mais n'as-tu rien qui te retienne à Paris?

— Oh! rien du tout, pas même un lit de sangle!

— Peut-être quelque attachement de cœur?

— Oh! pour des attachements, je ne suis pas comme toi, moi! J'en ferai tout le long de la route, ou, pour mieux dire, je n'en ferai plus. C'est fini, je veux être sage, rangé; tu seras édifié de ma conduite.

— Allons, mon cher Dubourg, voilà qui est décidé, nous voyagerons ensemble.

— Ah çà! il n'y a plus qu'une petite difficulté: et ton père, s'il ne veut pas que tu voyages?

— Oh! je ne pense pas qu'il s'y oppose; je lui ai déjà dit quelques mots à ce sujet, et il a paru au contraire m'approuver.

— Alors tout va le mieux du monde; mais lui diras-tu que tu m'emmènes?

— Pourquoi pas? je dirai qu'un de mes amis, voyageant aussi, pourra m'accompagner quelque temps...

— Soit! arrange tout cela pour le mieux; si cela est nécessaire, tu me présenteras à ton père, qui ne me connaît qu'imparfaitement, et tu verras comme je sais me donner un air noble et imposant. Surtout ne parle pas de l'argent de ma tante, de la petite Delphine, de mon prétendu mariage et de mes trois jumeaux...

— Sois tranquille.

— Quant à ma famille, si elle n'est pas noble, cela ne l'empêche pas de valoir celle du comte de Montreville, et d'être fort considérée en Bretagne.

— Eh! mon Dieu, je sais tout cela.

— Ce n'est pas pour toi que je le dis, c'est pour ton père. Ainsi, voilà qui est convenu; il est déjà grand jour; j'ai assez dormi, mais tu as besoin de repos. Couche-toi; dans la journée tu parleras à ton père, et tu viendra me rendre réponse. Je t'attendrai sur les six heures au café de la Rotonde.

— C'est entendu.

— Ah!... j'oubliais!... Prête moi une dizaine de louis; je t'en dois déjà une trentaine, mais nous compterons au premier envoi de ma tante.

— C'est bien!... Eh! entre amis, est-ce que l'on doit compter!...

— Ah! mon cher Frédéric, il n'y a pas beaucoup d'amis comme toi.

Dubourg met dans sa poche les dix louis que lui présente Frédéric; puis laissant ce dernier se livrer au repos, il sort de l'hôtel en fredonnant un couplet nouveau, et va se promener sur les boulevards. aussi content que s'il venait d'être nommé à un emploi de douze mille francs où il n'y aurait eu rien à faire.

Dans le courant de la journée, Frédéric se présente chez son père. Il tremblait un peu en abordant le comte de Montreville, qui, loin d'aider la confiance de son fils, attendait en silence qu'il lui expliquât ce qu'il désirait de lui.

Frédéric, après avoir salué son père avec respect, commence son discours, dans lequel il s'embarrasse quelquefois, parce que les yeux du comte, constamment attachés sur sa figure, semblaient vouloir lire au fond de sa pensée. I s'explique cependant, et attend avec crainte la réponse de son père. Celui-ci paraît réfléchir, et garde quelques minutes de silence : Frédéric n'ose le rompre... Enfin le comte lui adresse la parole.

— Vous voulez quitter Paris, Frédéric?

— Oui, monsieur le comte.

— Vous êtes déjà las des plaisirs... des bals... des sociétés... C'est de bonne heure.

Frédéric soupire et se tait. Le comte laisse échapper un sourire ironique en ajoutant :

— Vous ne dites pas tout... Avouez que quelque dépit amoureux...

Frédéric baisse les yeux et rougit. Le comte poursuit d'un ton plus doux :

— Allons, tout cela est de votre âge. Voyagez, j'y consens; cela ne peut que servir à votre instruction. Si cependant votre présenceme de venait nécessaire, j'espère que rien alors ne retarderait votre retour...

— Oh! mon père, un seul mot, et je serai près de vous...

— C'est bien; j'y compte.

— Un de ses amis... un jeune homme... nommé Dubourg, d'une ancienne famille de Bretagne, se dispose aussi à voyager quelque temps...

Si vous le permettez, je me joindrai à lui..

— Non, monsieur, je ne le veux point; j'ai entendu parler de ce monsieur, Dubourg, que vous nommez votre ami; et quoique je ne l'aie aperçu avec vous que deux ou trois fois, je le connais assez pour ne point vouloir qu'il soit le compagnon de voyage de mon fils. Sa famille est honnête, je le sais, mais M. Dubourg est, dit-on, un fort mauvais sujet...

— Mon père, je vous assure...

— Ne m'interrompez pas, monsieur. Je ne puis à Paris vous empêcher de vous trouver avec de pareils étourdis; mais lorsque vous devez voyager pour vous instruire et mûrir votre raison, je vous le répète, ce n'est point avec un monsieur Dubourg que vous devez parcourir le monde. Je ne veux pas non plus que vous emmeniez Germain: ce valet se dérange depuis quelque temps. D'ailleurs, il faut en voyage savoir se passer de valets. Avec votre argent, vous en trouverez partout où vous vous arrêterez.

— Je partirai donc seul, mon père?

— Non, vous n'avez pas encore vingt et un ans vous êtes trop jeune pour être livré à vous-même. Attendez... oui... voilà l'homme qu'il vous faut; M. Ménard vous accompagnera.

— Quoi... monsieur le comte... mon précepteur?

— Il ne l'est plus depuis longtemps, et ce n'est plus comme tel, mon fils, qu'il sera près de vous; c'est comme ami, comme sage conseiller. M. Ménard a de l'instruction, et, avec cela, est doué du caractère le plus doux, le plus patient!... Vous le connaissez assez, je pense, pour ne pas être fâché de l'avoir pour compagnon de voyage. M. Ménard n'est point un pédant qui blâmera vos plaisirs; c'est un homme qui vous aime, et qui saura, je l'espère, empêcher le fils du comte de Montreville d'oublier ce qu'il se doit.

— Mais, mon père...

— C'est assez. Je vais mander M. Ménard; s'il accepte, comme je le pense, dès demain vous pourrez vous mettre en route.

Frédéric s'éloigne. Il n'est pas fort content du choix de son père, quoiqu'il sache que M. Ménard est un fort bon homme; mais il aurait préféré voyager avec Dubourg, dont la gaieté intarissable s'accorde fort bien avec son caractère sentimental; ce qui paraît d'abord singulier et ce qui est pourtant très commun : les petits hommes aiment les grandes femmes, et les petites femmes les beaux hommes; les bavards aiment les gens taciturnes; les gourmands ne dînent bien qu'avec ceux qui ne le sont pas; les forts s'allient aux faibles; les hommes de génie recherchent les femmes autenrs ont rarement pour maris des hommes qui s'occupent de leur ménage; les femmes d'esprit; les gens à prétentions ne peuvent vivre qu'avec ceux qui n'en ont point; les fripons ne recherchent que les honnêtes gens; les femmes les plus tendres aiment souvent les hommes les hommes les plus fous, et le plus volage sera aimé par la plus fidèle; enfin les libertins courent après l'innocence et l'innocence se laisse souvent séduire par les mauvais sujets. Les extrêmes se touchent, les contrastes se rapprochent, et c'est dans l'opposition des lumières et des ombres qu'un peintre trouve ses plus beaux effets.

— Eh bien ! dit Dubourg en apercevant Frédéric qui vient le trouver au rendez-vous, quelle nouvelle?

— Mais, pas très bonne...

— Ton père ne veut pas que tu voyages?...

— Au contraire, il y consent.

— Il me semble alors que tout va bien...

— Mais... c'est que... il ne veut pas.

— Achève donc !

— Il ne veut pas que je voyage avec toi.

— Parce que?

— Parce que... il dit...

— Il dit... parle donc!

— Il dit que tu es un... mauvais sujet.

— A peine s'il m'a vu trois fois!

— Il paraît qu'on lui a parlé de toi...

— Il y a toujours des gens qui calomnient l'innocence..... Sais-tu bien que si monsieur le comte n'était pas ton père.... je.... quoique, du fait, il ait un peu raison. Et pourtant s'il savait comme je suis corrigé!.... et quelle morale je me suis faite depuis hier au soir!.... Mais ensuite?

— Ensuite, il me donne pour compagnon de voyage M. Ménard, mon ancien précepteur.

— Donner un précepteur à un jeune homme qui va avoir vingt un ans!.... voilà de ces choses qui me font mal!....

N'importe, laisssons faire monsieur le comte, nous ferons aussi nos volontés.

— Comment?

— Tu ne seras pas fâché que je t'accompagne, n'est-ce pas?

— Non sans doute.

— Moi, je ne serai pas fâché de quitter Paris pour quelque temps; cela donnera à mes créanciers, qui sont sans cesse à courir après moi, le temps de se reposer un peu.

— Mais mon père?

— Sois tranquille!..... ne dis rien! j'arrangerai les choses de manière... Quelle homme est-ce que ce précepteur?

— Oh! le meilleur homme du monde!..... mais ce n'est pas un génie!...

— Tant mieux.

— Il fait grand cas des savants...

— Je lui parlerai latin, grec, anglais, chinois, même s'il ne l'entend pas.

— Je crois qu'il n'a jamais voyagé qu'avec la carte.

— Je lui dirai que j'ai fait le tour du monde.

— Mais il est flatté de se trouver avec des personnes d'un certain rang..

— Je m'en donnerai un qui ne sera pas mince.

— Quel est donc ton projet?

— Je te le répète, j'arrangerai tous cela; va rejoindre ton père, pars avec ton précepteur... Ah! fais-toi donner le plus d'argent possible, parce cela ne nuit jamais en voyage; aie soin seulement de me faire savoir l'heure de ton départ et la route que tu prendras.

— Les deux jeunes gens se sont séparés. Dubourg a indiqué à Frédéric l'endroit où il pourra lui faire savoir le moment de son départ, et l'a quitté sans vouloir lui donner d'autres détails sur son projet.

Laissons aller Frédéric et Dubourg, et sachons quel est ce Ménard, dont le jeune comte ne nous a donné qu'une légère esquisse, et qu'il est nécessaire de connaître avant de voyager avec lui.

M. Ménard est un homme de cinquante ans, très petit, très gros et très joufflu. Il a un double menton qui s'accorde assez bien avec un nez placé entre ses deux joues comme un gros marron. Il a, comme M. Tartuffe, les oreilles rouges et teint fleuri. Son ventre commence à le gêner un peu; mais ses petites jambes, ornées de deux énormes mollets, paraissent de force à supporter encore une plus forte machine

M. Ménard a passé presque toute sa vie à enseigner des jeunes gens; il a conservé ces formes douces et bénignes qu'un précepteur du grand monde adopte toujours avec ses élèves. M. Ménard n'est point très savant, mais il se fait gloire de ce qu'il sait, et n'est pas insensible aux éloges. Son génie étroit s'est encore rétréci en ne s'exerçant jamais qu'avec des enfants; mais M. Ménard est probe, humain, conciliant; sa seule faiblesse est de se croire grandi d'un pouce lorsqu'il se trouve avec un grand seigneur, et son seul défaut est un penchant très prononcé pour les plaisirs de la table, que lui occasionnent quelquefois de légères indispositions; non qu'il boive outre mesure, mais parce qu'il retourne trop souvent à une dinde aux truffes ou à un salmis de perdreaux.

Le comte de Montreville a envoyé chercher M. Ménard, qui s'est empressé de se rendre à ses désirs, et qui accepte avec joie la proposition qu'il lui fait. Voyager dans une bonne chaise de poste, avec le fils du comte de Montreville!..... avec celui de ses élèves qui lui fait le plus d'honneur! c'est une bonne fortune pour l'ex-précepteur, qui justement se trouve alors sans emploi.

Le comte lui recommande de veiller sur Frédéric, mais de ne point contrarier ses fantaisies lorsqu'il ne s'agira que de folies de son âge. Le comte, satisfait de la soumission que son fils a montrée en acceptant son précepteur pour compagnon, veut l'en récompenser en le laissant maître de se rendre où bon lui semblera.

Tout étant convenu entre le comte et les deux voyageurs, M. de Montreville remet à M. Ménard une somme assez forte qui est à la disposition de Frédéric.

— Mon fils, dit le comte, voyagez en homme de votre rang, mais cependant ne dissipez pas follement cette somme. J'ai su, par une conduite rangée, par un ordre constant, vous ménager une fortune raisonnable pour l'époque où je vous marierai; mais vous ne devez point anticiper sur vos biens. Cependant, si vous avez de nouveau besoin d'argent, M. Ménard me le fera savoir.

Fréderic promet à son père d'être sage; mais il vient d'écrire à Dubourg pour l'informer qu'il partira le lendemain matin, et prendra la route de Lyon.

Les préparatifs d'un jeune homme sont bientôt terminés. Ceux de M. Ménard sont un peu plus longs : en homme prévoyant, il ne monterait pas en voiture sans avoir placé dans le coffre un pâté de Lesage, et dans sa poche une petite bouteille de madère.

Enfin tout est terminé : Frédéric est enchanté de partir, de s'éloigner de Paris, et surtout de madame Dernange. Le pauvre garçon croit qu'elle le regrettera, et que son départ va la désoler!... Quand il aura voyagé quelque temps il perdra toutes ces chimères.

Mais la voiture les attend. Le postillon est en selle. Frédéric a pressé contre son cœur la main de son père; M. Ménard a salué six fois le comte, et n'est monté dans la chaise qu'à reculons, afin d'avoir l'honneur de le saluer encore; Frédéric se jette dans le fond de la voiture : le postillon fait claquer son fouet, et les voilà en route pour l'Italie.

CHAPITRE IV

NOUVELLE MANIÈRE DE FAIRE CONNAISSANCE. — LE BARON POTOSKI.

Depuis quelque temps la voiture roulait, mais la conservation languissait entre les deux voyageurs : d'abord M. Ménard avait témoigné à Frédéric tout le plaisir qu'il éprouvait à se retrouver avec lui : celui-ci l'en avait remercié; puis on avait admiré quelques points de vue. Puis le jeune homme, se rappelant madame Dernange et quelques autres infidèles, était devenu rêveur, silencieux; alors M. Ménard s'était adressé au pâté dont il avait eu soin de se munir, et avait entamé avec lui une conversation qu'il n'interrompait que pour dire quelques mots à la petite bouteille de madère.

— Je crois que nous ferons un voyage charmant, dit Frédéric en sortant de ses réflexions.

Et M. Ménard, se pressant alors d'avaler, répondit en souriant :

— Je le crois aussi, monsieur le comte; nous avons tout ce qu'il faut pour cela... Si monsieur le comte voulait goûter de ce pâté... il est parfait...

— Non, je vous remercie, mon cher Ménard; je ne me sens pas encore en appétit.

— Comme monsieur le comte voudra.

— Ah! je vous en prie, point de monsieur le comte entre nous; nommez-moi Frédéric, cela vaut mieux.

— Cependant, monsieur le comte... en voyage... dans les auberges... il est bon que l'on sache... que l'on a l'honneur...

— Oui, sans doute, pour nous faire payer quatre fois plus cher. Je vous répète que je veux éviter toutes ces cérémonies, qui n'ajoutent rien à l'agrément d'un voyage.

— Vous me permettrez au moins de vous appeler M. de Montreville; car M. le comte votre père pourrait se formaliser s'il apprenait que vous gardez l'incognito.

— A propos! combien vous a-t-il donné d'argent?

— Huit mille francs, monsieur.

— Huit mille francs!... ce n'est pas trop!

— Ah! monsieur de Montreville!... n'est-ce pas suffisant pour deux hommes qui ont avec cela une bonne chaise et des chevaux à eux? Nous n'allons pas au bout du monde! Ensuite, vous savez que M. le comte votre père nous a dit que nous pourrions, en cas urgent, lui en demander de nouveau.

— Oui... Oh! d'ailleurs, nous ne ferons point de folies!

— Et puis, en voyage, il serait imprudent de se charger d'une plus forte somme. Nous allons en Italie. Mais ce pays-là est infesté de brigands; entre Rome et Naples surtout, on prétend que la route est extrêmement dangereuse... Quand nous serons par là il faudra bien prendre nos précautions.

Frèdéric ne répondait plus. Il pensait alors à Dubourg, et s'étonnait de n'en avoir aucune nouvelle. Les voyageurs étaient déjà à neuf lieues de Paris, sur une route fort belle, où il était difficile de craindre aucun accident

Tout à coup le fouet bruyant d'un postillon leur annonce qu'ils sont suivis par d'autres voyageurs, Frédéric regarde, et aperçoit une petite berline qui arrive derrière eux au grand galop. Bientôt le bruit plus rapproché leur annonce qu'elle va les atteindre et ne tardera pas à les dépasser. Un nuage de poussière enveloppe les voyageurs, mais la route est trop large pour qu'il aient besoin de se ranger. Cependant, au moment ou ils s'attendent à être dépassés par la berline, elle vient de frapper si rudement leur voiture, que la chaise de poste verse près d'un fossé, dans lequel M. Ménard, que la secousse a fait sauter hors de la voiture, se laisse rouler en poussant de grands cris.

La berline s'est arrêtée. Le postillon de la chaise accable d'injures le postillon de la voiture, qu'il traite d'imbécile, d'ignorant et d'ivrogne, pour l'avoir accroché sur une route où trois voitures peuvent passer fort à l'aise. L'autre conducteur ne répond rien et se contente de rire, ce qui augmente la colère du postillon. Frédéric, qui n'est pas blessé, va près de M. Ménard s'informer de son état. Celui-ci a eu plus de peur que de mal; il se tâte partout, rajuste sa perruque, et ne cesse de répéter que cette chute-là va troubler sa digestion.

Pendant ce temps, le conducteur de la berline est descendu de cheval; après avoir parlé à la personne qu'il conduit, il s'avance le chapeau à la main vers les voyageurs, qui sont encore dans le fossé, et s'excusant de sa maladresse, leur dit que le baron Ladislas Potoski, palatin de Rava et de Sandomir, leur fait demander la permission de venir s'informer lui-même de leur état, et leur offre tous les secours qui sont en son pouvoir.

En entendant le postillon décliner les noms et qualités du voyageur qu'il conduit, M. Ménard s'empresse de sortir du fossé, et de tirer hors de son gilet un bout de jabot que sa chute a un peu chiffonné.

— Dites à votre maître que nous sommes sensibles à sa politesse, répondit Frédéric, mais il est inutile qu'il se dérange; j'espère que tout ceci n'aura pas de suites fâcheuses.

— Mais notre chaise a quelque chose de cassé, dit M. Ménard, et nous pourrions profiter de l'offre de M. le palatin Pota... Poto... Potiouski, pour gagner le prochain village.

Le précepteur n'avait pas fini de parler, que le soi disant seigneur polonais. sautant hors de sa voiture, s'avançait vers eux la main sur la hanche, et se dandinant avec beaucoup de noblesse. Frédéric lève les yeux et reconnait Dubourg; il va partir d'un éclat de rire, quand celui-ci le prévient, et court à lui en s'écriant :

— Je ne me trompe pas!... Heureuse rencontre!... C'est M. Frédéric de Montreville!...

Et Dubourg se jette dans les bras de Frédéric, qui, feignant aussi la surprise, s'écrie :

— Eh! mais... vraiment c'est monsieur de monsieur du...

— Le baron Potoski... lui souffle tout bas Dubourg.

— C'est M. le baron Potoski!...

Pendant cette reconnaissance, qui a lieu sur le bord du fossé, M. Ménard se confond en salutations, en tirant doucement Frédéric par le pan de son habit afin de le ramener sur la grande route, lieu qui lui semble plus décent pour se faire présenter au seigneur polonais.

Dubourg se retourne enfin du côté de Ménard, et s'adressant à Frédéric :

— Aurais-je l'honneur de voir M. le comte votre père? lui dit-il en adressant au précepteur le sourire le plus gracieux et le plus noble qu'il peut imaginer.

— Non, dit Frédéric, mais c'est un second père pour moi. Je vous présente M. Ménard, mon ancien précepteur.

— M. Ménard! dit Dubourg en donnant à sa figure l'expression de l'admiration, et en regardant le précepteur comme on regardait Voltaire. Quoi!... c'est là M. Ménard?... Peste! j'en ai souvent entendu parler... Le *primus inter pares* des précepteurs!... Que je serai charmé de faire sa connaissance!... *Tandem felix*, monsieur Ménard, puisque je vous vois.

M. Ménard n'y était plus : ce déluge d'éloges et de politesses de la part du palatin de Rava et de Sandomir le troublait et le comblait à tel point, qu'il allait, à force de saluts, rouler une seconde fois dans le fossé, si Frédéric ne l'eût arrêté à temps.

Dubourg met fin à l'embarras du pauvre Ménard en lui prenant la main, qu'il presse avec force...

— Combien vous me faites honneur, monsieur

Je le tiens, il est pris. (Page 23, col. 1.)

le baron ! balbutia enfin le précepteur. Puis, s'adressant à Frédéric :

— Vous connaissez donc le seigneur Potoski ?

— Si je le connais, dit Frédéric en souriant ; mais nous sommes amis intimes... Ce cher Dubourg !...

— Comment ! Dubourg ? dit Ménard.

— Oui, s'écrie vivement le prétendu baron, c'est le nom que je portais à Paris, où j'étais forcé de garder le plus sévère incognito, étant chargé de la part de mon gouvernement de missions secrètes et fort délicates...

— Je comprends... je comprends dit Ménard.

— Mon cher Frédéric, appelez-moi encore Dubourg ; c'est sous ce nom que je vous ai connu d'abord, et il me sera toujours cher.

Pendant que M. Ménard s'approche de la chaise renversée, Frédéric dit bas à Dubourg :

— Sais-tu bien que le moyen que tu as employé pour me rejoindre était un peu violent ?... Tu as manqué de me tuer, moi et ce pauvre Ménard...

— C'est la faute de cet imbécile de postillon ; je lui avais dit de me verser en passant près de vous ; mais le coquin a préféré vous jeter par terre. Cela me contrarie d'autant plus que je comptais monter dans votre voiture, et qu'il faut au contraire que je vous offre de monter dans la mienne, ce qui n'est pas du tout la même chose.

N'importe ! laisse-moi dire et faire... je vois déjà qu'il me sera facile d'en imposer à ce pauvre Ménard. Mais sois prêt à me seconder, et appuie ce que je dirai quand cela sera nécessaire. Surtout n'oublie pas que je suis le baron Potoski, palatin de Rava et de Sandomir. Tu as déjà manqué de tout gâter en me nommant Dubourg ; heureusement que j'ai su réparer cela ; mais ne fais plus de pareilles gaucheries, ou je serai forcé de voyager sans toi, et je te réponds que je n'irai pas bien loin.

Ménard revient annoncer qu'il y a un essieu de cassé à la chaise de poste, et qu'elle ne peut être en état avant le lendemain matin ;

— Eh bien ! messieurs, dit Dubourg, vous allez me faire le plaisir de monter dans ma berline ; nous nous arrêterons au premier bourg, dans lequel nous coucherons ; et pendant ce temps le charron de l'endroit raccommodera votre voiture.

Cet arrangement étant adopté, on laisse le postillon ramener sa chaise au pas, et nos trois voyageurs montent dans la berline du baron polonais. C'était une vieille et mauvaise voiture, dont l'intérieur sale et rapiécé en divers endroits annonçait la vétusté, tandis que le coffre mal suspendu faisait à chaque instant sauter les voyageurs.

Frédéric ne peut s'empêcher de sourire en entrant dans la voiture du palatin ; mais Dubourg s'empresse de prendre la parole, et s'adressant à M. Ménard, qui, modestement assis sur le devant, n'avait encore porté que quelques regards furtifs autour de lui :

— Vous voyez, lui dit-il, une voiture qui est plus vieille que nous !... elle a appartenu à mon aïeul... C'est dans cette même voiture qu'il sauva Stanislas Leczinski, poursuivi alors par son compétiteur Auguste, qui était protégé par le czar, tandis que Charles XII appuyait Stanislas... Mais vous savez tout cela mieux que moi M. Ménard, car vous êtes un savant.

— Ah ! monsieur le baron !

— Pour en revenir à cette voiture, tous mes parents la révèrent comme moi ; c'est une voiture de famille. Lorsque mon père quitta Cracovie, dans un moment de trouble, cette modeste berline renfermait six millions, tant en or qu'en pierreries; c'était un débris de sa fortune, avec lequel il voulait aller se retirer en Bretagne, où l'on mange d'excellent beurre et du laitage délicieux !...

Ici Frédéric, qui, aux six millions, s'était fortement mordu les lèvres, se mit à tousser pour cacher son envie de rire, tandis que M. Ménard ne regardait plus la voiture que d'un air respectueux.

— Vous sentez bien, monsieur Ménard, reprend Dubourg en s'essuyant avec un foulard qu'il avait mis dans le gousset de son gilet, afin de se donner un air étranger, vous sentez qu'on tient à une voiture qui nous rappelle de si honorables souvenirs. Je sais bien qu'elle n'est pas moderne, et qu'elle pourrait être mieux suspendue ; vingt fois mon intendant a voulu la faire repeindre et mettre une nouvelle tenture dans l'intérieur, je ne l'ai pas voulu. Cette place, où je suis, a été occupée par le roi Stanislas ; celle où vous êtes, par une princesse de Hongrie ; et je avoue, monsieur Ménard, que je tiens à ne point éhanger le velours d'Utrecht, qui a eu l'honneur de supporter ces illustres personnages.

— Je partage bien vos sentiments à cet égard, monsieur le baron, dit Ménard, qui, déjà ravi de voyager avec deux hommes d'un rang distingué, ne savait plus comment se tenir, depuis qu'on lui avait dit qu'il occupait la place où s'était assise une princesse de Hongrie. Cette voiture doit vous être bien chère... et je vous assure, monsieur le baron, qu'on y est parfaitement, et que je la trouve très douce...

Dans ce moment, un cahot faillit faire sauter M. Ménard sur les genoux de son élève ; mais il reprit, en se retenant à la portière :

— *Ubi plura nitent in carmine, non ego paucis offendar maculis.*

Et Dubourg y répond par :

— *Vitam impendere vero.*

Et Frédéric tousse un peu plus fort en regardant par la portière, et M. Ménard dit en s'inclinant :

— Monsieur le baron je n'en ai jamais douté.

— Forcé de garder l'incognito, continue Dubourg, je n'ai emmené personne de ma suite, et je vous avoue que je ne m'en trouve pas plus mal ; je déteste ce train, cette étiquette, tout cet étalage qui accompagne la grandeur. En voyage j'ai dépouillé tout cela ; je suis l'homme de la nature, et je vis en simple observateur. Mais, à propos, mon cher Frédéric, je ne vous ai pas encore demandé où vous alliez... serait-ce une indiscrétion de s'en informer ?

— Non vraiment, mon ami ; je quitte Paris parce que je n'y trouvais que des femmes coquettes ou insensibles, qui ne comprenaient pas ma manière d'aimer.

— Eh ! mon cher, c'est que votre manière d'aimer n'est peut-être plus à la mode !... Au reste, ceci est un dépit amoureux, je le vois, vous êtes toujours un peu romanesque... un peu sentimental. Il faut que nous guérissions Frédéric de cette folie n'est-il pas vrai, monsieur Ménard?

— Monsieur le baron, ceci n'est plus de ma compétence; et d'ailleurs il faut bien lui passer quelque chose; vous savez que Sénèque a dit : *Non est magnum ingenium sine mixtura dementiæ.*

— C'est très vrai, répond Dubourg, les plus grands hommes ont eu leurs faiblesses. Alexandre se grisait; Antoine s'habillait en Bacchus pour plaire à Cléopâtre ; Enée consultait la sibylle de Cumes ; l'empereur Maximilien est mort d'un excès de melon. Or donc, il n'y a rien d'étonnant à ce que Frédéric ait un cœur sensible.

M. Ménard s'incline devant M. le baron, qui vient de lui donner un petit échantillon de son érudition, et cela n'ajoute pas peu au respect qu'il lui inspire déjà.

— Je n'ai point de but déterminé, dit Frédéric ; je veux cependant voir ces pays qui nous rappellent des faits intéressants, ou donnèrent naissance à des hommes célèbres. On aime à fouler la terre où naquit le génie qui survit à tant de générations. Dans tout ce qui nous entoure alors, on croit retrouver le grand homme qui, par ses écrits, ses faits d'armes ou sa vertu, illustra son berceau. Enfin, mon ami, c'est par l'Italie que nous commençons nos voyages...

— Eh quoi !... se pourrait-il... mais, comme vous, je voulais courir le monde pour ajouter quelques lumières à mes faibles connaissances. Quelle idée charmante... si nous faisions ce voyage ensemble?...

— Volontiers, mon cher baron !... cela me sera, je vous jure, fort agréable!...

— Ah ! d'honneur ! je rends grâce au hasard qui m'a fait vous rencontrer !... Quel plaisir de voyager avec mon intime ami le comte de Montreville et le savant M. Ménard, de mêler ensemble nos réflexions sur les lieux que nous visiterons, de s'éclairer des remarques de l'amitié et des connaissances d'un professeur aussi distingué !

Ménard se confond en saluts et commence des remerciements; mais Dubourg poursuit avec chaleur et sans lui laisser le temps de répondre.

— Quelle joie de voir avec vous cette antique Rome !... et cette superbe Gênes, de grimper avec M. Ménard sur le sommet du Vésuve, et de descendre même dans le cratère, s'il n'y a point de danger ! Quelle douceur de visiter avec un ami le tombeau de Virgile et la Grotte du Chien, et de monter avec un savant sur la roche Tarpéienne ! Quelles jouissances nous attendent en Suisse... ce pays de Guillaume Tell !... ce berceau de la liberté dans lequel les mœurs ont conservé toute leur pureté à travers les orages des révolutions... Là nous recevrons partout la plus touchante hospitalité... nous y mangerons du fromage, monsieur Ménard... Ah ! quel fromage !... Je ne vous garantis pas cependant qu'il vaille celui de la Bretagne... car il n'y a rien au-dessus de celui qu'on mange en Bretagne... pays charmant, semé de bocages... de prairies et de gras pâturages... Ah ! que les vaches y sont belles, monsieur Ménard !...

Frédéric pousse Dubourg, pour le faire sortir de la Bretagne, où il revient toujours par un sentiment naturel. Celui-ci se hâte de reprendre :

— En Suisse, il n'est pas rare de manger d'un fromage qui compte quinze ou vingt ans ; les bons Helvétiens ont le talent de le conserver un temps infini...

— Cela doit être encore meilleur que notre roquefort, dit M. Ménard, qui se sent sur son terrain quand on parle de manger.

— Oh ! je vous en réponds ; à côté des vieux fromages suisses, notre roquefort n'est que du neufchâtel ! Au reste, monsieur Ménard, si vous voyagez avec moi, j'espère vous faire manger plus d'une fois du fromage !...

— Ah ! monsieur le baron !...

— Nous visiterons les glaciers, nous monterons sur le Saint-Gothard, sur le Righi !... qu'il faut gravir à quatre pattes !... quels points de vue superbes nous contemplerons !... En descendant dans le pays des Grisons, nous herboriserons, M. Ménard cueillera des simples. Nous regarderons glaner les jeunes Suissesses... elles portent des jupons très courts... Ah ! que nous verrons de jolies choses!...

— Eh bien! mon cher maître, que pensez-vous de notre projet? dit Frédéric à son ancien précepteur.

Celui-ci en était enchanté : voyager avec un homme aussi noble, aussi savant et aussi aimable que le baron Potoski, lui semblait un grand bonheur; et quoique la dureté des coussins et les cahots de la berline lui eussent déjà occasionné quelques écorchures, il se sentait le courage de faire mille lieues dans une voiture qui avait servi au roi Stanislas, et à la place qu'avait occupée une princesse de Hongrie.

— Certainement, dit-il, je ne vois aucun obstacle à ce que nous voyagions avec M. le baron ; et à la première poste, je vais écrire à M. le comte votre père pour lui apprendre l'heureuse rencontre que nous avons faite... il ne pourra qu'approuver...

— Non pas, non pas ! dit Dubourg. Oh ! il ne faut pas, au contraire, en écrire un seul mot à M. le comte !... Je vous l'ai dit, je voyage incognito. Je ne veux pas que l'on sache de quel côté j'ai porté mes pas. Mon gouvernement veut me nommer ambassadeur à la Porte, mais je ne me soucie point de cette dignité ; M. le comte pourrait jaser par inadvertance, bientôt toute la

France connaîtrait la route que je tiens, il vaut mieux ne rien dire.

— Je suis de cet avis, dit Frédéric. A quoi bon parler de tout ceci à mon père ! il m'a laissé liberté entière d'aller ou bon me semblerait, et a prié M. Ménard de m'accompagner comme ami, et non comme mentor : certes, en voyageant avec M. le baron, je ne puis faire qu'un extrême plaisir à mon père. Mais dans sa joie de me savoir en telle compagnie, il n'y a point de doute qu'il trahirait votre incognito, et vous seriez alors forcé de nous quitter.

— En effet, dit Ménard, je comprend que... cependant... si...

Dubourg, s'apercevant que le précepteur conserve encore quelques scrupules, s'empresse de tirer de sa poche sa tabatière de corne qu'il présente à Frédéric en le regardant d'un air significatif.

— La reconnaissez-vous, mon cher Frédéric?... c'est celle que je vous ai fait voir à Paris...

— En effet, je la reconnais, dit Frédéric, qui ne sait pas encore où Dubourg en veut venir; tandis que M. Ménard jette à son tour un regard sur la tabatière, et attend avec impatience que le baron s'explique.

— Ah!... c'est un objet bien précieux pour moi! dit Dubourg en savourant une prise de tabac. Vous ne vous doutez pas, monsieur Ménard, à qui cette simple tabatière a appartenu?...

— Non, monsieur le baron...

— Toute simple qu'elle est, je ne la changerais pas contre une boîte d'or... C'est la tabatière du roi de Prusse, monsieur Ménard.

— Du roi de Prusse?...

— Oui, monsieur, du grand Frédéric, qui, comme vous le savez, aimait beaucoup le tabac, et en mettait souvent à même sa poche, ce qui ne l'empêchait pas d'avoir aussi des tabatières fort simples, comme tout ce qu'il portait. C'est lui qui a donné celle-ci à mon père, et c'est de mon père que je la tiens!...

— Ah! monsieur le baron... si j'osais vous demander la faveur...

Et Ménard avance avec respect deux de ses doigts pour prendre du tabac dans la tabatière du roi de Prusse, que Dubourg lui présente en souriant.

Ménard prend une prise avec toute l'humilité convenable. Il se bourre le nez d'un tabac qu'il trouve délicieux, et le pauvre homme en éternuant croit avoir une légère ressemblance avec le roi de Prusse. Sa tête n'y est plus, la vapeur des grandeurs se mêle à l'odeur du tabac, et au troisième éternuement, il s'écrie en saluant de nouveau le baron Potoski : Décidément il est inutile d'écrire à M. le comte.

CHAPITRE V

UNE AUBERGE DE VILLAGE. — CE QU'IL Y ARRIVE A NOS VOYAGEURS

A la nuit, nos voyageurs sont arrivés dans un assez pauvre village. Dubourg a ordonné à son postillon de les descendre à la meilleure auberge; mais comme il n'y en a qu'une dans l'endroit, il faut bien s'en contenter.

Cette auberge était rarement habitée par des voyageurs à voiture, les piétons seuls s'y arrêtaient.

Frédéric était d'avis de ne point coucher dans ce misérable village; mais Dubourg insista pour y passer la nuit. Il avait ses raisons pour ne pas vouloir aller plus loin avec sa berline ; et comme M. Ménard se sentait en appétit, et que les débris de son pâté étaient restés dans la chaise de poste, il appuya la proposition de Dubourg.

La voiture entre dans une vaste cour remplie de fumier et de boue. Une douzaine de canards y barbotent dans une mare et semblent la disputer à des oies qui se promènent majestueusement alentour, tandis que trois pourceaux vont en grognant visiter tous les coins de ce séjour champêtre, et qu'un vieux cheval boiteux se désaltère à une auge, sur les bords de laquelle sont perchées quelques poules, qui pondent indifféremment dans la salle du rez-de-chaussée, dans la rue ou dans la cour, trouvant probablement qu'il y a entre ces lieux fort peu de différence. Enfin, pour compléter ce tableau, quelques lapins passant par-dessous la haie d'un jardin, dont on a fait une garenne, viennent de temps à autre montrer leur tête ; puis se sauvent effrayés par les aboiements d'un gros dogue, qui semble chargé de surveiller la conduite de toutes les autres bêtes.

Ce n'est pas sans peine que la berline passe sous une mauvaise porte charretière qui depuis longtemps ne se fermait plus. D'un côté, la roue enfonce dans une ornière ; de l'autre, elle passe sur un tas de fumier, ce qui fait craindre un moment à M. Ménard de voir verser la noble berline du palatin de Rava, et surtout de verser avec elle. Mais il en est quitte pour la peur. A l'arrivée de la voiture, les lapins et les pourceaux se sauvent, les canards crient, les oies et les poules s'envolent, et le chien vient aboyer sous le nez des voyageurs tandis qu'une douzaine de manants et autant de paysannes, qui composent presque tout le village, sont venus se placer devant l'entrée de la cour pour voir les personnes qui vont descendre de la voiture.

— Où diable nous mène-t-on? dit Frédéric en

mettant la tête à la portière, et la retirant aussitôt, parce que la roue en remuant la vase qui remplissait cet endroit, lui avait fait jeter une odeur qui ne devait point attirer les voyageurs.

— Il faut espérer que nous ne sommes pas devant la cuisine, dit M. Ménard en se bouchant le nez.

— Rassurez-vous, messieurs, dit Dubourg, nous serons fort bien ici; vous savez qu'il ne faut pas juger sur l'apparence. Je me suis déjà arrêté dans cette auberge, et je me souviens qu'on y mange des gibelottes et des ommelettes excellentes.

Quoiqu'il pût paraître étonnant qu'un palatin aimât des mets aussi communs, M. Ménard ne trouva plus la cour si laide ; et descendant après Dubourg, qui venait de sauter sur le fumier, il tourna les yeux de tous côtés pour tâcher d'apercevoir la cuisine.

Le maître de l'auberge se présente, le bonnet sur l'oreille gauche et sans saluer les voyageurs ; car, habitué à ne recevoir que des charretiers ou des paysans qui tiennent peu à la politesse, il a contracté une certaine familiarité avec tous les étrangers, et l'aspect d'une voiture ne lui impose aucun respect, par la raison que ce ne sont pas de semblables voyageurs qui alimentent journellement sa maison.

Cet aubergiste est un petit homme de cinquante ans, qui boite un peu, et dont le nez bourgeonné semble accuser son intempérance.

— Allez-vous boire un coup, messieurs ? dit-il en s'adressant à Ménard qui, toujours le nez au vent, tâche de flairer le fumet d'une gibelotte, et auquel le ton de l'aubergiste paraît fort inconvenant.

— Allons, mon brave homme, dit Dubourg, conduisez-nous dans votre plus belle salle ; nous venons coucher et souper ici. Que l'on mette tout en l'air ! que les broches tournent, que le feu pétille, et que l'on nous serve promptement.

— Oui, dit à son tour Ménard en frappant d'un ton protecteur sur l'épaule de l'hôte, et faites attention, mon ami, que vous avez l'honneur de recevoir chez vous M. le comte Frédéric de Montreville, M. le baron Ladislas Potoski, palatin de Rava et de Sandomir, et M. Benoit Ménard, maître ès arts et bachelier distingué.

— Je n'aurai jamais assez de place pour loger tout ce monde-là, dit l'aubergiste, tandis que Dubourg, s'approchant de Ménard, le gronde d'avoir trahi son incognito, et le prie d'être plus circonspect à l'avenir.

— Holà ! Goton !... Goton !... crie l'hôte en s'approchant du jardin, viens conduire les voyageurs pendant que je vais m'occuper des chevaux.,. et tu diras aussi à ma femme de songer au souper...

Mademoiselle Goton arrive : c'est une grande et forte fille de vingt ans, brune, aux yeux noirs, et à la peau hâlée par le soleil; ses traits ne sont pas réguliers, mais son nez retroussé et ses belles dents, que laisse voir une bouche un peu grande, rendent sa physionomie très piquante. Si, au lieu d'un petit jupon de bure, d'une cornette de toile et d'un corsage de grosse laine bleue, Goton portait une robe qui fît valoir sa taille ; si sa peau avait passé par la pâte d'amandes, et ses cheveux par les mains du coiffeur, nul doute que mademoiselle Goton ne fît à Paris de nombreuses conquêtes.

— Voulez-vous me suivre, messieurs ? dit la servante en souriant aux voyageurs ; car mademoiselle Goton sourit fort souvent, parce que cela la rend plus jolie, et qu'au village, comme à la ville, une femme sait fort bien tirer parti de ses avantages. A défaut de miroir, il ne faut qu'une fontaine pour former la plus simple.

Dubourg a d'un coup d'œil vu tout ce que vaut la servante ; et tout en la suivant il se dit : Avec le souper que je tâcherai de faire faire copieux, j'amuserai Ménard ; avec mademoiselle Goton je ne m'ennuierai pas. Ah ! si je pouvais trouver quelque figure sentimentale pour occuper Frédéric !... A défaut de nouvelle passion, je lui parlerai de madame Dernange... de toutes ses infidèles de Paris ; il y aura de quoi lui faire passer sa soirée.

La plus belle salle de l'auberge est celle où mangent habituellement les charretiers, les rouliers et les paysans. Quatre marchands forains, qui étaient arrivés une heure avant les illustres voyageurs, étaient alors assis devant une table et buvaient tout en parlant de leur commerce.

L'arrivée des trois nouveaux venus ne dérange nullement les quatre hommes. Ils les regardent et continuent de boire.

— J' vas mettre vot' couvert là, dit Goton en s'approchant d'une table couverte en toile cirée.

— Non, non, dit Dubourg, nous ne pouvons pas souper ici ; vous nous servirez dans une des chambres où nous coucherons.

— C'est pourtant ici la salle où l'on mange...

— C'est possible, dit Ménard ; mais M. le comte et M. le bar... enfin, nous ne voulons pas y manger.

Ces paroles font tourner la tête aux marchands, qui toisent les voyageurs en ricanant entre eux. Manard, qui craint de les avoir fâchés et redoute quelque scène, est déjà dans le couloir, où il attend la servante ; tandis que Dubourg, qui n'est pas endurant, toise à son tour les quatre buveurs. Pour Frédéric, l'esprit encore occupé de mille souvenirs, il fait peu attention à ce qui se passe autour de lui.

— Tu vois bien, Goton, dit l'un des marchands en souriant d'un rire moqueur, que ces messieurs sont trop huppés pour souper à côté de nous !... Jarni !... faut prendre garde de les regarder de trop près, cela pourrait les offusquer.

— On ne vous parle pas, dit Dubourg ; tâchez de ne point faire les insolents, ou vous pourriez vous en repentir.

— Vraiment !... en voilà un qui veut faire le méchant !

— Par grâce, monsieur le baron, dit Ménard en passant le bout de son nez à l'entrée de la salle, que cela n'aille pas plus loin... Ces messieurs n'ont certainement pas eu l'intention de...

— Tiens ! c'est un baron, reprend un second marchand ; je l'ai pris pour un fabricant de vulnéraire suisse, avec son foulard en sautoir.

— As-tu vu leur voiture ? dit un troisième ; c'est une vieille carriole à laquelle je ne voudrais pas mettre mon âne !

— Les misérables !... parler ainsi de la berline du roi Stanislas ! dit Ménard. Mais il murmure ces mots tellement bas, que personne ne se doute qu'il a parlé.

— Encore une fois, dit Dubourg, taisez-vous, ou nous vous apprendrons à qui vous avez affaire.

— Vraiment ! disent les manants en brandissant leurs gourdins, nous pourrions ben te faire voir autre chose !...

Frédéric, qui jusqu'alors avait gardé le silence, tire de sa poche une paire de pistolets, et s'avançant près de la table où sont établis les quatre buveurs :

— Messieurs, dit-il d'un ton fort calme, quel que soit le titre que nous portions, nous sommes des hommes, et nous saurons vous le prouver ; nous ne sommes pas habitués à nous servir de bâtons, mais voici qui rendra la partie égale entre nous. Tout le monde sait tirer un pistolet... Voyons qui de vous commencera avec moi.

— Oui, dit Dubourg en sortant à son tour de sa poche des pistolets d'un plus gros calibre, et voilà pour celui qui se présentera en second.

A la vue des pistolets, les marchands pâlissent et laissent tomber leurs gourdins : les êtres qui abusent de leur force pour outrager ceux qu'ils jugent plus faibles qu'eux deviennent en général fort lâches et fort sots devant de tels arguments.

Goton pousse de grands cris à l'aspect des armes à feu ; l'aubergiste accourt en boitant, et M. Ménard, voulant reculer précipitamment dans le fond du couloir, où il ne fait pas clair, va se jeter sur l'hôtesse, qui venait à son tour savoir ce qui se passait dans la salle.

L'hôtesse, avec qui nous n'avons pas encore fait connaissance, était une petite femme d'une cinquantaine d'années, à peu près aussi large que haute. Depuis quelque temps son embonpoint s'était tellement accru, qu'elle n'allait qu'avec difficulté de son comptoir à sa cuisine ; encore fallait-il qu'elle eût la précaution de saupoudrer certaine partie de sa personne avec de la farine, sans quoi madame se coupait en marchant, comme les petits enfants.

Cette difficulté de faire mouvoir son individu rendait l'hôtesse fort sédentaire ; elle passait presque toute sa vie assise dans un fauteuil, que le charpentier de l'endroit avait fait d'une dimension capable de recevoir l'énorme surface de son centre de gravité. Cette manière de vivre, loin de diminuer son embonpoint, lui laissait au contraire faire chaque jour de rapides progrès. Cela commençait à devenir inquiétant, et l'aubergiste, qui boitait, mettait cinq minutes à faire le tour de sa femme.

L'hôtesse avait entendu les cris de Goton, les exclamations de son mari, et se doutant qu'il se passait quelque chose d'extraordinaire, elle avait quitté son large fauteuil et enfilé le corridor qui conduisait à la grande salle. Comme ce corridor était étroit, l'hôtesse en bouchait hermétiquement la largeur, et sa personne frottait contre les deux cloisons qui formaient le couloir ; il eût donc été impossible à quelqu'un de le traverser en même temps que l'hôtesse, à moins de sauter par-dessus sa tête ou d'essayer de passer entre ses jambes.

C'est contre cette énorme masse que M. Ménard, auquel la vue des pistolets a rendu ses jambes de vingt ans, est allé se jeter, en voulant se sauver loin du théâtre du combat. Malgré la violence avec laquelle le précepteur s'est précipité sur elle, l'hôtesse n'en est point ébranlée, ferme comme un roc, et d'ailleurs soutenue par les deux côtés du corridor, la grosse maman se contente de crier d'une petite voix de fausset un « Qu'est-ce que c'est ?... qui va là ?... »

Ménard, encore étourdi du coup qu'il s'est donné, veut, malgré cela, obtenir le passage, et il revient vers la personne qu'il a cognée, espérant qu'elle se sera rangée d'un côté ou d'un autre ; il prend à droite, et va se frapper le nez contre une gorge qui dame le pion à celle de la Vénus hottentote ; il se recule et prend à gauche... ; il va embrasser le haut d'un bras qui masquerait une croisée.

— Ah ! mon Dieu !... où suis-je ? dit le pauvre Ménard, qui ne comprend rien à ce qu'il rencontre, et voulant toujours avancer, va la tête en avant comme les béliers, tandis que l'hôtesse crie plus fort :

— Qu'est-ce qui est là ?... qu'est-ce qu'il veut donc faire ?... où veut-il donc passer.

Les cris de l'hôtesse attirent l'attention des voyageurs, car la paix est rétablie dans la grande salle depuis que Frédéric et Dubourg ont montré leurs pistolets ; les quatre marchands sont devenus polis et ont marmotté quelques excuses, dont les jeunes gens se sont contentés, ne désirant pas avoir affaire à de pareils adversaires. C'est donc vers le couloir que se porte maintenant l'attention générale.

— C'est la voix de ma femme, dit l'aubergiste ; pour qu'elle ait quitté son fauteuil, il faut qu'il lui soit arrivé queuque chose de ben émoustillant !...

L'hôtesse dirige vers se couloir, avec Goton, qui tient une lumière ; Dubourg et Frédéric les suivent ; ils arrivent devant l'hôtesse, qui crie encore plus fort, parce que le bruit des pas qui approchaient ayant augmenté la terreur de Ménard, il a voulu à toute force passer, et ne pouvant y réussir ni à droite ni à gauche, s'est mis à quatre pattes, comme les enfants, et tâche de se glisser entre les jambes de la grosse maman ; mais celle-ci, qui ne veut point laisser échapper l'inconnu, qu'elle croit être un voleur, n'a pas trouvé pour le retenir de meilleur moyen que de s'asseoir sur lui ; elle se trouve donc à cheval sur Ménard au moment où on vient éclairer la scène.

Goton pousse de grands éclats de rire, l'aubergiste reste ébahi !.. Frédéric et Dubourg cherchent à démêler quelque chose dans ce burlesque tableau.

— Je n'en puis plus, dit Ménard d'une voix éteinte.

— Je le tiens !... il est pris, répond l'hôtesse d'un air triomphant.

Le pauvre homme était si bien pris, qu'il allait étouffer si on ne l'eût retiré de là. Mais l'hôte qui est jaloux de sa chaste moitié, qu'il regarde comme la plus belle femme qu'on puisse rencontrer à cent lieues à la ronde, se baisse précipitamment et tire M. Ménard de dessous les jupons de sa femme en lâchant des f...

— Mon drôle !... sacrebleu !... mon camarade !... qu'est-ce que vous alliez faire là-dessous ?... mille z'yeux !....

— Ah je t'assure, loup-loup, qu'il a passé sagement !... dit l'hôtesse d'un air mielleux pour calmer les soupçons de son mari ; tandis que Ménard, que l'on est parvenu enfin à remettre au jour, se relève, la perruque retournée et la figure bouleversée.

— Mais enfin, mille canards !... mon ami ! reprend l'aubergiste, vous ne vous étiez pas mis là, sacrebleu, pour chercher de la violette ?...

Ménard regarde tout le monde d'un air effaré ; il n'est pas encore revenu à lui. Dubourg arrange l'affaire ; il devine pourquoi M. Ménard voulait s'éloigner ; il dissipe les soupçons de l'hôte, rassure l'hôtesse sur la querelle qui a eu lieu dans la salle, et ordonne à Goton de les conduire à leur appartement ; ce qu'elle fait, après que l'épouse de l'hôte a bien voulu déboucher le couloir en retournant à son fauteuil.

Le plus bel appartement qu'on puisse donner à nos trois voyageurs consiste en deux chambres fort sales, enjolivées de poutres qui barrent les plafonds, et dans lesquelles les chats et les araignées paraissent avoir l'habitude de tenir compagnie aux voyageurs.

Dans chaque chambre est un mauvais lit ; des rideaux blancs et bleus, qui ressemblent par les dessins à des saladiers de campagne, entourant à demi les couchettes, qui ont chacune plus de cinq pieds de haut.

— L'appartement est modeste, dit Frédéric en souriant ; mais, à la guerre comme : à la guerre lorsqu'on voyage il faut s'accommoder de tout, n'est-il pas vrai, mon cher Ménard ?

— Sans doute, répond celui-ci ; une nuit est bientôt passée, et ces lits paraissent bons...

— Il nous faudra une échelle pour monter dessus !

— Mais je n'en vois que deux, monsieur le comte !

— Oh ! ne vous inquiétez pas de moi, dit Dubourg, je ne me coucherai pas ; j'ai à écrire..., j'ai des dépêches à envoyer... ; je me jetterai dans un fauteuil pour finir la nuit...

— Mais je n'en vois pas. monsieur le baron...

— N'importe, une chaise, un banc !... Quand on a couché au bivouac, on n'est pas difficile. Mais le souper tarde bien... je vais donner un coup d'œil à la cuisine.

Dubourg descend, Frédéric se met une à fenêtre qui donne sur la campagne ; la lune éclairait une partie du village, où régnait le calme le plus profond. Le jeune homme compare la vie de Paris à celle des habitants de ce bourg ; il pense que dansce moment où les villageois se livrent au repos, les brilants citadins courent au spectacle ou dans les salons étaler leur parure et chercher des plaisirs ! Mais, pour trouver des contrastes, est-il besoin de sortir de la ville ?... Dans cette maison, où l'on danse au premier, on pleure au second la mort d'un époux ou d'un père; au troisième, un jeune homme fait à sa maîtresse une tendre déclaration d'amour; au quatrième, un ivrogne bat sa femme; au cinquième, un joueur se prépare à sortir, en emplissant ses poches d'or; et sous les toits, une jeune fille passera la nuit à travailler afin de gagner du pain pour sa mère.

Pendant que Frédéric se livre à ses réflexions, M. Ménard est allé examiner les lits, et il voit avec douleur que ce coucher, qu'il jugeait devoir être fort tendre, ne se compose que d'un mauvais matelas et d'une paillasse, laquelle paillasse est à elle seule haute de près de quatre pieds.

— Quelle mauvaise manie ont ces villageois, avec leurs énormes paillasses! dit Ménard en visitant les draps qui lui ratissent la main; moi qui croyais enfoncer dans la plume !... Voilà de bien méchants draps !... Et M. le baron qui dit que l'on est bien ici !... Je coucherai avec mon caleçon. Pourvu que le souper nous dédommage un peu !...

Dubourg est descendu pour parler au conducteur de sa berline, avec lequel il solde son compte lui ordonnant de repartir avant le jour; car Dubourg n'ayant plus que trois louis, sur les dix que Frédéric lui a prêtés, ne se soucie point de garder plus longtemps une voiture qu'il ne pourrait pas payer. Cette affaire une fois terminée, Dubourg va rôder autour de mademoiselle Goton, à laquelle il voulait dire deux mots. La servante voit Dubourg d'un œil favorable, parce qu'il s'est bravement conduit avec les marchands forains, et que cela lui a plu; car un trait de courage plaît aux grosses filles comme aux petites maîtresses; mais Goton aide son maître à la cuisine, puis elle sert les quatre hommes, qui paraissent disposés à passer la nuit à boire dans l'auberge, et à ne se remettre en route qu'au petit jour.

Les marchands rient et agacent la grosse servante, qui a fort à faire pour se défendre des entreprises un peu familières de ces messieurs; mais Goton est habituée à livrer bataille à de pareils rustres : elle distribue un soufflet à l'un, un coup de pied à l'autre; elle pince, elle égratigne, et les manants ne l'en trouvent que plus séduisante.

Occupée ainsi de tous côtés, Goton ne peut que glisser deux mots d'espérance à Dubourg, en lui faisant entendre qu'au point du jour les marchands seront partis, ses maîtres endormis, et elle plus libre... Cette promesse enchante notre voyageur; il tenait alors Goton au bas de l'escalier; il lui donne un vigoureux baiser. La grosse fille se sauve; mais en levant les yeux, Dubourg aperçoit Ménard, qui, un bougeoir à la main, venait savoir si enfin on allait souper, et était resté un peu interdit en voyant le palatin de Rava qui tenait dans ses bras une laveuse de vaisselle.

Dubourg, qui ne se déconcerte jamais, va audevant de Ménard en disant :

— L'empereur Héliogabale récompensait celui qui inventait un mets nouveau; moi, j'embrasse la personne qui vient m'annoncer que le souper est préparé.

Ménard n'en demandait pas davantage; il remonte avec Dubourg, auprès de Frédéric, et Goton vient mettre le couvert dans la première chambre.

— Mettons-nous à table, et vive la gaieté! dit Dubourg, qui se sent plus tranquille depuis qu'il sait qu'il sera débarrassé de sa voiture. Ménard répond à cette invitation par un gracieux sourire, et Frédéric se décide enfin à quitter un moment la lune pour s'occuper des choses terrestres.

— Goûtons d'abord ce vin, dit Dubourg; est-ce du meilleur, mon enfant?

— Oh! monsieur, c'est du bon, car nous n'en avons pas d'autre.

— Il est un peu vert, dit Ménard en faisant la grimace.

— Mais nous en avons aussi du blanc qui est plus doux, dit Goton.

— Va nous chercher du blanc, ma chère, va, n'épargne rien; tu ne donnes pas tous les jours à souper à des gens comme nous.

— Non certes, dit Ménard, et il faut espérer que cette gibelotte sera faite en conséquence.

Dubourg sert de la gibelotte; mais l'aubergiste, troublé par l'aventure de sa femme dans le couloir, a laissé brûler son ragoût; et Goton, toujours aux prises avec les quatre marchands, a mis ses oignons trop tard, et son lard sans le gratter. Dubourg se tue en vain de dire qu'elle a un fumet délicieux; Ménard ne répond pas, parce qu'il n'ose pas contredire M. le baron, mais à chaque bouchée sa figure se rembrunit.

— Que diable de ragoût est-ce là? dit Frédéric en repoussant le plat de gibelotte que Dubourg ne cesse de lui présenter. Un lapin qui n'a vécu que de choux, des oignons crus, du lard rance... et, par-dessus tout, un goût de brûlé détestable...

— Il est certain, dit Ménard, que cela ne répond pas à ce que nous avait dit M. le baron.

— Que voulez-vous, messieurs! dit Dubourg, un cuisinier se trompe quelquefois!... *Errare humanum est* n'est-il pas vrai, monsieur Ménard?

— Monsieur le baron, un cuisinier ne devrait jamais *errare*.

— C'est votre faute aussi. Vous lui avez troublé l'esprit; pourquoi diable allez-vous vous fourrer sous les jupons de sa femme!...

— Je ne voulais que passer, monsieur le baron.

Ah! jarni, vous me chatouillez! (Page 27, col. 2.)

— Un mari seul doit passer par ce chemin-là, monsieur Ménard.

— Monsieur le baron, mes intentions étaient pures!

— Je n'en ai pas douté; mais votre position était terriblement équivoque.

— Monsieur le baron, dans le temple d'Apollon, les pythonisses, placées sur le trépied divin, recevaient l'exhalaison prophétique par-dessous leur jupon.

— Monsieur Ménard, si ma femme était montée sur ce trépied-là, j'aurais pladé en séparation.

Goton met fin à cette conversation en montant une omelette et du vin blanc.

— Ces messieurs sont-ils contents de la gibelotte? dit-elle.

— Elle ne vaut pas le diable, s'écrie Frédéric.

— Elle est totalement manquée, dit Ménard.

— Ma chère enfant, dit Dubourg, les lapins de Bretagne ne sentent point ainsi le chou... C'est là qu'on en trouve d'excellents;... mais ici vous avez une fort mauvaise méthode pour leur éducation.

— Il paraît que monsieur le baron a longtemps vécu en Bretagne? dit Ménard en avançant respectueusement sa main pour prendre une prise dans la tabatière du roi de Prusse, que Dubourg lui présentait.

— Oui, monsieur Ménard, et j'avoue que j'ai conservé un faible pour ce pays-là... J'en ai de si doux souvenirs!... Ah! le beau ciel, qne celui de la Bretagne!... Et ses campagnes... comme elles sont jolies! Quels gras pâturages, quels bocages enchanteurs!... Vous faites plusieurs lieues loin de la ville sans quitter les ombrages, les berceaux, les sentiers fleuris, qui font des champs de la Bretagne un jardin continuel.

— Mais la Pologne, monsieur le baron?

— Ah! la Pologne a bien son mérite, certainement!... Y avez-vous été, monsieur Ménard?

— Je n'ai pas eu cet honneur, monsieur le baron.

— Puisque vous ne la connaissez pas, je vous en parlerai souvent.

— Ce doit être un pays curieux.

— Fort curieux, fort pittoresque et fort intéressant; nous avons surtout les monts Krapach, auprès desquels le mont Cenis n'est qu'une colline!...

— Oh! oh!... ces monts ne sont-ils pas couverts de neige?

— Presque toute l'année. Je possède un château sur le pic de l'un de ces rochers, au sommet duquel il n'y a que les chamois qui puissent grimper.

— Et comment arrive-t-on à votre château, monsieur le baron?

— J'ai fait construire un escalier tournant dans l'intérieur de la montagne; cela m'a coûté cent mille francs, mais c'est une chose superbe et que l'on vient admirer de cent lieues à la ronde. J'espère bien, monsieur Ménard, que j'aurai le plaisir de vous faire voir tout cela, et de vous posséder quelque temps à mon château de Krapach... Je vous y ferai boire d'un certain vin de Tokai qui me vient de la cave de Tékély, et dont vous me direz des nouvelles...

— Ah! monsieur le baron, vous me comblerez... Mais il doit faire bien froid dans votre château!

— Il y faisait en effet très froid du temps de mes aïeux; mais grâce aux nouvelles lumières du siècle, j'ai trouvé le moyen d'en adoucir la température, moyen bien simple et qui remplit parfaitement mon objet.

— Quel est-il donc, monsieur le baron?

— J'ai fait établir un gazomètre au-dessous de mon château; le gaz, comme vous savez, donne beaucoup de chaleur à la terre, et c'est au point qu'au-dessus des endroits où passent les conduits il me vient des petits pois au mois de janvier... Eh! mais, buvez donc, mon cher comte, vous allez étouffer.

Frédéric avait en effet beaucoup de peine à entendre tranquillement les discours que Dubourg débitait avec un sérieux imperturbable, tandis que M. Ménard les écoutait avec la plus grande confiance, ne mettant point en doute une seule parole de M. le baron.

Dans ce moment, la conversation fut interrompue par une secousse violente qu'éprouva la maison, laquelle secousse fut suivie d'un craquement épouvantable.

— Ah, mon Dieu! dit Ménard, qu'est-ce que cela?... Cette maison ne paraît point solide...

— Est-ce qu'on tire le canon pour notre arrivée dans le village? demanda Dubourg à Goton, qui riait.

— Non, non, monsieur... ce n'est rien, répond la servante, c'est madame qui se couche, v'là tout.

Cette explication fit rire les jeunes gens; mais Ménard n'est tranquille que lorsqu'il est certain que l'hôtesse couche au même étage que lui; il ne consentirait point à passer la nuit au-dessous d'une femme qui en se retournant, fait remuer sa maison : c'est déjà beaucoup de rester sous le même toit qu'elle.

Le petit vin blanc, un peu plus agréable que le rouge, a fait manger une omelette au persil que Dubourg veut en vain faire passer pour de l'estragon. Pour dessert on ne peut offrir aux voyageurs que du fromage de Géromé qui pourrait au besoin arriver seul sur la table, et dont l'odeur fait reculer Frédéric, qui quitte sa place et va se coucher dans la chambre du fond en ordonnant à la servante de le réveiller de grand matin, ne désirant pas prolonger son séjour dans l'auberge.

M. Ménard croit devoir tenir compagnie à M. le baron, qui lui verse force rasades et s'extasie sur le goût du fromage anisé qui, dit-il, lui rappelle celui qu'il a mangé en Suisse, ce qui ôte à l'ancien précepteur l'envie d'aller goûter ou souper dans un châlet.

— Oui, monsieur Ménard, dit Dubourg, si vous alliez à Gruyère, petite ville de la Suisse, fort renommée pour ses fromages, qui font toute sa richesse, vous sentiriez d'une lieue les châlets dans lequels on le fabrique. Quand on a couché une nuit dans un de ces châlets, on sent le fromage pendant huit jours, ce qui est excellent pour la poitrine. Mais vous devez avoir besoin de repos, monsieur Ménard, couchez-vous. Moi, je passerai la nuit à écrire...

— Monsieur le baron, je n'oserai jamais me permettre devant vous...

— Eh! pourquoi donc?... Diogène se couchait dans son tonneau devant Alexandre, et Cratès ne se gênait pas pour montrer son derrière à ses concitoyens.

— C'est vous qui l'ordonnez, monsieur le baron...

— Je ne vous ordonne pas de me montrer votre derrière, monsieur Ménard ; mais je vous engage à vous coucher comme si je n'étais pas là.

La fatigue et le petit vin blanc rendaient à Ménard le sommeil nécessaire, il ne se fait donc pas prier davantage : il passe derrière les rideaux à bouquets, et se dispose à se coucher. Pendant ce temps, Dubourg, assis dans un coin de la chambre, devant une table sur laquelle il fait semblant d'examiner des papiers et de prendre des notes, attend avec impatience que le précepteur soit endormi pour donner au conducteur de la berline le signal du départ, car il craint que Ménard ne se réveille de bonne heure, et il serait fort embarrassé si sa voiture n'était pas alors loin du village. Ce motif l'engage à presser le départ du postillon.

La porte de la cour n'est pas fermée ; Goton seule veille à ce qui se passe, et Dubourg sait le moyen de la rendre discrète.

Depuis près d'un quart d'heure Ménard est passé derrière ses rideaux ; Dubourg le croit endormi, il va descendre, quand il entend quelques plaintes du côté du lit :

— Vous sentiriez-vous indisposé, monsieur Ménard? dit-il en approchant des rideaux qu'il entr'ouvre légèrement.

Mais quelle est sa surprise de trouver le pauvre Ménard qui, en caleçon et en bonnet de coton, est encore debout contre son lit, sur lequel il essaye en vain de monter avec l'aide d'une petite chaise qui ne suffit pas pour élever ses courtes jambes à la hauteur de son matelas.

— Comment, monsieur Ménard, vous n'êtes pas couché!

— Non, monsieur le baron, car voilà dix minutes que j'essaye en vain de monter dans mon lit... N'est-ce pas une horreur!... n'est-ce pas se moquer des voyageurs que de leur faire des couchettes qui touchent au plafond?... Tout le monde n'a pas six pieds de haut! et à moins d'être un géant...

— Allons, calmez-vous, monsieur Ménard ; que ne m'appeliez-vous à votre aide?

— Ah! monsieur le baron, je n'aurais pas osé me permettre...

— Vous aviez tort, car enfin vous ne pouvez pas passer la nuit à essayer de grimper dans votre lit.

Et sans attendre sa réponse, Dubourg fait monter Ménard sur la chaise ; puis, le poussant vigoureusement en plaçant ses deux mains sur certaine rotondité que le percepteur avait de la peine à lever, il se met en devoir de le glisser dans son lit.

— *Sic itur ad astra*, dit Dubourg.

— *Labor improbus omnia vincit*, répond Ménard en tâchant de saisir son traversin.

— Ouf!... dit Dubourg.

— J'y suis, monsieur le baron, s'écrie Ménard enchanté d'être enfin couché.

— C'est bien heureux! Bonne nuit alors.

— Mille remerciements, monsieur le baron.

Dubourg en s'éloignant du lit a soin d'ôter la chaise qui était placée tout contre : de cette manière il est certain que Ménard ne se lèvera que lorsqu'il le voudra bien. Cette précaution pouvait mettre Ménard dans une fâcheuse situation : c'est ce que la suite nous apprendra.

Ménard n'est pas au lit depuis cinq minutes qu'il ronfle profondément.

— Bon! me voilà tranquille, dit Dubourg. Et prenant doucement sa lumière il descend dans la cour. En passant devant la grande salle, il y jette un coup d'œil: deux des marchands forains sont endormis sur la table, les deux autres boivent encore ; mais tout fait présumer qu'ils ne tarderont pas à en faire autant que leurs compagnons.

Dubourg va trouver son postillon, et lui mettant une pièce de cent sous dans la main, lui ordonne de partir sur-le-champ. En un moment les chevaux sont mis, et la berline du noble paladin est loin de l'auberge et du village.

— Mais comment que vous ferez pour vous en retourner demain? dit Goton, qui est venue rejoindre Dubourg dans la cour, et regarde la voiture s'éloigner.

— Oh! nous avons une autre voiture, une bonne chaise de poste que l'on nous raccommode ; quant à ce que je viens de faire, je t'apprendrai ce qu'il faut dire, entends-tu, Goton?

En disant cela, Dubourg glisse deux pièces de cent sous dans la poche de la servante ; c'était plus que la pauvre fille n'en gagnait souvent en six mois dans sa misérable auberge, et la vue des deux pièces rondes la rend docile comme un agneau.

— Oh! ça suffit, dit-elle pendant que Dubourg entoure de ses bras ses robustes appas ; ça suffit! je dis ce qu'on veut, moi, voyez-vous! d'ailleurs c'te voiture était à vous... et vous étiez bien le maître... Ah! jarni! vous me chatouillez! ne pincez donc pas si fort!... Oh! c'est bête, ça.

— Où donc est ta chambre, Goton?

— Ma chambre! ah! je n'ai pas de chambre, moi! je couche là-bas, tenez, dans cette petite étable, avec la vache... Ah! dam'! je n'ai qu'une grosse paillasse à terre pour lit, parce que l'été la bourgeoise dit qu'on n'a pas besoin d'user des draps... oh! d'ailleurs il ne fait pas froid là-dedans, Bebelle me tient chaud.

— Qu'est-ce que c'est que Bebelle?

— C'est not' vache dons!... oh! elle est si douce!... Mais comme i' pince!... ah! Dieu! queu pinceu que vous faites...

— Viens dans ta chambre, nous y serons mieux pour causer... avec toi, Goton, l'étable devient un boudoir, et la paille de la plume!

— Quoi que c'est qu'un boudoir?

— Viens toujours, je te l'apprendrai.

— Et les marchands?

— Ils n'ont plus besoin de toi... n'ont-ils pas payé leur dépense?

— Oh! oui!... d'ailleurs not' maître les connaît.

— En ce cas, il est inutile que tu veilles davantage.

— Mais s'ils avaient besoin de queuque chose?...

— Il y en a déjà deux qui dorment profondément; les deux autres ne vont pas tarder à en faire autant. Viens, te dis-je; c'est une sottise d'attendre le jour pour eux... Tu as besoin de dormir, Goton....

La servante était à demi vaincue. Elle ne résiste plus aux raisons de Dubourg, et se laisse entraîner vers l'étable, dans laquelle ils entrent tous les deux, en tirant sur eux la porte tout contre; car l'étable ne se fermait qu'en dehors par un crochet de fer; mais la servante y dormait sans crainte, ne redoutant pas les voleurs.

Cependant un des marchands forains ne s'était pas endormi; Goton l'occupait aussi, et il attendait que ses compagnons fussent livrés au sommeil pour chercher à se rapprocher de la jolie servante. Cet homme avait remarqué que l'un des étrangers rôdait souvent autour de mademoiselle Goton, et cela lui avait donné de l'humeur; mais il n'avait pas osé le surveiller de trop près, parce que le souvenir des pistolets le tenait encore en respect.

Lorsque ses trois camarades ont chacun la tête dans leurs mains, appuyées sur la table, il se lève doucement et se dispose à chercher Goton, dont il connaît la chambre à coucher. Il ne prend pas de lumière, pour ne point trahir sa marche, et s'avance à pas de loup vers l'étable.

Il en est encore à dix pas, et déjà il distingue deux voix qui se disent de fort jolies choses.... il s'approche encore.... et il saisit fort distinctement le fil du discours; car Dubourg et Goton, ne se croyant entourés que d'animaux, se livraient sans réserve au plaisir de la conversation.

Le marchand est furieux, mais comment se venger?... Il ne se soucie plus de chercher querelle à Dubourg; appeler l'hôte ce serait perdre son temps : le cher homme et sa femme s'enferment et se barricadent pour ne pas être dérangés; et d'ailleurs qui oserait se charger de faire lever l'hôtesse? puis, après tout, que leur importe que leur servante couche avec un voyageur? Il est probable qu'ils ne répondent point de la vertu de Goton.

Le marchand veut jouer quelque tour au couple amoureux. Il ne trouve rien de mieux que de mettre bien doucement le crochet de fer qui ferme en dehors la porte de l'étable, puis s'éloigne enchanté, en se disant :

— Vous ne sortirez de là que lorsqu'on ira vous délivrer, car la porte est solide, et je vous défie de la briser.

Notre homme va rejoindre ses compagnons. Bientôt le jour commence à poindre, c'est l'heure où leurs affaires forcent les marchands à se mettre en route. Ils sont bientôt debout, et en prenant leurs ballots écoutent le récit du tour que leur camarade vient de jouer à l'étranger. Tous y applaudissent, enchantés de se venger d'un homme qui n'a pas eu peur de leurs gourdins; et ils quittent l'auberge en riant de la scène qui s'y passera le matin.

Pendant que ces événements se sont passés, Ménard n'est pas resté aussi tranquille que nous l'avons laissé. Le petit vin blanc, dont monsieur le baron lui a versé fréquemment, a produit son effet. Ménard se réveille... Il se retourne, il avance son bras en dehors de son lit pour rencontrer la chaise qui doit l'aider à descendre; car dans ces misérables auberges il n'y a point de table de nuit; il faut donc se lever pour chercher ce dont on a besoin.

Mais c'est en vain qu'il allonge les bras et tâtonne de tous côtés.... Point de chaise!.... Comment donc descendre de ce lit qui frise le plafond?... et cependant Ménard sent que cela lui devient fort nécessaire.... Il écoute : il n'entend rien.... Il entr'ouvre ses rideaux.... la plus profonde obscurité règne dans la chambre; M. le baron se sera endormi sur une chaise, comme il en avait le projet; et d'ailleurs comment oser prier M. le palatin de Rava de lui donner le... Ménard ne le pourra jamais!.... D'un autre côté, se jeter en bas du lit c'est s'exposer à se blesser, ou tout au moins à ne plus pouvoir y remonter. Tout cela est fort embarrassant et le pauvre Ménard, assis sur son séant, ne sait quel parti prendre, et sent augmenter à chaque instant son envie d'être en bas.

Nécessité n'a point de loi, dit un vieux proverbe ; et puis M. le baron est si bon, si complaisant, si serviable ! Tout cela enhardit Ménard : il tousse, légèrement d'abord, ensuite un peu plus fort... puis il se hasarde à prononcer bien bas.

— Monsieur le baron.... si vous ne dormez pas.... oserai-je vous demander un secours ?... Je suis bien embarrassé, monsieur le baron.

Mais dans ce moment le baron Dubourg était avec Goton, occupé à lui apprendre ce que c'est qu'un boudoir, et comment une mansarde, un bosquet, un grenier, une grotte, une cuisine, une cave, une étable même peut mériter ce nom, lorsqu'on y est avec la personne que l'on aime, et Goton comprenait cela parfaitement, parce qu'elle avait l'entendement facile, et que Dubourg, qui avait été à l'enseignement mutuel, faisait fort bien le moniteur.

— Il paraît que M. le baron dort profondément, se dit Ménard. Maudite auberge !... lit infernal où je ne puis pas me retourner sans me piquer les fesses.... car je crois que le matelas est fait de paille d'avoine !.... Allons, arrive ce qu'il pourra... Je vais tâcher de me laisser glisser.

Déjà Ménard a une de ses petites jambes hors du lit, il va sortir l'autre... quand un fracas épouvantable se fait entendre dans la chambre : une chaise est renversée, un vase placé dessus tombe et se brise... Plusieurs objets glissent le long des murs, puis se sauvent en poussant la porte qui donne sur le carré.... Ménard est glacé de terreur... Il appelle d'une voix étouffée :

— Monsieur le baron... monsieur le baron... est-ce vous ?

On ne lui répond pas... Le pauvre homme ne se sent plus le courage de quitter son lit ; il se fourre dans sa couverture, se cache la tête sous les draps, et la frayeur qu'il vient d'avoir lui faisant perdre toute retenue, il ne lui est bientôt plus nécessaire de descendre de son lit, où il se rendort sans être troublé davantage, parce que ce n'étaient ni des voleurs ni des lutins qui avaient fait ce vacarme dans sa chambre, mais tout simplement deux chats qui, trouvant la porte ouverte, étaient allés visiter leur demeure ordinaire. En se disputant un morceau de lapin, que M. le baron avait jeté sous la table tout en assurant qu'il était excellent, les deux matous avaient renversé une chaise sur laquelle était un pot à l'eau, dont la chute les avait tellement effrayés eux-mêmes, qu'ils s'étaient sur-le-champ sauvés par l'escalier en abandonnant le sujet de la bataille.

Cependant le jour est venu. L'aubergiste quitte sa chaste moitié, qui se lève à six heures pour être habillée à neuf. Frédéric s'éveille ; Ménard en fait autant et se retourne dans son lit, où il est fort mal à son aise par des raisons que vous devinez bien. Dubourg, qui n'a plus rien à apprendre à Goton, veut regagner sa chambre, et Goton a plus de peine que d'ordinaire à quitter sa paillasse, parce que les leçons de Dubourg l'ont fatiguée.

Mais c'est en vain que ce dernier veut sortir de l'étable. Depuis cinq minutes il pousse et secoue la porte, qui ne s'ouvre pas.

— Goton... Goton, est-ce que tu as fermé la porte ? dit Dubourg.

— Bah ! alle ne ferme pas, répond la grosse fille en se frottant les yeux.

— Cependant je ne puis pas l'ouvrir...

— Poussez fort !...

— Je pousse tant que je peux, mais elle ne s'ouvre point.

— Ah ! que ces hommes de la ville sont mignons ! dit la servante ; et elle va donner un grand coup de poing dans la porte, qui ne s'ouvre pas davantage.

— Jarni ! faut qu'on ait mis le crochet en dehors !..

— Qui diable a pu nous jouer ce tour-là ?...

— Pardi ! ça ne peut être qu'un des marchands... parce qu'ils me reluquaient, voyez-vous !... et peut-être ben qu'ils auront vu... que vous étiez là...

— Je n'ai pourtant pas envie de passer ma journée dans l'étable....

— J' vas vous traire du lait...

— Bien obligé...

— Vous me conterez queuque chose...

— Je ne sais plus rien... Cette odeur de vache... ce fumier me porte à la tête !...

— Eh bien ! tout à l'heure vous disiez que c't étable était un petit... comment donc ?... un petit bouloir ben gentil avec moi...

— Ah ! tout à l'heure et à présent, c'est différent !... Pour qu'un endroit nous plaise, Goton, il faut que nous ne soyons pas forcé d'y rester. Mais il fait grand jour ; si cette lucarne n'était pas si étroite... on pourrait sortir par là...

— Oh ! gnia pas moyen.

— Ah ! quelle idée !... C'est cela ! il faut tirer parti de la circonstance... Approche cette pierre, Goton... monte avec moi pour que nous soyons à la hauteur de la lucarne... et crie comme moi...

— Que je crie, quoi ?...

— Ce que je crierai.

Dubourg approche sa tête de l'ouverture que l'on a pratiquée au-dessus de la porte, et se met à crier de toutes ses forces :

— Au voleur !... au secours !... arrêtez la voiture ! au voleur !...

Et Goton lui dit tout bas :

— Où que sont donc les voleux ?

Et Dubourg lui répète :

— Veux-tu bien faire ce que je te dis ?...

— Allons, je vas crier, dit la servante, pisque ça vous amuse.

Et la grosse voix de Goton, se mêlant à celle de Dubourg, met en un moment toute la maison et une partie du village sur pied.

L'aubergiste accourt aussi vite que le lui permet sa jambe gauche, plus courte que la droite de deux pouces. Frédéric sort de sa chambre; Ménard se remet sur son séant, et, avec l'aide de son élève, parvient à descendre de son lit. Il passe à la hâte sa redingote et descend sur les pas de Frédéric, qui a reconnu la voix de Dubourg, et qui est plus curieux qu'effrayé, se doutant que c'est encore une histoire fabriquée par M. le baron.

Tout le monde se rend dans la cour. Les habitants des environs, quelques journaliers allant à leur travail, entrent aussi dans l'auberge, attirés par les cris de Dubourg, qui ne cesse de répéter :

— Au voleur !... arrêtez la voiture.

Tout le monde se retourne : on ne voit pas de voiture, et Goton crie à tue-tête :

— La berline de M. le baron s'est enfuie.

On approche de l'étable dont on commence par ouvrir la porte, et Dubourg en sort comme un furieux, criant, se démenant, courant dans la cour, et ne faisant pas attention qu'une partie de sa culotte est tachée de bouse de vache.

— Qu'y a-t-il donc, monsieur le baron ? demande Ménard avec effroi.

— Ce qu'il y a ?... ma berline... ce scélérat de postillon !... il se sauve... il me l'emmène... avec cinquante mille francs en or que j'avais mis dans l'un des coffres...

— Ah ! mon Dieu !...

La berline de mon père !... La voiture des Potoski !... Ce n'est pas l'argent que je regrette ! mais une berline dans laquelle la princesse de Hongrie!...¡Ah!... mes amis, courez de tous côtés... répandez-vous sur toutes les routes... cent louis à celui qui me la ramènera !

— Cent louis à celui qui rapportera la voiture, dit Goton.

— Ils seront bien habiles s'ils la rejoignent, dit tout bas Dubourg ; elle doit être maintenant fort près de Paris.

— Mais comment vous trouviez-vous enfermé dans l'étable avec Goton ? demande l'aubergiste.

— Ce n'est que trop facile à concevoir. J'avais dans la nuit entendu du bruit dans la cour ; je suis descendu doucement, j'ai trouvé mon drôle qui mettait les chevaux à la voiture, pour se sauver pendant notre sommeil. Malheureusement je n'avais pas d'armes, et ce postillon est un gaillard plus fort que moi. J'ai voulu vous aller chercher, mais le scélérat m'a saisi, et, malgré ma résistance, m'a fait entrer dans cette étable, où dormait cette fille, et où il nous a enfermés. Nous nous sommes mis sur-le-champ à crier... mais vous dormez comme des sourds !...

— Ah ! ça, c'est bien vrai, dit Goton, qui comprend maintenant pourquoi Dubourg lui a fait crier au voleur.

— Il faut courir chez M. le maire, dit Ménard ; il faut qu'il mette en marche la force armée... vous avez sans doute un maire ici ?

— Oui, monsieur ; c'est le marchand de vin de l'endroit ; mais pour avoir la force armée, faut envoyer à la ville voisine, et c'est l'affaire de deux petites heures.

— Calmez-vous, mon cher Ménard, dit Frédéric en souriant, nous avons une bonne chaise de poste pour remplacer la berline de M. le baron.

— Mais, monsieur le comte, cinquante mille francs en or...

— Oh ! ce n'est pas la perte de cette somme qui m'afflige, dit Dubourg ; ma fortune est au-dessus de ces revers. Heureusement il me reste encore quinze mille francs dans mon portefeuille, pour subvenir aux premiers frais de mon voyage... mais c'est ma garde-robe que je regrette ; c'est une énorme malle renfermant du linge et des habits, et qui était cachée sous la voiture.

— Il est certain, dit Frédéric en regardant malignement Dubourg et Goton, il est certain que vous avez maintenant besoin de changer de vêtements... car il paraît que vous êtes tombé dans l'étable.

— A coup sûr je n'y suis pas entré de bonne volonté, répond Dubourg en regardant Frédéric d'un air qui signifie : Tu avais bien besoin de parler de ça ! Demandez à Goton comme le drôle m'a poussé !...

— Oh ! ça, oui, dit la servante, il vous a fait tomber plus de quatre fois !...

— Au reste, mon ami, ma garde-robe est à votre service, dit Frédéric.

— Ainsi que la mienne, monsieur le baron, ajoute Ménard en saluant Dubourg, et en remontant dans sa chambre pour achever de s'habiller, pendant que le baron lui promet d'aller porter sa plainte chez le maire.

Le postillon aux gages de Frédéric vient enfin avertir les voyageurs que la chaise est en état.

Ménard descend de sa chambre en bénissant le ciel de ce qu'ils vont enfin quitter cette auberge, qui leur a été si fatale. Goton descend après lui, et s'approchant de l'oreille de Dubourg :

— Vous avez un compagnon qui est ben mal élevé, lui dit la servante ; à son âge !... faire des choses comme ça... si mon petit frère en faisait autant, on lui donnerait le fouet !...

Deux mots mettent Dubourg au fait ; il ne peut s'empêcher de rire d'un événement dont il a été cause, tandis que Ménard regarde avec colère la servante, qui lui fait la grimace, hausse les épaules, et le poursuit en disant à demi-voix :

— Fi !... que c'est vilain !... Un petit homme de cinquante ans !... qui n'est pas encore propre !

Mais la chaise attend les voyageurs, et chacun y monte avec plaisir : Dubourg, enchanté d'être débarrassé de sa voiture ; Ménard, impatient de s'éloigner de Goton et de l'auberge qu'il a prise en aversion ; et Frédéric trouvant que l'on est beaucoup mieux dans sa chaise de poste, qui est large et bien suspendue, que dans la mauvaise berline de M. le baron.

Ménard donnait bien encore quelques soupirs à la place qu'avait occupée la princesse de Hongrie ; mais il lui restait, pour se consoler, la tabatière du roi de Prusse, et l'espérance de boire du tokai de la cave de Tékély.

CHAPITRE VI

LE PETIT BOIS

Nos voyageurs arrivent sans mésaventure à la ville voisine, où ils s'arrêtent pour déjeuner. Ménard admire avec quel calme leur noble compagnon supporte la double perte qu'il a faite des cinquante mille francs et de sa voiture.

— Je suis philosophe, monsieur Ménard, dit Dubourg, et je tiens peu à la fortune ; je crois même que je préférerais la médiocrité à une situation trop élevée : *Magna servitus est magna fortuna !*

— Vous n'êtes pas un homme ordinaire, mon cher Dubourg, dit Frédéric ; il y a tant de personnes qui n'ont de la philosophie que dans le bonheur, comme ces poltrons qui vantent leur courage lorsque le danger est passé !

— Certainement, dit Ménard, je ne suis point ambitieux, et je sais me soumettre aux circonstances ; mais je trouve qu'il faut une grande force d'âme pour renoncer sans peine à une bonne table et à un bon lit... et quand je parle d'un bon lit, je n'entends pas un lit haut !...

Cependant Dubourg s'aperçoit à l'issue du déjeuner que c'est M. Ménard qui paye la dépense.

— Est-ce que tu n'as pas la bourse du voyage ? dit-il bas à Frédéric.

— Non, c'est à Ménard que mon père a remis nos fonds...

— Diable ! mais c'est gênant... quand il verra que je ne paye jamais, que pensera-t-il ?

— Pourquoi, quand tu t'es dit volé, as-tu ajouté que tu avais encore quinze mille francs dans ton portefeuille ?...

— Ah ! pourquoi, pourquoi !... parce que j'ai voulu faire le seigneur... et ne pas laisser supposer à ton compagnon que tu payerais pour moi.

— Je n'ose demander les fonds à Ménard... Je craindrais de le blesser...

— Sois tranquille... je me charge de les lui faire donner volontairement...

— Comment ?...

— Tu le verras.

— Quand tu tiendras la caisse, ne va pas trop faire le seigneur ; songe que nous n'avons que cela pour longtemps !

— Est-ce que tu me crois encore étourdi et joueur comme à Paris ?... Non, mon cher Frédéric, je suis trop content de voyager avec toi pour faire des folies ; je te répète que je serai Mentor second.

— Oui, ton histoire dans l'étable est un très joli commencement.

— Ah ! il fallait bien trouver un mensonge pour la berline.

— Et il fallait pour cela t'enfermer avec mademoiselle Goton !... mauvais sujet !...

— Allons, ne fais pas tant le Caton !... Si mademoiselle Goton avait eu des yeux mélancoliques et une tournure sentimentale, tu aurais mené paître les vaches avec elle.

— Mais au moins, je t'en prie, ne fais plus autant de gasconnades à ce bon Ménard qui te croit sur parole ; car, pour lui ôter le moindre soupçon, j'ai eu soin de lui dire que je connaissais beaucoup ta famille, et que tu étais fort considéré à Paris.

— Tu as très bien fait. Je ne lui dis que ce que je crois nécessaire pour soutenir mon personnage ; tu ne veux pas te souvenir que je me suis fait seigneur polonais.

— C'est pour cela que tu ne lui parles que de la Bretagne !

Les voyageurs sont remontés en voiture. Avant d'arriver à la ville dans laquelle ils doivent coucher, ils ont à traverser un bois très épais, et Dubourg, qui a son projet, commence par donner un tour sérieux à la conversation, car il sait fort bien que la disposition d'esprit grossit ou diminue les objets, et que dans le monde, comme au théâtre, il faut savoir amener et préparer ses événements, pour qu'ils fassent plus d'effet.

— Je ne connais rien au-dessus du plaisir de voyager, dit Dubourg ; pourquoi faut-il qu'il soit souvent troublé par la pensée que quelques événements fâcheux peuvent déranger tous nos projets !...

Il en est ainsi de toutes les jouissances de la vie, dit Frédéric ; en connaissez-vous sur lesquelles on puisse compter pour le lendemain ?... C'est un grand bonheur d'être aimé d'une femme que l'on adore... mais alors que l'on croit lui plaire, que l'on compte sur son cœur, sur ses serments... alors arrive un jeune Adonis qui la séduit, un beau guerrier qui lui tourne la tête, un bel esprit qui la charme... et cette femme, jusqu'alors fidèle, vous trahit au moment où vous comptiez le plus sur son amour. Hélas ! il ne dépend souvent que d'une légère circonstance, ce bonheur de tout notre avenir, dont l'édifice s'écroule comme un château de cartes...

M. de Montreville parle fort sagement, dit Ménard ; on est souvent fort trompé dans ses espérances ; combien de fois n'ai-je point été dîner chez un traiteur en renom où le potage était manqué !...

— Un philosophe supporte ces revers, soit en fortune, en amour ou en plaisirs, dit Dubourg ; mais il est de ces choses contre lesquelles toute la philosophie ne saurait tenir... comme, par exemple, d'être attaqué sur une route et assassiné par des brigands.

Ces mots font frissonner Ménard ; sa mine s'allonge, son regard devient inquiet, et il se retourne vers Dubourg, dont la figure est alors empreinte d'une expression sombre et rassurante.

— Ces événements sont en effet bien fâcheux pour les voyageurs ; on dit, monsieur le baron, que l'Italie est fort dangereuse à traverser... Vous qui avez beaucoup voyagé, vous pourrez nous dire...

— Sans doute, monsieur Ménard, il y a des brigands en Italie... Ce qu'il y a de différent dans ce pays-là, c'est que c'est à midi que les routes sont les plus dangereuses, car c'est le moment où les voleurs seuls bravent l'ardeur du soleil. Au reste, s'il y a des voleurs dans les Apennins, en Allemagne et en Angleterre, malheureusement il n'en manque pas en France !... Il est maintenant tout aussi dangereux d'y voyager...

— Comment ! en France, monsieur le baron ! J'aurais cru que les routes étaient plus sûres !

— Vous ne lisez donc pas les journaux, monsieur Ménard ?

— Fort rarement, monsieur le baron.

— Vous y verriez que la forêt de Sénart, de Bondy, de Fontainebleau, de Villers-Cotterets même, ont toutes leur bande de voleurs...

— Ah ! mon Dieu !...

— Malheureusement ces coquins-là deviennent de jour en jour plus féroces... Autrefois ils se contentaient de vous voler, maintenant ils vous assomment de coups, bienheureux quand ils ne vous laissent pas sur la place !...

— Diable !... diable !... si j'avais su cela ! murmure Ménard en regardant sur la route d'un air inquiet. Les voyageurs entraient alors dans le bois.

— Mais rassurez-vous, monsieur Ménard, continue Dubourg, les voleurs ne s'en prennent ordinairement qu'à la personne qui est chargée de l'argent ; celle-là paye pour les autres : ils l'attachent à un arbre, et la mettent nue comme un ver, pour s'assurer si elle ne cache rien sous ses vêtements...

— Monsieur le baron, ceci ne me rassure nullement, car c'est moi qui porte notre caisse de voyage...

— Ah ! si je l'avais su, je ne vous aurais pas appris cela : je croyais que c'était Frédéric qui... Mais dans ce cas-là on vend chèrement sa vie... Vous avez sans doute des armes ?...

— Je ne m'en sers jamais, monsieur le baron.

— Il faudra pourtant bien en faire usage... nous traversons justement un bois dans lequel trois de mes amis ont été tués !...

— Comment ! dans ce bois-ci ?... En effet, il me paraît bien épais. Et Ménard regardait avec inquiétude à droite et à gauche. La nuit, qui commençait à couvrir la terre, augmentait encore sa terreur...

— Allez ventre à terre, postillon ! crie-t-il d'une voix altérée à leur conducteur.

Mais celui-ci, auquel Dubourg avait donné le mot, n'en allait pas plus vite, Frédéric ne disait mot, et paraissait enseveli dans ses réflexions, et Dubourg avait tiré de sa poche ses pistolets qu'il examinait avec attention, en jetant de temps à autre un coup d'œil dans le bois.

— Parbleu ! monsieur Ménard, dit Dubourg en sortant de sa poche un méchant portefeuille vert, dans lequel il avait mis sa dernière carte de traiteur pour le rendre volumineux, voici pour le moment toute ma fortune... Les quinze mille francs qui me restent pour voyager sont dans ce portefeuille ; mais puisque vous avez eu la complaisance de vous charger des fonds de Frédéric, je pense que vous voudrez bien aussi être mon

M. le baron Potoski.

caissier; il est inutile que deux personnes payent dans les auberges : il vaut mieux que cela ne regarde que vous.

En disant ces mots, il présentait le portefeuille à Ménard; celui-ci le regardait en réfléchissant à ce qu'il devait faire, et, quoique flatté de cette marque de confiance, ne se souciait pas d'accepter.

Dans ce moment un coup de sifflet part et retentit dans le bois.

— Oh! oh!... qu'est-ce que c'est que cela! dit Dubourg en roulant autour de lui des yeux effrayés.

— Nous allons peut-être être attaqués... monsieur le baron?...

— Ma foi! j'en ai peur...

— Et M. Frédéric qui dort... réveillez-le donc...

— Ce n'est pas nécessaire...

Frédéric écoutait la scène et faisait semblant de dormir profondément.

— Prenez ceci, monsieur Ménard, dit Dubourg en présentant au précepteur ses pistolets avec le portefeuille; ils sont armés...

— Gardez... gardez, de grâce, monsieur le baron... Je ne puis me charger de ce portefeuille...

— Si vous aviez voulu, au contraire, vous sauriez bien mieux que moi défendre tout cela.

Et le pauvre Ménard tire d'une main son portefeuille, et de l'autre une bourse remplie d'or, en jetant sur Dubourg des regards suppliants.

— En vérité... dit celui-ci, je ne sais si je dois me charger... Peut-être Frédéric trouvera-t-il mauvais que...

— Non, oh! non, monsieur le baron, je suis certain qu'il m'approuvera.

— Voilà quatre hommes qui viennent à nous avec des fusils, dit le postillon.

— Ah! mon Dieu! nous sommes perdus! s'écrie Ménard.

— Donnez... donnez vite, dit Dubourg en prenant le portefeuille et la bourse; je vois bien que cela me regarde.

Ménard se cache sous la banquette; le postillon crie, jure, fouette ses chevaux; Dubourg se penche hors de la chaise, et tire ses deux coups de pistolet en l'air; Frédéric fait semblant de se réveiller; la voiture s'éloigne comme le vent : au bout de cinq minutes on est hors du bois.

— Nous sommes sauvés! dit Dubourg en aidant Ménard à se relever.

— Quoi! vraiment? monsieur le baron...

— Nous sommes sortis du bois, il n'y a plus de danger... mais nous l'avons échappé belle... n'est-il pas vrai, Frédéric?

— Et les voleurs, monsieur le baron?

— J'en ai tué deux.

— J'ai vu fuir les deux autres, dit Frédéric.

— Ah! monsieur le baron, que nous avons été heureux de vous avoir!...

On arrive à la ville. Dubourg est enchanté d'être le caissier, et il commence son emploi en glissant une pièce d'or au postillon pour le coup de sifflet qu'il a donné dans la forêt.

CHAPTRE VII

DUBOURG CONTINUE A FAIRE LE SEIGNEUR. SA MANIÈRE DE TENIR LA CAISSE

Dubourg n'avait jamais été possesseur d'une somme aussi considérable que celle que Ménard venait de lui confier. En général, les jeunes gens n'ont point l'habitude de thésauriser, et Dubourg, grand amateur du jeu, des plaisirs et de la bonne chère, s'occupant du présent, oubliant le passé, et ne s'inquétant jamais de l'avenir, n'avait pas dû connaître l'économie.

Lorsqu'il était commis dans une administration, ses appointements étaient tellement grevés, qu'il qu'il n'en touchait que le tiers; et ce tiers ne durait jamais que trois jours, pendant lesquels, à la vérité, M. Dubourg menait le train d'un chef de division.

Dans la maison de banque, forcé de travailler davantage, il s'en dédommageait en se faisant apporter au bureau des déjeuners délicats; et les cartes du limonadier et du traiteur emportaient une grande partie de la somme que le caissier lui comptait au bout du mois.

Chez le notaire il avait contracté avec les jeunes gens de l'étude la funeste habitude de l'écarté. Alors, c'était bien pis! le mois disparaissait dans une soirée : heureux encore lorsqu'il n'avait pas hypothéqué le suivant.

Chez son avoué, constamment en promenade avec la dame que son patron lui confiait, il avait perdu l'habitude du travail; sans cesse en parties de plaisir, il voulait suivre les modes, éclipser les jeunes élégants de la capitale. Alors son tailleur, son bottier et son loueur de chevaux s'étaient partagé ses revenus.

Quand la bonne tante lui envoyait de l'argent, ce n'était jamais une forte somme. L'envoi le plus considérable avait été celui des cinq cents francs, qu'il avait dû au conte de son mariage et de ses enfants, et nous avons vu l'emploi qu'il en fit.

Posséder huit mille francs!... car la somme était à peu près complète, c'est pour Dubourg une fortune dont on ne verra pas la fin. Cette somme, il est vrai, ne lui appartient pas précisément; mais cependant il en dirigera l'emploi : il peut agir, disposer, faire la dépense qu'il lui plaira, il est certain de n'avoir aucun compte à rendre!... Il ne voudrait pas s'approprier un denier de cet argent, mais il veut en faire honneur à ceux à qui il appartient, et n'est pas fâché d'en jouir avec eux.

Dubourg commande un souper recherché qu'on sert aux voyageurs dans leur appartement, qui est le plus beau de l'auberge.

A la vue des mets dont la table est chargée, Frédéric s'écrie :

— Mais es-tu fou, Dubourg? car il continue à lui donner ce nom devant Ménard, qui n'en est plus surpris; voilà un repas pour dix personnes!...

— Mon cher Frédéric, je me sens en appétit et disposé à y faire honneur : je gage que M. Ménard me secondera.

— Avec infiniment de plaisir, monsieur le baron; cette aventure du bois m'a creusé l'estomac.

— Mais tu as mis, je parie, tous les autres voyageurs à la diète...

— Ma foi, ils mangeront ce qu'ils pourront : je crois qu'il est naturel que nous nous dédommagions du mauvais repas que nous avons fait hier dans cette pauvre auberge...

— Je suis bien de l'avis de monsieur le baron ; nous avons vraiment besoin de nous restaurer.

— Mais...

— Eh! que diable!... veux-tu que nous voyagions comme des loups ?... Il faut tenir son rang, mon ami, et je sens que mon estomac n'est point disposé à déroger.

— Monsieur le baron parle sagement; il faut tenir son rang, dit Ménard en acceptant une aile de chapon au gros sel que lui présente Dubourg; vous savez, monsieur Frédéric, que c'est le désir de M. le comte votre père.

— Oui, mon ami, reprend Dubourg en se versant du vin le plus vieux que renfemait la cave de l'auberge ; je pense, moi, que tu dois obéir au comte ton père ; et, ma foi, bien considéré, je ne vois pas pourquoi je garderais si longtemps l'incognito ; me voilà déja loin de Paris... C'est fini ! je reprends mes titres, et je veux qu'on me rende les honneurs qui me sont dus !

— Ah! Dubourg! Dubourg!... tu nous feras encore quelque folie, dit tout bas Frédéric à son ami; mais celui-ci ne l'écoute plus : il a la tête montée, il ne s'est jamais senti si joyeux. Il se verse force rasades, tandis que Ménard sert avec volupté d'une croûte aux champignons, dont le fumet flatte agréablement son odorat.

— Que pensez-vous de mon projet, monsieur Ménard?

— Vous savez. monsieur le baron que cela fut toujours mon désir.

— C'est dit!.... je suis baron, palatin, etc... et nous allons le prouver partout où nous passerons...

— Certes, monsieur le baron, on vous reconnaîtra toujours à la noblesse de vos manières...

— Bravo, monsieur Ménard! voilà ce qui s'appelle un convive! Mais pour Frédéric il est indigne de s'asseoir à notre table... Encore un peu de ce lièvre, monsieur Ménard.

— Volontiers, monsieur le baron...

— Il faut être philosophe... quand on ne peut pas faire autrement... mais la bonne philosophie consiste à jouir de la vie, à s'amuser quand on en trouve l'occasion... Horace a dit : *Dulce est desipere in loco!* N'est-il pas vrai monsieur Ménard?

— Oui, monsieur le baron ; mais Juvénal recommande un rare usage des voluptés : *Voluptates commendat rarior usus.*

— C'est que Juvénal avait probablement un mauvais estomac.

— Ce serait bien possible, monsieur le baron.

— Encore un coup, monsieur Ménard : A la mémoire d'Anacréon, d'Épicure, d'Horace et de tous les bons vivants...

— Nous oublions Lucullus, monsieur le baron.

— C'est juste : encore une rasade pour Lucullus.

A force de boire à la mémoire des anciens, les deux convives commençaient à perdre celle du présent, et Dubourg s'écrie en se levant de table :

— Ma foi, je défie tous les palatins de Rava, de Cracovie et de Krapach, de faire un meilleur souper !...

— Prends donc garde à ce que tu fais, maudit bavard ! dit tout bas Frédéric,

— Sois donc tranquille, reprend Dubourg en criant un peu plus fort, je te dis que je réponds de tout... et que le papa Ménard est un homme qee j'estime, que j'aime, et auquel je fermerai les yeux avec des faisans ou des truffes.

Heureusement qu'alors Ménard n'entendait plus que fort confusément ce qui se disait autour de lui. Se sentant étourdi par les fréquentes libations qu'il a faites avec son noble convive, il s'est levé de table pour gagner sa chambre. Il marche en côtoyant les murailles, et arrive à son lit, qu'il a recommandé de faire très bas. Il se couche fort satisfait du repas qu'il vient de faire et de la manière avec laquelle le baron fait les honneurs d'une table; il pense qu'il a eu une excellente idée en lui confiant le soin de la dépense, car il n'aurait point osé commander un repas aussi délicat, et il prévoit que le baron, qui paraît gourmand et gourmet, leur fera faire constamment une chère de grand seigneur, puisqu'il renonce à garder l'incognito. Bref, Ménard est enchanté de leur compagnon de route, et il s'endort en réfléchissant aux honneurs et aux plaisirs que ce voyage va lui procurer.

Le lendemain de ce souper, Frédéric veut parler raison à Dubourg.

— Veux-tu reprendre la caisse? lui dit celui-ci prends, agis, ordonne, tu es le maître! Mais, toujours livré à tes rêveries mélancoliques, tu nous feras faire de méchants repas; et quand on voyage pour son plaisir, il me semble que c'est une partie fort essentielle à soigner.

— Mais, du moins, sois raisonnable!.

— Eh! n'es-tu pas bien à plaindre d'avoir près de toi deux hommes qui t'égayent, l'un par son esprit, l'autre par la manière dont il fait disparaître un perdreau?

— Mais pourquoi cette idée de faire maintenan le seigneur devant tout le monde?

— Parce que nous nous amuserons davantage. D'ailleurs tu es comte; pour voyager en égal avec toi, il faut au moins que je sois baron.

— Mais ta caisse ira bien plus vite...

— Bon! nous n'en verrons pas la fin de longtemps; et puis alors tu as un père, et j'ai une tante!...

— Oui, je conseille de dompter dessus!

— D'ailleurs tu vois bien que ton mentor m'approuve.

— Parbleu! tu le grises, il ne sait plus ce qu'il dit.

— Sois tranquille, je réponds de tout.

Nos voyageurs se remettent en route. Les chevaux, qui appartiennent à Frédéric, sont menés comme le vent. Ménard est un peu étourdi de cette manière de voyager, mais il se dit : Les grands seigneurs vont toujours ventre à terre, et il se retient à la portière pour ne point tomber.

Dans toutes les auberges, on s'empresse de les traiter en seigneurs. Toujours les plus belles chambres, les meilleurs mets, le vin le plus vieux. Et Ménard est ravi, enchanté, parce qu'il croit que M. le baron a joint ses quinze mille francs à la somme qu'il lui a donnée, et qu'il le juge trop grand, trop généreux, pour s'occuper de la différence de leur mise de fonds.

Nos voyageurs arrivent ainsi à Lyon, ne s'étant arrêtés en route que pour admirer quelques sites, et pour donner à leurs chevaux le temps de souffler. Mais dans cette dernière ville ils doivent passer quelques jours. Le jeune Montreville est bien aise de la visiter, d'en connaître les environs, d'aller admirer les bords du Rhône; et ses deux compagnons consentent avec plaisir à s'arrêter quelque temps dans une ville où ils pourront faire aussi bonne chère qu'à Paris.

Nos voyageurs sont descendus dans un des meilleurs hôtels de la ville. Le bruit que fait Dubourg, la tournure distinguée de Frédéric et le soin que M. Ménard a de dire partout : « Vous avez l'honneur de loger M. le baron Potoski, palatin de Rava, et le jeune comte de Montreville, » attirent tous les égards, toutes les attentions aux deux jeunes voyageurs, qui paraissent disposés à faire beaucoup de dépenses, ce qui dans un hôtel est la meilleure recommandation.

Les trois voyageurs occupent un superbe appartement au premier. Ils se font servir chez eux il leur faut la chère la plus délicate. C'est Dubourg qui commande tout; Frédéric ne se mêle d'aucun détail, il se contente de répéter à son ami :

— Prends garde à ce que tu fais.

Mais celui-ci lui répond :

— Sois donc tranquille, avec une telle assurance que le jeune comte finit par laisser faire Dubourg sans lui adresser de représentations.

Quant à Ménard, il est plus que jamais enthousiasmé du baron, qui lui fait mener une vie si agréable. Frédéric sort seul pour aller se promener sur les bords du Rhône; séduits par les sites enchanteurs qu'il aperçoit, il ne revient quelquefois à l'hôtel que le soir ou le lendemain. Dubourg, qui, ainsi que ces menteurs qui finissent par croire eux-mêmes leurs fourberie, s'est tellement identifié avec son personnage qu'il donnerait un soufflet à quiconque douterait de son rang. Dubourg se plaît, pendant l'absence de son ami, à étaler son faste dans la ville.

Le bras nonchalamment appuyé sur celui de Ménard qui, le chapeau posé en arrière pour mieux voir et être vu, se tient bien roide, marche avec beaucoup de précision, et tâche de prendre un air à la fois noble et gracieux quand il sort avec M. le baron. Dubourg, va se promener dans toute la ville, la tête coiffée d'un grand chapeau à trois cornes, doublé d'une plume noire et orné d'une ganse d'acier, qu'il pose sur sa tête comme il a vu se coiffer les marquis de Molière. A la vérité, le reste du costume ne répond pas au chapeau : mais on ne porte plus d'habits brodés pour se promener dans les rues, et Dubourg s'est contenté de faire mettre des glands d'argent à ses bottes à la hussarde, trouvant que cela a quelque chose de polonais. Il laisse son habit ouvert, parce que cela donne plus d'abandon, et se sert pour regarder d'un énorme lorgnon pendu à son cou par un ruban rose.

La mise singulière de Dubourg attire tous les regards. Les uns le prennent pour un Anglais, les autres pour un Russe ou un Prussien; mais lorsque quelques curieux s'arrêtent et sourient en le regardant, Dubourg leur lance un coup d'œil qui leur ôte l'envie de rire à ses dépens, et donne à penser que l'étranger, quel qu'il soit, n'est pas d'humeur à souffrir qu'on se moque de lui.

Cependant, pour peu que l'on marche quelque temps auprès de nos deux voyageurs, on ne tarde pas à savoir quel est ce monsieur en chapeau à plumet, qui se dandine si agréablement en faisant usage de son lorgnon, car M. Ménard parle très haut, surtout lorsqu'il s'aperçoit qu'on le remarque, et il ne manque pas alors, en s'adressant à son compagnon, d'appuyer sur : M. le baron Potoski, M. le palatin; il va quelquefois jusqu'à monseigneur de Rava et de Sandomir.

Depuis huit jours ils habitent Lyon. Frédéric ne se lasse point de visiter les délicieux environs de cette ville; mais Dubourg commence à se lasser de se faire voir dans toutes les promenades, le bras appuyé sur celui de Ménard. Ils ont visité tous les endroits publics, tous les spectacles, tous les cafés; partout Dubourg a fait le seigneur, et

Ménard le compère, sans s'en douter, car le pauvre précepteur est de la meilleure foi, et se trouve fort honoré de se promener ainsi avec le noble ami de son élève, qui sait lui faire à propos quelque citation, et l'étourdit du récit de ses voyages dans les quatre parties du monde.

Depuis quelques jours Dubourg presse Frédéric de quitter Lyon, et celui-ci remet sans cesse leur départ au lendemain, lorsqu'un matin Dubourg reçoit une lettre qui lui ôte toute envie de partir.

Cette lettre est adressée à M. le baron Potoski, seigneur polonais. Dubourg relit deux fois la suscription. Qui peut lui écrire ?... lui donner ce nom ?... Il demande à son hôtesse qui a apporté cette lettre. C'est, lui dit-on, un domestique à livrée qui a bien recommandé qu'on la remît à M. le baron lui-même.

Dubourg se hâte de rompre le cachet, et lit le billet suivant :

« M. le baron Potoski est invité à venir passer la soirée chez madame la marquise de Versac, qui sera charmée de posséder quelquefois le noble étranger pendant le séjour qu'il fera dans cette ville. »

L'adresse de la marquise est au bas du billet que Dubourg relit plusieurs fois, et qui répand dans son appartement une odeur de musc et d'ambre.

— Diable !... se dit Dubourg, une invitation d'une marquise !... C'est assez flatteur !... Mais comment sait-elle ?... Ah ! parbleu ! on est bientôt connu quand on vit d'une certaine façon. D'ailleurs, depuis huit jours que je me promène avec Ménard comme un ours blanc, on doit commencer à parler de moi dans la ville.

Dubourg fait appeler de nouveau son hôtesse, et lui demande si elle connaît madame la marquise de Versac.

— La marquise de Versac ? je ne la connais pas personnellement, monsieur, mais beaucoup de nom. Cette famille est une des plus anciennes et des plus riches de cette ville, et je sais que madame la marquise a une maison de campagne magnifique sur les bords du Rhône, à quatre lieues de la ville.

Dubourg n'en demande pas davantage; il est enchanté. Il congédie son hôtesse, et se promène dans son appartement en se disant : Certainement, je me rendrai à l'invitation de madame la marquise... c'est une connaissance qui ne peut que m'être fort agréable... et que sait-on ?... peut-être trouverai-je là quelque baronne, quelque vicomtesse à qui je tournerai la tête ! qui m'épousera, qui me donnera des terres... des châteaux !... eh ! eh ! qu'y aurait-il là d'étonnant je suis jeune... je ne suis pas mal... j'ai une certaine tournure... qui probablement aura séduit madame la marquise de Versac... Eh mais... si elle-même... Ah ! j'ai oublié de demander à mon hôtesse...

Dubourg sonne de nouveau. L'hôtesse arrive.

— Pardon, ma chère hôtesse, lui dit-il, j'ai des motifs pour désirer savoir si madame la marquise de Versac est mariée.

— Elle doit être encore veuve, monsieur, répond l'hôtesse, car il n'y a que trois ans que M. de Versac est mort : depuis ce temps, je n'ai pas entendu dire...

— C'est bien, c'est fort bien, madame, dit Dubourg en renvoyant son hôtesse : et il sautille dans son appartement, et va se mirer devant les glaces en répétant :

— Elle est veuve !... il n'y a point de doute qu'elle est encore veuve, sans quoi l'invitation serait au nom de son mari ; or donc ceci devient fort intéressant : une jeune veuve fort riche, qui a une magnifique maison de campagne... et qui m'écrit qu'elle sera charmée de me posséder !... car il y a cela... Relisons encore : oui, charmée de me posséder. Il me semble que c'est presque une déclaration... Tu me posséderas, femme charmante !... je te le promets... Ah ! j'ai oublié de demander si elle est charmante... cela ne peut pas être autrement; d'ailleurs je ne tiens plus à la beauté, je suis raisonnable, et je m'attache au solide. Dès ce soir elle verra le noble étranger. Ah ! diable, mais... quand elle saura que le palatin n'est qu'un simple bourgeois... Après tout, je suis un bon Breton qui en vaut bien un autre... d'ailleurs nous n'en sommes point à l'explication. Commençons par la séduire. Quand une femme est séduite, connaît-elle les rangs, les distances ? L'amour égalise tout : le maître du tonnerre brûla pour de simples mortelles, et il n'a tenu qu'au berger Pâris de coucher avec ce qu'il y avait de mieux dans l'Olympe. Pour coucher avec madame de Versac, je lui donnerai toutes les pommes qu'elle désirera.

Ménard arrive dans le moment où Dubourg se promenait dans sa chambre en tâchant de se donner des airs de cour. Dès qu'il aperçoit le percepteur, il va lui mettre sous le nez en s'écriant : « *Tolle*, *lege*, mon cher Ménard; et Ménard recule, parce que l'odeur du musc qui s'exhale du billet lui monte à la tête.

— J'espère que cela sent furieusement la marquise, dit Dubourg en respirant avec délices le parfum de la missive. Eh bien ! Ménard, que dites-vous de cette lettre?

— Je n'y vois rien de surprenant, monsieur le baron, et vous devez être habitué à en recevoir de pareilles dans tous les endroits où vous vous arrêtez.

— C'est vrai, vous avez raison, Ménard, je ne vous dis pas non plus que je suis étonné... Je dis que le billet est bien tourné... hein?

— Fort bien tourné, monsieur le baron.

— Cela annonce une femme qui voit à qui elle a affaire, n'est-ce pas ?

— Certainement, monsieur le baron, elle doit le savoir.

— Mais je veux dire que cela ne ressemble pas à ces billets... comme cette petite Delphine se permettait de m'en écrire.

— Quelle était cette Delphine, monsieur le baron ?

— Ah !... c'était une petite comtesse du boulevard du Temple... chez laquelle se réunissaient un grand nombre de seigneurs dans mon genre...

— Monsieur le baron se rendra sans doute à l'invitation de madame la marquise de Versac !

— Si je m'y rendrai?... oui, certes...

— Dînons vite, monsieur Ménard, afin que je n'aie plus à m'occuper que de ma toilette... Où est Frédéric?

— Il visite sans doute quelque site nouveau ; il m'a prévenu qu'il ne reviendrait que ce soir... je crois que son intention est de partir demain.

— Oh ! demain !... nous verrons... nous avons tout le temps... on est fort bien à Lyon, n'est-il pas vrai, monsieur Ménard ?

— Parfaitement, monsieur le baron ; mais vous savez que nous devons voyager pour...

— Je sais, je sais qu'on ne quitte pas une ville comme celle-ci sans la connaître à fond, et Frédéric ne peut pas connaître la ville, puisqu'il est toujours dans les environs... Il faudra que vous lui persuadiez cela, monsieur Ménard...

— J'y ferai mon possible, monsieur le baron.

Dubourg ne dîne pas, il est trop préoccupé de sa soirée pour avoir de l'appétit: un enfant ne mange pas quand on lui promet de le mener au spectacle. Nous sommes de grands enfants ; l'attente d'un plaisir nouveau fait toujours sur nous le même effet.

Dubourg songe à sa toilette. S'il en avait le temps, il se ferait faire un habit; mais il faudra qu'il se contente d'un de ceux de Frédéric, qui est beaucoup plus mince que lui, ce qui le force à le porter toujours ouvert. Ira-t-il en bottes ?... Chez une marquise... c'est bien sans façon !... Mais il n'a pas de culotte ; celle de Frédéric est trop étroite pour lui; il n'en est pas de ce vêtement comme de l'habit qu'on est libre de ne point boutonner. Ménard lui en prêterait bien une, mais elle lui serait trop large. Il se décide à aller en bottes; il est étranger, il est Polonais, cela doit lui servir d'excuse. D'ailleurs ses glands d'argent lui plaisaient beaucoup.

Il n'est encore que huit heures, et depuis plus d'une heure Dubourg est habillé, et, se promène dans son appartement, son chapeau à plumet sous le bras, s'étudiant à faire des saluts distingués, à sourire avec grâce, à marcher noblement. Il a mis toute sa caisse dans sa poche, et n'ayant point de montre, hésite un instant s'il ôtera la ganse d'acier de son chapeau pour l'attacher à son gousset; mais on pourrait reconnaître cette chaîne pour l'avoir vue sur sa tête; il se contente d'un ruban rouge dont il ne laisse voir qu'un petit bout. Neuf heures sonnent enfin. C'est le moment où l'on peut se présenter en bonne compagnie ; une voiture l'attend, il monte et se fait conduire à l'adresse indiquée sur le billet.

La voiture s'arrête dans une rue déserte, devant une maison d'assez pauvre apparence. Dubourg descend de son fiacre. Un laquais qui, à défaut de portier, semblait posté sur une porte bâtarde pour y guetter quelqu'un, s'empresse de conduire Dubourg en montant devant lui un escalier assez sale, au bas duquel on a mis deux lampions qui semblent tout surpris de se trouver là. Mais Dubourg repasse dans sa mémoire la phrase qu'il a préparée pour son entrée chez la marquise, et il ne remarque point la malpropreté de la maison.

Le laquais ouvre une porte au premier. On entre dans une antichambre dans laquelle on chercherait en vain un meuble, et qui, quoique mal éclairée, laisse voir des murs tachés d'huile et un parquet crotté dont la couleur a disparu. Mais le valet se hâte de faire traverser cette pièce à Dubourg, et ouvrant une autre porte qui donne dans le salon, il annonce avec emphase :

— Monsieur le baron Potoski.

A ce nom, il se fait un grand mouvement dans le salon, et une dame se lève et s'empresse d'aller au-devant de Dubourg en lui témoignant tout le plaisir qu'elle a de le recevoir chez elle.

Dubourg répond tout ce qui lui vient à la tête ; il s'avance en saluant à droite, à gauche, et va se jeter dans une bergère près de la marquise de Versac qu'il commence alors à examiner. Il voit qu'il a eu raison de ne point s'être créé d'avance une chimère. La maîtresse de la maison est une femme qui paraît bien quarante-cinq ans, malgré le soin qu'elle a de mettre du fard, de se noircir les sourcils, de se rougir les lèvres et de se blanchir le teint. Elle est mise avec élégance, et cependant sa longue robe à queue paraît la gêner ; elle a la tête surchargée de fleurs, de rubans, et un triple collier de perles descend sur un grand cou jaune, triste compagnon d'épaules décharnées, que la marquise a la barbarie d'exposer à tous les regards, comme si cela devait réjouir la vue.

Dubourg ne s'arrête pas à examiner tout cela ; il se rappelle ce que lui a dit son hôtesse, et tâche de trouver la marquise charmante. Pendant que celle-ci lui adresse les choses les plus flatteuses, il jette un coup d'œil sur le salon dans lequel il se trouve.

Un vieux lustre suspendu au plafond éclaire cette pièce qui est fort grande, et dont la tenture, qui a dû être belle, commencé à marquer trop d'antiquité. On a étendu sur le parquet un immense tapis qui n'a jamais été fait pour orner un salon. Le meuble est de deux couleurs; il y a une ottomane bleue et des fauteuils jaunes; les chaises ne semblent pas non plus s'accorder ensemble. A défaut de pendule, il y a sur le milieu de la cheminée un énorme vase de fleurs et une grande quantité de flambeaux; plusieurs tables de jeu de diverses grandeurs achèvent l'ameublement de ce salon, qui paraît à Dubourg devoir être aussi ancien que la famille de madame de Versac.

Après avoir considéré la pièce, Dubourg s'occupe de la société. Il n'y a que trois dames autres que la marquise. L'une, qui peut avoir soixante ans, et que l'on appelle la baronne, ne cesse de parler de ses terres, de ses châteaux, de ses biens, de ses laquais; elle s'entretient si haut avec tout le monde, que c'est un bourdonnement continuel. Une jeune femme assez jolie, mais qui semble un peu gauche et n'ouvre la bouche que pour rire ou pour dire oui et non, est appelée la vicomtesse de Fairfignan; tandis que la troisième, qui peut avoir trente ans, et que l'on nomme madame de Grandcourt, est couchée négligemment sur l'ottomane, et semble faire la coquette en jetant sur tous les hommes des regards langoureux, et roulant des yeux qui ont été beaux, mais qui sont tellement cernés et battus, qu'il semble que les sourcils en fassent le tour.

Sept ou huit hommes forment le reste de la compagnie : chacun s'appelle monsieur le comte, monsieur le baron ou monsieur le chevalier. Tous cependant n'annoncent pas dans leur mise l'opulence et la grandeur. M. le chevalier a un frac dont les manches sont si courtes, qu'elles n'approchent pas de son poignet; et quand il tire son mouchoir, il a grand soin de se retouner et de le cacher à la société.

Le comte a des manchettes de dentelle déchirées, et un jabot sali de liqueurs et de tabac. Il étale avec complaisance sa main, à laquelle brillent de grosses bagues à pierres rouges et jaunes, mais la noirceur de cette main fait un effet singulier avec les manchettes et les bijoux.

Enfin le baron, qui est coiffé en poudre et paraît fort embarrassé de sa queue qui se fourre toujours en dedans de son collet, a un habit noir tout neuf et une vieille culotte de nankin, sur laquelle il secoue à chaque instant de vieilles breloques en fruits et en coquillages d'Amérique.

Les autres hommes sont mis dans le même goût. Dubourg, étonné de la tournure de tous ces nobles personnages, se dit : Mais sacrebleu ! si mon hôtesse ne m'avait pas donné des renseignements sur la marquise de Versac, je croirais que je suis chez une revendeuse à la toilette et avec des comtes de la rue Vide-Gousset.

Cependant la conversation ne languit pas. Tout le monde parle, rit, cause. On témoigne au baron Potoski la plus grande considération ; la marquise l'accable de politesses; la vieille baronne lui propose déjà de venir à sa terre, la comtesse le regarde en souriant, et madame de Grandcourt lui lance des œillades dont l'expression n'est pas équivoque, tandis que les hommes applaudissent à tout ce qu'il dit. Dubourg est sensible à ces égards, car les hommes les plus habiles et les plus fins se laissent toujours séduire par ce qui flatte leur amour-propre.

On apporte du punch, des liqueurs, des gâteaux. Toute la société tombe dessus. La vieille baronne boit comme un Suisse, la vicomtesse se bourre de gâteaux, et la langoureuse Grandcourt avale deux verres de punch de suite en s'écriant qu'il n'est pas assez fort.

Dubourg imite ses voisins; il prend du punch et fait compliment à madame de Versac de la gaieté de sa société.

— Oh! nous sommes sans gêne, répond la marquise; entre gens qui se valent, doit-on établir d'ennuyeuses cérémonies?

— Eh bien! vous avez raison, j'aime ça, dit Dubourg que le punch commence déjà à mettre en train. L'étiquette est un fardeau qu'il faut déposer à la porte des gens d'esprit.

— Ah! monsieur de Potoski, vous parlez comme Barême! dit la vieille baronne en retournant au punch. Vous êtes un palatin de la vieille roche...

— Non pas très vieille, madame...

— Mais de la bonne, au moins, dit madame de Versac en appuyant légèrement son pied sur celui de Dubourg, qui se retourne et tâche de la regarder tendrement, en avançant doucement sa main derrière la marquise, qui se laisse pincer la fesse sans avoir l'air d'y faire attention, ce que Dubourg trouve extrêmement distingué.

— Moi, j'aime bien dire des bêtises!... dit la

jeune vicomtesse qui commence à risquer quelques phrases depuis qu'elle a mangé. Je m'ennuie *ousqu'on* est sérieux.

Le *ousque* de la vicomtesse fait faire une légère grimace à Dubourg; madame de Versac, qui s'en aperçoit, s'empresse de lui dire à l'oreille : C'est une Allemande; elle a beaucoup d'accent.

— Mais est-ce que vous ne nous faites rien faire ce soir, madame la marquise? dit le chevalier en tirant ses manches pour les allonger.

— C'est vrai, ma petite, dit la baronne, pourquoi ne nous faites-vous pas jouer?...

— Ah! oui, faisons quelque chose, dit madame de Grandcourt en roulant des yeux languissants; il faut toujours que je fasse quelque chose, moi.

— M. de Potoski ne joue peut-être point, dit la marquise en se retournant vers Dubourg.

— Pardonnez-moi, madame, oh! je joue très volontiers.

— En ce cas, je vais établir des parties... Vous voulez donc bien en être, baron?

— Avec grand plaisir, dit Dubourg enchanté de trouver un moyen pour retirer sa main qu'il commence à être las de tenir sous les formes de madame de Versac. On forme des parties d'écarté; le chevalier propose un petit creps pour les dames; et Dubourg se dit : Il paraît que dans la haute compagnie les dames ont des goûts tout différents des bourgeoises; peut-être madame la marquise aime-t-elle aussi le bribi.

On a mis M. de Potoski à une table d'écarté avec le comte, que ses manchettes n'empêchent point de battre les cartes avec une rare habileté. Le jeu ne tarde pas à s'animer. Un grand monsieur sec, placé près de Dubourg, parie pour lui des rouleaux de vingt-cinq louis, qu'il pose sur la table sans les dérouler, et qui passent lestement dans les poches du comte, sans que le grand monsieur, qu'à son costume râpé on prendrait pour un malheureux solliciteur, ait seulement l'air de faire attention à sa perte.

— Voilà des gens qui jouent fort noblement, se dit Dubourg; et ne voulant pas rester en arrière de son parieur, il double aussi ses enjeux, et son argent passe dans les mains à manchettes. Mais le punch circule avec abondance; pour satisfaire madame de Grandcourt on l'a fait beaucoup plus fort; les têtes se montent, les esprits s'échauffent et le jeu s'anime.

Madame de Versac vient se placer auprès de Dubourg.

— Je veux porter bonheur à M. de Potoski, dit-elle en s'asseyant tout contre lui et en lui montrant une rangée de dents placées en défenses de sanglier.

— Puissiez-vous changer la veine, madame! dit Dubourg, qui perd déjà plus de mille francs qu'il veut absolumene rattraper. Madame la marquise ne lui répond qu'en posant tendrement son pied sur le sien. Chaque coup que perd Dubourg, elle appuie un peu plus fort, et tâche de l'étourdir sur sa perte en lui disant à l'oreille des choses fort tendres, mais que déjà Dubourg n'écoute plus.

— J'espère vous voir souvent, monsieur de Potoski...

— Oui, madame... Dix louis de plus cette fois...

— Je suis beau joueur, dit le comte; je tiens tout ce que l'on veut.

— Oui, certes, dit la marquise, M. le comte vous donnera votre revanche, si vous perdez ce soir...

— Si je perds!... murmure Dubourg, je le crois bien! près de deux mille francs... Quel accroc à ma caisse!

— Vous viendrez à ma maison de campagne sur les bords du Rhône, mon cher Potoski... Je veux que vous y veniez...

— Oui, madame la marquise... oui, sans doute... Toujours le roi de l'autre côté, c'est une chose surprenante!...

— Nous nous promènerons dans mon parc...

— Encore perdu!...

— Nous respirerons le soir le zéphyr et la fraîcheur...

— On étouffe ici!...

— Prenez donc quelque chose...

— Je voudrais reprendre seulement ce que j'ai perdu!...

— Restez-vous longtemps à Lyon?

— Le diable m'emporte si j'en sais rien!...

Et Dubourg, qui perd mille écus et s'ennuie de sentir sur son pied celui de madame la marquise, se lève brusquement et fait quelques tours dans le salon.

Madame de Grandcourt est étendue dans un coin sur une chaise longue. Un petit monsieur à moustaches et à favoris, est assis presque à ses pieds sur un tabouret; il a passe une de ses mains derrière la taille de sa belle, et l'autre paraît égarée dans les plis d'une robe de satin fanée.

Un peu plus loin, la vieille baronne et la jeune vicomtesse jouent au creps avec le chevalier. Les dames ont la figure très animée : la baronne a toujours un verre de punch devant elle, et elle roule des yeux effarés sur les dés, se disputant et criant pour une pièce de dix sous qu'elle ne veut pas avoir perdue. La vicomtesse a retrouvé la parole en mangeant des brioches; et elle fait par-ci par-là des pataquiès qui devraient ouvrir les yeux à Dubourg, s'il avait encore la tête à lui; mais il n'y est plus : la perte qu'il a faite a troublé

49

Et quoi! lui dit Frédéric, vous n'imitez pas vos compagnes? (Page 48, col. 2.)

sa raison déjà échauffée par le punch et les liqueurs. Il se promène à grands pas dans le salon, regardant sans voir, écoutant sans les entendre les politesses de la marquise, se passant la main sur le front, comme pour calmer ses idées; voulant s'éloigner... mais revenant toujours vers la table de jeu en se disant : il faut absolument que je rattrape mes mille écus.

Il va s'asseoir devant la table de creps, et appelle le comte, qui cause dans un coin avec l'homme en habit râpé, qui parlait toujours des rouleaux de louis qu'on ne voyait pas.

— Monsieur, dit Dubourg en élevant la voix, j'espère que vous ne refuserez pas de me donner ma revanche à ce jeu, où je serai peut-être moins malheureux.

— Avec grand plaisir, répond le comte à manchettes.

Il court sur-le-champ vers la table de creps, que la vieille et la vicomtesse quittent aussitôt; bientôt même elles disparaissent de l'appartement, ainsi que madame de Grandcourt; mais Dubourg est trop occupé de son jeu pour faire attention à la disparition des dames.

Tous les hommes sont venus faire cercle autour de la partie de creps. On laisse à Dubourg le choix d'être ponte ou banquier. Il préfère ce dernier avantage, et madame la marquise, placée contre sa chaise, a toujours soin de lui présenter le cornet et de ramasser les dés pour lui. Dubourg perd; il ne sait plus ce qu'il fait; il jette dans le salon les dés et les cornets. On lui propose un trente-et-un; il accepte : c'est pour le rachever; en moins d'une demi-heure le restant de sa caisse y passe.

Dubourg se tâte... il fouille dans ses poches, dans ses goussets... il n'a plus rien; il a tout perdu... et cet argent n'était pas le sien. Il ne parle plus, il se promène pendant quelques moments, pâle, défait, se mordant les lèvres, se serrant les poings, et lâchant de temps à autre quelques jurons. Les bougies du lustre commencent à s'éteindre; les comtes et les chevaliers chuchotent entre eux et semblent embarrassés; la marquise est dans un coin, elle ne croit pas le moment favorable pour aller marcher sur le pied de M. de Potoski.

Enfin Dubourg, sortant de son abattement paraît avoir pris son parti. Il va chercher son chapeau, qu'il a placé sur un fauteuil; il sort du salon, dont il referme la porte avec violence, et traversant l'antichambre où quatre grands gaillards, dont un seul est en livrée, sont occupés à boire, il ouvre la porte du carré, et descend l'escalier. Il n'est qu'à moitié chemin lorsqu'en voulant mettre son chapeau sur sa tête, il s'aperçoit qu'il ne tient qu'un mauvais claque sans ganse et sans coiffe, qu'on a mis à la place de son beau chapeau à plumet.

— Ah! pour le coup, c'est trop fort! dit Dubourg en remontant l'escalier; non contents de m'avoir escroqué mon argent, ils veulent m'escroquer mon chapeau!... Ah! messieurs les comtes et les chevaliers, nous allons voir cela.

Dubourg sonne avec violence : on ne vient pas. Il sonne de nouveau, et cogne contre la porte avec ses pieds et ses mains; on lui ouvre enfin.

— Que voulez-vous? lui demande brusquement le valet en livrée.

— Ce que je veux? mon chapeau, que ton chevalier de je ne sais quoi a pris à la place de son méchant claque...

— On n'a pas de chapeau à vous ici...

— Comment! drôle, tu oses me dire cela?

— Silence, monsieur, ne faites pas tant de bruit dans la maison, cela déplaît à madame la marquise.

— Va-t'en au diable avec ta marquise, qui se laisse pincer le derrière pour ruiner les gens... je veux rentrer; je saurai bien me faire rendre mon chapeau.

— Vous n'entrerez pas! A moi, mes amis! voici un monsieur qui veut faire du bruit.

Les trois hommes accourent. Ils saisissent Dubourg par les épaules; en vain il se débat, il n'est pas le plus fort. On lui fait ainsi descendre l'escalier. Dubourg crie, les traite de canailles, de fripons, ainsi que leurs maîtres; les quatre grands drôles ne lui répondent pas et le poussent jusque dans la rue en lui refermant sur le nez la porte de la maison.

— Ah! les misérables! s'écrie Dubourg en rajustant son habit, que dans la lutte qu'il vient de soutenir il a manqué de perdre aussi, ah! les gredins!... quelle jolie soirée j'ai faite là!... Ouf!... Ramassons des pierres, cassons les vitres. Mais, non, appelons... il passera sans doute quelque patrouille...

Il reste un moment dans la rue, indécis sur le parti qu'il prendra. Cependant il est fort tard, la rue est déserte; en restant là il s'expose à être arrêté lui-même; il réfléchit qu'il est étranger dans cette ville, et qu'il s'est donné un titre qui ne lui appartient pas. Tous ces motifs le déterminent à attendre le lendemain pour chercher à obtenir justice de madame la marquise. En attendant, il faut tâcher de retrouver son chemin et son hôtel.

Mais comment se présenter devant Frédéric et devant Ménard après avoir perdu tout l'argent qu'ils lui avaient confié?... Il n'a plus rien, et ils doivent à leur hôtel une somme assez forte.

Dubourg se frappe la tête et se donne des coups de poing en marchant dans les rues de Lyon. Enfin il se trouve devant leur hôtel; alors il s'adresse le discours suivant : — Il faut toujours que je finisse par me consoler... Quand je passerais la nuit dans la rue à me battre, cela ne ferait pas revenir un sou dans ma caisse... Allons donc nous coucher! demain nous verrons à nous tirer de là.

CHAPITRE VIII

LA VOILA

Frédéric, en rentrant le soir à l'hôtel, avait trouvé Ménard assis, seul, devant les restes d'un poulet au cresson avec lequel le ci-devant précepteur avait passé une partie de sa soirée. Étonné de ne point voir Dubourg, le jeune comte en avait demandé des nouvelles à Ménard, qui lui avait répondu que monsieur le baron était allé dans une des premières maisons de la ville, qui lui avait envoyé une invitation.

Dubourg invité à Lyon où il ne connaît personne, cela paraît singulier à Frédéric, qui craint que cette première maison ne soit de la façon de son ami. Il se garde bien cependant de communiquer ses soupçons à Ménard et se contente de le prévenir qu'il veut partir le lendemain.

— Monsieur le baron n'est plus pressé, dit Ménard, il se trouve fort bien à Lyon...

— Et ce matin il me pressait encore de partir!

— Il paraît que l'invitation qu'il a reçue a changé ses projets.

— Monsieur le baron dira ce qu'il voudra, nous partirons demain.

Ménard ne répond rien et va se coucher, trouvant que son élève en agit bien librement avec un homme comme le palatin; et Frédéric en fait autant, quoiqu'un peu inquiet de l'absence de Dubourg.

Le lendemain le jeune comte et Ménard sont de bonne heure dans la pièce où ils ont l'habitude de se réunir pour déjeuner. Mais Dubourg ne paraît pas.

— Ne serait-il pas rentré cette nuit? demande Frédéric.

— Pardonnez-moi, monsieur, dit un des valets de l'hôtel, monsieur le baron est rentré vers les trois heures du matin; il paraissait même très fatigué; il est encore couché.

— Quelle folie de passer la nuit quand nous devons aujourd'hui nous mettre en route! Mais où diable a-t-il été? Allez donc l'avertir que nous l'attendons.

Le temps se passe. Le valet revient annoncer que monsieur le baron est malade et ne peut pas se lever.

— Le coquin se sera grisé hier, se dit Frédéric; et suivi de Ménard, qui a commencé par se frotter les tempes et le nez avec du vinaigre de crainte d'attraper le mauvais air, il se rend dans la chambre de Dubourg.

Ce dernier est couché; il a enfoncé son bonnet de coton sur ses yeux, il a mis son mouchoir en marmotte par-dessus, et il donne à sa figure une expression tellement piteuse, qu'on croirait, en le voyant, qu'il souffre et languit depuis trois mois sur son lit.

Ménard s'arrête au milieu de la chambre et porte à son nez un flacon de vinaigre des quatre voleurs en disant tout bas à Frédéric :

— Ah! mon Dieu!... comme il est déjà changé!

— Qu'as-tu donc, mon pauvre Dubourg? dit Frédéric en s'approchant du lit et en prenant la main du malade, qui a employé tous les moyens connus pour se donner la fièvre.

— Hélas! mon cher ami... je me sens bien mal...

— Comment ce mal est-il venu?

— Ah!... c'est un événement... c'est la suite d'une aventure terrible... c'est la révolution que cela m'a causée!...

— Avant tout il faut voir un médecin.

— Je cours en chercher un, ainsi qu'un apothicaire, dit Ménard qui est pressé de sortir pour prendre l'air.

— Non, non, mon cher monsieur Ménard, répond Dubourg d'une voix faible, je n'aime pas les médecins... nous avons tout le temps...

« Hippocrate lui-même a dit : *Vita brevis, ars longa, experientia fallax!...*

— Oui, monsieur le baron; mais plus loin Hippocrate a dit aussi...

— Ah! de grâce, laissez-là Hippocrate, s'écrie Frédéric, qui croit lire dans les yeux de Dubourg qu'il n'est pas aussi malade qu'il veut le paraître; et puisque tu ne veux pas de médecin, apprends-nous au moins la cause de ta maladie et cette aventure terrible...

— Oui, dit Ménard, en ayant soin de s'asseoir assez loin du lit pour respirer l'air de la porte. Sachons si cela peut devenir contagieux.

Dubourg se met sur son séant, il lève les yeux au ciel, pousse quelques gémissements plaintifs, enfonce encore son bonnet de coton sur ses yeux et commence son récit du ton le plus lamentable.

— Le respectable M. Ménard a dû te dire, mon cher comte, que j'avais reçu hier une lettre d'invitation d'une des premières maisons de cette ville... C'est du moins ce que mon hôtesse m'a assuré, et certes, sans cela...

— On me l'a dit... après, explique-toi donc, dit Frédéric impatienté des détours que prend Dubourg avant d'arriver au fait.

— Doucement! mon cher Frédéric, je ne suis pas en état d'aller si vite. Je partis donc en fiacre, hier au soir, après avoir fait une toilette assez soignée...

— Oui, j'ai vu que tu as pris un de mes habits...

— Tu sais bien que j'ai perdu ma garde-robe avec ma berline...

— Après...

— Je ne sais par quelle fatalité il s'est trouvé que j'avais justement dans la poche de ton habit le portefeuille renfermant notre fortune...

— Aïe! cela va mal, dit tout bas Frédéric, tandis que Ménard, plus inquiet, commence à rapprocher sa chaise.

— Eh bien!... achève donc...

— Eh bien! monsieur le baron!...

— Eh bien! mes nobles et chers amis, en sortant du cercle brillant où j'étais resté un peu tard, à la vérité... je n'ai pas trouvé de voiture... J'étais seul dans une rue que je ne connaissais pas... Tout à coup quatre brigands fondent sur moi... Hélas! je n'avais pas d'armes! je me défends comme un lion!... Mais c'est en vain! Ils me battent, me roulent, me jettent à terre... et, ce qu'il y a de pis, me volent tout ce j'avais sur moi...

— Ah! mon Dieu!... Et vous aviez notre caisse? s'écrie Ménard.

— Je l'avais!...

— Et vos quinze mille francs...

— Tout!... tout, vous dis-je... Il ne me reste rien... que ce que vous avez sur vous... Ils m'ont pris jusqu'à mon superbe chapeau, dont la ganse valait soixante francs.

— Quel événement! et qu'allons-nous faire? dit Ménard, qui était désolé en songeant qu'après avoir vécu en seigneurs ils vont se trouver réduits aux expédients.

Frédéric ne dit rien, il suspecte le récit de Dubourg. Celui-ci, qui s'en aperçoit, veut tâcher de le persuader en s'écriant à chaque minute :

— Quelle fatalité!... être attaqué... volé!... Ces choses-là sont faites pour moi...

— En effet, monsieur le baron, il paraît que vous n'êtes pas heureux, dit Ménard qui se souvient du vol de la berline.

— Et chez qui avez-vous passé la soirée? dit Frédéric.

— Chez madame la marquise de Versac...

— Chez madame de Versac!... C'est bien singulier, je l'ai vue hier à sa maison de campagne.

— Tu l'as vue!... Comment!... est-ce que tu la connais? s'écrie Dubourg d'une voix qui n'est plus celle d'un malade.

— Madame de Versac est venue quelquefois chez mon père lors de son séjour à Paris, l'année dernière, Pendant la belle saison, elle habite sa maison de campagne. Hier je l'ai vue, te dis-je, elle m'a fait d'aimables reproches sur ce que je ne passais pas quelque temps à sa campagne, et, certes, elle n'est point revenue à la ville...

— Ah! mon Dieu! Qu'est-ce que tu me dis là?... Quel âge a cette marquise?

— Vingt-huit ans au plus; sa demeure, ici, est sur la place Bellecour.

— Ah! mille cigares! c'était une marquise de contrebande... Triple sot! et je ne m'en suis pas aperçu...

Dubourg se lève, il saute sur son lit, il se roule sur sa couverture, il arrache son bonnet qu'il jette dans sa chambre; Ménard s'écrie :

— Monsieur le baron a le transport... je cours chercher un apothicaire...

Le précepteur est sorti. Frédéric n'en est pas fâché, cela lui laisse la liberté de s'expliquer avec Dubourg; mais pendant quelques instants celui-ci ne veut pas se tenir tranquille, il est furieux après les soi-disant comtes et chevaliers. Il s'habille à la hâte, en jurant qu'il retrouvera son baron aux breloques, son chevalier râpé et son fripon à manchettes; qu'il cassera les dernières dents de la baronne, qu'il donnera des soufflets à la vicomtesse et fessera madame la marquise.

Enfin Frédéric parvient à se faire entendre :

— Tu as donc joué hier, malheureux? et c'est là qu'est passé notre caisse?

— Ah! mon ami, bats-moi... tue-moi!... Je sens que je suis un vaurien!... Mais vraiment tu en aurais fait autant à ma place... Comment, quand on prend un nom respectable... Moi j'y vais en toute confiance!... J'espérais déjà faire un mariage avantageux... Je n'entends autour de moi que des gens qui disent ma terre, mon château, mes gen... mes millions! comme je dirais ma canne et mon château!... Enfin ils m'ont étourdi de politesses et de liqueurs... J'aurais pourtant dû remarquer que tout cela était louche!... mais que veux-tu! Je n'ai pas malheureusement l'habitude de la bonne compagnie! J'ai pris les serments de pied de l'une pour de la noblesse, et les pataquiès de l'autre pour un accent allemand; on jouait!... j'avoue que j'aime le jeu? et ils m'ont tout escroqué!... tout, jusqu'à mon chapeau!... mais cela ne se passera pas ainsi...

— Où vas-tu? dit Frédéric en voulant retenir Dubourg qui prend son claque pour sortir.

— Laisse-moi.... laisse-moi.... Je veux retrouver mes fripons, et peut-être... Attends-moi ici...

Dubourg ouvre la porte au moment où Ménard revient avec un garçon apothicaire, qui tient dans chaque main des potions calmantes.

Dubourg pousse brusquement Ménard, qui veut l'arrêter, et descend l'escalier quatre à quatre, tandis que le précepteur tombe sur l'apothicaire qui tombe avec ses potions.

— Il faut faire courir après lui, dit Ménard, qui croit que Dubourg a une fièvre chaude

Ce n'est pas sans peine que Frédéric parvient à lui faire renvoyer l'apothicaire, en lui assurant que le baron va beaucoup mieux.

Dubourg se rend à la demeure de la fausse marquise, dont il a conservé l'adresse. Il faut aller à pied, maintenant, et l'on ne se donne plus des airs de seigneur. Le lorgnon irait très mal avec le claque qui n'entre pas à moitié sur la tête de Dubourg. Mais dans ce moment il ne s'occupe pas de sa tournure, il ne songe qu'à son argent, Arrivé devant la maison où il est allé la veille, et qu'il reconnaît facilement, l'ayant dans la nuit considérée assez longtemps, il entre dans l'allée, dont la porte est ouverte, il monte l'escalier, écoute, regarde autour de lui et n'entend rien. Il sonne à la porte de l'appartement duquel on l'a renvoyé si brusquement ; on ne lui ouvre point, Il sonne plusieurs fois avec plus de force ; enfin le cordon de la sonnette lui reste dans la main, mais la porte ne s'est pas ouverte.

— Ouvrez, drôles, fripons !... ou je vais chercher un commissaire, crie Dubourg en se collant contre la serrure.

Une vieille femme paraît sur le palier de l'étage supérieur et demande pourquoi l'on fait ce tapage.

— Je veux parler aux personnes qui demeurent au premier, dit Dubourg.

— Il n'y demeure plus personne, monsieur ; c'était loué en garni à une femme qui l'a quitté avant le jour.

Dubourg est pétrifié. Il voit qu'il n'y a plus d'espoir de ravoir son argent. Il s'en retourne lentement et tristement à l'hôtel et aborde Frédéric et Ménard d'un air consterné.

— Eh bien, les voleurs? dit Frédéric.

— Ah ! mon ami !... ils ont pris la clef des champs !...

— J'en étais sûr.

— Du moins, monsieur le baron, avez-vous porté plainte chez le commissaire ?

— Monsieur Ménard, j'ai fait tout ce qu'il fallait faire... mais je crois que nous pouvons dire adieu à notre argent.

— Et comment donc allons-nous faire?...

— C'est à quoi il faut songer. Combien possédez-vous d'argent, monsieur Ménard ?

— Deux louis, pas davantage, monsieur le baron.

— Et toi, Frédéric?

— J'en ai dix environ !...

— Ce n'est pas seulement de quoi payer notre hôte, auquel nous devons à coup sûr plus de cent écus!

— Quoi ! il n'est pas payé ?...

— Est-ce que l'on fait payer d'avance des gens comme nous ?

— Et avoir fait une telle dépense !...

— Il fallait bien vivre : qu'importe, puisque nous ne pouvons pas payer, que nous devions cent francs ou cent écus ?...

— Cependant nous ne quitterons pas cet hôtel sans solder notre compte, et nous ne continuerons pas nos voyages sans argent.

— Ce me semble, en effet, difficile, dit Ménard.

— Pour en avoir je ne vois qu'un moyen, dit Dubourg, c'est d'en demander à M. le comte de Montreville ; certainement il ne laissera pas son fils dans l'embarras.

— Demander de l'argent à monsieur le comte... et il n'y a pas encore trois semaines que nous avons quitté Paris ! Que va-t-il penser?... murmure Ménard en soupirant. Si monsieur le baron écrivait plutôt à son intendant de Ravaout de Kraprach ?...

— Ah !... j'écrirais bien volontiers... mais il y a si loin !... Il faut au moins deux mois avant de recevoir une réponse, parce que dans ce moment-ci les avalanches gênent beaucoup les courriers...

— Comment, monsieur le baron, en été ?

— C'est justement en été que la neige fond. Pardieu, si nous étions en hiver ! on ferait la moitié du chemin en patinant. Nous ne pouvons pas attendre tout ce temps dans cette auberge ; il nous faut de l'argent tout de suite...

— Mon cher Ménard, dit Frédéric, il faut absolument en demander à mon père.

— Je vais donc lui écrire le malheur arrivé à monsieur le baron...

— Non pas, non pas !..... c'est à vous qu'il avait confié les fonds, c'est vous qui avez été volé il est très inutile de lui parler de moi... Figurez-vous que c'est vous que l'on a volé cette nuit....

— Allons, mon cher Ménard, écrivez à mon père une lettre bien pathétique...

— Diable !... c'est fort difficile...

— Je vais vous la dicter, si vous voulez.

— Vous me ferez plaisir, monsieur le baron.

Ménard prend la plume, et Dubourg lui dicte la lettre suivante :

« Monsieur le comte,

« J'ai l'honneur de vous apprendre notre heureuse arrivée à Lyon, où je viens d'être attaqué en rentrant le soir à notre hôtel, et volé de tout ce que nous possédions, ce qui nous met dans un grand embarras, dont nous vous prions de vouloir bien nous tirer le plus tôt possible. Du reste, monsieur votre fils se porte comme Esculape, et les voyages paraissent lui faire grand bien. Il me charge de vous offrir ses très respectueux hommages. »

Ménard signe cette lettre, à laquelle Dubourg voudrait que Frédéric ajoutât quelques mots bien tendres. Mais Frédéric n'a jamais menti à son père, et il préfère ne rien lui écrire plutôt que de chercher à lui en imposer.

La lettre est mise à la poste, et il faut en attendre la réponse. Heureusement leur hôte ne paraît nullement inquiet. Il a d'ailleurs une chaise et des chevaux, ce qui, au besoin, serait plus que suffisant pour le payer ; cela rassure Frédéric, qui engage cependant ses compagnons à faire moins de dépense pour leur table ; mais Dubourg n'est pas de cet avis, il pense au contraire que cela pourrait donner des soupçons sur leur situation, et Ménard est encore de l'opinion de M. le baron.

Frédéric reprend ses promenades, mais Dubourg ne reprend plus les siennes avec Ménard; il ne se soucie pas, après avoir étalé sa tournure élégante et fait le palatin dans les rues de Lyon, de s'y montrer maintenant en claque et avec une figure longue; il est persuadé que l'on devinerait qu'il n'a plus le sou : il y a tant de gens qui ne doivent leur assurance et leur suffisance qu'à l'or qu'ils ont dans leur poche, et qui seul leur donne de l'aplomb dans le monde!

Dubourg passe ses journées à philosopher avec Ménard, qui n'est pas philosophe, mais qui écoute le baron qu'il croit fort savant, et dont pourtant il n'est plus ravi d'être le compagnon de voyage, parce qu'il récapitule leurs aventures, depuis que le palatin les a jetés dans un fossé avec sa berline, et s'aperçoit que M. de Potoski porte avec lui un certain guignon dont ils ressentent déjà les effets.

Enfin, au bout de dix jours, on reçoit une réponse du comte; elle est adressée à M. Ménard, mais c'est Frédéric qui brise en tremblant le cachet.

— Regarde d'abord dans la lettre, lui dit Dubourg.

On y trouve un effet de six mille francs sur un banquier de Lyon.

— Bon! voilà de quoi nous faire supporter les reproches du papa, dit Dubourg; maintenant lis-nous sa lettre.

M. de Montreville n'écrivait à M. Ménard que ces mots : « Je ne crois aucunement à l'histoire de voleurs que vous me faites, mais je veux bien pardonner une première folie de mon fils; j'espère cependant qu'elle le rendra plus sage. Je vous envoie de l'argent, mais ne comptez plus sur une pareille indulgence. »

— Il ne nous a pas crus, dit Frédéric.

— Je crains qu'il ne soit fâché, dit Ménard.

— Eh! tranquillisez-vous, il s'apaisera. Nous allons désormais voyager comme trois petits amours de carton; nous serons sages, rangés, philosophes enfin... ce qui ne nous empêchera pas de nous bien nourrir, parce que cela est nécessaire à la santé; n'est-il pas vrai, monsieur Ménard?

— *Credo equidem*, monsieur le baron.

— Mais plus de train, d'étalage... Je reprends l'incognito...

— Quoi, monsieur le baron!...

— Oui, monsieur Ménard; d'ailleurs, avec six mille francs, nous ne pourrions pas faire longtemps les seigneurs .. je veux dire tenir notre rang.

— Mais, monsieur le baron, quand vous aurez reçu des réponses de Rava et de Krapach?...

— Ah! ce sera différent... mais je crains que nous n'en ayons point de longtemps. Quant à la caisse, je crois qu'il faut la laisser à Frédéric : il a du calme, du sang-froid... c'est ce qui convient à un caissier.

— C'est dommage, se dit tout bas Ménard; nous vivions si noblement quand M. le baron payait!

Tous les arrangements terminés, on solde le compte de l'hôte. Pour trois semaines passées dans l'hôtel, il se monte à huit cent cinquante francs, ce qui écorne déjà beaucoup l'envoi du comte; mais pendant ce temps on a été logé et nourri en seigneur. Dubourg n'éprouve que le regret de ne pouvoir continuer à faire la même dépense, Ménard soupire en songeant aux excellents repas qu'ils ont faits, et Frédéric dit tout bas à Dubourg :

— Mon ami, en allant aussi vite, nous n'aurions pas été bien loin.

On a vendu les chevaux de M. le comte, on s'arrange avec un conducteur pour s'éloigner de Lyon.

— Voilà deux haltes qui vous coûtent cher, monsieur le baron, dit Ménard; une berline et cinquante mille francs la première fois! quinze mille francs la seconde!... on ne pourrait pas voyager longtemps à ce prix-là!...

— Maintenant je suis tranquille, monsieur Ménard; je défie bien qu'on me vole : Socrate trouvait sa maison assez grande pour y recevoir ses amis; moi, je trouverai ma bourse assez pleine tant que Frédéric payera pour moi.

M. Ménard ne répond rien à cela : la comparaison ne lui semble pas heureuse.

Au lieu de suivre la route de Turin, Frédéric fait prendre celle de Grenoble; il veut visiter cette ville et ses environs; il veut surtout admirer cette Chartreuse dont l'aspect sauvage étonne et frappe le voyageur. Dubourg n'est pas pressé d'arriver en Italie, peu lui importe de quel côté on se dirigera. D'ailleurs, depuis sa dernière équipée, il ne se permet plus de donner ses avis. Quant à Ménard, il est toujours soumis aux désirs de Frédéric, mais le nom de la Chartreuse l'a fait frémir, il craint que son élève ne veuille se loger dans quelque ermitage, et il ne se sent aucun goût pour la vie frugale.

En approchant des bords de l'Isère, le pays devient plus pittoresque, plus montagneux, plus imposant. Des bouquets de bois coupent les prairies; les ruisseaux, après avoir baigné une plaine, vont se perdre en cascades sur des rochers. Ce ne sont plus les bruyants environs de Paris, les sites délicieux des bords du Rhône; c'est un tableau plus sérieux, plus majestueux peut-être, qui porte dans l'âme une douce rêverie, et vous transporte bien loin des villes, dont vous n'entendez plus le fracas.

— Que ce pays me plaît! dit Frédéric; j'y trouve je ne sais quel charme qui séduit mon cœur comme mes yeux... Qu'il est doux de se promener sous ces ombrages!...

— Pour y rêver à madame Dernange, n'est-ce pas?

— Oh! non, Dubourg; depuis longtemps je t'assure qu'elle est loin de ma pensée, ainsi que toutes ces coquettes que j'ai connues à Paris.

— Mais alors, à qui donc rêves-tu, dans tes longues promenades solitaires?

— Hélas! je ne sais... je rêve un être que je ne connais pas... je rêve une femme jolie, tendre, aimante... fidèle surtout!...

— Et tu la cherches au bord des ruisseaux?

— Je ne la cherche pas, j'attends que le hasard me la fasse rencontrer!...

— Si ce hasard n'arrivait que dans trente ans, vous seriez un peu mûrs tous les deux.

— Ah! Dubourg, que tu es impatientant!... tu n'as aucune idée de l'amour...

— Mon ami, c'est une poupée que chacun habille à sa manière... n'est-il pas vrai, monsieur Ménard?

— Monsieur le baron, je ne puis pas répondre *ad rem.*

On arrive à Grenoble, où l'on renvoie le conducteur; là ce n'est plus comme à Lyon; mais, quoique l'auberge soit moins fastueuse, on y est bien nourri : la volaille est abondante et le vin fort bon. M. Ménard et Dubourg prennent assez bien leur parti.

Le lendemain de leur arrivée Frédéric et ses deux compagnons se sont mis en route pour aller voir la Chartreuse. Dubourg, ne faisant plus le seigneur, aime autant accompagner son ami que de rester avec M. Ménard, et ce dernier se décide aussi à les suivre, quoiqu'il soit mauvais marcheur, et que Frédéric, pour mieux admirer le paysage, veuille faire la route à pied.

La Chartreuse, où l'on arrive après un chemin de près d'une demi-journée, se présente à vous environnée de montagnes couvertes de sapins, de vallées fertiles, de prairies et de gras pâturages. En y arrivant par Fourvoyerre, on suit un chemin taillé dans le roc, en côtoyant sur la gauche un torrent, tandis qu'à droite s'élève un rocher de soixante pieds de haut. On éprouve un sentiment nouveau, un mélange d'admiration et d'effroi, à l'aspect de ce site sauvage; on s'arrête pour contempler le rocher de l'Aiguille, qui est près de la porte de clôture de la grande Chartreuse.

Frédéric admire, Dubourg regarde, et Ménard soupire; mais l'accueil hospitalier que les voyageurs reçoivent à la Chartreuse ranime les esprits du pauvre précepteur, qui, tout en convenant que ce pays offre des points de vue admirables, sent qu'il préfère son petit appartement, au quatrième, dans la rue Bétisy, à la cellule la plus pittoresque de la Chartreuse, dans laquelle d'ailleurs on fait constamment maigre. Il n'est pas donné à tout le monde de sentir les beautés de la nature, et c'est avec infiniment de plaisir que Ménard reprend le chemin de Grenoble, quoique Frédéric lui propose de coucher à la Chartreuse pour ne point trop se fatiguer; mais Ménard assure qu'il n'est pas las, et que les cinq lieues ne l'effrayent point: on se remet donc en route après le dîner.

Le soleil va se coucher, et nos voyageurs sont encore à quatre lieues de Grenoble, parce que Frédéric s'arrête à chaque instant pour faire admirer à son ami une vallée, un moulin, un paysage charmant; chaque fois que Frédéric s'arrête, Ménard s'assied sur le gazon, et l'on a ensuite beaucoup de peine à le remettre sur pied; le bonhomme n'est point grand marcheur; cependant il rappelle son courage, et prend la liberté de s'appuyer sur le bras de M. le baron, qui est le meilleur enfant du monde quand il ne se donne pas des airs de palatin.

Le son d'une musique champêtre attire l'attention de Frédéric.

— Venez, dit-il, descendons de ce côté, j'aperçois là-bas des villageois qui dansent; allons jouir du tableau de leurs plaisirs.

— Allons, dit Dubourg, il y a sans doute à la danse quelques jolis minois.

— Allons, dit Ménard, nous nous reposerons, nous nous rafraîchirons.

Les voyageurs descendent une colline et se trouvent bientôt dans une vallée bordée de chênes et de sapins. Là sont rassemblés les habitants d'un joli village que l'on aperçoit vers le fond de la vallée : c'est la fête de l'endroit; les paysans la célèbrent en se livrant à la danse. Une musette et un tambourin forment tout l'orchestre, mais c'est bien assez pour les faire sauter : la joie brille sur tous les visages; les jeunes filles ont leurs beaux atours, et le costume piquant des villageoises de ce pays les rend en général assez attrayantes. Les gens âgés sont assis un peu plus loin, et causent en buvant, pendant que leurs enfants dansent devant eux.

Ménard s'assied devant une table, et demande à se rafraîchir; Dubourg rôde autour de la danse en disant des douceurs aux plus jolies paysannes, et Frédéric après avoir quelque temps regardé ce tableau, s'éloigne de la danse, et suit les bords d'un ruisseau qui serpente dans une allée de saules à l'entrée d'un bois épais.

Déjà le son de la musette ne retentit plus que faiblement à son oreille, il va retourner vers ses compagnons, lorsqu'en détournant la tête il aperçoit à quelques pas de lui une jeune fille assise sur les bords d'un ruisseau, les regards tournés vers la vallée avec une expression de douceur enchanteresse, et souriant à la danse qu'elle aperçoit de loin, mais laissant percer dans ce sourire une expression de tristesse qui lui semble habituelle.

Cette jeune fille paraît avoir à peine seize ans. Ses vêtements annoncent la pauvreté, mais sa grâce en efface la misère. De superbes cheveux blonds voltigent en boucles sur son front plein de candeur, ses traits sont fins et délicats, sa bouche aimable et gracieuse, et ses yeux, d'un bleu tendre, ont une expression touchante de douceur et de mélancolie qui s'accorde avec la la pâleur de son teint.

Frédéric s'est arrêté : il contemple la jeune fille... il ne peut se lasser de la regarder. Pourquoi est-elle seule sur les bords de ce ruisseau, tandis que ses compagnes se livrent au plaisir, à la danse? Pourquoi cette expression de tristesse répandue sur tous ses traits? Frédéric ne la voit que depuis un moment, et déjà elle l'intéresse; il veut savoir tout ce qui la concerne, il lui semble que son cœur partage déjà les peines de la jeune fille.

Dans ce moment, plusieurs couples de villageois traversent le sentier pour se rendre à la danse. Frédéric s'adresse à quelques paysannes, et leur montrant la petite, assise sur le bord du ruisseau :

— Quelle est donc cette aimable enfant, leur dit-il, et pourquoi ne partage-t-elle point vos plaisirs?...

Les villageoises s'arrêtent et jettent sur la jeune fille un regard de pitié et de commisération. Puis se retournant vers Frédéric ?

— Oh! monsieur, lui disent-elles, la pauvre petite ne danse pas?... C'est sœur Anne...

Frédéric, étonné, attend une explication ; mais les paysannes retournent à la danse en répétant encore d'un ton triste :

— C'est sœur Anne!

CHAPITRE IX

QUE FAIT-ELLE LA? — LA DANSE DE VILLAGE

Les villageois se sont éloignés, mais Frédéric est resté pensif dans l'allée de saules que les derniers rayons du soleil n'éclairent plus que faiblement. Il regarde toujours la petite, qui ne la voit pas, parce que, ne pouvant plus apercevoir la danse, elle a laissé tomber sa tête sur sa poitrine, et ne regarde que l'eau du ruisseau qui coule à ses pieds.

Que voulaient dire ces paysannes par ces mots :

— C'est sœur Anne; pauvre petite, elle ne danse pas!...

Le ton de pitié qui accompagnait ces paroles a frappé Frédéric. Les villageoises semblaient plaindre l'aimable enfant, et trouver tout naturel qu'elle ne prît aucune part aux plaisirs de ses compagnes.

Quels chagrins... quelles causes peuvent éloigner cette jolie fille des lieux où l'on se livre à la joie? Quoiqu'une douce mélancolie règne sur ses traits charmants elle ne semble pas agitée par une peine récente; elle paraît au contraire calme, tranquille; elle sourit au ruisseau qui murmure devant elle, et son âme paraît aussi pure que cette eau qui réfléchit son image.

Il semble que quelque chose de mystérieux enveloppe cette jeune fille, et Frédéric brûle de percer ce mystère. Tout ce qui touche sœur Anne ne lui est déjà plus indifférent.

Il s'avance bien doucement... il est tout près d'elle, et n'a pas levé les yeux.

— Eh quoi! lui dit Frédéric d'une voix émue, vous n'imitez pas vos compagnes!... on danse à quelques pas de vous... et vous restez seule dans cet endroit écarté?

A la voix de Frédéric, la jeune fille a tourné la tête et fait un mouvement d'effroi; mais bientôt, rassurée par le ton doux de celui qui lui parle, elle se calme, et se contente de se lever et de quitter les bords du ruisseau.

— Auriez-vous quelque peine, quelque chagrin profond?... Si jeune!... connaîtriez-vous déjà le malheur?... Ah! s'il était en mon pouvoir d'alléger vos souffrances, je me trouverais heureux!...

La jeune fille jette sur Frédéric un regard où se peignent à la fois la tristesse et la reconnaissance. Elle fixe un moment ses beaux yeux sur les siens, puis lui faisant une gracieuse révérence, elle se dispose à s'éloigner... Il la retient doucement par la main. Elle semble étonnée... effrayée

50

Dubourg parle de la Bretagne et détaille à Ménard la manière dont on y vit. (Page 51, col. 1.)

même; elle retire sa main de celle du jeune homme qui la pressait déjà.

— Vous vous éloignez, dit Frédéric, vous partez, et sans me répondre... sans me dire un mot?...

Les yeux de la jeune fille deviennent plus expressifs, un sentiment de douleur indicible semble alors les animer; bientôt des larmes les remplissent et coulent sur ses joues à peine colorées.

— Grand Dieu!... vous pleurez!... en serais-je la cause?... s'écrie Frédéric en saisissant de nouveau la main de la pauvre enfant; celle-ci semble lui faire signe que ce n'est pas sa faute. Un léger sourire perce sous ses larmes; mais, dégageant de nouveau sa main, elle gagne l'épaisseur du bois, et, aussi légère que la biche, disparaît bientôt aux regards de Frédéric.

Il a fait quelques pas pour la suivre, mais déjà il fait nuit, et il ne voit plus de quel côté elle a pris. Il revient sur les bords du ruisseau, et s'arrête à la place qu'elle occupait.

Frédéric ne peut encore se rendre compte de ce qu'il éprouve; mais il sent pour cette jeune fille un sentiment bien plus tendre, bien plus vif, et cependant bien plus doux que ceux qu'il a éprouvés jusqu'alors. En la perdant de vue, son cœur a battu avec force; il lui semblait déjà qu'elle était quelque chose pour lui. Que de grâce, de charmes!... Mais pourquoi cette tristesse et ce silence?... On la nomme sœur Anne : que signifie ce titre de sœur attaché à son nom? appartiendrait-elle à quelque ordre religieux? Mais non, son costume ne l'annonce pas, et elle est libre dans ces campagnes... Cependant un mystère l'environne... Charmante fille!... ah! je veux savoir tout ce qui t'intéresse, se dit Frédéric en regardant vers le bois par où elle a disparu ; je veux te revoir, je veux soulager ta misère... Je sens que je t'aime déjà!... oh! oui, je t'aime, non pas comme toutes ces coquettes qui m'ont trompé, mais comme tu mérites de l'être!... car j'ai lu dans tes yeux la candeur et l'innocence!... Ah! si tu m'aimais un jour, que je serais heureux!...

Mais il est nuit; il faut aller rejoindre ses compagons. Frédéric quitte à regret l'allée de saules où il a vu sœur Anne; mais en regagnant la vallée il se dit encore : Je la reverai, il faut absolument que je la revoie. Ne parlons pas de cette jeune fille à Dubourg, il se moquerait de moi!... il croit que toutes les femmes sont de même; il n'a aucune idée de l'amour. Pauvre petite, ah! je saurai pourquoi tu ne te mêles pas aux jeux de tes compagnes...

Les danses sont animées; les villageois se livrent avec ardeur au plaisir; les figures peignent la joie, le bonheur. Les chants des buveurs se mêlent au son de la musette et du tambourin. Les jeunes gens pressent en dansant la main de celles qu'ils courtisent; les fillettes sourient à leurs amants, les mamans à leurs petits marmots, et les vieillards à leur bouteille. Chacun sourit à ce qu'il aime, comme pour le remercier du bonheur qu'il lui procure.

Ménard, qui s'est assis entre deux intrépides buveurs, écoute fort tranquillement les histoires du pays, tout en mangeant une salade et en choquant avec ses voisins; car au village la fierté disparaît, et Ménard n'en montre jamais mal à propos, c'est-à-dire qu'il sait la soumettre à son appétit.

Dubourg, oubliant ses titres de noblesse, est allé se mêler à la danse. Il saute avec une jolie brune, aux yeux vifs, au nez retroussé et à la jambe très fine! La paysanne danse avec le beau monsieur, sans que cela l'intimide; elle n'en saute pas moins, et c'est elle au contraire qui répète sans cesse à son danseur : Allez donc, vous n'allez pas. Dubourg fait ses petits pas de Paris, si goûtés dans les salons; mais au village on trouve que cela n'est que marcher. Et la jeune fille lui dit à chaque instant :

— Voulez-vous ben danser mieux que ça!... qu'est-ce que c'est donc que c'te danse-là!... Ah! faut sauter, ou j'vas prendre un autre danseur.

Dubourg, qui ne veut pas qu'elle prenne un autre danseur, fait alors un télégraphe de ses bras et de ses jambes, et se donne un mouvement continuel. Ménard, qui de sa table l'aperçoit se démener, dit à ses voisins :

— Voilà M. le baron qui danse une polonaise avec vos jeunes filles!... Regardez, mes enfants, voilà comme on danse à Cracovie... et sur les monts Krapach!... Que c'est noble!... que c'est gracieux! Comme il fait de jolis pas *per fas et nefas!*...

Les voisins de Ménard ouvrent de grands yeux et ne comprennent rien à cela. Mais la danseuse de Dubourg est satisfaite, et celui-ci, qui la voit en bonne disposition, se permet de lui prendre un baiser; mais on y riposte aussitôt par un vigoureux soufflet, parce que les villageoises des environs de Grenoble ne ressemblent pas aux Gotons des environs de Paris.

Frédéric est devant la danse; mais il ne remarque pas ce tableau animé qui est sous ses yeux. Il se croit encore dans l'allée solitaire, et voit la jeune fille assise au bord du ruisseau.

C'est Dubourg qui vient à lui. Il a quitté sa danseuse, parce qu'il a vu qu'il en serait pour ses sauts, ses ronds de jambe et ses grands écarts, et que les tapes que la paysanne lui a données en échange de ses petites libertés ont calmé son ardeur pour la danse.

— D'où viens-tu donc? dit-il à Frédéric, tu nous quittes dans le beau moment!..

— Je viens de me promener...

— Quel intrépide promeneur tu fais!... Mais je crois qu'il est temps que nous allions promener jusqu'à Grenoble, dont nous sommes encore à quatre lieues.

Ils rejoignent Ménard qui fait compliment à Dubourg sur sa manière de danser. Frédéric se fait indiquer la route la plus courte, et un jeune villageois s'offre de leur servir de guide une partie du chemin; mais Ménard ne paraît pas de force à pouvoir faire quatre lieues, et Dubourg lui-même semble effrayé de la longueur de la route. Le villageois propose son cheval de labour, à condition qu'on le mènera au pas. Le cheval est accepté avec reconnaissance par Dubourg et Ménard; ce dernier monte en croupe, et se tient fortement serré après le baron. Frédéric marche à pied avec le jeune villageois. On part.

La lune éclairait alors les campagnes. Le temps était superbe. Les forêts de sapins se dessinaient avec majesté sur la gauche des voyageurs, et le marteau du forgeron troublait seul le silence de la nuit. Souvent, en passant près d'une forge, une clarté brillante remplaçait un moment la couleur bleuâtre de la lune, et jetait sur la campagne une teinte de feu ; on entendait les voix des ouvriers qui se mêlaient au bruit monotone du marteau ; alors Dubourg disait à M. Ménard :

— Entendez-vous les Cyclopes qui travaillent aux foudres de Jupiter ?

Et Ménard lui répondait :

— Je ne voudrais pas pour tout l'or du Pérou me trouver seul, la nuit au milieu de ces gens-là !...

Et il donnait un petit coup de talon à leur coursier, qui n'en allait pas plus vite. Dubourg et le précepteur sont un peu en arrièce, parce que le cheval de labour n'avance que lentement dans le chemin, qui est fort rocailleux. Frédéric marche en avant, auprès de leur guide : c'est un enfant de douze ans, franc et naïf comme presque tous les montagnards.

— Quel est ce village que nous quittons ? demande Frédéric au petit paysan ?

— C'est Vizille, monsieur ; c'est le plus joli village de Grenoble.

— Tu l'habites ?...

— Oui, monsieur ; j'y suis né.

— Et... y connais-tu...

Avant d'achever sa phrase, Frédéric se retourne pour voir si ses compagnons ne peuvent l'entendre ; mais ils sont à plus de ciquante pas de lui : Dubourg parle de la Bretagne, et détaille à Ménard la manière dont on y vit. Frédéric voit qu'il peut causer avec leur guide sans crainte d'être entendu.

— Connais-tu dans ce village une jeune fille que l'on appelle... sœur Anne ?

Sœur Anne !... oh ! oui, monsieur, certainement que je la connais ! Elle n'habite pas précisément dans le village, mais sa chaumière n'en est pas ben loin. Pauvre sœur Anne !... qui est ce qui ne la connaît pas dans le pays ?...

— Eh quoi ! tu sembles aussi la plaindre ?... Cette jeune fille est donc malheureuse ?...

— Dam' ! sans doute ... elle est à plaindre !... et son histoire est ben touchante !

— Tu la sais ?

— Oui, monsieur ; ma mère me l'a contée plus d'une fois ; tout le monde la sait chez nous.

— Raconte-moi cette histoire... raconte-moi tout ce que tu sais sur sœur Anne ; parle, mon ami et surtout n'oublie rien !...

Frédéric, en disant ces mots, met une pièce d'argent dans la main de l'enfant, qui est étonné qu'on le paye pour une chose si simple, et commence naïvement son récit, dont Frédéric serré contre lui, ne perd pas un seul mot.

CHAPITRE X

HISTOIRE DE SŒUR ANNE

Sœur Anne est fille d'une dame que l'on appelait Clotilde, qui était, dit-on, bien douce et bien jolie. Cette Clotilde, née de parents riches, n'avait pas été élevée comme une simple fille des champs ; elle possédait beaucoup de talents, et pourtant elle vint habiter avec son mari dans notre village. On disait que c'était un mariage d'amour, et que la belle Clotilde avait préféré son amant et une chaumière à de beaux appartements qui lui auraient donné un autre mari.

Clotilde et son mari vécurent quelque temps heureux dans notre village ; ils eurent d'abord une fille, la petite Anne... déjà jolie comme sa mère... d'ailleurs vous l'avez vue, monsieur.

Quatre ans après, ils eurent un autre enfant, ce fut un garçon, et les parents en furent bien contents, et la petite fille ne quittait plus un instant son jeune frère. Mais bientôt les pauvres gens éprouvèrent tout plein de malheurs : un orage dévasta leur champ... ils perdirent leur récolte ; la pauvre Clotilde devint malade !... Alors son mari, pour secourir sa femme et ses enfants, ne vit pas d'autre parti à prendre que de s'engager. Il se vendit, donna tout l'argent à Clotilde, et partit en lui disant :

— Veille bien sur nos enfants.

La douleur de voir son mari s'éloigner rendit longtemps Clotilde incapable de rien faire, et pendant ce temps la petite Anne donnait tous ses soins à son jeune frère, qu'elle aimait de toute son âme ; sa mère lui répétait souvent :

— Veille bien sur ton frère... hélas ! peut-être bientôt n'aura-t-il que toi pour appui !...

Une année s'écoula. Le mari de Clotilde lui écrivait d'abord fréquemment ; mais tout d'un coup les lettres cessèrent, et l'on s'était battu... car dans ce temps-là on se battait souvent !...

Le mari de la pauvre Clotilde avait été tué. On en reçut la nouvelle dans le pays, mais personne n'eut le courage de la lui annoncer, et Clotilde attendait encore des nouvelles de son époux, lorsque depuis longtemps il avait cessé d'exister !

La pauvre femme se rendait chaque jour sur le haut d'une montagne, d'où l'on découvrait bien la route de la ville ; c'était par là qu'elle espérait voir revenir son mari. Souvent elle passait des journées entières assise au pied d'un arbre, les yeux tournées vers ce chemin sur lequel elle avait aperçu son bien-aimé pour la dernière fois.

Quand on voyait Clotilde là, on essayait de la consoler ; on lui parlait de ses enfants, mais elle répondait tristement :

— Anne est auprès de son frère, elle ne le quitte pas elle sera pour lui une seconde mère.

En effet, la jeune fille, qui n'avait encore que sept ans, étonnait déjà tout le village par son intelligence et sa tendresse pour son frère. Le pauvre petit ne voyait qu'elle une grande partie de la journée, mais il ne manquait de rien. Sa sœur Anne le soignait, le berçait, le caressait, s'étudiait à prévenir ses moindres désirs; aussi le nom de sœur Anne fut le premier que l'enfant balbutia; et ce nom tout le monde le lui donnait alors dans le village, en la citant comme un modèle de tendresse fraternelle : il lui est resté depuis.

Un jour, Clotilde était, suivant sa coutume, sortie pour se rendre à sa place habituelle, et sœur Anne était seule avec son frère dans sa chaumière. A l'heure où leur mère revenait ordinairement, les enfants ne la revirent pas. Le petit garçon continuait de jouer auprès de sa sœur; mais déjà celle-ci regardait avec inquiétude dans la campagne, et répétait à chaque instant :

— Maman ne revient pas!

La nuit parut, et Clotilde n'était pas de retour. Si Anne avait été seule, elle aurait couru dans le village, dans les environs, s'informer de sa mère, mais quitter son frère !... cela lui était impossible. c'était un trésor qu'on lui avait confié, elle ne concevait pas la pensée de s'en séparer un instant.

La pauvre enfant se décide à coucher son frère, qui, alors âgé de trois ans, avait besoin de repos, et à veiller à côté de son lit en attendant le retour de leur mère. Le temps s'écoulait; chaque minute redoublait la peine de la jeune fille, sa poitrine se gonflait; de grosses larmes tombaient de ses yeux, et elle répétait encore:

— Maman ne revient pas... ô mon Dieu ! nous aurait-elle abandonnés!

Pour redoubler sa souffrance, un orage affreux éclate sur le village. Le tonnerre gronde avec fracas; sœur Anne en avait très peur, elle se fourrait la tête sous le berceau de son petit frère, et appelait sa mère à son secours.

Tout à coup la foudre tombe avec un bruit terrible qui retentit dans tout le village. Sœur Anne, étourdie par la violence du coup, reste quelque temps sans oser rouvrir les yeux. Mais lorsqu'elle regarde de nouveau autour d'elle, une fumée épaisse se répandait déjà dans la chaumière. La petite cherche avec effroi d'où peut venir ce nuage qui l'environne. A chaque minute la fumée augmente; Anne court vers la fenêtre... des flammes sortent aussitôt du dehors, et lui ferment le passage. Hélas! le tonnerre était tombé sur le toit de la chaumière, il l'avait embrasé, et de toutes parts les flammes environnaient les deux pauvres enfants.

La jeune fille ne songe alors qu'à son frère; elle le sort de son berceau, le prend dans ses bras, et regarde de tous côtés en poussant des cris affreux. Mais, hélas! le danger redouble... elle perd ses forces... la fumée l'étouffe... elle veut appeler encore... elle ne le peut plus!

Vous pensez bien, monsieur, que tous les habitants du village accoururent vers la chaumière. On ne pouvait plus sauver la maison, il fallait au moins sauver les enfants. On parvint, après bien des périls, à entrer dans la chambre de sœur Anne... On la trouve réfugiée avec son frère sous le lit de leur mère, tenant serré contre son cœur ce frère chéri qu'elle voulait préserver de la mort... mais inutilement! le pauvre petit garçon n'était plus! Sœur Anne n'était qu'évanouie : on parvint à la rappeler à la vie... Mais jugez, monsieur, de la douleur, de l'étonnement général! la révolution terrible qu'elle avait éprouvée lui avait ôté l'usage de la parole... Elle ouvrit la bouche; quelques cris sourds purent seuls se faire entendre... Depuis ce temps, la pauvre petite n'a plus parlé!...

— Grand Dieu! dit Frédéric, pauvre enfant!... voilà donc la cause de cette mélancolie répandue sur les traits charmants!...

— Oui, monsieur, reprend le jeune guide, sœur Anne est muette; tout ce qu'on a fait depuis pour lui rendre la parole a été inutile : les médecins de la ville ont dit qu'une frayeur horrible et le désespoir de voir périr son frère sans pouvoir le sauver lui avaient ôté la faculté de s'exprimer, et qu'une révolution semblable pourrait seule, peut-être, lui rendre la parole. Mais la pauvre petite a conservé un cœur pour sentir ses peines... elle a su faire comprendre tout ce qu'elle a souffert; puis elle a pleuré pendant bien des années et son frère et sa mère; car cette pauvre Clotilde avait succombé à sa douleur, et on l'avait trouvée inanimée au pied de l'arbre, sur le haut de la montagne, la même nuit qui avait été si fatale à ses enfants.

La foudre en embrasant la chaumière avait privé Anne du dernier asile qui lui restait. Mais tous les habitants du village se cotisèrent pour secourir la jeune fille; et une bonne femme, nommée Marguerite, qui habite une cabane dans le bois qui touche à la vallée, prit Anne avec elle en l'adoptant comme sa fille.

Marguerite était pauvre aussi; mais avec les secours réunis des plus riches du village, Anne eut une vache et quelques chèvres.

Pendant plusieurs années, elle parut incapable de se livrer à aucun travail. Elle passait les journées assise sur les bords d'un ruisseau, ou dans le fond des bois; inattentive à tout ce qu'on lui disait, Anne ne savait que pleurer ses parents et son frère; mais le temps a un peu calmé sa douleur, et elle est à présent plus tranquille, plus résignée; elle se montre sensible à tout ce qu'on fait pour elle; elle se livre de nouveau aux travaux champêtres, et témoigne le plus tendre respect à la bonne Marguerite, qui est aujourd'hui bien vieille et ne sort plus de sa cabane.

Enfin sœur Anne se montre maintenant douce, bonne, sensible comme autrefois. Elle sourit même quelquefois, mais ce sourire est toujours mêlé de tristesse! A la vue d'un petit garçon de l'âge que son frère avait, Anne s'émeut, se trouble, et des pleurs coulent de ses yeux. Si vous l'avez vue, monsieur, ah! vous savez comme elle est jolie!... elle a seize ans maintenant; si elle ne parle pas, elle sait bien se faire comprendre; ses gestes ont tant d'expression et ses yeux parlent si bien!... Oh! nous la comprenons tous très facilement. Malgré cela, c'est bien dommage qu'elle ne puisse pas parler, car les femmes du village disent que ça lui ferait beaucoup de bien!...

— Pauvre petite!... dit Frédéric; oh! oui, c'est bien dommage!... Que sa voix devait être douce!... Que j'aurais aimé l'entendre! Mais je sens que son malheur la rend encore plus intéressante à mes yeux. Et tu dis que sa demeure est dans le bois?

— Oui, monsieur. Oh! c'est ben facile à trouver, la cabane de la vieille Marguerite!... En suivant le sentier qui donne dans l'allée des saules... à gauche, vous trouvez une clairière, vous descendez une petite colline, puis la cabane est devant vous.

— Bien, mon ami, je te remercie...

— Mais tenez, monsieur, vous voilà à Grenoble... vous n'avez plus besoin de moi?

— Non, mon ami, tiens... prends encore ceci pour ta peine...

— Grand merci, monsieur; quand vous aurez besoin de quelqu'un au vilage, je me nomme Julien, je me recommande à vous.

— Il suffit, je m'en souviendrai.

Les deux cavaliers descendent de cheval. Le jeune guide prend leur place, il salue, les voyageurs et s'éloigne au petit pas. Frédéric, songeant à tout ce que le petit bonhomme vient de lui conter, marche en silence à côté de ses deux compagnons, qui entrent dans Grenoble en discutant sur la manière dont il faut servir un canard aux olives, discussion qui les occupe depuis fort longtemps, Dubourg citant la méthode adoptée en Bretagne, et Ménard ferme sur les principes qu'il a puisés dans le *Cuisinier royal*.

De retour à l'auberge, chacun va se livrer au repos dont il a besoin après une journée aussi fatigante. Mais ce n'est point le sommeil que Frédéric trouvera sur sa couche: l'image de la jeune fille est sans cesse présente à sa pensée; il songe à son malheur, à cette histoire touchante qu'on lui a contée, et il se dit: Comme elle aimait son frère!... qu'elle âme tendre! quel cœur brûlant!... comme elle aimera lorsque l'amour lui sera connu... quel plaisir de lui en inspirer!... de lire dans ses yeux charmants, qui suppléent si bien à l'organe qu'elle n'a plus!...

Cette idée occupe Frédéric toute la nuit. Au point du jour il se lève, et laissant ses deux compagnons goûter un repos qui le fuit, il sort de l'auberge, demande un cheval, et prend au galop le chemin du village de Vizille.

CHAPITRE XI

UNE JOURNÉE DANS LE BOIS

L'amour est le dieu qui charme le plus agréablement nos loisirs; il franchit l'espace, comble les distances, trompe le cours du temps. Jamais un amant ne s'ennuie, alors même qu'il n'est pas heureux. Les souvenirs, les projets, les espérances bercent continuellement un cœur amoureux. C'est le dieu de tous les pays et de toutes les classes; il pénètre dans les chaumières comme dans les palais. On aime aussi bien sur la fougère que sur le coussin le plus moelleux; quelques personnes prétendent même qu'on aime mieux aux champs qu'à la ville; du moins l'amour doit-il s'y montrer plus naturel. Il n'est pas permis au montagnard, au bûcheron, au journalier, de s'occuper de beaux-arts, de projets de finances, de plans politiques; il est permis à tout le monde d'aimer, et cela est fort heureux pour le genre humain. Je ne sais quel auteur a dit avec beaucoup de vérité: Le temps le plus heureux de la vie de l'homme est celui qu'il passe à faire la cour à sa maîtresse.

C'est bien dommage que ce temps soit si court!... C'est probablement pour renouveler leur bonheur que les hommes changent souvent de maîtresse. Les femmes ne traitent pas l'amour si légèrement. C'est l'histoire de toute leur vie, et pour nous ce n'est qu'un roman.

Mais Frédéric est déjà arrivé dans la vallée où l'on dansait la veille, et qui est maintenant paisible comme tous les environs. Quelques laboureurs la traversent pour se rendre à leurs travaux;

quelques villageoises sont de loin en loin occupées dans des pièces de terre. Ici, le plaisir de la veille ne nuit point au travail du lendemain; les bonnes gens se délassent en parlant des amusements de la fête qui ne doit revenir que dans un an; mais ce temps passera vite pour eux : ils savent si bien l'employer!

Frédéric se dirige vers la petite allée de saules; il descend de cheval, l'attache à un arbre et s'enfonce sous le feuillage. Il cherche la jeune fille sur les bords du ruisseau, mais elle n'est pas à cette place où il l'a vue la veille. Il pénètre alors dans l'épaisseur du bois, il se rappelle ce que lui a dit son guide et prend à gauche. Tout est calme, tranquille; le sombre feuillage des sapins laisse à peine pénétrer quelques rayons de jour. Enfin Frédéric se trouve dans une clairière, il monte une colline, et une chétive cabane s'offre à sa vue.

Le bois avec lequel on a élevé cette misérable habitation est en plusieurs endroits à demi pourri, le toit de chaume menace ruine. Quelques palissades entourent un petit jardin que l'on voit sur la droite de la chaumière; mais cette clôture est en partie tombée.

Frédéric sent son cœur se serrer à la vue de cette demeure qui annonce la pauvreté et la privation des premiers besoins de la vie.

— C'est là qu'elle demeure, se dit-il, c'est là... que, depuis l'âge de sept ans, elle a vécu dans la misère et la solitude!... Pauvre petite!... quand ton dévouement sublime, quand le malheur qui en fut la suite t'auraient mérité l'hommage général, tu n'as trouvé que cette cabane pour pleurer ton frère et tes parents... heureuse encore de n'avoir pas été sans asile et sans pain!...

Frédéric s'est appuyé contre un arbre; il contemple la cabane : son cœur est trop plein pour qu'il puisse avancer... il ne peut que soupirer et se dit encore : Elle est là!...

Quelques minutes s'écoulent. Tout à coup la porte de la cabane s'entr'ouvre... une jeune fille paraît sur le seuil de la porte et jette un regard dans le bois... c'est elle!... La tristesse de ce lieu sauvage, le sombre aspect du bois, la pauvreté de cette chaumière... tout a disparu!... La présence de la jeune fille a sur-le-champ embelli ces lieux!... La femme que l'on aime a un pouvoir bien grand; elle communique son charme à tout ce qui l'entoure : auprès d'elle la caverne la plus sombre n'a rien d'effrayant, le site le plus sauvage paraît délicieux!

Sœur Anne est rentrée dans la cabane; elle en ressort bientôt conduisant quatre chèvres qui composent tout son troupeau. Une vache paraît dans le petit jardin, elle la caresse en passant et semble lui promettre de revenir bientôt. Puis, poussant ses chèvres vers une montagne, où l'herbe croît en abondance, la jeune muette marche lentement derrière son troupeau, la tête légèrement inclinée sur sa poitrine, ne la relevant que pour regarder si ses chèvres ne s'égarent point.

Frédéric est resté appuyé contre l'arbre qui le cache presque entièrement, il n'a pas perdu un seul mouvement de sœur Anne. Lorsqu'elle se dirige vers la montagne, il la suit doucement; il brûle d'être auprès d'elle, de lui parler... mais il craint de l'effrayer en paraissant trop brusquement. Elle semble si timide, si craintive!... si elle allait encore se sauver!...

Cependant elle vient de s'asseoir sur un tertre de verdure; elle tire de sa panetière un morceau de pain bis et quelques figues; elle va déjeuner. Frédéric s'approche davantage... Bientôt il est tout près d'elle, et au moment où elle tourne la tête pour chercher des yeux une de ses chèvres, c'est encore le jeune homme de la veille qu'elle aperçoit.

La jeune fille fait un mouvement qui semble plutôt causé par l'étonnement que par la frayeur, et d'ailleurs Frédéric n'avait rien d'effrayant : debout devant elle, mais paraissant lui-même inquiet et tremblant, ses regards étaient tendres et craintifs; tous ses traits exprimaient la douceur et l'intérêt qu'elle lui inspirait

Sœur Anne paraît vouloir se lever pour s'éloigner :

— Ah! de grâce, lui dit Frédéric, ne me fuyez pas, aimable fille! je serais bien malheureux si je vous faisais peur!

La petite laisse échapper un aimable sourire, et secouant doucement la tête, lui fait comprendre qu'elle n'éprouve pas un tel sentiment.

— Je vous ai vue hier au soir sur les bords du ruisseau, reprend Frédéric en se rapprochant d'elle. Sœur Anne le regarde et baisse la tête en souriant encore, comme pour lui dire qu'elle s'en souvient.

— Eh quoi! vous vous souvenez de moi!... Mais vous, aimable enfant, vous n'êtes pas un moment sortie de ma pensée. Pouvais-je ne pas être frappé à l'aspect de tant de grâces, en voyant des traits si charmants!

La petite l'écoute avec surprise; tout ce qu'il lui dit est nouveau pour elle. Frédéric s'asseoit sur le gazon à quelques pas d'elle. Cette action étonne la jeune muette; elle considère encore le jeune étranger avec une espèce de crainte, mais le sentiment qu'expriment ses regards rassure bien vite son cœur. Elle baisse les yeux... mais il est déjà facile de lire dans ses traits naïfs qu'elle attend avec curiosité que Frédéric lui parle de nouveau.

— En vous voyant hier, lui dit-il, j'ai éprouvé pour vous le plus tendre intérêt... Mais combien il s'est accru encore depuis que j'ai appris... Pauvre petite!... Ah! je connais tous les malheurs qui vous ont accablée!

Les traits de la jeune muette prennent un caractère plus expressif; un souvenir déchirant semble l'agiter... Elle pousse quelques gémissements sourds, lève les yeux au ciel puis les rebaisse vers la terre, et un torrent de larmes s'en échappe aussitôt.

Frédéric se rapproche d'elle. Il passe légèrement son bras autour de sœur Anne et prend une de ses mains, qu'il pose sur son cœur.

— J'ai renouvelé vos chagrins, lui dit-il, pardonnez-moi... Que ne puis-je, au contraire, vous les faire oublier en vous rendant heureuse! Pauvre enfant... permettez-moi d'essuyer vos larmes... Dès ce moment vous n'êtes plus seule sur la terre, vous possédez un ami... Il existe un cœur qui répond au vôtre, qui tant qu'il vivra ne battra que pour vous. Anne... chère amie, permettez-moi de vous aimer... de partager vos peines, vos tourments... de penser sans cesse à vous... de vous voir chaque jour... Ah!... ne me refusez pas cette grâce... ou je serais bien plus malheureux que vous.

Frédéric parlait avec feu, l'amour l'animait et rendait sa voix encore plus tendre, ses regards encore plus séduisants. La jeune muette l'a écouté d'abord avec surprise... un sentiment inconnu la trouble... elle veut retirer sa main... elle n'en a pas la force... Frédéric ne parle plus... et elle écoute encore...

Mais bientôt l'idée de sa situation, de son malheur, détruit le charme qu'elle éprouvait. Elle jette sur Frédéric un triste regard, et reportant sur elle un regard plus amer encore, elle retire sa main, et repoussant Frédéric en secouant la tête avec chagrin semble lui dire : Non! vous ne pouvez pas m'aimer... je suis trop malheureuse.

Frédéric la comprend : il presse de nouveau sa main sur son cœur, lui désigne sa cabane.

— Avec vous, lui dit-il, je sens que je serais heureux d'habiter dans ces bois!

Dans ce moment, le son d'une petite clochette se fait entendre. Ce signal avertit Anne que la vieille Marguerite est levée. Elle se hâte de rassembler ses chèvres et se dispose à reprendre le chemin de la cabane.

— Reviendrez-vous ? lui dit Frédéric; ah! que je vous voie encore aujourd'hui!...

Elle lui montre le soleil, dont les rayons percent le feuillage, puis baisse la tête sur le revers de sa main.

— Quand le soleil se couchera... vous irez au bord du ruisseau?...

Sœur Anne lui fait signe que oui; puis poussant ses chèvres, elle regagne légèrement sa cabane. Mais avant d'y entrer elle tourne la tête, ses yeux se portent sur la place où elle a laissé Frédéric; elle lui sourit et disparaît. Ce sourire, ce regard transportent le jeune amant; déjà il n'est plus un étranger, un inconnu pour sœur Anne; cette idée l'enchante!... En amour il faut si peu de chose pour rendre heureux!

Frédéric va prendre son cheval; mais retournera-t-il à Grenoble pour revenir le soir?... Non, il lui semble plus naturel de rester au village, d'y faire un léger repas, puis de revenir rôder autour de la cabane dont il a déjà tant de peine à s'éloigner. Peu lui importe ce que penseront et diront ses compagnons. Il faudra bien qu'il s'accoutument à ses absences; car Frédéric sent qu'il viendra souvent à Vizille, ou plutôt qu'il n'ira que rarement à Grenoble. C'est dans le bois qu'habite ce qu'il aime, sœur Anne est déjà tout pour lui; il ne songe plus à l'avenir, à son rang, aux projets de son père; il ne voit qu'elle, ne veut plus vivre que pour elle... Il est vrai que cet amour date de la veille, et que Frédéric n'a que vingt et un ans.

Dans le village où il va se reposer et déjeuner, c'est encore de sœur Anne qu'il parle; et chacun se plaît à vanter ses vertus, sa douceur, sa sensibilité; mais les paysans ajoutent :

— La pauvre fille est bien à plaindre, elle court risque de rester toujours dans sa misérable chaumière; car qui voudrait d'une malheureuse muette?

Frédéric sourit et se tait; mais il pense qu'il a vu à Paris des femmes éblouissantes de charmes, d'attraits, de talents, de parures, et qu'il préfère à toutes la jeune muette du bois.

Le jeune homme trouve au villlage de quoi réparer ses forces; il a fait donner à son cheval une ample ration, puis reprend avec lui le chemin du bois. Il attache son coursier à un arbre près du ruisseau, et se dirige vers la cabane isolée.

Le soleil n'est encore qu'à moitié de sa course, mais Frédéric espère, en rôdant autour de la maisonnette, apercevoir sœur Anne, et cela lui donnera la patience d'attendre le soir

En approchant de la palissade qui sert de clôture au jardin et qui n'a que quatre pieds de haut, il est facile d'en connaître d'un coup d'œil toute l'étendue : ce jardin est petit, mais on en a tiré tout le parti possible. Plusieurs arbres fruitiers, quelques ceps de vigne, des légumes, des fleurs, se mêlent et croissent ensemble dans cet étroit espace où la nature peut en liberté suivre tous ses caprices.

En avançant la tête, Frédéric aperçoit une vieille femme assise sous un figuier. Elle paraît fort âgée, mais sa figure vénérable annonce le calme, le repos de l'âme ; Frédéric la considère quelques instants avec respect... c'est elle qui a recueilli Anne, qui lui a tenu lieu de mère.

La figure de la bonne vieille s'épanouit : la jeune muette s'approche d'elle, tenant dans ses mains un vase de bois rempli de lait qu'elle vient placer sur les genoux de Marguerite. Celle-ci lui donne un petit coup sur la joue, en lui disant :

— C'est bien, ma fille... c'est bien, ma chère enfant... assieds-toi là, près de moi... Tu sais bien que j'aime à te voir pendant que je fais mon repas.

La jeune fille se place aussitôt devant Marguerite ; elle semble épier ses moindres désirs, et plus d'une fois elle prend la main de la bonne vieille et la baise avec respect.

Frédéric reste fixé à la même place ; il passerait des heures entières à considérer ce tableau.

La vieille, après avoir terminé un repas composé de fruits et de lait, se lève, et, avec l'aide de sœur Anne, fait quelques tours dans le jardin. Frédéric se cache lorsqu'elles passent près de lui ; mais il remarque que la petite jette un coup d'œil dans le bois et semble y chercher quelqu'un. Si ce regard était pour lui... Ah ! qu'il serait heureux ! son cœur en conçoit en secret l'espérance. Il est tenté d'entrer dans le jardin, de courir se jeter aux pieds de la jolie muette... mais la présence de Marguerite le retient.

Elles sont rentrées dans leur chaumière. Frédéric quitte cette place d'où il plongeait dans le jardin. Il va quelque temps errer dans le bois. Tout dans ces lieux lui retrace l'orpheline ; chaque arbre, chaque buisson lui parle d'elle... N'est-ce pas dans ce bois qu'elle habite depuis neuf ans ? Ses pieds ont foulé ce gazon... et sans doute ses regards se sont aussi arrêtés sur tout ce qui l'environne.

Frédéric descend lentement auprès du ruisseau. Il s'asssied à la place où il a vu sœur Anne pour la première fois. Elle ne peut encore venir de longtemps ; mais Frédéric tire de sa poche ses tablettes ; il prend son crayon... Qu'écrit-il ?... Des vers pour sœur Anne : tous les amants ne sont-ils pas poètes ? et les poètes ne sont-ils pas plus éloquents lorsqu'ils sont amants ? On sait encore les vers que Tibulle a faits pour Délie ; Ovide a immortalisé Julie ; Orphée enchanta les enfers en cherchant Eurydice ; c'est l'amour qui montait la lyre d'Anacréon ; c'est lui qui inspirait Sapho ; les charmes de Lesbie enflammèrent la verve de Catulle, comme ceux de Cynthie rendirent plus délicats, plus passionnés les vers de Properce ; n'est-ce pas aussi à Laure que Pétrarque doit une partie de sa gloire ? sans elle, il eût été poète mais aurait-il si bien peint l'amour ? Eucharis, Eléonore, nous vous devons les tendres élégies de Bertin et les vers pleins de grâce de Parny.

Le temps passe bien vite lorsqu'on fait des vers pour ce qu'on aime : Frédéric, penché sur ses tablettes, écrivait encore. Un léger bruit se fait entendre... il tourne la tête... sœur Anne est derrière lui, et regarde avec curiosité ce qu'il fait. Elle rougit en se voyant surprise ; mais Frédéric la rassure, et la faisant asseoir à ses côtés, lui lit ce qu'il vient de composer.

Sœur Anne ne savait pas ce que c'était que des vers ; mais dans ce que Frédéric lui lut, elle comprit ce qu'il voulait dire. Le cœur est la clef de l'esprit des femmes de la nature ; c'est le contraire chez les femmes policées.

La jeune fille est déjà moins timide, moins embarrassée auprès de Frédéric ; à seize ans on fait bien vite connaissance, et plus vite encore lorsqu'on ne connaît ni les usages du monde, ni les lois qu'il impose. Frédéric paraît si doux, si bon, si sensible ! il la plaint, il s'occupe d'elle, et la pauvre orpheline est tout étonnée qu'il y ait au monde une autre personne que Marguerite qui s'intéresse à son sort. Les habitants du village lui témoignent de la compassion, de la pitié !... mais ce sentiment a quelque chose de pénible pour celui qui en est l'objet. Ah ! ce n'est pas cela qu'elle lit dans les yeux de Frédéric... Il lui parle avec intérêt, la regarde avec tendresse, elle ne se trouve déjà plus aussi malheureuse.

Mais la nuit vient : ils sont encore assis près du ruisseau. Il y a deux heures qu'il sont là, ils ne s'en doutaient pas.

Anne se lève, et montre du doigt à Frédéric son coursier qui l'attend ; puis ses yeux inquiets se dirigent vers le village, vers le bois, vers les montagnes qui conduisent à la ville, et elle les reporte ensuite sur Frédéric :

— Je vais à Grenoble, lui dit-il, c'est là que je demeure maintenant avec deux amis, qui peut-être sont inquiets de ma longue absence... Mais je reviendrai tous les jours... Pourrais-je en passer un seul sans sans vous voir !...

La petite sourit et paraît plus contente ; elle le conduit jusqu'à son cheval ; Frédéric presse sur ses lèvres la douce main de sœur Anne, et se décide enfin à reprendre le chemin de la ville. La jeune fille va jusqu'à la lisière du bois, afin de le suivre des yeux tant que le crépuscule le lui per-

Et ne la quitte qu'à la nuit.

met. Ce n'est que lorsqu'elle n'entend plus les pas du cheval qu'elle retourne vers sa demeure. Pensive, rêveuse, tout étonnée du sentiment nouveau qu'elle éprouve, et dont elle ne peut se rendre compte, la jeune muette rentre lentement dans la chaumière.

CHAPITRE XII

COMME ON AIME A VINGT ANS

— D'où diable viens-tu? dit Dubourg à Frédéric, qui arrive à l'auberge au moment où ses deux compagnons allaient se mettre à table pour souper.

— Je viens de... parcourir les environs.

— Quelle manie as-tu de courir comme cela les champs? Est-ce que tu vas recommencer ici la vie que tu menais à Lyon?

— C'est possible.

— Ce sera fort amusant pour nous. Au moins à Lyon, on pouvait varier ses plaisirs!... voir du monde...

— Oui, des marquises de Versac, n'est-ce pas?

— Mais ici!... nous connaissons déjà la ville par cœur. Encore, si l'on pouvait faire quelques connaissances... s'introduire dans quelques sociétés... mais, quand on n'a pas d'argent, on n'ose se présenter nulle part; cela vous donne un air che qui vous trahit tout de suite. S'il faut dans chaque ville où nous nous arrêterons, que tu connaisses à fond tous les arbres, tous les bosquets, tous les points de vue, tous les rochers, enfin qu'il n'y ait pas un petit ruisseau devant lequel tu ne te sois arrêté, nous n'arriverons pas de dix ans en Italie!... et ta vie ne suffirait pas pour connaître la moitié de l'Europe!

— Il est certain, dit M. Ménard, que la réflexion de M. le baron me paraît assez judicieuse. Nous n'avançons guère plus vite que des tortues, *si parva licet componere magnis.*

— Je te pardonnerais de visiter Naples, Florence!... Il est des monuments qu'on ne peut trop contempler. Admire le Colysée de Rome ou la basilique de Saint-Pierre; va te promener sur le mont Pausilippe ou sur le Vésuve, je ne m'en étonnerai pas; mais, dans ce pays, que vois-tu d'extraordinaire? Il est pittoresque, romantique, c'est fort bien; mais nous trouverons sur notre route des sites bien plus remarquables. Attends pour t'extasier que tu sois sur les glaciers du mont Blanc, ou sur un rocher des Apennins; mais ne reste pas toute une journée en admiration devant un vieux mûrier qui ombrage un petit ruisseau; car il y a partout des arbres, des bosquets, des gazons et des fontaines... excepté dans les déserts de l'Afrique; mais nous n'irons pas jusque là.

— Mon ami, dit Frédéric en souriant, j'ai trouvé ici ce que l'on chercherait vainement ailleurs; ce qui vaut à mes yeux toutes les merveilles du monde.

En disant ces mots, Frédéric rentre dans sa chambre se livrer au repos, sans répondre à Dubourg, qui lui crie :

— Dis-nous donc ce que tu as trouvé?... Que diable peut-il avoir trouvé, monsieur Ménard?

— Je cherche, monsieur le baron.

— Ah! si c'était le portefeuille qu'on m'a volé à Lyon!...

— Ou votre berline, monsieur le baron!

— Ma berline!... vous devez bien penser qu'elle est mangée maintenant... c'est-à-dire que le coquin de postillon l'a depuis longtemps vendue pour boire.

— En effet, c'est présumable... quel dommage!... une voiture si respectable!...

— Mais qu'a-t-il donc trouvé de si charmant?...

— Peut-être la manière de conserver des œufs à la coque en voiture.

— Ah! croyez-vous que Frédéric s'occupe de cela?...

— Monsieur le baron, ce serait une découverte précieuse en voyage. On m'en avait donné la recette, ainsi que celle pour faire du punch au lait... j'ai eu le malheur de la perdre dans un déménagement!...

— Je vois que nous ne saurons pas ce qu'il aura trouvé, à moins qu'il ne nous en fasse part.

— Je vais y songer en dormant, monsieur le baron.

— Et moi, je vais dormir en y songeant, monsieur Ménard.

Le lendemain, de grand matin, Frédéric reprend la route du village. Il descend dans la vallée, laisse son cheval dans une prairie où il a de l'herbe jusqu'aux genoux, et, traversant rapidement le sentier, en un moment il est dans le bois, sur la colline et à côté de sœur Anne, qui a déjà mené paître son troupeau.

Une vive rougeur colore les joues de la jeune fille à l'aspect de Frédéric; elle lui sourit, et lui tend la main avec amitié. Déjà elle s'impatientait de ne pas le voir arriver, déjà elle se disait : Est-ce qu'il ne reviendra plus? et ses yeux ne quittaient pas le chemin de la vallée. Elle ne connaît Frédéric que depuis deux jours; mais dans un cœur aussi aimant, aussi pur, l'amour devait faire de rapides progrès, c'est donc de l'amour qu'elle éprouve déjà pour le jeune étranger?... Pauvre petite! j'en ai peur!... mais n'est-ce pas bien naturel? n'est-elle pas dans l'âge où l'amour s'identifie avec tous nos autres sentiments? et Frédéric est bien fait pour lui en inspirer.

— Je suis venu plus tard, lui dit-il, mon cheval n'a point secondé mon impatience; chère amie, je suis si bien auprès de vous... je voudrais ne jamais vous quitter!

Anne le regarde longtemps... elle soupire, lui montre le chemin de la ville, puis regarde sa chaumière, comme pour lui dire : Nous serons toujours séparés!...

— Quittez cette chaumière, consentez à me suivre, s'écrie Frédéric avec chaleur, et nous ne nous quitterons plus.

La petite se lève, fait un mouvement d'effroi, et, lui montrant de nouveau la cabane, elle imite les pas chancelants de la vieille Marguerite; puis, secouant la tête avec force, ses yeux qui brillent d'une expression céleste disent à Frédéric :

— Jamais, jamais je ne l'abandonnerai.

— Ah! pardonnez-moi, lui dit-il; oui, j'ai tort, je le sens... votre cœur ne peut être ingrat... pardonnez-moi!... l'amour m'égarait.

La jeune muette ne lui garde pas rancune; elle retourne s'asseoir près de lui, et un sourire charmant vient animer sa physionomie. Ses beaux cheveux, que le vent fait voltiger, vont caresser la figure de Frédéric; elle rit en le dégageant de sa chevelure. Mais il a passé une de ses mains autour de sa taille ; il retient contre lui cette tête charmante. Ses yeux échangent de doux regards avec ceux de sœur Anne ; ses lèvres effleurent ses joues, et la douce haleine de la jolie muette se mêle à l'air qu'il respire : ces instants ne sont-ils pas les plus doux de l'amour, les plus heureux de la vie ?

Une partie de la journée se passe ainsi. Frédéric reste dans le bois, sœur Anne lui apporte des fruits, du laitage, afin qu'il ne soit pas obligé d'aller au village. Déjà la petite craint de le voir s'éloigner. A chaque instant elle court dans la chaumière voir si Marguerite n'a pas besoin d'elle. Mais la bonne vieille dort une partie de la journée, et sœur Anne revient en courant près de son nouvel ami.

Vers le soir, la jeune fille reste plus longtemps près de sa bonne mère. Pendant ce temps, Frédéric descend jusqu'au bord du ruisseau ; c'est là qu'il attend le retour de sœur Anne, et ses tablettes lui font passer le temps. Quand la petite le surprend à écrire, elle pousse un profond soupir, et, reportant tristement ses yeux sur elle, semble dire : Je ne sais rien !... je ne saurai jamais rien !... Et Frédéric lui répond :

— Je serai ton maître... je t'apprendrai à parler sur le papier.

Quand la nuit vient, le jeune homme se sépare de son amie, qui l'accompagne tristement jusqu'à son coursier, et dont les yeux lui disent encore :

— A demain !

Huit jours se sont écoulés ainsi ; chaque matin Frédéric part de Grenoble au point du jour : il prend le premier cheval qu'il trouve dans l'auberge, et se rend à Vizille. Il passe toute sa journée près de sœur Anne, et ne la quitte qu'à la nuit.

Frédéric ne vit point éloigné de la jeune muette, et déjà sœur Anne n'est plus heureuse que près de lui. L'amour s'est emparé de son cœur sans qu'elle ait cherché à le combattre : il s'est présenté à elle avec tant de charmes ! pourquoi aurait-elle repoussé ce sentiment qui fait son bonheur? Frédéric a tout pour séduire ; il lui répète à chaque instant qu'il l'aime, qu'il l'aimera toute sa vie ; elle ne doute point de ses serments; elle ne sait pas ce que c'est que l'inconstance. Pourquoi Frédéric lui mentirait-il ?... Elle s'abandonne au plaisir de l'aimer... Sa bouche ne peut lui adresser de tendres assurances de retour ; mais ses yeux lui disent tout ce qui se passe dans son âme, et un seul de ses regards vaut les plus doux serments.

Frédéric veut apprendre à écrire à Anne, mais l'amour trouble sans cesse les leçons qu'il lui donne. Assis auprès d'elle, la serrant tout contre lui, pouvant contempler tout à son aise ses traits si doux, ses yeux si enivrants... il s'arrête, et oublie ce qu'il doit lui montrer. Elle le regarde, elle sourit, on oublie la leçon. Frédéric la presse contre son cœur... ses sens sont enflammés... mais on est timide avec l'innocence, surtout lorsqu'on est véritablement amoureux.

Cependant l'amour le plus timide s'enhardit; l'habitude de se voir, d'être ensemble, de se témoigner leur tendresse, les unit chaque jour davantage. Ils sont constamment seuls dans le bois... et c'est un séjour bien dangereux pour l'innocence. Pourraient-ils longtemps résister à leur cœur, au feu qui les dévore ?... Frédéric ose tout, et sœur Anne se donne à lui sans regrets, sans remords, car elle trouve tout naturel de faire le bonheur de celui qu'elle aimera toute sa vie.

Frédéric, dans le délire de l'amour, ne veut plus s'éloigner de son amante pour aller coucher à Grenoble ; les huit lieues qu'il faut faire pour aller à la ville lui font voir son amie quelques instants plus tard, et le forcent à la quitter quelques moments plus tôt.

— Non, dit-il, je ne veux plus m'éloigner de toi ; pas une heure, pas une minute. Si je ne puis te voir, eh bien ! je coucherai dans le bois... sur le gazon... tout près de ta chaumière... ne serai-je pas toujours bien?

La jolie muette saute au cou de son ami, l'embrasse... fait mille folies ! tous ses gestes expriment le bonheur. Il ne la quittera plus... Elle va donc être constamment heureuse !... La pauvre petite croit que c'est possible. Tout à coup, comme frappée d'une idée nouvelle, elle conduit Frédéric près de la chaumière, lui montre une fenêtre; c'est celle de la chambre où couche la vieille Marguerite, et un peu après est une autre croisée... c'est là que repose la jeune muette ; elle entraîne Frédéric de ce côté, place sa tête sur le revers de sa main, l'attire contre son sein, et le regarde avec ivresse... Le jeune homme la comprend, il la presse sur son cœur et s'écrie :

— Oui, je reposerai avec toi... toujours près de toi !... Ah ! que nous serons heureux !...

C'est ainsi que l'enfant de la nature trouve bien vite ce qui peut servir son amour ; car pour bien aimer il n'est besoin ni d'art ni d'étude, le cœur est le meilleur maître. Plusieurs fois, cependant, sœur Anne a voulu montrer Frédéric à sa bonne mère; elle ne conçoit pas pourquoi il évite ses regards... mais son ami lui dit :

— Marguerite ne voudrait pas te laisser la même liberté, si elle savait que tu me vois sans cesse; elle te dirait au contraire qu'il faut me fuir et ne plus me parler.

Ces mots suffisent pour que sœur Anne ne lui en parle plus. Lui défendre de voir Frédéric!... lui ordonner de le fuir! ce serait la condamner à pleurer toute sa vie. Elle sent bien qu'elle n'aurait pas la force d'obéir... Il vaut donc mieux cacher à Marguerite son bonheur. Tous les jours la bonne vieille s'affaiblit davantage; elle ne quitte presque plus son fauteuil, où elle dort une grande partie du temps; il est donc bien facile de lui cacher la vérité.

La nuit est venue succéder à ce jour où Frédéric a remporté le plus doux triomphe, où il a connu toute l'ivresse d'un véritable amour. Mais l'approche de l'ombre ne va plus le chasser du bois; la nuit doit, au contraire, doubler encore son bonheur.

Il ne songe pas à ses compagnons, à l'inquiétude dans laquelle il va les laisser, à leur embarras, puisque c'est lui qui a l'argent; il ne pense pas qu'il a un cheval qui appartient à l'auberge; il ne voit plus au monde que sœur Anne!... Le souvenir de son père ne vient même pas troubler son bonheur. Le présent est tout pour lui; sœur Anne occupe toutes ses pensées; il n'a jamais connu de femme qui pût lui être comparée. Trouverait-il dans le monde autant de beauté, de grâce, d'innocence et d'amour?... Son malheur la lui fait aimer encore davantage... Frédéric était fort romanesque, et il ne traitait pas l'amour aussi légèrement que la plupart des jeunes gens de son âge; sa conduite doit donc nous paraître moins extraordinaire... Et d'ailleurs, la jeune muette est si jolie! Dans les premiers transports de l'amour, une cabane, des bois, un désert est ce qu'on aime; mais cette ivresse est de courte durée : Frédéric sera-t-il plus constant!

C'est dans le sentier où ils vont s'asseoir souvent, c'est sur les bords du ruisseau, que Frédéric attend dans l'ombre que Marguerite sommeille.

Alors sœur Anne doit sortir doucement de la cabane, et venir chercher son amant.

Frédéric attache son cheval contre une vieille masure ruinée qui servait autrefois de demeure à un bûcheron, et qui lui tiendra lieu d'écurie.

La lune, qui brille de tout son éclat, reflète dans l'eau pure du ruisseau, et éclaire de loin en loin quelques clairières du bois. Frédéric écoute attentivement... il guette les pas de son amante... Le temps lui semble long... Chaque minute qui s'écoule coûte un soupir à l'amour. Ses yeux cherchent à percer sous les noirs sapins... à découvrir jusqu'à la chaumière. Enfin, un léger bruit se fait entendre... c'est elle... Il ne la voit pas encore, mais son cœur lui annonce déjà sa présence. Légère comme la biche, prompte comme le trait du chasseur, belle comme le bonheur, la jeune muette descend vivement les sentiers de ce bois dont elle connaît tous les détours. En un instant elle est près de son ami, qui dépose un baiser sur son front, et ne peut s'empêcher de la contempler quelques moments : Frédéric est fier de son bonheur. Le moment, le lieu, le plaisir qui anime ses traits, le mystère qui les environne, tout semble rendre encore sœur Anne plus jolie. Ses cheveux noués négligemment, et dont une partie flotte sur son cou; ses formes charmantes, qu'un léger vêtement voile sans les cacher; et ses yeux si doux, si pleins d'amour, font éprouver à Frédéric une ivresse nouvelle.

— Viens... viens, lui dit-il, conduis-moi!...

La petite prend son bras, et le guide à travers l'épaisseur du bois. Bientôt ils sont devant la chaumière, et Frédéric entre dans cette humble cabane, qui devient à ses yeux le séjour le plus délicieux. Il partage la couche de sœur Anne!... peut-il envier quelque chose à ceux qui dorment dans un palais?... Heureux amants!... laissons-les goûter le bonheur.

CHAPITRE XIII

DUBOURG REFAIT LE SEIGNEUR. — NOUVELLES CONNAISSANCES.

Le jour qui a suivi la première absence de Frédéric, M. Ménard s'étant levé de bonne heure, se rend dans la chambre de Dubourg, qui vient de s'éveiller en s'écriant d'un air triomphant :

— Je l'ai trouvé, monsieur le baron, je suis certain que je l'ai trouvé.

— Quoi donc?... votre recette pour garder les œufs à la coque?...

— Non pas, mais ce qui a tant séduit M. le comte, cette merveille où il a passé sa journée...

— Bah!... Vous savez ce que c'est?...

— Oh!... je le parierais.

— Dites-le-moi donc alors.

— C'est le château de Bayard, qui doit être dans les environs de cette ville, dans la vallée de Grésivaudan.

— Le château de Bayard?... ma foi, c'est possible : au reste, nous allons le lui demander en déjeunant.

Mais on sert le déjeuner, et Frédéric ne paraît point. Dubourg appelle un des garçons de l'auberge.

— Est-ce que notre compagnon est déjà sorti?

— Oui, monsieur, dès le point du jour; il a

pris le premier cheval prêt, et est parti au grand galop.

— Encore parti !... encore nous laisser là, toute la journée, peut-être.

— Je suis certain que c'est le château de Bayard qui lui tourne la tête.

— Hem ! j'ai bien peur, moi, que ce ne soit quelque merveille plus moderne. Au reste, puisque nous n'avons rien de mieux à faire, allons voir les ruines de ce château, nous y chercherons Frédéric ; qu'en pensez-vous, monsieur Ménard ?

— Monsieur le baron, je suis entièrement de votre avis ; mais peut-être ne ferons-nous pas mal d'emporter un pâté ou une volaille, car il est présumable que nous ne trouverons pas à dîner au château.

— Vous parlez comme la syntaxe, monsieur Ménard ; munissons-nous donc de vivres : ce n'est peut-être pas très chevaleresque, mais c'est fort prudent. D'ailleurs, nous ne voyageons qu'en troubadours amateurs ; et tel beau que soit un site, telle imposante que soit une ruine, nous sommes de ces petits esprits auxquels il faut toujours à dîner. Ah ! monsieur Ménard, nous ne sommes pas romantiques !... C'est bien heureux pour nous que nous ne soyons pas nés du temps d'Amadis et des quatre fils Aymon.

— Ma foi, oui, monsieur le baron ; car on ne savait pas alors truffer une volaille, ni faire des filets de sole au gratin.

Dubourg se fait indiquer le chemin de la vallée de Grésivaudan. M. Ménard emplit ses poches de provisions, et nos voyageurs se mettent en route. On leur a dit qu'il y avait trois petites lieues pour arriver au château de Bayard ; mais toutes les demi-heures M. Ménard propose une halte à M. le baron. Celui-ci accepte et tire de sa poche une bouteille du meilleur vin qu'il a pu trouver à leur auberge ; Ménard étale ses provisions sur une large feuille de papier qu'il met sur le gazon, et les voyageurs reprennent des forces. Quand Dubourg aperçoit quelques beaux fruits, il grimpe à un arbre, afin d'avoir du dessert ; puis, coupant quelques branches, sur lesquelles il attache son mouchoir, il construit à la hâte une petite tente, afin de pouvoir dîner à l'ombre. Alors M. Ménard s'écrie :

— On ne se douterait guère que c'est un noble paladin qui a fait cela !

— Eh ! pourquoi pas ? répond Dubourg, la princesse Nausicaa colait bien elle-même sa lessive ; les filles d'Auguste filaient les robes de leur père ; Denys le Jeune était maître d'école à Corinthe ; le fils de Persée, roi de Macédoine, était menuisier à Rome, Pierre le Grand le fut en Hollande : je ne crois donc pas déroger en faisant une tente dans le Dauphiné.

A cela M. Ménard n'ayant rien à répliquer se contentait de saluer en murmurant : *Variant sententiæ.*

Enfin les deux voyageurs découvrent les ruines du château de Bayard, dont il ne reste plus que les quatre tours, et ils n'aperçoivent pas Frédéric en contemplation devant ces murs.

— Eh bien, dit Dubourg, le voyez-vous, monsieur Ménard ?

— Le château ?

— Frédéric !

— Pas encore, monsieur le baron ; mais asseyons-nous, faisons une halte... Je crains malheureusement que ce soit la dernière qui puisse nous restaurer, car nos provisions tirent à leur fin, et il ne nous reste plus qu'un quart de bouteille.

— Nous trouverons des fontaines, monsieur Ménard.

— Ce ne seront pas celles de Cana, monsieur le baron.

— En attendant, vidons la bouteille et achevons ce chapon. D'ici nous serons très bien pour admirer le paysage.

— Cette vallée est charmante... Voyez, monsieur Ménard, sur la droite... ces montagnes font un effet très pittoresque ; elles sont couvertes de neige, cela me rappelle mes monts Krapach... Tenez, en voici où la neige est éternelle ; à la hauteur de quatre cents pieds elle ne fond plus.

— Je vois, monsieur le baron, que nous tenons notre dernière aile, et je frémis en pensant au retour...

— Nous entrerons dans quelque habitation... dans un moulin... il n'en manque pas dans ce pays.

— Vous avez donc de l'argent, monsieur le baron ?

— Pas un sou, monsieur Ménard ; et vous ?

— Pas davantage !

— Diable ! cela devient plus embarrassant... Et ce Frédéric qui nous abandonne et qui emporte la caisse avec lui, sans s'inquiéter de ce que nous deviendrons. Je sais bien que nous pouvons vivre à l'auberge, où notre compte est ouvert ; mais il n'est pas agréable de rester cloué dans une auberge pendant que monsieur va se promener.

— Il est certain, monsieur le baron, que la promenade donne de l'appétit...

— Morbleu ! ce voyage commence à me paraître monotone ; et si je ne craignais pas mes créanciers...

— Vos créanciers, monsieur le baron ?...

— Je veux dire, si je n'avais pas des créanciers de mon gouvernement à liquider... enfin, si...

Mais chut!... j'aperçois du monde... des personnes qui sans doute viennent aussi visiter ces ruines... Il faut que ces gens-là demeurent dans les environs, car leur mise n'annonce pas une longue marche.

M. Ménard lève la tête : il aperçoit un monsieur et une dame qui arrivaient par la gauche et se dirigeaient lentement vers le château. Le précepteur s'empresse de faire disparaître leur couvert en fourrant dans sa poche la nappe et la bouteille, puis il se lève et rejoint Dubourg, qui marche vers les promeneurs en se donnant déjà un air penché, et se dandinant avec grâce, ce qui rappelle à Ménard leurs promenades dans les rues de Lyon, et il se dit tout bas : Il paraît que M. le baron ne veut plus garder l'incognito. Alors, de son côté, il tire le bout de son jabot, et donne à sa tournure un caractère plus sévère.

Dubourg a remplacé par un simple chapeau rond le méchant claque qu'on lui avait laissé chez la prétendue marquise de Versac, mais il a conservé à ses bottines ses petits glands d'argent; il a conservé surtout ce talent de donner à sa physionomie le cachet du personnage qu'il veut prendre. Lorsqu'il est près des personnes qui examinent les ruines, on jugerait, à ses manières, à sa voix, à son parler, à ses yeux qu'il roule d'un œil observateur autour de lui, que c'est quelque noble étranger.

Le monsieur et la dame que Dubourg semble vouloir rejoindre ont une mise qui annonce l'aisance, mais qui sent la province et surtout la prétention. Le monsieur, qui paraît cinquante ans, est coiffé en poudre; il tient son chapeau à la main pour ne point abattre ses cheveux frisés en pain de sucre; il a un habit noir, une culotte pareille, et des bottes à revers qui lui tombent plus bas que le mollet: il tient une canne avec laquelle il semble désigner les objets à la personne qui l'accompagne, et on lit sur sa figure une expression de satisfaction et de contentement à laquelle il ajoute un air d'importance qu'il se croit sans doute obligé de conserver.

La dame qui lui donne le bras a au moins la quarantaine. Elle a dû être bien; mais elle a maintenant le tort de vouloir ne paraître encore que vingt ans, et cependant, malgré ses petites mines aimables, son parler enfantin, ses boucles passées derrière l'oreille, celles qui sortent par-dessous son chapeau, et une tournure qu'elle tâche de rendre folâtre, on s'aperçoit très facilement qu'elle est majeure.

Dubourg s'avance vers le château sans avoir l'air de faire attention aux étrangers, qu'il se contente de saluer; puis il fait semblant de continuer de causer avec Ménard, et parle de manière à être entendu de loin.

— Ce château me rappelle celui de mon aïeul aux environs de Sandomir... Vous savez, mon cher Ménard, celui où nous soutînmes un siège si long... si meurtrier?...

Ménard ouvre de grands yeux en regardant Dubourg, mais il se hâte de dire :

— Oui, monsieur le baron, je sais très bien.

— Voilà, reprend Dubourg, une tour qui ressemble étonnamment à celle placée à l'ouest de mon château de Krapach... Je crois m'y voir encore dans la chambre où couchait le prince de Bulgarie, lorsqu'il venait manger la soupe avec mon père. Ah! mon cher Ménard, j'espère bien vous y faire boire de ce fameux tokai dont je vous ai parlé...

— Du tokai de Tékély, monsieur le baron?

— Précisément... il a cent vingt-quatre ans de bouteille!...

Le monsieur et la dame entendaient parfaitement tout ce que disait Dubourg, qui avançait toujours en feignant d'examiner le château, mais marchant de manière à ne point trop s'éloigner d'eux.

Pendant que Dubourg parle, le monsieur est attentif: sa figure prend bientôt une expression de considération, de respect; il pousse le bras de sa femme, car c'est sa femme qui est avec lui, et lui désignant Dubourg la fait marcher un peu plus vite afin de rejoindre l'illustre étranger.

Au pied de l'une des tours, le monsieur et la dame se trouvent tout près de nos deux voyageurs. On va entrer dans les ruines. Dubourg s'arrête pour céder le pas à la dame; l'époux en fait autant à son égard; il n'est pas jusqu'à Ménard devant lequel il ne s'incline. Ces cérémonies terminées, la conversation s'engage.

— Monsieur vient visiter notre pays en amateur! dit le monsieur en s'approchant de Dubourg.

— Oui, monsieur, je voyage... pour mon plaisir... avec un ami, le comte de Montreville... dont vous avez peut-être entendu parler, et M. Ménard, professeur de belles-lettres très distingué... helléniste de la première force, qui tourne le couplet comme un ange... surtout au dessert.

Le monsieur s'incline devant Ménard, qui a de gros yeux bêtes quand on a dit qu'il tournait facilement un couplet; mais qui se garderait bien de contredire M. le baron.

— Vous habitez ce pays, monsieur? ajoute Dubourg.

— Oui, monsieur, répond la dame en souriant.

Nous logeons à deux lieues et demie, à Allevard, où mon mari a acheté une propriété superbe, quand nous avons quitté le commerce des vins...

Ici le monsieur donne un coup de coude à sa femme, mais elle reprend sans paraître y faire attention :

— Commerce que nous n'exercions que pour notre plaisir : car mon époux a toujours eu une fortune assez *conséquente ;* mais il faut bien faire quelque chose.

— Comment donc ! madame, mais j'estime beaucoup le commerce, surtout celui des vins. Certainement Noé n'a pas planté la vigne pour que nous ne mangions que des raisins secs. Gédéon, capitaine hébreu, battait lui-même son blé, Saül conduisit des bœufs, David gardait des brebis, Cincinnatus labourait son champ, le pape Sixte-Quint a gardé des cochons, Urbain IV avait fait des souliers ; je ne vois donc rien d'étonnant à ce que monsieur votre époux ait vendu du vin.

— Monsieur, certainement, dit le mari en saluant Dubourg; puis il ajoute tout bas à sa femme : — C'est un noble philosophe.

— Mais, reprend la dame, depuis que nous sommes retirés, nous ne voyons que ce qu'il y a de mieux dans l'endroit : le maire, le greffier... des propriétaires qui sont électeurs !... des gens comme il faut. Nous passons une vie charmante ; mon mari est presque le seigneur de l'endroit.

— Il est certain, dit le monsieur en s'appuyant sur sa canne, qu'on me regarde comme tel. Il n'aurait tenu qu'à moi d'être sous-préfet ; mais il aurait fallu se déplacer, et je tiens à mon endroit. Nous y sommes tellement considérés ! Je donne à dîner à ce qu'il y a de mieux ; nous cultivons les arts, la musique... j'apprends le violon dans ce moment-ci ; j'ai fait venir de Paris un orgue dans un buffet... Ma femme en jouera, elle a de l'oreille.

— Pardieu ! dit Dubourg, en fait d'oreille, voici M. Ménard qui a une des plus belles basses-tailles que je connaisse?... Quant à moi, je joue de tous les instruments.

— Ah ! monsieur, dit la dame en minaudant, quel plaisir nous aurions à vous entendre !... Nous avons beaucoup d'amateurs à Allevard ; M. le maire joue de la basse, et un de nos voisins est très fort sur le cor de chasse. Si monsieur restait quelque temps encore dans ce pays... nous serions charmés de le posséder.

La dame accompagne cette invitation d'un sourire fort tendre : Dubourg y répond par un regard très expressif, et le mari baisse le nez avec satisfaction et humilité, tandis que Ménard regarde son compagnon pour savoir ce qu'il doit dire.

— Ma foi, madame, dit Dubourg après avoir terminé son œillade qui durait depuis cinq minutes, et pendant laquelle le mari avait regardé les hirondelles, il serait possible que je restasse avec mes amis quelque temps à Grenoble. M. le comte de Montreville a un penchant très prononcé pour les bords de l'Isère ; je l'aime trop pour partir sans lui. Nous sommes Oreste et Pylade, si ce n'est qu'on ne nous rencontre jamais ensemble ; et quoique nous soyons attendus à la cour de Sardaigne, et que j'aie promis de passer l'hiver à la cour de Bulgarie, il serait possible, comme je vous le disais, que notre séjour dans ce pays se prolongeât quelque temps ; n'est-il pas vrai, monsieur Ménard?

— Je le pense comme vous, monsieur le baron, dit Ménard ; et la dame dit tout bas à son mari :

— Comme il est aimable pour un baron !

Et le mari lui répond :

— C'est justement parce qu'il est baron qu'il est aimable.

— D'autant plus, reprend Ménard, qui se donne plus d'importance depuis qu'il sait qu'il ne parle qu'à un ancien marchand de vins, d'autant plus que M. le comte de Montreville, mon élève, a une tête extrêmement romanesque !...

— Ah ! c'est comme moi... c'est bien comme moi ! dit la dame en poussant un soupir qui s'adresse encore à Dubourg ; je n'aime que le romanesque... Je suis folle des revenants et des lutins... n'est-il pas vrai, monsieur Chambertin ?

M. Chambertin (c'est le nom du monsieur) répond en souriant :

— Oui, ma femme a toujours beaucoup aimé les esprits...

— Elle n'en a pas manqué avec vous, répond Dubourg.

— Il est vrai que j'en avais depuis vingt-quatre jusqu'à soixante-dix degrés.

— Si madame fait jamais un tour en Pologne, dit Dubourg, je la prie de venir passer quelques jours à mon château de Krapach. Elle y verra des fantômes de toutes les couleurs ; c'est un séjour moins gai que mon palais de Cracovie, mais c'est un château que je ne donnerais pas pour deux millions ! et il ne me rapporte cependant que de la neige ; mais j'ai des raisons pour y tenir, n'est-il pas vrai monsieur Ménard ?

— Peste ! je le crois bien, répond Ménard ; un château où vous avez reçu...

— Chut... silence ! Ménard, tout ceci n'intéresse pas M. et madame Chambertin.

— Pardonnez-moi, monsieur le baron, répond Chambertin en s'inclinant ; nous sommes trop flattés de faire connaissance avec un seigneur polonais... car je crois que monsieur le baron est Polonais?

— Depuis ma naissance, répond Dubourg en se retournant pour laisser à Ménard la facilité de leur dire à demi-voix :

— C'est M. le baron Ladislas Potoski, palatin de Rava et de Sandomir.

En entendant ces titres, l'ancien marchand de vins reste comme frappé de stupéfaction, n'osant plus faire un pas en avant ni en arrière, tandis que madame Chambertin tourne sa bouche de cent façons, et fait son possible pour n'en plus avoir du tout, afin de séduire le palatin de Rava.

— Vous veniez visiter ces ruines? dit Dubourg après avoir laissé à son nom le temps de faire son effet.

— Oui, répond M. Chambertin : nous ne les connaissions pas encore, et il faut bien voir ses environs. Ce Bayard avait un fort beau château, à en juger par ce qui reste... mais c'était un seigneur bien recommandable...

— C'était un chevalier, n'est-ce pas, mon ami? dit madame Chambertin en minaudant.

— Oui, ma bonne, c'était un preux du siècle de Louis XIV.

Ici Ménard tousse en regardant Dubourg d'un air goguenard; M. Chambertin poursuit :

— J'aime assez à voir les antiquités... les monuments anciens; cela amuse, quand on a une certaine instruction. Monsieur le baron faisait comme nous?...

— Ma foi, dit Dubourg, nous étions d'assez mauvaise humeur quand nous vous avons rencontrés : nous sommes venus de Grenoble ici en nous promenant... On nous a dit qu'il n'y avait que trois petites lieues... je n'ai pas voulu fatiguer mes équipages dans ce pays montagneux; mais j'espérais trouver de ce côté quelque bonne auberge pour y dîner, ou du moins la facilité de de gagner le premier village; j'ai offert à des paysans jusqu'à six pièces d'or pour me chercher un cheval, et pas un de ces drôles n'a bougé. N'est-il pas vrai, Ménard?

— Il est très vrai, monsieur le baron, que nous ne trouvions rien du tout!...

— Ah! mon ami, dit à demi-voix madame Chambertin à son époux, quelle idée!... quelle occasion!...

— Je la saisis!... répond celui-ci, et il se met devant Dubourg à la troisième position : Monsieur le baron, si je ne craignais d'être indiscret... s'il vous était indifférent d'accepter un dîner de propriétaire... nous serions ravis, madame Chambertin et moi, de posséder à notre table un seigneur de distinction et un professeur de belles-lettres. Mon cabriolet de campagne nous attend ici près, avec Lunel, mon jockey ; en une heure nous serons à Allevard, et ce soir mon cabriolet reconduira monsieur le baron...

— Vraiment, monsieur de Chambertin, ceci est trop aimable, répond Dubourg en le saluant, tandis que l'ancien négociant dit tout bas à sa femme :

— Il m'a appelé *de* Chambertin.

— Je l'ai entendu, mon ami.

— Est-ce qu'il a envie de me faire chevalier?

— Je le crois bien capable de vous faire quelque chose.

— Je suis presque tenté d'accepter votre invitation, reprend Dubourg; elle me procurera le plaisir de connaître des personnes aimables. Qu'en pensez-vous, mon cher Ménard? cela n'inquiètera-t-il pas Montreville? croyez-vous que nous puissions accepter le dîner de M. de Chambertin?

— Oui, certainement, nous le pouvons, monsieur le baron, répond Ménard, qui, dans le plaisir que lui faisait cette invitation, tire de sa poche leur nappe de papier qui entortillait la volaille, et s'essuie le visage avec, croyant avoir pris son mouchoir, et ne s'apercevant pas qu'il se barbouille la figure avec la gelée du chapon ; mais monsieur et madame Chambertin sont dans le ravissement et ne voient rien de tout cela : emmener dîner chez eux un grand seigneur polonais, un palatin !... qui a mis un *de* devant le nom de monsieur, et qui fait des yeux très tendres à madame, en voilà assez pour tourner la tête aux deux époux.

— Nous ne tiendrons jamais quatre dans le cabriolet, dit madame.

— Ne t'inquiète pas, ma chère, je prendrai le petit cheval de Lunel, qui montera derrière ; et quand monsieur le baron voudra...

— Ma foi, partons, dit Dubourg ; et il ajoute tout bas en offrant sa main à la dame :

— Toutes les ruines possibles ne sauraient l'emporter sur vous !

On se met en marche : Dubourg donne le bras à madame, M. Chambertin court en avant, et Ménard suit en cherchant à deviner d'où peut venir cette odeur de volaille qui le poursuit partout.

Au détour d'un sentier, on aperçoit le cabriolet de campagne, que garde un petit homme de l'âge de son maître, qui ressemble plutôt à un sommelier qu'à un jockey : il a près de lui un animal qui, par sa taille et ses oreilles, tient le milieu entre le cheval et l'âne. Madame Chambertin monte en voiture avec nos deux voyageurs.

En s'entendant appeler de Chambertin il a pris le mors aux dents.

— Donne-moi ton bidet, Lunel, dit M. Chambertin.

— Et moi, monsieur? demanda le vieux jockey.

— Tu monteras derrière la voiture.

— Vous savez bien, monsieur, que je ne peux pas m'y tenir.

— Alors, tu suivras à pied, imbécile!... qui ne sait pas encore se tenir derrière une voiture.

En disant ces mots, M. Chambertin enfourche le bidet en lui donnant de grands coups de canne à défaut de cravache.

— Pardon si je vous dépasse, crie-t-il à Dubourg, mais je vais donner quelques ordres.

— Ah! je vous en supplie, point de façons pour nous, monsieur de Chambertin, lui crie celui-ci.

Mais le propriétaire est déjà loin : en s'entendant appeler de Chambertin, il a pris le mors aux dents.

Dubourg prend les guides et conduit, ce qui ne l'empêche pas de dire en route des choses fort galantes à madame de Chambertin, et de faire signe à Ménard de s'essuyer le visage. Lunel court à pied derrière le cabriolet, en donnant au diable les étrangers qui sont cause que son maître a pris son bidet.

On arrive à Allevard, joli bourg où un torrent considérable alimente un grand nombre de moulins, de forges de fer et d'usines. La maison de

M. Chambertin est sur la droite, avant le village. C'est une propriété charmante, bâtie à la moderne, et, comme dit madame Chambertin, c'est presque un château.

En descendant dans une fort belle cour ombragée de tilleuls, Dubourg se félicite en secret de sa rencontre, et commence à trouver que madame Chambertin a encore les formes très agréables et les yeux très vifs. Quant à Ménard, qui a entrevu une cuisine bien échauffée, il pense que, sans être baron ni palatin, un homme qui possède une aussi jolie propriété mérite quelque considération.

M. Chambertin fait entrer les étrangers dans un joli salon du rez-de-chaussée, qui donne sur un fort beau jardin situé derrière la maison. Tout annonce la richesse, la profusion et le manque de goût. Il y a deux pendules sur une cheminée, une autre sur une console, une autre sur un secrétaire. Les meubles sont élégants, le parquet est couvert de tapis, les boiseries surchargées de tableaux, et trois lustres pendent au plafond.

— C'est mon petit salon d'été, dit madame Chambertin d'un air modeste. Si j'avais su avoir l'honneur de recevoir monsieur le baron, j'aurais fait préparer mon grand salon d'hiver, dans lequel on fait trois contredanses sans se gêner.

— Madame, nous avons plus de place qu'il ne nous en faut ! et je serais désolé de vous causer aucun dérangement... ce salon est charmant, tout s'y ressent du goût de la déesse de ce séjour...

— Ah ! monsieur le baron... il est vrai que c'est moi qui l'ai fait arranger... mon mari voulait encore placer une pendule dans ce coin... mais il peut s'en passer...

— Il serait difficile de ne pas savoir l'heure ici !...

— Ce tapis est d'un assez bon goût... J'ai encore mieux que cela dans mon salon d'hiver... mais vous devez en faire un grand usage en Pologne, monsieur le baron ?

— Oh ! nous avons en Pologne des tapis qui ont six pouces d'épaisseur... on enfonce dedans en marchant, comme sur un lit de plume... j'espère avoir l'honneur de vous en envoyer quelque échantillon...

— Ah ! monsieur le baron !...

Dans ce moment M. Chambertin entre avec toute la société qu'il avait pu réunir à la hâte pour venir dîner chez lui avec un grand seigneur. Il n'avait trouvé que quatre personnes de disponibles : d'abord un ancien notaire de village et sa femme, qui allaient se mettre à table lorsque leur voisin était accouru, tout effaré, leur apprendre la rencontre qu'il avait faite, et l'honneur qu'il avait de recevoir chez lui le noble étranger et le professeur de belles-lettres.

A cette nouvelle, et sur l'invitation qui la suivit, de venir dîner avec le grand seigneur, M. Bidault (c'est le nom du ci-devant notaire) avait appelé sa bonne en lui disant :

— Marianne, enlevez le couvert... mettez le pâté dans le buffet, la volaille dans le garde-manger, le poisson à la cave... nous dînons chez mon voisin, conservez bien tout cela pour demain.

Et madame Bidault s'était élancée devant son miroir, en s'écriant :

— Eh vite ! Marianne... ma robe fleur d'oranger... mon chapeau à la jardinière... ma collerette à points à jour... je ne puis pas paraître devant ces messieurs en négligé. Monsieur Bidault est-ce que vous ne vous habillez pas ?...

— Ma foi, je vais passer mon habit marron, voilà tout... Fais en sorte, Marianne, que le poisson se conserve frais...

— Marianne, cherchez-moi donc ma robe.

M. Chambertin est parti bien vite pour continuer sa tournée d'invitations, en recommandant à monsieur et à madame Bidault de ne point se faire attendre. La pauvre Marianne, pressée de tous les côtés, ne sait où donner de la tête : elle va porter le chapeau à la jardinière à la cave, et accourt vers sa maîtresse avec son plat de poisson à la main. Enfin, après vingt minutes employées à courir pour madame et pour monsieur, les deux époux sont en état de se présenter devant l'illustre étranger. M. Bidault, qui compose des vers depuis qu'il a vendu sa charge, se fait un plaisir de causer poésie avec l'homme de lettres ; et madame Bidault, qui se pique d'avoir le meilleur ton de l'endroit, est enchantée de montrer son savoir-vivre devant un grand seigneur.

En sortant de chez M. Bidault, M. Chambertin est allé chez le maire ; mais le maire est aux champs, il surveille ses travaux, et ne reviendra que le soir. Chambertin court chez le notaire qui a succédé à Bidault, mais le notaire est à la chasse, et sa femme est occupée à faire des confitures qu'elle ne peut pas quitter.

Cependant le temps presse ; Chambertin entre chez un ancien apothicaire de Lyon, qui s'est retiré dans une assez jolie maison qu'il a achetée à Allevard. Ce n'est pas un personnage fort distingué pour mettre en face d'un palatin, mais n'ayant pas le temps de choisir, on s'en contentera ; d'ailleurs, M. Fondant parle fort peu ; il ne dira pas de sottises.

Chambertin entre donc chez lui, et n'ayant

pas le temps de bien s'expliquer, se contente de lui dire précipitamment :

— Mon cher Fondant, j'ai chez moi un grand palatin... de Pologne... je lui donne à dîner... venez, je vous attends... et un homme de lettres qui est helléniste incognito... Dépêchez-vous... ce sont des personnages du premier ordre... nous dînerons dans une demi-heure.

Chambertin est parti. Il songe qu'il peut encore avoir son ami Frossard, maître de forges, et l'un des plus riches propriétaires des environs. Il court chez lui. Le gros maître de forges est en train de dîner ; il a déjà mangé le potage et le bœuf, lorsque Chambertin, qui arrive tout en sueur dans la salle à manger, lui crie de loin :

— Arrête, Frossard... arrête... pas un morceau de plus !...

— Qu'est-ce à dire ? répond le maître de forges en tenant son grand couteau levé sur un poulet gras qu'il s'apprête à découper, pas un morceau de plus !... j'espère bien que les cuisses et les ailes la sauteront... je n'abandonne que la carcasse...

— Arrête, te dis-je, mon ami ; il faut que tu viennes dîner chez moi...

— Pas aujourd'hui... tu vois bien qu'il n'est plus temps...

— Il le faut...

— J'ai déjà mangé le tiers de mon dîner...

— Ça ne comptera pas.

— J'ai bien peur que si !...

— J'ai deux seigneurs, dont un homme de lettres, chez moi.

— Qu'est-ce que cela me fait ?

— De Pologne... de Cracovie... un baron... un savant...

— Eh bien, après ? tout cela ne doit pas m'empêcher de dîner.

— Je veux te procurer l'honneur de dîner avec eux.

— Mon ami, pourvu que je dîne bien, peu m'importe que ce soit avec un baron ou un meunier !...

— Allons, Frossard, mon ami, un peu d'élévation dans les idées...

— Mon poulet va être froid...

— Tu goûteras chez moi d'un lièvre piqué délicieux... j'ai aussi certain pâté de foie gras qui m'est arrivé de Strasbourg...

— Ah ! le traître va m'attendrir...

— Nous boirons de mon vieux pomard... et de ce saint-péray que tu aimes tant...

— Il n'y a pas moyen de résister...

— Tu me suis ?

— Oui, mais ce n'est pas pour tes seigneurs et tes savants, auxquels je ne connais goutte ; mais c'est pour le lièvre et le pomard, auxquels je me connais parfaitement.

M. Fondant était arrivé le premier chez Chambertin ; mais naturellement timide, et encore plus embarrassé pour paraître devant les deux étrangers, qu'il présumait être des princes d'après le peu de mots que son voisin lui avait dits, l'ancien apothicaire était resté dans l'antichambre qui précédait le salon dans lequel madame Chambertin causait avec ses nouveaux hôtes, et ne se sentant pas la force de faire seul son entrée, il attendait que les autres convives arrivassent, afin de passer derrière eux.

Monsieur et madame Bidault paraissent enfin, ainsi que le gros Frossard. M. Chambertin, qui venait de donner des ordres à son cuisinier, court au-devant de sa société. On trouve M. Fondant, qui est toujours dans l'antichambre, et M. Chambertin, ouvrant la porte de son salon, présente madame Bidault à M. le baron. Pendant un échange de saluts et de révérences entre les deux époux et nos deux voyageurs, le gros Frossard, qui ne fait pas autant de cérémonie, pousse devant lui M. Fondant, qui paraît vouloir rester dans l'antichambre ; et madame Chambertin, après avoir fait les honneurs de chez elle, s'éclipse pour aller s'occuper un moment de sa toilette.

— Monsieur le baron, dit Chambertin, j'ai réuni quelques amis qui sont, comme moi, ravis de ce que...

— Ma foi, dit Frossard en se jetant dans une bergère sans laisser finir Chambertin, il était temps que tu arrivasses, mon cher ; si le poulet avait été entamé, je ne l'aurais pas quitté !...

— Toujours plaisant, ce cher Frossard, dit M. Bidault en frappant sur la cuisse du maître de forges, tandis que son épouse se tenait bien roide dans un fauteuil vis-à-vis de Dubourg, qui, assis négligemment sur un canapé, ressemblait à un sultan contemplant ses esclaves ; tandis que Ménard, placé un peu plus loin, admirait l'air de santé du maître de forges et la mine respectueuse de M. Fondant, qui s'est assis contre une croisée, de manière à être aux trois quarts sous le rideau.

— Si j'avais su plus tôt traiter monsieur le baron, dit Chambertin, j'aurais arrangé... une petite soirée musicale... une petite fête... mais je me flatte d'être en mesure une autre fois...

— Ah ! monsieur de Chambertin, vous me rendez confus !... En vérité, je ne pourrai plus quitter ce pays ; et cependant, monsieur Ménard, vous savez qu'on nous attend à la cour de Bulgarie.

A ces mots, madame Bidault se redresse en se pinçant les lèvres ; Chambertin regarde ses voisins d'un air qui signifie : « Je vous l'avais bien dit! et M. Fondant disparaît entièrement derrière les rideaux.

— Au reste, reprend Dubourg, ce pays me plaît beaucoup... et la société aimable que j'y rencontre m'y attache encore davantage...

A ce compliment tout le monde se lève et salue. Il se fait derrière les rideaux un mouvement semblable.

— Mais il me semblait avoir aperçu M. Fondant, dit le maître de forges; que diable est-il donc devenu?...

— Je suis là, monsieur, dit d'une voix enrouée le ci-devant apothicaire en sortant un peu sa tête de dessous les draperies.

— Et que faites-vous là, à une lieue de nous?... approchez-vous donc, monsieur Fondant... Eh bien! quelles nouvelles de Lyon?... que dit-on par là?...

M. Fondant est devenu rouge jusqu'aux oreilles : il s'aperçoit que les étrangers le regardent. Il tire son mouchoir, se mouche, avance et recule sa chaise, puis balbutie enfin, en parlant du nez pour se donner de l'assurance.

— Qu'il a fait chaud aujourd'hui!...

Heureusement madame Chambertin revient, et sa présence change le tour de la conversation. Elle a passé une légère blouse de mousseline, garnie de dentelles; elle est coiffée en cheveux, ce qui ne lui va plus bien, mais elle a mis ses boucles d'oreilles en brillants, et un superbe collier en perles fines, ce qui la rend très séduisante aux yeux de Dubourg, qui va au-devant d'elle, et, en lui donnant la main, lui serre tendrement le bout des doigts; à quoi on répond par un demi-sourire, qu'accompagne un soupir étouffé.

M. Bidault s'est approché de M. Ménard, qu'il juge être l'homme de lettres, et lui glisse quelques phrases du *Parfait Notaire*, qu'il accompagne de petits vers de l'*Almanach des Muses*. M. Ménard, qui en voulant se modeler sur Dubourg prend quelquefois son ton suffisant, sourit à M. Bidault d'un air protecteur, en prononçant avec emphase : *Studia adolescentiam alunt, senectutem oblectant;* et M. Bidault, qui a oublié Cicéron en apprenant les cinq codes, y répond en offrant à M. Ménard une prise de tabac.

Lunel, qui a passé une petite veste à l'anglaise avec laquelle il ressemble à un Limousin, vient annoncer que le dîner est servi.

Tout le monde se lève. Dubourg donne la main à madame Chambertin, M. Frossard a pris celle de madame Bidault, les autres suivent; M. Fondant ferme la marche.

On se rend dans une fort belle salle à manger. La table est servie avec somptuosité. Ménard remarque avec satifaction qu'il y a quatre hors-d'œuvre, ce qui annonce toujours un dîner bien ordonné. On place M. le baron entre madame Bidault et madame Chambertin; mais c'est vers cette dernière que Dubourg se tourne le plus souvent, et la vive rougeur qui vient de temps à autre colorer les joues de la maîtresse de la maison pourrait faire présumer que son illustre convive lui parle aussi par-dessous la table.

Ménard est entre Bidault et M. Fondant. L'un lui lâche par-ci par-là quelques vers à pistache; l'autre se contente de lui verser constamment à boire, et M. Ménard se tourne plus souvent vers l'apothicaire que du côté de l'ancien notaire.

Au second service, Dubourg, qui commence à être en train, parce qu'il a sablé assez lestement le pomard de son hôte, se met à parler à tort et à travers de ses châteaux, de ses terres, de la Pologne et de la Bretagne; il mêle les usages de Rennes avec les habitudes de Cracovie, et les productions de son pays avec les neiges des monts Krapach. Mais la société, tout émerveillée de ce qu'il dit, se contente d'ouvrir les yeux et les oreilles. Le gros Frossard trouve le baron de son goût parce qu'il boit sec, et regarde Ménard comme un savant distingué parce qu'il raisonne sur la manière d'accommoder chaque plat. M. Bidault est enchanté de trouver une occasion de faire le poète; sa femme se croit une beauté parce que Dubourg lui a dit qu'elle avait un faux air de mademoiselle de Scudéri; M. Fondant est plus à son aise, parce que personne ne fait attention à lui; M. Chambertin est dans l'ivresse, parce qu'il a un grand seigneur à sa table, et madame Chambertin joue de la prunelle, parce que ce grand seigneur-là lui donne des coups de genou très fréquemment.

Vers les neuf heures du soir, on tâche de quitter la table. Tout le monde a voulu tenir tête à M. le baron, les uns par goût, les autres par politesse, ce qui fait que personne n'est solide sur ses jambes; les dames seules conservent leur tenue, car c'est rarement à table que les femmes perdent la tête.

Au milieu des vapeurs bachiques, Dubourg conserve assez de présence d'esprit pour sentir qu'ils sont à six lieues de Grenoble, et qu'il est temps d'y retourner. M. Chambertin propose des chambres à ses hôtes : mais si l'on restait, il faudrait faire quelque chose; déjà M. Bidault et le maître de forges ont pris des cartes; et Dubourg, qui a de la peine à résister à l'attrait du jeu, sent qu'il ferait une sotte figure sans argent dans sa poche. Il vaut donc mieux partir pour revenir une autre fois. M. Frossard l'a provoqué au trictrac; Dubourg, qui s'y croit très fort, espère regagner avec le gros maître de forges une partie de ce qu'il a perdu chez ses fripons de Lyon.

Ménard se trouve si bien chez M. Chambertin qu'il y coucherait volontiers, et madame Chambertin qui a peut-être quelques arrière-pensées, voudrait retenir le jeune palatin. Mais celui-ci a ses raisons pour ne point céder. Voyant que ses instances sont inutiles, M. Chambertin ordonne à Lunel de se tenir prêt avec le cabriolet pour reconduire M. le baron et son compagnon.

Dubourg prend congé de ses hôtes, en leur promettant de venir incessamment passer quelques jours avec eux. Cet engagement calme le chagrin de son départ.

— Songez, monsieur le baron, que je compte sur votre parole, dit M. Chambertin en saluant profondément Dubourg.

— Nous vous attendons... ajoute madame en lançant un regard qui en dit suffisamment.

Dubourg y répond en appuyant sa bottine sur le pied de son mari, qu'il prend pour le sien, et serrant affectueusement la main de son hôte l'appelle son cher ami de Chambertin.

Mais Lunel et le cabriolet les attendent : Dubourg et Ménard montent dedans et prennent la route de Grenoble.

Le mouvement de la voiture endort Ménard, Dubourg, n'ayant personne à qui parler, se dit à lui-même :

— Cette connaissance me sera fort agréable, et variera un peu la monotonie de notre séjour à Grenoble : ces bonnes gens me croient un seigneur, il n'y a pas grand mal à cela ; et je puis bien en avoir la mine. Madame Chambertin a encore de la vivacité dans le regard... son mari a d'excellent vin, une bonne table... Ce gros maître de forges est riche comme un Crésus, et il paraît qu'il aime à faire sa partie. Ah ! morbleu, si j'avais encore la caisse ! quelle occasion pour réparer nos pertes !... Je suis sûr qu'il ne se doute pas du trictrac !... un homme comme cela perdrait cinq ou six mille francs sans y faire attention... Et ce Frédéric qui nous laisse sans le sou... qui passe son temps je ne sais où !... Il faut absolument que je sache ce qu'il fait tous les jours... il faut bien que je veille sur lui, puisque ce pauvre Ménard n'ose rien lui dire. Joli surveillant que M. le comte lui a donné là !

On arrive à Grenoble fort tard. Ménard se réveille pour descendre de cabriolet. Quand Dubourg voit le vieux Lunel devant lui le chapeau à la main, il fouille, par habitude, dans son gousset; mais ne trouvant rien dans aucune poche, il passe sa main sous le menton de Lunel, qui attend la pièce, et lui donne une petite tape sur la joue en lui disant :

— C'est bien, Lunel... adieu, mon ami, je suis fort content de toi !...

Le vieux jockey s'en retourne avec cela en marmottant tout le long du chemin :

— Il est gentil le pourboire du Polonais !

CHAPITRE XIV

VISITE AU BOIS

Quand Dubourg et Ménard s'éveillent, le lendemain de leur dîner à Allevard, Frédéric est parti depuis longtemps. Dubourg dit :

— Nous l'attendrons ce soir, et nous lui parlerons.

Et Ménard répond :

— Oui, monsieur le baron, vous lui parlerez.

Mais nous avons vu que Frédéric restait fort tard près de sœur Anne, jusqu'à ce qu'il se fût décidé à y rester tout à fait. De Vizille à Grenoble il y a quatre lieues; le cheval que Frédéric prenait le matin, au hasard, pour s'être reposé toute la journée n'en valait guère mieux le soir, parce que des chevaux d'auberge sont rarement bons à monter; il s'ensuivait que le cheval mettait quelquefois trois heures à revenir de Vizille, et Frédéric ne le pressait pas, car il ne s'agissait plus alors d'arriver près de sœur Anne.

Frédéric rentrait donc fort tard, et Dubourg, après avoir fait avec Ménard la partie de piquet, seul jeu que jouait l'ancien précepteur, finissait par s'endormir sur les cartes, parce que ces messieurs, n'ayant d'argent ni l'un ni l'autre, ne pouvaient jouer que sur parole, et que le jeu ne s'échauffait jamais, quoique M. Ménard eût à sa disposition la tabatière du roi de Prusse et qu'il prisât à chaque instant pour se donner quelque ressemblance avec Frédéric II.

Dubourg bâillant, M. Ménard proposait au baron d'aller se coucher; et on remettait au lendemain pour parler à Frédéric; mais le lendemain s'écoulait de même sans qu'on l'aperçût.

Plusieurs jours se sont passés ainsi; l'impatience de Dubourg augmente : il brûle de retourner à Allevard, de poursuivre sa conquête et de faire la partie du maître de forges. De son côté, M. Ménard ne désire pas moins boire encore du pomard de M. Chambertin, et se trouver à côté de M. Fondant, qui le verse si bien.

Mais on ne peut pas aller à pied à Allevard; il faut s'y prendre de manière à donner de soi une idée qui réponde au rang qu'on a pris; il faut surtout avoir de l'argent dans sa poche si l'on veut faire figure au jeu. M. Ménard ne voit pas trop la nécessité de cela; mais puisque M. le baron pense que c'est indispensable, il est nécessairement du même avis.

— Il faut donc absolument voir Frédéric.

— Parbleu, dit Dubourg, nous l'attendrons ce soir, et pour ne pas nous endormir, nous boirons du punch toute la nuit s'il le faut : qu'en pensez-vous, monsieur Ménard ?

— Je suis entièrement de cet avis, monsieur le baron, pourvu que nous ayons une brioche pour accompagner le punch.

— Nous en aurons quatre ; nous les jouerons au piquet, et Frédéric les payera.

La nuit vient ; un énorme bol de punch est apporté, ainsi qu'une assiette surchargée de gâteaux. Ces messieurs se mettent au jeu en buvant, et boivent souvent pour ne pas s'endormir, ce qui au contraire les endort un peu plus vite. Après avoir bu chacun près d'un demi-bol, et avalé une demi-douzaine de tartes et de brioches, ils tombent la tête sur la table, Dubourg en disant : — Je suis capot.

Ménard en ajoutant :

— Sur table, monsieur le baron.

Ils s'éveillent au point du jour, fort mécontents de s'être endormis ; mais enfin Frédéric ne doit pas encore être sorti, et ils vont le voir. Dubourg crie, appelle, on ne répond pas ; il descend dans la cour et s'informe de son ami.

— Il n'est pas rentré cette nuit, répond le valet d'écurie.

— Pas rentré ! s'écrie Dubourg, tu en es certain ?

— Oh ! oui, monsieur, ni lui ni le cheval.

— Diable ! dit Dubourg, cela devient inquiétant... ne pas revenir depuis hier... c'est bien singulier !

Il monte apprendre cette nouvelle à Ménard ; et celui-ci, après avoir réfléchi un quart d'heure, finit par dire :

— Que pensez-vous de cela, monsieur le baron ?

— Eh ! morbleu, c'est à vous que je le demande, monsieur Ménard.

— Je n'ose rien préjuger, monsieur le baron... voilà mon avis.

— Il ressemble beaucoup à celui de Brid'oison.

On passe la journée à attendre Frédéric, qui ne revient pas. Dubourg est inquiet de son ami, Ménard tremble pour son élève, et l'aubergiste serait fort en peine de son cheval s'il n'avait la voiture pour répondant.

Le lendemain, dès le point du jour, Dubourg se présente devant Ménard, le chapeau sur tête, et dit :

— Allons, il faut retrouver Frédéric...

— Trouvons-le, monsieur le baron.

— Pour le trouver, il faut le chercher.

— C'est ce que je pensais, monsieur le baron.

— Cela ne vous empêchait pas de rester fort tranquillement dans votre lit.

— J'attendais votre avis ultérieur.

— Mon avis est que nous nous mettions en route sur-le-champ. Ce jeune homme a une tournure et une figure assez remarquables pour qu'on nous indique le chemin qu'il a pris ; il ne peut pas être perdu !...

— Il faut l'espérer... car que me dirait M. le comte son père !...

— Levez-vous donc, et venez avec moi.

Ménard s'habille, déjeune, et suit Dubourg, qui fait mettre des selles à deux vieux chevaux de labour, que l'aubergiste ne donne qu'en murmurant, parce que la dépense de ces messieurs commence à dépasser la valeur de leur voiture. Enfin ils sont montés à cheval ; Ménard prévient son compagnon qu'il ne va qu'au pas, et Dubourg lui répond que lorsqu'on fait des perquisitions on ne va pas vite.

Ils s'informent en sortant de l'auberge de la route que prenait Frédéric ; on la leur indique. Tout le long du chemin on a remarqué le jeune voyageur, qui passait chaque matin en faisant aller son cheval le plus grand train possible, et qui revenait le soir tout doucement. Dubourg et son compagnon acquièrent bientôt la certitude que c'est à Vizille que Frédéric se rendait tous les jours.

— Que va-t-il faire là ? dit Dubourg.

— Il y aura trouvé quelque site intéressant.

— Je crois plutôt que c'est une figure intéressante.

— Quoi ! monsieur le baron, vous penseriez...

— Oui, sans doute ; Frédéric n'est pas assez fou pour ne contempler que des arbres et des montagnes ; il cherchait un cœur qui sympathisât avec le sien, une âme aimante comme la sienne, enfin une femme qui lui plût ; et qui sait s'il n'a pas trouvé quelque jeune paysanne, bien simple, bien naïve, qui lui a tourné la tête !...

— Je gage, moi, qu'il est allé admirer la Chartreuse.

— Monsieur Ménard, songez que Frédéric n'a que vingt et un ans.

— Monsieur le baron, rappelez-vous que les femmes l'ont déjà trompé, et qu'il est parti de Paris pour les fuir !

— Est-ce une raison pour ne plus les aimer ? D'ailleurs, monsieur Ménard, quand on fuit quelque chose, c'est qu'on sent bien qu'on ne résisterait pas longtemps.

— Monsieur le baron, Joseph fuyait Putiphar, et ce n'était pas par peur de succomber.

— Monsieur Ménard, Joseph a fini par se

laisser séduire, puisque sa postérité a peuplé le pays de Chanaan.

Tout en discutant, ces messieurs sont arrivés à Vizille. Ils s'informent de Frédéric dans le village; mais les habitants, occupés de leurs travaux, ont peu fait attention au jeune homme, qui n'a dîné que deux fois à l'auberge; car nous avons vu qu'il dînait dans le bois avec les provisions que sœur Anne lui apportait. On a bien aperçu plusieurs fois le jeune voyageur, mais on n'a pas remarqué de quel côté il tournait ses pas, ni ce qu'il venait faire dans le village.

Dubourg et son compagnon sortent de Vizille sans être plus avancés.

— Tout est perdu! s'écrie de temps à autre M. Ménard; mon élève aura été mangé par les loups ou tué par les voleurs, ou sera tombé dans quelque précipice en regardant un coucher de soleil!... Pauvre Frédéric? si doux, si aimable, si instruit! je n'ai donc plus qu'à te pleurer!...

Qualis populeâ mœrens Philomela sub umbrâ
Amissos queritur fœtus!...

— Eh! non, monsieur Ménard, Frédéric n'a été ni tué ni mangé!... il n'est pas question de ressembler à Philomèle pleurant ses petits, mais il s'agit de savoir où le jeune homme a porté ses pas... Eh! mais... tenez, voici, je crois, un animal qui pourra nous donner de ses nouvelles.

Les voyageurs, en sortant du village, étaient descendus dans la vallée, et se trouvaient alors devant la lisière du bois; le cheval de Frédéric errait à l'aventure dans les sentiers qui touchaient à la vallée.

— C'est son cheval, dit M. Ménard. Je le reconnais à cette tache blanche, pour l'avoir vu dans la cour de notre auberge; c'est le cheval de Frédéric.

— Et il est seul... sans cavalier... Nouvelle preuve, monsieur le baron, que le jeune homme est victime de son imprudence; le cheval aura jeté son maître par terre!... mon élève est mort!... il aura voulu gravir des montagnes! *Nox erat!...* il n'aura pas vu à ses pieds... tout est perdu!

— Je crois plutôt que Frédéric est dans ce bois, et qu'il a quitté son cheval afin de s'y promener à son aise... Faisons-en autant pour le chercher... mais soyons plus sages que lui, et attachons nos chevaux à l'un de ces sapins.

Dubourg et son compagnon mettent pied à terre et entrent dans le bois, M. Ménard tenant déjà son mouchoir sur ses yeux, parce qu'il croit Frédéric mort ou blessé, et Dubourg marchant en avant, et regardant attentivement autour de lui.

Bientôt ce dernier revient vers M. Ménard d'un air joyeux, et lui désignant du doigt un tertre de gazon :

— Tenez, lui dit-il, regardez si mes pressentiments me trompaient; voilà la merveille que Frédéric vient admirer.

M. Ménard suit l'indication du doigt de Dubourg, et aperçoit, sous un ombrage épais, son élève négligemment couché sur l'herbe, et tenant dans ses bras une jeune fille charmante, dont la tête repose contre le sein de son amant, et qui a ses deux bras passés autour de son cou.

— Vous aviez raison, monsieur le baron, dit Ménard après un moment de surprise, ce n'est point la Chartreuse! ceci est plus moderne.

— Cette jeune fille me paraît charmante!...

— Et à moi aussi, monsieur le baron.

— Ce coquin de Frédéric!... Ce n'est pas maladroit de trouver un si joli minois dans ce lieu désert... Pensez-vous encore qu'il fuit les femmes?

— Cela n'y ressemble pas, dans ce moment.

— Allez, monsieur Ménard, Frédéric, quoique sentimental, est un homme comme un autre, mais il faut aller lui faire notre compliment.

— Cela va le déranger, monsieur le baron.

— Parbleu! puisqu'il passe ici ses journées, il a bien le temps de faire l'amour.

Dubourg et Ménard s'avancent : au bruit de leurs pas, Frédéric se retourne et les voit. La petite lève les yeux; en apercevant les deux étrangers, elle se presse davantage contre Frédéric, puis cachant sa tête sur le sein de son amant, semble de cette place défier tous les dangers.

— Bravo! mon cher Frédéric, bravo!... dit Dubourg en riant. Je conçois maintenant pourquoi tu te lèves si matin!... Vraiment, ta conquête est charmante... et ce petit air sauvage ajoute encore au piquant de sa physionomie.

La jeune muette, après avoir regardé un instant Dubourg, reporte les yeux sur Frédéric, et semble lui demander ce que cela veut dire.

Frédéric se lève, la petite en fait autant; elle court auprès de celui qu'elle aime et s'attache à lui en regardant avec inquiétude les deux étrangers; elle semble craindre qu'on ne vienne lui enlever son amant; mais Frédéric la rassure, il l'embrasse tendrement, et l'engage à aller l'attendre dans le jardin de la chaumière. Sœur Anne a de la peine à lui obéir, elle craint de le quitter... mais Frédéric lui promet de nouveau de la rejoindre bientôt. La main de la jeune fille désigne les étrangers, et ses yeux lui disent : — Tu n'iras pas avec eux. Il l'embrasse encore, elle se calme, et s'éloigne enfin, non sans tourner souvent la tête pour regarder Frédéric avec amour, et les deux nouveaux venus avec tristesse.

— Fort jolie... fort jolie, d'honneur! répète

Dubourg en la suivant des yeux. Et M. Ménard dit entre ses dents : Si son langage ressemble à son plumage, c'est le phénix des hôtes de ces bois.

— Que venez-vous chercher ici, messieurs? dit Frédéric en s'approchant d'eux avec humeur.

— Ce que nous venons chercher? toi, parbleu! toi, qui nous abandonnes, qui nous laisses sans argent dans une auberge, pour venir dans les bois faire l'amour avec une petite paysanne... fort gentille, j'en conviens, mais qui ne devrait pas te faire oublier ton ami et ton respectable précepteur.

Frédéric ne répond rien, il paraît réfléchir profondément.

— Monsieur le comte, dit M. Ménard en s'avançant avec respect vers Frédéric, certainement il est permis à tout homme d'être sensible : Adam le fut avec Ève... Il est vrai qu'il ne pouvait pas l'être avec d'autres; Abraham le fut avec Agar; David avec Betzabé; Samson avec Dalila; et puisqu'un homme comme Samson a succombé, comment pourrions-nous résister, nous qui ne sommes pas des Samson?... Mais cependant, monsieur le comte, *est modus in rebus;* il ne faut pas, pour un nouvel attachement, oublier tout ce qu'on se doit, et descendre du rang où le sort nous a placés. Or, ce n'est pas pour aller vivre dans un bois comme un sauvage que monsieur le comte votre père vous a laissé entreprendre ce voyage... d'où je conclus...

— Mon cher monsieur Ménard, dit enfin Frédéric en sortant de sa rêverie, et sans paraître répondre au discours de son précepteur, j'ai quelque chose de très important à communiquer à mon ami le baron, je ne puis dire cela qu'à lui... obligez-moi d'aller faire un tour dans la vallée... nous vous rejoindrons bientôt.

— Monsieur le comte, je n'ai rien à vous refuser; je vais vous attendre avec confiance.

Et Ménard sort du bois en se disant : — Ma mercuriale a fait son effet; le jeune homme sent ses torts, il va s'amender et revenir comme l'enfant prodigue... le bâton blanc d'une main, et la bride de son cheval dans l'autre.

A peine Ménard est-il éloigné que Frédéric court vers Dubourg.

— Pourquoi as-tu amené ici notre mentor? pourquoi me suivre dans ce bois?... ne suis-je plus le maître de mes actions?

— D'abord, le mentor n'est pas effrayant; ensuite, il fallait bien savoir ce que tu étais devenu, puisque tu ne donnais plus de tes nouvelles; enfin, devais-je penser que pour une amourette tu deviendrais comme Roland le Furieux...

— Une amourette!... non, Dubourg, c'est une passion véritable, et qui sera éternelle! Jamais je n'ai aimé avec autant d'ardeur! jamais je n'ai rencontré un être plus digne de mon amour. Ah! Dubourg, si tu connaissais le cœur de cette aimable enfant!... elle est étrangère à toutes les faussetés du monde; son âme est pure et belle comme ses traits. Ah! mon ami, ce n'est pas à Paris, ce n'est pas dans les brillants salons de la capitale que je retrouverais une femme qui sût m'aimer autant.

— Allons, tu as la tête montée, et je vois bien qu'il me sera difficile de te faire entendre raison. Cette jeune fille m'a paru fort jolie, je veux bien que ce soit un phénix : mais enfin que prétends-tu faire? tu ne veux pas sans doute passer ta vie dans ce bois?

— Ah! je ne veux pas quitter sœur Anne!

— Eh bien, soit; emmène ta sœur Anne, qu'elle vienne avec nous; faisons-en une baronne, si tu veux, aux yeux de ce pauvre Ménard; je me charge même d'arranger tout cela; mais quitte ces vieux sapins, sous lesquels tu finirais par devenir un orang-outang.

— Cela ne se peut pas. Cette jeune fille a, dans cette chaumière, une bonne femme qui a pris soin de son enfance, elle ne peut l'abandonner.

— Allons, te voilà toute une famille sur les bras.

— Va, Dubourg, retourne à Grenoble avec Ménard; dans quelques jours j'irai vous rejoindre... mais je ne puis la quitter maintenant...

— Que je retourne à Grenoble!... Et crois-tu que je m'y amuse, avec ton précepteur, et sans pouvoir me présenter nulle part.

— Ah! j'oubliais!... prends ce portefeuille... Il contient notre fortune... prends, fais tout ce que tu voudras. J'ai quelques louis cela me suffit...

— Mais, en vérité, mon pauvre Frédéric, tu es fou... vivre dans les bois, filer le parfait amour avec ta petite villageoise...

— Ah! ce n'est point une femme ordinaire... si tu savais... pauvre petite!... mais non, je ne veux rien te dire!... tu ne peux comprendre mon cœur... Adieu, Dubourg.

— Tu le veux? j'y consens. Je prends la caisse et je te laisse. Je connais les hommes, j'ai plus d'expérience que toi : avant quinze jours tu seras las de ce genre de vie, et tu viendras nous retrouver...

— Oui, si sœur Anne veut me suivre...

— Tu viendras sans elle, j'en suis certain... au revoir, fais l'amour à ton aise; fais-le toute la journée, fais-le toute la nuit, fais-le tant, enfin, que dans quinze jours tu en aies par-dessus la tête.

Dubourg, après avoir mis le portefeuille dans

C'est comme si j'étais le seigneur; au fait, je le suis presque.

sa poche, descend rapidement dans la vallée, où il trouve M. Ménard assis tranquillement près de leurs chevaux.

— Et vite! lui dit-il d'un air joyeux, à cheval!

— Comment, à cheval? et je ne vois pas monsieur le comte.

— C'est qu'il est resté près de sa belle.

— Il est resté, et nous partons?

— Sans doute : car, n'ayant point de passions dans le bois, nous pourrions nous y ennuyer.

— Mais, monsieur le baron, je ne comprends rien à ceci.

— Monsieur Ménard, j'agis en homme qui connaît le cœur humain et surtout celui des jeunes gens. Si nous avions voulu contrarier les désirs de Frédéric, il aurait été capable de faire des folies; au lieu de cela, laissons-le suivre son penchant. Je vous réponds que dans quinze jours, au plus tard, son amour satisfait sera calmé et sa raison revenue. Il n'y a point de passion qui tienne à un tête-à-tête de trois semaines consécutives!... l'amour est un feu qui s'éteint de lui-même, parce qu'il n'a jamais assez de raison pour se ménager.

— Ma foi, monsieur le baron, je commence à penser que vous avez raison...

— Allons, à cheval, monsieur Ménard, et vive la gaieté! Demain, je vous mène dîner chez notre ami de Chambertin.

— Vraiment, monsieur le baron?

— Et je vous promets que nous ferons dans le village une entrée qui fera sensation.

— Je ne vous comprends pas, monsieur le baron, mais vous arrangez si bien les choses, que je m'en repose sur vous.

Et Ménard, que l'espoir d'aller le lendemain chez M. Chambertin a rendu tout joyeux, pique des deux pour la première fois de sa vie (à la vérité ce n'est qu'avec ses talons), et va trotter à côté de Dubourg.

— C'est pourtant dommage, dit-il en route, que mon élève ait fait cette nouvelle connaissance!... une femme fait quelquefois commettre à un homme bien des sottises!... Caton a dit que la sagesse et la raison étaient incompatibles avec l'esprit de ce sexe.

— Eh! monsieur Ménard, c'est que Caton avait probablement été malheureux en amour!

— Saint Bernard nomme la femme *organum diaboli*

— Mais Confucius prétend que l'âme d'une femme est le chef-d'œuvre de la création.

— Juvénal dit qu'il n'y a personne pour qui la vengeance ait plus d'attrait..

— Cela prouve, monsieur Ménard, qu'elles ont quelque ressemblance avec les dieux.

— Enfin, Origène a dit : La femme est la clef du péché.

— J'avais cru jusqu'à présent qu'elle n'en avait que la serrure.

— Agnès Sorel amollissait le courage de Charles VII.

— Et c'est une autre femme qui le lui a rendu.

— Jeanne de Naples a fait étrangler son mari.

— Jeanne Hachette a sauvé Beauvais.

— Tout bien considéré, monsieur le baron, je vois que cela se balance.

Pendant que nos deux voyageurs cheminent vers Grenoble en discutant sur les femmes, discussion qui pourra les mener fort loin, sans qu'au bout du compte ils en connaissent mieux le sujet qu'ils auront traité; car un savant a dit qu'il y avait autant de variétés dans le cœur d'une femme que de grains de sable dans la mer; et il fallait que ce savant-là le fût terriblement, pour connaître le compte des grains de sable de la mer!... revenons à Frédéric.

Il respire plus librement en voyant partir Dubourg; bientôt il entend les pas des chevaux qui emmènent ses deux compagnons. Alors, aussi content que Cratès, qui s'écria : Je suis libre, après avoir jeté tout son argent à la mer, Frédéric, se croyant plus libre désormais de se livrer à son amour pour la jeune muette depuis qu'il s'est débarrassé de Dubourg et de Ménard, retourne à grands pas vers la chaumière. Frédéric ne voit que le présent; il ne raisonne pas!... mais il n'a que vingt-et-un ans, et il est passionnément amoureux!...

Sœur Anne était tremblante dans le jardin; la vieille Marguerite reposait, et la petite pouvait sans contrainte se livrer aux sentiments qui l'animaient. La présence de ces deux hommes qui connaissaient Frédéric la jetait dans une inquiétude que chaque minute rendait plus vive. Vivre sans son ami lui semblait maintenant impossible. L'amour était l'existence pour cette âme de feu, qui, dans le fond des bois, n'avait pas appris à maîtriser ses passions. Son cœur aimant avait volé au-devant de celui qui lui avait dit : Je t'aime. Mais en se donnant à lui, c'était pour toujours que sœur Anne s'engageait. Frédéric lui avait fait connaître le bonheur; il avait ranimé son âme flétrie par le malheur : en voyant qu'elle peut plaire, une femme renaît à la vie. Que serait-elle à seize ans, s'il fallait renoncer à cet espoir? Frédéric était tout pour elle; et, jusqu'à ce moment, l'amour lui avait semblé le bonheur sur la terre... mais il n'est pas de bonheur durable, surtout en amour. A peine quelques jours de félicité viennent de s'écouler et déjà la pauvre petite éprouve les peines que ce sentiment traîne à sa suite!...

Enfin Frédéric reparaît... elle ne court pas... elle vole dans ses bras... ses yeux errent autour de lui : il est seul, elle en est plus heureuse.

— Non, lui dit son amant en l'embrassant, je ne te quitterai point. Où trouverais-je une femme plus jolie... plus fidèle, plus digne d'être aimée?... Que m'importe ce qu'ils diront?... que me fait un monde où rien ne m'attache? Je trouve ici le bonheur. Non, mon père lui même ne pourrait me faire renoncer à toi!...

Un nouveau baiser, pris sur la bouche charmante de la jeune fille, scelle l'engagement qu'il vient de contracter. La nuit ramène avec ses ombres des instants plus doux encore; elle réunit les deux amants sur une couche solitaire; et, dans les bras de celle qui lui prodigue les plus tendres caresses, Frédéric répète encore : — Non, je ne te quitterai jamais!...

Au bout de huit jours, cependant, la journée passe moins vite pour notre amoureux... les aimables caresses de la pauvre petite ne lui suffisent plus pour employer le temps... il sent qu'il faut s'occuper... et qu'on ne peut éternellement rêver sur le bord d'un ruisseau.

Huit jours après, il descend dans la vallée, il

monte le cheval qu'il a gardé et fait quelques petites promenades dans les environs, afin, dit-il à sœur Anne, de rapporter les provisions dont ils ont besoin... mais dont il se passait fort bien dans le commencement de son séjour dans le bois.

Huit jours plus tard, il regarde du côté de Grenoble... Il s'étonne que Dubourg ne revienne pas savoir de ses nouvelles, de ce que Ménard l'oublie aussi!... Je crois même qu'il en est en secret fâché. N'aimerait-il plus sœur Anne?... Oh! Frédéric l'aime toujours... Mais le temps!... et, comme l'a fort bien dit Dubourg, il n'est point d'amour qui résiste à un tête-à-tête de trois semaines.

Mais n'anticipons pas; laissons le près de la jeune muette, qui l'aime autant que le premier jour, parce que... Ah! ma foi, demandez à une dame, et retournons près de Dubourg, qui a de nouveau les fonds de voyage à sa disposition.

CHAPITRE XV

FÊTE, DINER, FEU D'ARTIFICE, SURPRISE.

En arrivant à Grenoble, Dubourg demande le dîner. On leur sert leur ordinaire habituel.

— Qu'est-ce que c'est que ce dîner-là!... il nous faut d'autres mets, et surtout d'autres vins, dit Dubourg, qui commence à faire du tapage, parce qu'il a de l'argent dans sa poche.

L'hôte monte et représente à ces messieurs que leur mémoire est déjà très fort, parce que, nonobstant leur logement et leur nourriture, leur jeune compagnon a rendus fourbus tous les chevaux de l'auberge en leur faisant faire des marches forcées. Pour toute réponse, Dubourg tire de sa poche un billet de cinq cents francs qu'il donne à l'aubergiste en lui disant avec le sang-froid de la grandeur : Payez-vous.

L'hôte ouvre de petits yeux étonnés; son nez, de pincé qu'il était, devient ouvert; sa bouche, qu'il veut rendre agréable, se fend jusqu'à ses oreilles; il s'entortille dans plusieurs phrases d'excuses, et termine en disant qu'il va faire son compte, mais il espère que ces messieurs ne le quitteront pas, et que, si cela peut leur être agréable, il leur fera du vin muscat pour leur dîner.

Quand il est parti, M. Ménard, qui a fait une figure presque aussi comique que celle de l'aubergiste, dit à Dubourg :

— Monsieur le baron, vous avez donc reçu les fonds de la Pologne?

— Eh! certainement, monsieur Ménard!... Parbleu! est-ce qu'on est longtemps sans argent avec moi!...

— Mais je n'ai pas vu le courrier qui...

— Il est venu pendant que vous dormiez apparemment. Le principal, c'est que nous pouvons maintenant nous présenter partout, sans être obligés de rester, comme des cuistres, à voir jouer les autres, ce qui n'est pas noble du tout, Et pour commencer, nous irons demain chez notre ami Chambertin; mais, afin qu'il nous traite comme nous le méritons, je suis d'avis de lui dépêcher sur-le-champ un exprès, qui le préviendra de notre visite. Qu'en pensez-vous, monsieur Ménard?

— Je crois que cela ne peut pas faire un mauvais effet, monsieur le baron.

— En ce cas, déterrez-moi un marmiton, auquel on mettra votre gilet de flanelle et ma casquette du matin, pour lui donner un genre anglais. Pendant ce temps, je vais faire mon épître.

Ménard va chercher un petit garçon dont on puisse faire un jockey anglais, et pendant ce temps Dubourg écrit la lettre suivante :

« Le baron Ladislas Potoski, palatin de Rava, etc., etc., etc., a l'honneur de prévenir son honorable ami de Chambertin d'Allevard qu'il se rendra demain à son château, accompagné du savant Ménard. Le baron Potoski baise les mains de madame de Chambertin d'Allevard. »

Ce billet terminé, on le donne au marmiton, que l'on déguise en courrier, et qui, moyennant une pièce de cent sous, part sur-le-champ pour le remettre à son adresse.

M. et madame de Chambertin allaient se mettre au lit lorsque le marmiton arriva chez eux. Il était neuf heures et demie du soir; et à la campagne, lorsqu'on ne cultive ni les lettres, ni la musique, ni la peinture, ni son jardin, les soirées paraissent fort longues. M. Chambertin avait cependant joué du violon, et madame l'avait écouté avec une obligeance nouvelle, puis on avait parlé du seigneur polonais, que l'on se désespérait de ne pas revoir; et monsieur avait dit :

— Cela m'étonne! il m'avait donné sa parole qu'il reviendrait. Et madame avait soupiré en ajoutant.

— Cela m'étonne bien plus que vous.

Le bruit que fait le messager arrête M. Chambertin, au moment où il allait entrer sa jambe dans la couche nuptiale. Il ne l'entre pas, et s'arrête, quoique son épouse lui dise : — Couchez-vous toujours, nos gens sont là pour répondre. Mais qui pouvait se présenter si tard?... On frappe à la porte de la chambre à coucher :

c'est Lunel, qui annonce au travers de la serrure un messager de M. le baron Potoski.

A ce nom, M. Chambertin, qui tenait toujours sa jambe en l'air, prêt à entrer dans le lit, la retire brusquement, et perdant l'équilibre, va rouler sur le tapis, pendant que madame Chambertin, au seul nom du baron, s'est levée vivement, et se mettant sur son séant, demande à toute force un miroir pour rajuster sa coiffure. Son mari se relève et court prendre sa robe de chambre tout en criant à Lunel :

— J'y vais, Lunel... J'y suis sur-le-champ...

— Donnez donc vite, monsieur, crie madame Chambertin ; je suis pressée, je n'aurai jamais le temps.

M. Chambertin croit que sa femme lui demande autre chose ; il lui présente un vase de nuit et court ouvrir à Lunel, qui entre suivi du jockey, tandis que madame Chambertin, furieuse de la méprise de son mari, tire avec précipitation les rideaux de son lit, pour qu'on ne la voie point dans une position équivoque.

M. Chambertin prend la lettre qu'on lui présente. Il lit, et à chaque mot sa figure devient plus rayonnante, il n'y tient plus... il crie à sa femme :

— Le baron viendra... Il m'appelle de Chambertin d'Allevard... ma femme, il te baise les mains, etc...

Et Chambertin court tirer les rideaux et se jette le nez sur le vase que lui présente son épouse... qui lui dit :

— Prenez donc garde, monsieur... que faites-vous donc?...

— D'Allevard! ma femme, s'écrie Chambertin en saisissant l'objet contre lequel il s'est frappé, et se promenant avec dans la chambre. D'Allevard... c'est comme si j'étais le seigneur... Au fait, je le suis presque... et grâce au baron, j'espère bien que je le serai tout à fait.

— Posez donc cela, monsieur, posez donc cela quelque part, crie madame à son mari, qui ne sait plus ce qu'il fait ; elle ordonne alors à Lunel de faire rafraîchir le messager, et dit à celui-ci que son maître et son ami seront reçus avec les honneurs qu'ils méritent.

Le messager est reparti. Chambertin s'est jeté dans un fauteuil, et madame s'est remise sur son oreiller ; mais la lettre qu'ils viennent de recevoir ne leur permet plus de songer au sommeil. M. Chambertin la lit de nouveau. C'est surtout le titre d'Allevard qui le flatte.

— C'est le nom du village, dit madame.

— Oui, mais en le mettant après mon nom, cela m'anoblit.

— Vous savez bien, monsieur, que c'est comme cela que cela se fait à Paris ; n'avons-nous pas deux de nos voisins qui se font appeler du nom de leur endroit : M. Gérard de Villers Cotterets, et M. Leroux d'Ermenonville? Il y a six mois que je vous dis qu'il faut vous faire appeler Chambertin d'Allevard, mais vous ne m'écoutez pas!...

— Ma chère amie, maintenant que M. le baron m'a donné ce titre, certainement je ne le quitterai pas, et je ne signerai plus autrement. Ma femme, demain je donne une fête.

— Je l'espère bien, monsieur.

— Dîner, bal, concert, feu d'artifice... On n'en a, je crois, jamais tiré dans le pays, cela fera un terrible effet! J'invite tout ce qu'il y a de mieux dans les environs.

— Je me ferai coiffer à la Ferronnière, cela me va bien...

— Je fais illuminer partout.

— Ma robe à queue...

— En verres de couleurs.

— Une ceinture bien tendre.

— Des lampions dans la cour.

— Mes souliers cerise.

— Les plus grands qu'on pourra trouver.

— Une écharpe.

— Des guirlandes de fleurs.

— Mon collier de perles.

— Et des coups de fusil!...

L'hôte a fait son mémoire de manière que c'est justement cinq cents francs qui lui reviennent, et qu'il n'a rien à rendre à M. le baron. Un autre que Dubourg trouverait que c'est un peu cher de demander cent écus, parce qu'on a couronné trois ou quatre mauvais chevaux, qui ne pouvaient plus tirer la charrue ; mais celui-ci ne s'amuse point à examiner les mémoires. Il se contente de demander à l'aubergiste un joli tilbury pour le lendemain, et deux de ses gens qui représenteront sa suite.

Dubourg fait ensuite le compte de ses fonds. Il se trouve possesseur de quatre mille cinq cents francs ; c'est plus qu'il n'en faut pour en gagner dix fois autant. Il espère bien que les maîtres de forges lui rendront ce que le chevalier et le comte à manchettes lui ont escamoté.

Le lendemain, vers midi, Dubourg et Ménard se disposent à se rendre à Allevard, où ils comptent arriver pour le dîner. Comme l'aubergiste n'a pas trouvé de tilbury dans la ville, il faut que ces messieurs se contentent d'un char à bancs jaune à deux banquettes. Sur la première se placent Dubourg et Ménard, et sur la seconde on fait asseoir deux petits marmitons affublés de vestes et de pantalons pris à diverses personnes, et coiffés de vieilles casquettes de chasse qui leur tombent jusque sur le nez, ce qui leur donne l'air tout à fait étranger. Dubourg leur a expressément recommandé de feindre de ne point entendre le français, et de ne s'expliquer que par signes, afin de passer pour deux petits Polonais, et les deux jockeys ont promis d'obéir.

On part : Dubourg conduit la voiture; mais quoiqu'il ait demandé à l'aubergiste ses deux meilleurs chevaux, il ne peut parvenir à leur faire prendre le galop. Il faut se contenter d'un trot très modéré, ce qui retardera leur arrivée ; Ménard craint qu'on ne dîne sans eux, et Dubourg est désolé de ne pas pouvoir entrer chez M. Chambertin comme un vélocifère.

Il est cinq heures et demie lorsqu'on aperçoit le village d'Allevard. Dubourg sue sang et eau après ses chevaux... On approche enfin de la maison de M. Chambertin, devant laquelle il y a beaucoup de monde réuni. Dubourg dit à Ménard :

— Piquez-les avec votre canne, que nous entrions du moins au grand trot. Comme Ménard allonge le bras pour piquer les coursiers, on entend un brouhaha de cris :

— Les voilà ! les voila !...

Quatre coups de fusil partent l'un après l'autre, puis deux violons et une clarinette exécutent l'ouverture de la *Caravane;* et les deux rosses, effrayées par les coups de fusil et la musique, s'emportent et entraînent le char à bancs sur une montagne qui est sur la droite de la route, au lieu de suivre celle de la maison. Dubourg crie de loin :

— C'est charmant, c'est délicieux !...

Ménard, qui a peur de verser, lui dit :

— Prenez garde, monsieur le baron, nos chevaux s'emportent; et M. Chambertin, qui voulait faire illuminer à deux heures, dit à sa société :

— Voyez comme le baron, mon ami, conduit sa voiture avec adresse... il gravit exprès la montagne, pour nous donner un échantillon de son talent.

Cependant, en redescendant la montagne, les chevaux vont encore plus vite, et à chaque instant la frêle voiture manque de verser en passant sur des pierres ou en s'enfonçant dans des trous ; Ménard est tremblant, les deux jockeys crient, et Dubourg leur dit :

— Taisez-vous, drôles... je vous ai défendu de parler français... ne craignez rien, je réponds de tout.

La voiture va comme le vent ; heureusement que les chevaux se dirigent alors vers la maison ; mais au lieu d'enfiler la grande porte, les coursiers vont donner avec violence contre la muraille; le choc est si fort, que Dubourg en a sauté à terre en criant : — Je réponds de tout ! et les deux jockeys ont roulé sur le gazon. Ménard seul est resté sur son banc, après lequel il semble cloué.

Mais personne n'est blessé. Dubourg se relève en riant, et va saluer la société en assurant que c'est ainsi qu'on descend de voiture en Pologne. Ménard, fier de n'être point tombé, entre en étalant son jabot, et les deux marmitons en se tenant le derrière, qu'ils se contentent de montrer à Lunel, qui leur demande s'ils sont blessés.

On fait à Dubourg l'accueil le plus aimable. M. Chambertin est aux anges, le baron lui a serré la main en l'appelant son cher ami ; madame de Chambertin n'est pas moins satisfaite, l'illustre étranger lui a dit à l'oreille en la saluant : — Vous n'êtes pas sortie de ma pensée. Et toute la société paraît charmée de se trouver avec un grand seigneur qui n'a pas du tout l'air important, et met tout le monde à son aise.

M. Chambertin a réuni une quarantaine de personnes : tous les riches propriétaires des environs, le maire, le notaire, le greffier, des maîtres de forges, quelques amis arrivés de Paris et de Lyon, enfin tout ce qu'il a jugé digne de se trouver avec M. le baron.

On se met à table. Dubourg a la place d'honneur près de madame, et Ménard est enchanté de se retrouver à côté de M. Fondant qui ne parle pas davantage, mais qui est très attentif pour lui verser à boire et lui passer les plats.

— J'espère, dit M. Chambertin, que monsieur le baron nous donnera quelques jours, ainsi que monsieur Ménard.

— Oui, dit Dubourg, je me suis arrangé pour passer quelque temps dans ce délicieux séjour, ainsi que mon ami Ménard.

Ces mots sont accompagnés d'un coup de genou à madame Chambertin, qui avale une aile de volaille pour étouffer un soupir indiscret. M. Ménard s'incline et M. Chambertin reprend :

— Je n'ai qu'un regret, c'est que vous ne nous ayez pas amené votre ami, le comte de... le comte du... un comte enfin...

— Oh ! c'est un original, dit Dubourg, il fuit la société. Je lui ai laissé mes gens avec ma berline, et n'ai amené avec moi que mes deux petits Polonais.

— Ah ! ce sont dés Polonais, ils sont gentils; je les prenais pour des Cosaques.

Dans ce moment, Lunel vient annoncer à Dubourg que ses deux jockeys font le diable dans la cuisine, et ne veulent répondre à aucune question.

— Parbleu, je le crois bien, ils n'entendent pas le français.

— Laissez faire les gens du baron, dit Chambertin, et tâchez de comprendre leurs signes.

— Ils sont jolis, leurs signes, dit tout bas

Lunel, ils ne font que mettre leurs doigts dans les sauces et les reporter à leur culotte.

La gaieté de Dubourg et du savant Ménard a mis tout le monde en train. On rit, on cause, on mange, on boit. Mais toutes les fois que Dubourg parle, M. Chambertin lâche des chut à la société, en disant :

— Ecoutons M. le baron.

Au dessert, M. Bidault se dispose à chanter; mais Dubourg a dit : On ne chante plus dans la bonne compagnie, et M. Chambertin fait tairé M. Bidault, en lui criant :

— On ne chante plus... qu'est-ce que vous alliez faire là!...

Mais le gros Frossard a l'habitude de chanter, et il ne s'embarrasse pas de ce que dit Chambertin, qui, voyant qu'il ne pourra pas l'empêcher d'entonner sa chanson à boire, prie la société de passer dans la salle du concert, qui va commencer, et dans lequel il espère que la chanson à boire du maître de forges passera pour un morceau à roulades.

On a fait venir un piano et une harpe; une dame et une demoiselle des environs régalent la compagnie d'un air avec trente-six variations. Le maire prend sa basse, le notaire un violon ; on présente un cor à Dubourg, qui a dit qu'il jouait de tous les instruments, mais qui déclare ne donner que du cor anglais, et passe l'instrument à Ménard en le faisant asseoir devant un pupitre; Ménard le regarde d'un air étonné, et Dubourg lui dit tout bas :

— Soufflez dedans, et n'ayez pas l'air embarrassé.

M. Ménard, qui ne s'est pas ménagé au dîner, ne doute de rien, et prenant le cor, applique l'embouchure sur ses lèvres en souflant et roulant les yeux. On commence un trio pendant lequel Dubourg bat la mesure. Toutes les fois que le cor doit donner, on n'entend rien, parce Ménard a beau souffler, il ne trouve pas l'embouchure; mais Dubourg paraît satisfait, et se tournant vers la société, il dit :

— Je n'ai jamais entendu un jeu aussi doux.... on ne croirait pas que c'est un cor.

Tout le monde applaudit, et Ménard, après le morceau, se dit :

— Je savais donner du cor et je ne m'en doutais pas!...

Le concert est terminé enfin; Dubourg parle de jouer, et bientôt les tables sont dressées. On ne joue guère le trictrac dans un salon, mais Dubourg dit qu'on ne joue que cela à la cour de Pologne, et M. Chambertin fait sur-le-champ apporter un trictrac, et déclare qu'avant huit jours il en aura quatre dans son salon; Dubourg et le gros Frossard se placent, et M. Chambertin les regarde jouer, quoiqu'il n'y comprenne rien.

Dubourg est en veine; il pousse son adversaire ; il le pique pour faire monter le jeu... Il gagne une vingtaine de louis, lorsqu'on entend dans le jardin une détonation violente.

— C'est le feu d'artifice, crie-t-on de tous côtés; et la société court dans le jardin.

— Au diable le feu d'artifice! dit Dubourg, j'avais justement les dés heureux!

Mais il veut en vain retenir le maître de forges, celui-ci va aussi voir le feu. Dubourg se dispose alors à faire comme tout le monde

Il sort du salon. Le feu est au bout du jardin; Dubourg rencontre madame Chambertin qui venait voir ce que faisait M. le baron, et qui cherchait peut-être l'occasion d'un tête-à-tête. Dubourg lui prend le bras, il est de fort belle humeur, il se rappelle la conversation de dessous la table les soupirs étouffés, il pense qu'il va passer quelques jours dans la maison, et qu'il doit se montrer digne de l'accueil qu'il reçoit. Tous ces motifs lui font prendre avec madame Chambertin une allée qui ne conduit pas à l'endroit où est toute la société. Madame dit bien de temps à autre :

— Où me menez-vous donc?

Mais Dubourg répond :

— Je n'en sais rien, allons toujours.

Ils se trouvent bientôt devant un petit kiosque, qui n'est pas éclairé et n'a qu'une fenêtre, un peu plus élevée qu'un rez-de-chaussée. Dubourg ouvre la porte du kiosque, et y pousse madame Chambertin, avec laquelle il entre en ayant soin de fermer la porte sur lui.

Cependant M. Chambertin, qui donne un feu d'artifice exprès pour son ami le baron, le cherche des yeux à la lueur d'une flamme du Bengale; ne l'apercevant pas, il court de tous côtés en criant :

— Venez donc monsieur le baron, venez donc, de grâce!... il y a déjà deux artichauts de partis, on met le feu au premier transparent!...

Dubourg, qui probablement ne s'occupait pas alors de transparent, entend la voix de M. Chambertin, et lui crie du fond du kiosque :

— Je suis ici... je suis très bien, ne vous occupez pas de moi... madame votre épouse a la complaisance de m'expliquer le feu.

— Eh! mais, je ne vous vois pas à la fenêtre...

— C'est que madame craint les baguettes; mais nous voyons fort bien.

— Ah! tant mieux, je suis enchanté que vous soyez bien placé, dit M. Chambertin en se mettant sous la fenêtre. C'est moi qui ai ordonné la composition du feu; avez-vous vu le soleil?

— Non, mais je l'ai senti; il ressemblait un peu à la lune.

— Regardez les petits serpents... quel mouvement continuel!... ça fait très bien, n'est-ce pas?

— Ça fait supérieurement?...

— Ma femme, explique donc le transparent à M. le baron.

— Oh! M. le baron saisit tout avec une rare facilité, dit madame Chambertin d'une voix que la fumée avait beaucoup affaiblie. Prenez garde... voilà le bouquet qui va partir!...

Le bouquet part en effet : on applaudit, on crie bravo! la société revient enchantée, et madame Chambertin sort du kiosque avec M. le baron.

— Le bouquet était fameux, dit M. Chambertin en se frottant les mains.

— J'en suis encore tout étourdie, répond madame d'une voix émue.

— Il est digne du seigneur de cet endroit, dit Dubourg.

— Ma foi, répond M. Chambertin, je crois en effet que je le suis à peu près.

— Vous l'êtes tout à fait, mon cher ami, c'est moi qui vous le certifie.

— Quand un homme comme vous me l'assure, monsieur le baron, je ne dois plus en douter.

Mais il est plus de onze heures, et à la campagne c'est une heure indue. Tous ceux qui demeurent dans les environs montent en voiture; les personnes qui logent dans le village font allumer des lanternes, que portent leurs domestiques ; on prend congé de M. et de madame Chambertin, en leur faisant compliment de la beauté de la fête; on salue respectueusement M. le baron, et chacun s'en va chez soi. Alors M. Chambertin, qui pense que son illustre ami a besoin de repos, et s'aperçoit que le savant Ménard s'est endormi dans un coin du salon, ordonne à ses gens de conduire ces messieurs chacun dans leur appartement.

On a préparé le plus beau logement du premier pour le jeune seigneur, et une jolie chambre du second pour le savant, qui, s'il n'était que cela, pourrait bien être relégué au grenier, mais auquel on prodigue beaucoup d'égards, parce qu'il est le compagnon du baron.

Chacun s'est retiré chez soi. M. Ménard ronfle déjà comme un bienheureux, ce qui veut dire que les bienheureux ne font pas de mauvais rêves. Dubourg s'étend avec complaisance dans un lit bien moelleux, qu'entourent de beaux rideaux de soie à franges et à gros glands, et il dit :

— Ma foi, c'est fort amusant de faire le baron!... voilà une maison dans laquelle on me prodigue tous les égards, toutes les attentions, où l'on vole au-devant de mes moindres désirs!... Et tout cela, parce qu'on me croit un palatin!... Si je m'étais présenté tout bonnement comme M. Dubourg de Rennes, on m'aurait prié de passer mon chemin... et cependant cet autre nom n'a pas fait de moi un autre individu... Mais enfin, les hommes ont tous leur grain de folie... un peu plus, un peu moins... Au lieu de chercher à les guérir, ce qui serait fort beau sans doute, mais ce qui me semble trop difficile, il faut caresser leur manie pour se faire bien venir d'eux. Ce M. Chambertin est un sot, qui, après avoir été marchand de vins les deux tiers de sa vie, veut faire le seigneur et se donner des airs de noblesse pendant le dernier tiers qui lui reste. Que m'importe sa sottise!... il est enchanté de loger chez lui un baron; je ferai le baron tant que je me plairai ici, sa femme est fort aise que je lui fasse la cour, je la lui ferai tant que je ne trouverai pas mieux ; et il est plus que probable que je ne trouverai pas mieux tant que je serai chez elle, parce qu'une femme coquette et sur le retour ne reçoit jamais de jolis minois qui pourraient l'éclipser.

Tout en faisant ces réflexions. Dubourg commençait à s'endormir, lorsqu'un bruit subit se fait entendre du côté de la cour; ce sont des cris, des jurements et des éclats de rire; au milieu de ce tapage, Dubourg croit distinguer la voix d'un de ses jockeys. Il se lève, passe le vêtement nécessaire, et ouvre la fenêtre qui donne sur la cour. Il aperçoit alors plusieurs domestiques rassemblés. et le vieux Lunel se disputant une volaille avec un de ses petits Polonais, tandis que l'autre crie et pleure dans un coin de la cour.

Les deux marmitons, fidèles à la consigne que leur avait donnée Dubourg, n'avaient répondu que par signaux aux autres domestiques; mais Lunel, qui était à la fois l'intendant, le valet de chambre et le jockey de M. Chambertin, était fort mal disposé pour les deux domestiques du baron, ainsi que pour leur maître, qu'il avait reconduit jusqu'à Grenoble sans avoir d'autre pourboire qu'un petit soufflet sur la joue. Les deux petits garçons s'étaient écorché les fesses en sautant hors du char à bancs : voilà pourquoi, en faisant des signes pour se faire comprendre, ils remettaient fréquemment leur main sur la partie blessée, et cela avait paru fort injurieux à M. Lunel, qui se persuadait que les petits Polonais avaient l'intention de se moquer de lui.

Pour se venger, Lunel les avait fait monter,

sans souper, dans une petite chambre des mansardes, et les avait laissés là, en leur souhaitant une bonne nuit.

Les deux petits marmitons ne s'étaient pas couchés, croyant toujours qu'on leur apporterait à manger, ou qu'on viendrait les chercher pour souper. Las enfin d'attendre, ils étaient descendus de leur chambre. Tout le monde était retiré, mais Lunel veillait, parce que le vieux jockey se doutait que les domestiques du baron ne resteraient pas tranquilles.

Les petits gaillards, excités par la faim, avaient senti l'odeur du garde-manger placé dans la cuisine, dont la croisée était entr'ouverte, ils étaient entrés facilement, et crevant la porte de l'armoire de toile, l'un avait saisi une volaille à laquelle on n'avait pas touché, l'autre un restant de lièvre dont on pouvait encore tirer parti. Chacun allait se sauver avec son plat, mais Lunel les a vus; il crie au voleur, en leur allongeant un coup de fouet dont il s'est muni. Les deux marmitons regagnent la croisée; en sautant, l'un tombe et s'écrase le nez sur son lièvre; l'autre, plus adroit, va se sauver avec sa volaille, mais Lunel l'atteint et veut la lui arracher. Alors une lutte s'engage; le petit bonhomme crie :

— Tu ne l'auras pas!...

Et Lunel répond :

— Ah! petit drôle!... tu parles donc français, à présent?... je t'apprendrai à me montrer ton derrière par signes...

Et le petit qui est tombé crie en pleurant :

— Je me suis cassé le nez... c'est la faute de ce vieux sournois, qui ne nous donne pas à souper...

C'est dans ce moment que Dubourg paraît à sa fenêtre : tous les domestiques de la maison étaient descendus dans la cour, et M. Chambertin se montra aussi en robe de chambre sur son balcon.

— Que signifie ce bruit? dit M. Chambertin.

— Ce sont mes petits Polonais.

— Oui, vos Polonais, qui parlent français à présent, répond Lunel, que j'ai surpris volant dans le garde-manger...

— On ne nous a pas donné à souper, disent les deux enfants, et il nous attendait dans un coin avec son fouet...

— O miracle!... s'écrie Dubourg, ils ont parlé... ils ont compris!... Voilà un fouet qui apprend encore plus vite que l'enseignement mutuel!... Venez, mes petits amis, montez, que je vous entende parler français, et vous aurez à souper.

— Et toi, coquin, crie M. Chambertin à son valet, avise-toi encore de toucher les Polonais de M. le baron, je te chasse à coups de bâton.

Lunel s'éloigne en murmurant :

— Ils sont Polonais comme je suis Turc!

Les deux jockeys montent chez leur maître, avec leur lièvre et leur volaille qu'ils ont sauvés de la bataille; les gens de la maison vont se coucher, et M. Chambertin va en faire autant auprès de son épouse, qui rêve qu'elle est dans le kiosque, et que l'on va tirer un pétard.

Dubourg pense qu'il n'est pas prudent de garder près de lui deux petits gaillards qui lui feront encore quelques sottises. Le lendemain, de bon matin, il leur met à chacun un écu dans la main, et les renvoie à Grenoble, au grand contentement de Lunel, qui n'aime pas les Polonais.

Les jours qui suivent cette fête s'écoulent plus paisiblement; quelques amis seulement viennent partager le plaisir de M. Chambertin et écouter tous les contes qu'il plaît à Dubourg de leur faire sur ses châteaux, ses terres, sa famille, et ses fonctions à la cour de Pologne. M. Ménard ne dit pas grand'chose, mais il mange et boit bien, et cite par-ci par-là quelques auteurs latins; alors la société, qui ne le comprend pas, le regarde encore plus respectueusement.

Dubourg fait sa partie tous les soirs, mais on joue petit jeu. Le gros Frossard est absent, M. Chambertin ne s'échauffe jamais, et Dubourg commence à croire qu'il ne doublera pas ses capitaux. Cependant la fête de M. Chambertin approche, et à cette occasion on doit de nouveau mettre tout en l'air dans la maison. On attend de Paris des amis très riches, qui feront la partie de M. le baron. C'est madame Chambertin qui leur a écrit de venir, parce qu'elle met tout en usage pour retenir l'aimable seigneur, et tous les jours elle répète à son mari :

— Vous ne sentez pas tout l'honneur que M. de Potoski vous fait en logeant chez vous!... vous ne le devinez pas?...

M. Chambertin répond :

— Je vous assure, ma chère amie, que j'en suis glorieux, et que je ferai tout pour le retenir.

— Ah! vous ferez bien, monsieur, car son départ me causera un grand vide!.. C'est un homme bien difficile à remplacer... il est noble jusqu'au bout des doigts!...

Mais déjà tout est en mouvement chez M. Chambertin, où l'on fait de grands préparatifs pour la fête nouvelle, dont le héros sera encore le charmant étranger. M. Chambertin paraît vouloir se surpasser; il a fait venir des ouvriers, qu'il fait travailler mystérieusement dans son jardin, et c'est toujours du côté du kiosque qu'il semble les diriger; il ménage quelque surprise à son hôte; et comme on parle de son dernier feu d'artifice à six lieues à la ronde, il veut, cette fois, que l'éclat en rejaillisse jusqu'à Lyon.

Le dîner est terminé lorsqu'arrive M. Durosey.

Le grand jour est venu : une société nombreuse arrive chez M. Chambertin, qui est enchanté de ce qu'il a imaginé pour surprendre le baron, et n'a pas même voulu en faire confidence à sa femme. De nouvelles figures sont venues augmenter le cercle réuni chez le ci-devant marchand de vins. On sert un repas brillant ; les mets sont choisis, les vins sont délicieux, et c'est Dubourg qui fait à peu près les honneurs de la table, parce qu'en appelant son hôte mon ami d'Allevard, il est certain de lui tourner la tête. Puis il dit tout bas à madame :

— Deux fois heureux le jour où je vous ai rencontrée !

A quoi madame répond en soupirant :

— Que dites-vous, deux fois ?... ah ! ce n'est pas assez !... c'est quatre, c'est cinq, c'est six qu'il faut dire !...

— Mettons-en sept, dit Dubourg, et arrêtons-nous là.

Le dîner est terminé. M. Chambertin n'a qu'un regret, c'est que son ami Durosey, qu'il attend depuis plusieurs jours de Paris, ne soit point arrivé. Toutes les fois que l'on prononce le nom de l'ami Durosey, Dubourg se dit en lui-même ;

— J'ai connu à Paris quelqu'un qui s'appelait comme cela... mais où diable l'ai-je connu ?

Il demande alors à M. Chambertin quel est ce

M. Durosey, ce qu'il fait à Paris ; et Chambertin répond :

— C'est un gros négociant qui vient de se retirer avec vingt mille livres de rente.

— Alors, se dit Dubourg, ce n'est pas celui que j'ai connu, car je ne fréquentais pas de gros négociants.

On a passé dans le salon, où un riche propriétaire, grand amateur d'écarté, paraît se proposer de tenir tête à monsieur le baron, lorsque Lunel annonce à son maître que M. Durosey vient d'arriver. M. Chambertin, enchanté, sort, et rentre bientôt amenant son ami, qu'il présente à la société. Dubourg regarde le nouveau venu, et reconnaît dans M. Durosey son ancien traiteur de Paris, auquel il doit encore un mémoire de quatre cents francs, que depuis deux ans il n'a pu acquitter. C'est là le gros négociant en beefsteaks que M. Chambertin attendait, et que, par vanité, il s'est bien gardé d'annoncer comme un traiteur retiré.

La rencontre est fort désagréable pour Dubourg, mais il ne perd pas la tête, et lorsque Chambertin s'approche avec Durosey, auquel il dit :

— Voici monsieur le baron de Potoski, palatin polonais...

Dubourg salue en souriant, en clignant des yeux, en tournant sa bouche, et en faisant de telles grimaces, qu'il n'est pas probable que son créancier puisse le reconnaître.

M. Durosey ne s'est pas arrêté devant Dubourg ; celui-ci se rassure et se met au jeu avec plus de calme. Cependant, de temps à autre il jette un coup d'œil dans le salon; et lorsqu'il rencontre les regards de son ancien traiteur, il croit voir que celui-ci l'examine avec attention ; mais alors Dubourg refait des mines, des grimaces, et tâche de se donner un tic, en tournant continuellement son nez et sa bouche vers son oreille gauche.

Cependant la présence de son créancier le gêne, le contrarie ; Dubourg n'est plus à son jeu, il se trouble, il perd la tête, et son argent passe insensiblement du côté de son adversaire. Dubourg veut doubler, tripler les enjeux ; le riche propriétaire y consent, n'ayant rien à refuser à M. le baron. Une partie de la société entoure la table, sur laquelle on voit des billets de cinq cents francs, et M. Durosey se place justement en face de Dubourg, qui ne peut pas lever les yeux sans voir son créancier, et qui, pour comble de malheur a toujours la veine contre lui. En une demi-heure, sa caisse de voyage est passée en d'autres mains, et Dubourg se lève en annonçant qu'il va chercher des fonds.

Mais comme il se dispose à aller s'adresser à son ami Chambertin, pour lui emprunter quelques billets de mille francs, avec lesquels il espère rattraper ce qu'il a perdu, car un joueur espère jusqu'à ce qu'il soit à l'hôpital, le traiteur, qui n'a pas perdu de vue M. le baron, le suit, et le rejoint dans l'embrasure d'une croisée... il n'y a pas moyen de l'éviter.

— Comment se porte monsieur Dubourg? dit-il d'un air goguenard.

— Dubourg!... qu'est-ce à dire, Dubourg?... répond le faux baron en faisant jouer son nez et sa bouche plus fort que jamais.

— Oh ! j'ai bien l'honneur de reconnaître monsieur, répond le créancier d'un ton plus haut; mais je ne savais pas que c'était un baron polonais...

— Chut ! silence, mon cher monsieur Durosey, dit Dubourg, qui voit bien qu'il n'y a pas moyen de tromper le traiteur. Je ne vous avais pas reconnu d'abord, mais maintenant je vous remets parfaitement... je suis enchanté de vous revoir.

— Et moi aussi, monsieur. Vous me paraissez fort à votre aise maintenant, puisque vous jouez des cinq cents francs à la fois à l'écarté, et j'espère que vous me solderez les quatre cents francs que...

— Oui... oui, avec grand plaisir... ce soir même je vous les donnerai.... En quittant Paris j'avais oublié cette misère...

— Cependant je suis allé plus de vingt fois chez monsieur, quand il demeurait au cinquième, rue d'Enfer... et encore rue de...

— Chut !... je sais tout cela : silence, monsieur Durosey. Depuis ce temps, je suis rentré dans mes biens, dans mes titres... vous allez être payé dans un moment.

— Oh ! alors vous pouvez compter, monsieur le baron, que ceci restera entre nous.

Dubourg s'éloigne de M. Durosey, et se dispose à chercher Chambertin, lorsque celui-ci entre dans le salon en criant :

— Au jardin toute la société, on va tirer le feu d'artifice !

Dubourg s'approche de son hôte, et lui dit :

— J'aurais quelque chose à vous demander...

— Après le feu, monsieur le baron, je serai tout à vous... mais veuillez-vous rendre dans le kiosque : je me flatte que vous y verrez aussi bien que la dernière fois... ma femme va vous y conduire...

M. Chambertin s'éloigne d'un air malin, et Dubourg se dit :

— Parbleu ! c'est assez plaisant qu'il m'envoie dans le kiosque avec sa femme.

Il descend dans le jardin et trouve madame Chambertin, qui se rappelait le dernier feu d'artifice et attendait M. le baron pour en avoir une seconde représentation. Madame ne demande pas mieux que de retourner dans le petit kiosque, d'où l'on voit si bien, et où l'on est assis très commodément, ce qui sera nécessaire, car elle a recommandé à son mari de faire durer le feu fort longtemps.

Les fusées partent, les girandoles, les transparents..... Mais, quand on en est au bouquet, M. Chambertin dit à la société assemblée dans le jardin :

— Tournez-vous vers le kiosque et regardez bien ce que vous allez voir.. c'est là qu'est la surprise.

Tout le monde se porte vers le kiosque, M. Chambertin donne le signal, la clôture du pavillon tombe comme par enchantement ; le toit seul reste soutenu par quatre colonnes, et une mèche enflammée allume rapidement quatre pots à feu placés en secret dans l'intérieur, et un transparent sur lequel est écrit :

Au baron Potoski, de Chambertin reconnaissant!

C'était à cette surprise que M. Chambertin faisait travailler en secret depuis quelques jours ; mais il ne s'attendait pas à celle que son ami le baron lui réservait : les pétards, les fusées, la démolition du kiosque avaient été si prompts, que le couple renfermé là n'avait pas eu le temps de quitter sa conversation, et elle parut fort animée à toute la société.

Les hommes rient, les dames se mordent les lèvres pour ne pas en faire autant. Ménard, qui est derrière la foule, s'écrie :

— Expliquez-moi donc le transparent !

Et M. Chambertin reste stupéfait.

Tout cela a été l'affaire d'une minute ; il n'en faut pas davantage à Dubourg pour sentir ce qui lui reste à faire. Il n'a plus le sou, il a retrouvé là un créancier, il ne peut plus rien espérer de son ami Chambertin que des coups de bâton à défaut de coups d'épée ; il faut donc se hâter de quitter la maison.

Les pots à feu sont éteints ; madame Chambertin s'est évanouie, c'est ce qu'elle avait de mieux à faire. Dubourg profite de la fumée qui a remplacé la lumière, se jette dans une allée, y pousse Ménard, qui courait après lui, et lui ordonne de se taire, sous peine d'être assommé.

Au bout de cette allée est une petite porte qui donne sur la campagne ; Dubourg l'ouvre, fait sortir Ménard, qui ne sait où il en est et s'imagine que le feu a pris chez leur ami Chambertin. Dubourg referme la petite porte, en jette la clef dans les champs, puis, gagnant la campagne :

— Allons, dit-il à son compagnon, en avant, et au pas redoublé. Nous avons bu dans la coupe des voluptés, il faut maintenant nous mettre au régime, cela nous fera du bien. C'est à présent qu'il faut dire : *Non est beatus qui cupida possidet, sed qui negata non cupit.*

— *Amen*, répond Ménard en trottant à côté de Dubourg.

CHAPITRE XVI

LES COMÉDIENS IMPROMPTU. — ÉVÉNEMENT QUI CHANGE TOUT

Après avoir fait près d'une lieue comme si on les poursuivait, le pauvre Ménard, tout essoufflé, déclare qu'il n'en peut plus et se laisse tomber sur le gazon. Dubourg pense qu'ils peuvent maintenant s'arrêter et il s'assied à côté de son compagnon.

— M'expliquerez-vous enfin, monsieur le baron, dit Ménard après avoir repris haleine, pourquoi nous nous sauvons comme des voleurs de chez notre ami M. de Chambertin, qui nous comblait de politesses, nous logeait élégamment, nous couchait douillettement, nous nourrissait parfaitement, et chez lequel enfin nous étions considérés suivant nos mérites ?

— Mon cher monsieur Ménard... tant va la cruche à l'eau qu'à la fin elle se brise ou elle s'emplit, c'est comme vous vous voudrez ; et, dans ce cas-ci, je pourrais bien avoir fait l'un et l'autre.

— Quelle est la cruche ? qu'avez-vous brisé ? je ne vous comprends pas, monsieur le baron.

— Je le crois bien, mais je vais m'expliquer d'une autre manière. Avez-vous vu cet homme que l'on appelait Durosey, et qui n'est arrivé que ce soir chez mon ami Chambertin ?

— Oui, monsieur le baron.

— Savez-vous ce que c'est que cet homme-là ?

— On a dit que c'était un négociant retiré.

— Oui, sans doute, pour mieux m'abuser il avait pris ce titre !... Avez-vous remarqué qu'il avait la figure sinistre ?

— J'ai vu, monsieur le baron, qu'il vous regardait fort souvent avec beaucoup d'attention.

— Parbleu ! je le crois bien, il m'a reconnu. Monsieur Ménard, cet homme n'est autre qu'un espion turc déguisé... et envoyé à ma poursuite...

— Se pourrait-il ?

— On sait que j'ai, dans différentes cours, plaidé la cause des Grecs et armé plusieurs princes en leur faveur ; les Turcs ont juré ma mort. Ce homme est un de leurs agents, je l'ai reconnu pour l'avoir vu souvent à Constantinople ; sa présence est toujours pour moi un signal de quelque malheur ; je suis sûr que tous les environs de la maison de M. Chambertin étaient cernés par ses complices. Dans la nuit, ils m'auraient enlevé... et vous aussi, parce que l'on sait que vous m'accompagnez... et avant quinze jours nos deux têtes auraient orné le château des Sept-Tours et figuré près d'une queue de cheval, symbole de la puissance du Grand Seigneur. Voyez maintenant si j'ai eu raison de fuir?

— Ah! mon Dieu! dit Ménard en regardant derrière lui, il me semble que mes forces reviennent... Si nous nous remettions en route?...

— Non.... Tranquillisez-vous, monsieur Ménard; les coquins ont perdu nos traces et n'oseront pas nous suivre.

— Mais comment se fait-il que M. Chambertin ait reçu chez lui...

— Eh! mon pauvre Ménard, vous ne connaissez pas les hommes!... Avec une douzaine de cachemires, une collection de pastilles, une boite de flacons d'essence de roses, on fait faire aux gens tout ce qu'on veut. Et d'ailleurs je n'accuse pas Chambertin : il a pu être abusé ; mais, au moment du feu d'artifice, j'ai vu plusieurs hommes de mauvaise mine, et cela m'a déterminé à prendre la fuite...

— Vous avez sagement fait... Mais notre voiture?...

— Je n'irai certainement pas la chercher.

— Ni moi. Mais l'aubergiste de Grenoble à qui elle appartient?

— Il a notre chaise de poste pour se payer.

— Mais avec quoi voyagerons-nous désormais?

— Avec nos jambes probablement. D'ailleurs quand on n'a pas le sou pour payer des chevaux, il est assez inutile d'avoir une chaise de poste.

— Comment! monsieur le baron, vous n'avez plus d'argent?

— Non, mon cher Ménard; j'ai perdu ce soir tout ce que je possédais... La présence de ce Turc me troublait l'esprit... je ne savais plus ce que faisais... et j'ai joué tout de travers.

— C'est bien fait pour cela... Heureusement que mon élève, M. Frédéric de Montreville, a la caisse de voyage; nous n'avons rien de mieux à faire que d'aller le trouver.

— Comment pouvez-vous compter sur Frédéric pour avoir de l'argent?... Ce jeune homme vient de faire une nouvelle connaissance, et les nouvelles connaissances, monsieur Ménard, coûtent toujours beaucoup... on fait le généreux... on ne refuse rien à sa belle... Je suis sûr que cette petite fille lui fait faire de folles dépenses!... A cet âge-là on ne connait pas le prix de l'argent; on n'a aucune économie...

— Mais, monsieur le baron, je ne vois pas trop comment, en vivant dans un bois, ils pourraient dépenser beaucoup d'argent...

— Vous ne le voyez pas!... je le vois bien, moi!... C'est une chose, une autre... mille fantaisies... Ne croyez-vous pas que, depuis un mois que nous les avons quittés, ils sont restés dans leur cabane?... Tenez, je vous avouerai à présent que Frédéric voulait mettre la petite dans ses meubles...

— Comment! monsieur le baron, vous ne lui avez pas représenté...

— Il est assez grand pour faire ses volontés. Au reste, calmez-vous, j'irai dans le bois... j'irai seul d'abord pour ne pas le fâcher, et, s'il veut m'entendre, je le ramènerai avec moi. Mais en attendant cela, il faut que nous vivions. Combien possédez-vous d'argent?

— Dix écus, environ.

— C'est peu de chose; mais en vivant avec économie cela nous mènera quelque temps; à la vérité, nous nous nourrirons frugalement... mais cela nous fera du bien... Tous ces grands dîners vous échauffent; c'est très malsain de manger tous les jours de cinq ou six plats et de boire de plusieurs sortes de vins.

— Il me semble cependant, monsieur le baron, que nous engraissions tous les deux chez M. Chambertin.

— Oui, mais cela nous aurait joué un mauvais tour; un petit ordinaire bien simple arrêtera cette tendance à l'accroissement. Les délices de Capoue amollirent les Carthaginois; la table de M. Chambertin aurait produit sur nous le même effet, et j'en aurais été désespéré. Décidément, je vais reprendre l'incognito.

— Ah! cette fois je suis de votre avis, monsieur le baron; car si ces Turcs vous retrouvaient...

— C'est aussi pour cela que je crois qu'il ne serait pas prudent à nous de retourner à Grenoble, où je pourrais être arrêté... c'est-à-dire enlevé par ces drôles-là. D'ailleurs, sans argent, nous serions mal reçus par notre hôte, qui prétendrait, je gage, que sa voiture vaut mieux que la nôtre ; nous éviterons de passer par cette ville, et nous irons, avec vos dix écus, nous loger dans quelque petit bourg...

— Mais quand nous n'aurons plus rien, monsieur le baron?...

— Oh! parbleu! nous verrons; il ne faut pas s'inquiéter d'avance... Frédéric écrira à son père...

— Je crains que M. le comte ne se fâche.

— J'écrirai à ma tante...

— A votre tante, monsieur le baron?

— C'est-à-dire à mon intendant. Enfin, nous

trouverons quelques ressources!... D'ailleurs, quand nous nous chagrinerions, en serait-il autrement? Prenons donc notre parti... Tenez, il fait un temps superbe, nous ne sommes plus fatigués, remettons-nous en route. Ma foi, pour admirer le paysage, il n'y a rien de mieux à faire que de voyager à pied... Allons, mon cher Ménard, rappelez votre courage! Depuis que nous sommes ensemble, nous avons déjà eu bien des hauts et des bas... m'en avez-vous vu plus triste?

— Ah! monsieur le baron, tout le monde n'a pas votre philosophie.

— Je vous formerai. Songez aux infortunes de Marius, d'Annibal, du prince Édouard; à la pauvreté de la petite-fille d'Henri VI, aux malheurs de Marguerite d'Anjou, et à tant d'autres personnages qui se sont trouvés dans des positions beaucoup plus difficiles que la nôtre, et plaignez-vous encore, si vous l'osez!

Les voyageurs se remettent en route. Il était assez curieux de voir Dubourg en grande toilette, en jabot et en minces escarpins, marcher près de Ménard, qui avait la culotte de drap de soie, les bas noirs et les souliers à boucles, et qui, dans ce costume, était souvent forcé de gravir des montagnes, de franchir des fossés, et de marcher sur un terrain fort inégal. Heureusement que ces messieurs avaient pris leurs chapeaux pour aller voir le feu d'artifice, sans quoi ils auraient probablement parcouru le Dauphiné en voisins.

Au point du jour, ils entrent dans une maison de paysan, et s'y font donner à déjeuner. Dubourg commande une omelette, et fait apporter du petit vin de vigneron. On sert le déjeuner à ces messieurs, qui le prennent sous une tonnelle, entourés d'animaux domestiques qui viennent leur faire société.

— Que l'on est bien au grand air! dit Dubourg; toutes les salles dorées, toutes vos antichambres valent-elles cette campagne... cette douce liberté dont nous jouissons à cette table?

— Il est certain, dit Ménard en chassant un gros chat qui revenait continuellement mettre sa patte dans son assiette, il est certain qu'on est très libre ici... et qu'il n'y règne aucune gêne... Allons, voilà le chien, à présent, qui vient me prendre mon pain...

— Eh! monsieur Ménard, il faut que tout le monde vive. Du temps de nos premiers parents, ces innocents animaux partageaient le repas de leurs maîtres; le lion venait manger dans la main, et le tigre se jouait sur les genoux de l'homme.

— Vous conviendrez, monsieur le baron, que ces animaux-là ont bien changé de caractère.

— C'est égal; j'aime tout ce qui me reporte à ce temps d'innocence... En voyant cette poule qui trotte sur notre table, et ce canard qui vient barboter à nos pieds, je me crois à l'âge d'or... Il n'y a que lorsque je fouille dans ma poche que je m'aperçois de l'illusion.

Malheureusement les œufs de l'omelette n'étaient pas frais, et le petit vin était aigre; Ménard fait la grimace à chaque bouchée qu'il avale et à chaque coup qu'il boit, tandis que Dubourg dit:

— Je ne connais point de manger plus sain qu'une omelette!... En tel pays que vous voyagiez, en tel lieu que vous vous trouviez, s'il y a des œufs vous avez une omelette! partout on sait les faire; c'est un mets universel, c'est le plat de la nature.

— Si du moins les œufs étaient frais!

— Ma foi, ce petit goût de paille n'a rien de désagréable, et peut, au besoin, remplacer l'estragon. Et ce vin... je réponds bien qu'il ne nous fera pas mal...

— Il est diablement aigre!

— Preuve qu'il est naturel!...

Malgré tout ce que dit Dubourg pour faire trouver à Ménard le déjeuner excellent, celui-ci répète en se levant:

— Je crois qu'il faut aller retrouver M. Frédéric de Montreville.

Et Dubourg dit en lui-même:

— Il me recevra bien quand il saura qu'en un mois j'ai fait encore sauter la caisse!... Comment diable me tirer de là?... D'ailleurs qu'irai-je lui demander quand il m'a tout donné? Je ne peux plus aller lui faire de la morale... cela ne m'irait pas; et je crois au contraire qu'il faudra que j'engage Ménard à venir aussi habiter dans quelque coin du bois; nous nous ferons ermites, et je ne jouerai plus à l'écarté.

Les voyageurs ont tourné autour de Grenoble sans entrer dans la ville; ils s'arrêtent dans un petit hameau, et Ménard parle encore d'aller trouver Frédéric. Dubourg, impatienté, lui dit qu'il va se rendre seul à Vizille pour en apprendre des nouvelles. Il sort du hameau, gagne un petit bois, s'y étend sur l'herbe, y dort toute la journée, et revient le soir vers Ménard en tenant son mouchoir sur ses yeux, et en poussant de gros soupirs.

— Eh bien, que lui est-il donc arrivé? demande le précepteur avec inquiétude.

— L'ingrat!... l'étourdi!... le fou!

— De grâce, monsieur le baron, parlez.

— Je me doutais bien qu'il ferait quelque folie... Il est parti avec sa belle. Depuis quinze jours ils ont quitté le bois...

— Ah! mon Dieu! que va dire M. le comte?... que lui répondrai-je quand il me demandera ce que j'ai fait de son fils?...

— Vous lui répondrez que vous l'avez perdu.

— Pensez-vous, monsieur le baron, qu'une telle réponse le satisfasse ?

— Alors vous lui direz qu'il s'est perdu lui-même. Mais calmez-vous, mon cher Ménard. Je vous réponds que nous retrouverons Frédéric. J'ai des amis dans toutes les cours de l'Europe ; le jeune homme nous sera rendu.

Cette promesse calme un peu le pauvre Ménard, et Dubourg reprend : Avant de nous occuper de lui, commençons par songer à nous, dont la position n'est pas fort brillante. Ce n'est pas dans ce misérable hameau que nous trouverons des ressources; gagnons la ville voisine... et surtout, mon cher Ménard, tâchez de vous défaire de cette mine piteuse qui donnerait fort mauvaise opinion de nous dans toutes les auberges où nous nous arrêterons.

Les voyageurs se remettent en marche et arrivent à la nuit à Voreppe, petite ville située à deux lieues de Grenoble. Dubourg se fait indiquer la meilleure auberge, et s'y rend avec Ménard. Ils entrent dans la salle commune aux voyageurs Dubourg, la tête haute, et l'air déterminé; Ménard, les yeux baissés et la démarche très modeste.

Plusieurs voyageurs sont rassemblés et causent dans la salle en attendant le souper.

— Ces messieurs souperont-ils à table d'hôte ? demande la servante.

— Oui, sans doute, répond Dubourg, nous aimons la société... n'est-il pas vrai, mon ami ?

— Oui, monsieur le ba... oui, mon ami, répond Ménard, auquel un coup de coude a rappelé qu'il ne devait plus être question de baron.

Dubourg écoutait ce que l'on disait autour de lui. Mais la conversatiou était peu intéressante; les marchands parlaient commerce; quelques gens de la ville faisaient des nouvelles, et dans tout cela, Dubourg ne voyait pas quelque nouveau Chambertin à éblouir. Il se promenait à grands pas dans la salle, faisant sonner quelques gros sous qui emplissaient son gousset et s'arrêtant par moments devant Ménard pour lui offrir une prise de tabac ; et Ménard, malgré sa tristesse, ne regardait jamais que très respectueusement la tabatière qu'on lui présentait.

Tout à coup un petit monsieur d'une cinquantaine d'années, en habit cannelle, culotte verte, bottes à la hussarde, et coiffé d'une casquette dont la visière pouvait servir de parapluie, entre dans la salle d'un air affairé, et parlant très haut :

— Ils ne viendront pas !... Ils ne peuvent pas venir !... et voilà ma représentation manquée... Je suis désolé ! j'en perds l'esprit.

Le petit homme se jette sur une chaise, et les gens de la ville et de l'auberge l'entourent.

— Comment, monsieur Floridor, dit la maîtresse de l'auberge, vos acteurs vous manquent?

— Il me manque les plus utiles, les plus importants; le jeune premier et le père noble, deux talents marquants qui auraient complété ma troupe ? Le jeune premier venait de Cambrai, où il a joué pendant vingt ans les Colin et les Elleviou; c'est un talent charmant, consommé. Je l'ai vu, il y a un mois, jouer *Sargine ou l'élève de l'Amour*, parce que depuis quelques années il a pris aussi les ingénus et les amoureux... Ah ! que j'ai été satisfait !... voix touchante... taille superbe !... un peu plus grand que moi... Et dans la tragédie, quel feu !... quelle âme !... J'ai pleuré en lui voyant jouer *Tartuffe*. Quant au père noble, ah ! c'est un acteur bien précieux !... Il y a trente ans qu'il fait les délices de Beaugency, et je l'ai vu, moi, à Paris, jouer chez Doyen, avec un succès fou. Il tient tous les emplois, rois, pères, tyrans, cassandres, il peut tout aborder. Il ne s'est jeté dans les pères nobles que parce qu'il n'a plus de dents, ce qui ne l'empêche pas de mettre beaucoup de mordant dans sa diction.

— Et pourquoi ne viennent-ils pas?...

— Ah ! pourquoi !... parce que le Colin a un catarrhe, et que le père noble, s'étant battu au cabaret, est en prison pour quinze jours. Ces chose-là n'arrivent qu'à moi. Après m'être donné tant de peine pour faire une jolie salle de spectacle de l'ancienne écurie de la mairie, et y avoir réussi, car je me flatte que notre salle est charmante ; un orchestre, un parterre, trois premières loges et un paradis, tout ça de plain-pied, et décoré avec goût ! Comme j'aurais surpassé le spectacle de Grenoble !... Les habitants de cet endroit auraient été si contents ! Ils sont connaisseurs à Voreppe ; et quoiqu'il n'y ait jamais eu de théâtre, je suis sûr que j'aurais fait beaucoup d'argent... J'avais déjà une loge de retenue par le juge de paix, qui entre *gratis* avec sa famille, et les principaux notables de l'endroit m'avaient fait dire qu'ils viendraient peut-être !...

Le petit monsieur s'arrête enfin pour reprendre haleine et s'essuyer la figure... Dubourg, qui n'a pas perdu un mot de ce qu'il a dit, s'assied dans un coin de la salle, paraissant méditer quelque nouveau projet.

— Vraiment, c'est contrariant, dit l'aubergiste, j'avais fait faire une robe à ma fille pour la mener à la comédie.

— Contrariant, dites-vous !... reprend M. Floridor en se démenant sur sa chaise comme un possédé, mais c'est désespérant !... Je donnerais cent francs pour pouvoir remplacer mes deux acteurs, et cependant cent francs c'est une recette pleine; mais c'est égal, je la sacrifierais pour que mon spectacle pût ouvrir.

Ces mots sont entendus de Dubourg, qui cependant se tient toujours à l'écart, et ne paraît pas faire attention à ce qu'on dit.

— Ah! dit un valet de l'auberge, si je savais jouer la comédie!... Ça m'arrangerait ben de gagner cela.

— J'avais engagé mes deux artistes pour un mois, moyennant soixante francs à chacun, dit M. Floridor; c'est un peu cher, mais il faut bien payer le talent.

— Est-ce que vous ne pouvez pas les remplacer?

— Et avec qui?... j'ai fait un tyran du perruquier, un confident du compagnon menuisier, qui a une voix superbe. J'ai décidé la femme du garde-champêtre à me jouer les princesses, et j'ai fait une ingénue de la veuve du tonnelier; c'est tout ce que j'ai pu trouver dans la ville... mais ils vont bien, ils vont comme des bijoux. Quant à moi, je joue quand cela est nécessaire; mais comme il faut aussi que je souffle, je ne peux pas prendre des rôles de longue haleine. J'avais déjà un petit magasin de costumes très bien fourni : trois habits espagnols, que ce dernier danseur de corde a laissés en payement chez le marchand de vin; une vieille robe d'avocat, pour faire des tuniques; deux bonnets de loutre pour servir de turbans, et des rideaux que j'ai achetés à Grenoble pour en faire des manteaux. Nous aurions ouvert après-demain par *Phèdre* et *le Devin du Village*. Dans *Phèdre*, le compagnon menuisier aurait fait Aricie, parce que nous n'avons que deux femmes, mais il est gentil, il n'a pas de barbe, et il aurait été très bien. Quant aux deux confidentes, Ismène et Panope, de mon trou je les aurais déclamées. Nous aurions joué *le Devin du Village* sans musique; mais il n'en est que plus joli; on parle au lieu de chanter, ça fait très bien; je l'ai vu jouer ainsi dans beaucoup de villes. Quel succès nous aurions eu!... Mon Colin faisait Hippolyte!... et dans *Thésée*, mon père noble eût été magnifique. Le perruquier représentait Théramène; le drôle sait son récit sur le bout de son doigt; il ne fait pas une barbe sans le réciter; et il faut qu'Hippolyte ait un catarrhe, et que Thésée se querelle au cabaret!... Qui me tirera de là?... Ah! s'il pouvait arriver dans notre ville quelque grand talent de Paris ou de l'étranger, de ces talents qui voyagent si souvent!... mais il n'en passe jamais à Voreppe!...

— Le souper est servi, messieurs, dit la servante de l'auberge.

— Tout cela ne vous empêchera pas de souper, monsieur Floridor, dit un marchand au petit homme.

— Sans doute!... Je souperai par habitude, mais je n'ai point d'appétit!... Cet événement me coupe bras et jambes.

— Mais il ne lui coupe pas la langue, dit tout bas Ménard en se disposant à aller se mettre à table, lorsque Dubourg, s'avançant d'un air majestueux, s'arrête devant lui, et déclame, en agitant son bras droit, comme s'il voulait nager :

Oui, puisque je retrouve un ami si fidèle,
Ma fortune va prendre une face nouvelle;
Et déjà son courroux semble s'être adouci
Depuis qu'elle a pris soin de nous rejoindre ici.

Ménard regarde Dubourg d'un air effaré. — Vous l'avez retrouvé! lui dit-il, qui donc, mon élève?... est-ce qu'il vient nous rejoindre ici?

Dubourg marche sur le pied de Ménard, parce qu'il s'aperçoit que Floridor, au lieu d'aller se mettre à table, s'arrête et l'écoute avec attention. Il prend le bras du précepteur et s'écrie :

Est-ce toi, chère Élise? O jour trois fois heureux!
Que béni soit le ciel qui te rend à mes vœux,
Toi qui, de Benjamin comme moi descendue,
Fus de mes premiers ans la compagne assidue.

— Délicieux!... délicieux!... s'écrie M. Floridor en frappant dans ses mains, tandis que Ménard, roulant des yeux étonnés autour de lui, cherche cette Élise dont M. le baron vient de parler, et n'apercevant que la servante de l'auberge, lui demande si c'est elle qui s'appelle Élise.

— Monsieur est artiste? dit Floridor en s'avançant vers Dubourg, sa casquette à la main.

— Moi, monsieur! répond celui-ci en feignant d'être surpris et fâché d'avoir été entendu. Moi... je vous jure, monsieur... et sur quoi fondez-vous un pareil jugement? dit-il en grossissant sa voix comme un traître de mélodrame.

— Sur quoi!... s'écrie le petit homme qui est enchanté et prend la main de Dubourg qu'il serre dans la sienne. Ah!... monsieur!... vous vous êtes trahi tout à l'heure sans vous en douter... mais sans cela même je vous aurais reconnu... Cette voix, cette tournure, ces poses nobles et majestueuses!... Il n'y a qu'un acteur du premier ordre qui réunisse tout cela... vous l'êtes, vous le nieriez en vain!...

— Je vois, dit Dubourg en souriant d'un air de fausse modestie, qu'il est difficile de vous cacher quelque chose... Nous avions pourtant bien résolu de garder l'incognito, mon camarade et moi.

— Votre camarade! s'écrie le petit homme en faisant un saut de joie, monsieur serait aussi acteur!...

— Premier talent dans le genre larmoyant, superbe dans le tragique, et d'un naturel outré dans la comédie, dit Dubourg en montrant Ménard, qui écoute tout cela comme quelqu'un qui entend parler une langue qu'il ne comprend pas. Mais M. Floridor ne le laisse pas dans cette immobilité; il saute au cou de Dubourg, il saute au cou de Ménard, il sauterait au cou de la servante, si on ne l'arrêtait pas.

— C'est le ciel qui les envoie! s'écrie-t-il en courant comme un fou dans la chambre. Ma salle ouvrira!... nous jouerons *Phèdre*, nous verrons pleurer toute la ville!... avec *le Devin du Village!* Monsieur l'aubergiste, une bouteille de votre meilleur vin... C'est moi qui ai l'honneur d'offrir à souper aux deux artistes qui sont ici incognito.

— Qu'est-ce que cela veut dire? dit tout bas Ménard à Dubourg.

— Cela veut dire que nous sommes deux premiers acteurs du roi de Pologne, que ce petit bavard nous paye déjà à souper, et qu'il nous payera bien autre chose; qu'il faut dire comme moi, et tâcher de ne pas avoir l'air d'un imbécile.

— Comment, monsieur le baron, vous... moi... passer pour des acteurs!...

— Monsieur Ménard, les acteurs sont des hommes faits comme tous les autres; Roscius était admis près de Sylla, Garrick est enterré près des rois d'Angleterre, Molière a été acteur et n'en est pas moins un grand homme; et deux des premiers auteurs de notre temps ont joué la comédie, et n'en ont pas moins de mérite pour cela.

— Mais, monsieur le baron, je ne l'ai jamais jouée.

— Ni moi non plus; mais ce n'est pas cela qui m'effraye!...

— Mais si l'on sait cela, que dira-t-on?

— On ne le saura pas, puisque nous sommes ici incognito.

— Mais je n'ai pas de mémoire, et je ne retiendrai jamais un rôle.

— On vous soufflera.

— Mais je suis fort timide, et n'oserai jamais paraître en public.

— Quand vous aurez du rouge et des mouches, vous serez hardi comme un page.

— Je serai détestable.

— Nous nous ferons payer très cher, et on nous trouvera excellents.

— Mais...

— Ah! morbleu, voilà assez de mais. Songez que tout ceci n'est que pour trois ou quatre jours; c'est une petite plaisanterie qui ne tirera pas à conséquence, et nous fournira les moyens d'attendre de nouveaux envois de fonds. D'ailleurs, quand un homme comme moi, un seigneur polonais, un électeur palatin, se décide à faire une chose pareille, je trouve bien singulier qu'un roturier veuille lui donner des leçons. Vous jouerez la comédie avec moi, ou je vous abandonne à la colère du comte de Montreville, dont vous ne saurez pas retrouver le fils.

— Je la jouerai, monsieur le baron.

— C'est bien heureux!

Pendant ce petit dialogue, M. Floridor a déjà couru dans la maison voisine, où demeure le perruquier, pour lui apprendre que deux grands acteurs, dont il ne sait pas encore les noms, mais qui doivent être pleins de talent puisqu'ils voyagent incognito, viennent d'arriver à l'auberge du Soleil d'Or, et qu'il va faire tous ses efforts pour les engager à donner dans la ville quelques représentations. Le perruquier quitte le tour de la greffière, qu'il était en train de friser, et va dire cette nouvelle à toutes ses pratiques; les pratiques la disent à leurs voisins chacun se la repasse de maison en maison, ainsi qu'au jeu du corbillon; et comme la ville de Voreppe n'est pas très considérable, avant de se coucher tous les habitants savaient qu'ils possédaient dans leurs murs deux grands talents qui voyageaient incognito.

M. Floridor est revenu, on se met à table. Dubourg met Ménard auprès de lui, afin de pouvoir lui souffler ses réponses, et le directeur du spectacle se place de l'autre côté de Dubourg; tous les autres convives témoignent beaucoup d'égards aux deux voyageurs, parce qu'ils voient que M. Floridor les traite avec la plus grande considération, et que dans le monde on fait souvent ce qu'on voit faire, sans trop savoir pourquoi on le fait.

Le petit directeur parle toujours, Dubourg lâche de temps à autre les tirades qui lui reviennent à la mémoire, et Ménard se concentre dans son assiette.

— Saurai-je enfin, dit Floridor, avec qui j'ai le bonheur de souper?

— Nous ne voulions pas être connus, dit Dubourg; mais après les honnêtetés dont vous nous accablez, il nous serait difficile de vous taire quelque chose. Vous voyez en nous les deux premiers acteurs de Cracovie, qui profitent d'un congé pour voyager en France et se perfectionner dans la langue française, qui est celle dans laquelle on joue en Pologne, ce qui fait que notre théâtre n'est fréquenté que par les gens distingués du pays... c'est à l'instar des Bouffons de Paris...

— J'entends!... j'entends... et quel genre jouez-vous?

— Qu'il est beau! s'écrient-ils. (Page 91.)

— Tous! depuis la pantomime jusqu'au grand opéra. Mon camarade Wolowitz, que vous voyez, est le Fleury de la Pologne, et j'ose dire que j'en suis le Talma... Ah! si vous nous voyiez tous les deux dans *les Chasseurs et la Laitière!...* mais ici vous ne jouez pas l'opéra?

— Pardonnez-moi! l'opéra, l'opéra-comique, sans musique, à la vérité, parce que nous n'avons pas encore d'orchestre; mais si vous daignez céder à nos vœux, que notre ville sera heureuse de voir sur son théâtre deux artistes tels que vous!

— Il est certain que nous sommes terriblement aimés en Pologne!... Ah! quand nous jouons dans un endroit on nous jette toujours quelque chose!... Ça ne manque pas... Te rappelles-tu, Wolowitz... à Smolensk... Nous avons joué *le Déserteur* et *le Chien de Montargis...* C'est toi qui faisais l'assassin. Hein?... Te souviens-tu de l'effet que nous avons produit?

Wolowitz ne lui répondait pas, parce qu'il ne savait pas encore son nom; mais Dubourg lui donne par-dessous la table quelques coups de pied qui lui font lever la tête, et il répond, en continuant de manger :

— Oui, monsieur le baron.

— Voyez-vous? il m'appelle encore le baron, dit Dubourg, il croit toujours être en scène!...

Et un autre coup de pied rappelle à Ménard qu'il vient de dire une bêtise, et il marmotte à l'oreille de Dubourg :

— Dites-moi donc votre nom alors, je ne peux pas le deviner.

— Quand on voyait sur l'affiche : Boleslas et Wolowitz, reprend Dubourg en regardant Ménard, la foule encombrait la salle, et nous étions assommés de couronnes.

— Oh! vous en aurez ici, dit M. Floridor, on vous en jettera. J'en ai fait faire exprès une douzaine, que je ferai jeter sur la tête de mes acteurs... Vous aurez aussi des vers... des quatrains! j'ai de tout ça...

— Vous avez raison, cela fait toujours du bien, cela flatte l'artiste et éblouit le pubic.

— Ah! monsieur Boleslas... puis-je espérer que vous consentirez à nous donner quelques représentations avec votre camarade?...

Dubourg se fait prier; ils ont, dit-il, fait serment de ne jouer sur aucun théâtre de France. Floridor les presse, les conjure, et fait apporter une nouvelle bouteille de vin. Ménard est attendri par le souper et les honnêtetés du petit directeur, et en sortant de table il jouerait tout ce qu'on voudrait ; mais Dubourg ne cède pas aussi facilement, parce qu'il veut se faire payer cher. Floridor ne le quitte pas, il est prêt à se jeter à ses genoux; il fera, dit-il des sacrifices pour ouvrir son théâtre avec des talents aussi remarquables; enfin il offre à ces messieurs cent francs pour quatre représentations, ce qui est une somme énorme pour un spectacle joué dans une écurie; et Dubourg se rend, en assurant qu'il ne le fait que pour lui rendre service.

Le petit homme est transporté; il fait sur-le-champ trois affiches, qu'il doit coller le lendemain matin dans la ville, et qui apprendront aux habitants que MM. Boleslas et Wolowitz, célèbres acteurs polonais, joueront sur leur théâtre.

— Nous désirons ouvrir par *Phèdre* et le *Devin du village*, dit Floridor.

— Oh! mon Dieu! cela nous est indifférent, répond Dubourg, tout ce que vous voudrez...

— En ce cas nous débuterons par là.

— Volontiers, je vous jouerai Phèdre...

— Comment, Phèdre? est-ce que vous faites aussi les rôles de femme?

— Eh! non, c'est Hippolyte que je veux dire!... Quant à Wolowitz, il vous fera un Thésée superbe.

— Très bien. Pour le *Devin du village* je n'ai besoin que du Colin.

— Je m'en charge. Dans quatre jours nous vous jouerons tout cela.

— Quatre jours... c'est bien long!...

— Il faut que nous nous reposions un peu.

— Allons, va pour quatre jours. Dès demain vous serez annoncés. Avez-vous une garde-robe?

— Non, puisque nous ne comptions pas jouer.

— Il suffit, je me charge de vos costumes.

Floridor quitte nos deux voyageurs, et ceux-ci vont se coucher; Dubourg en riant de cette nouvelle aventure, et Ménard répétant encore :

— Puisque M. le baron le fait, pourquoi ne le ferais-je pas?

Le lendemain, en s'éveillant, le pauvre Ménard ne peut pas se persuader qu'il va faire Thésée; mais Dubourg vient à lui, la pièce à la main, et lui donne son rôle, que le petit directeur a déjà envoyé, en le faisant prévenir qu'on répéterait à midi.

— Allons, dit Dubourg, le rôle n'a pas cent vers... Qu'est-ce que c'est que cela pour vous, qui avez appris par cœur Horace, Virgile, et tant d'autres auteurs!...

— C'est fort bien, mais j'ai passé ma vie à les apprendre, au lieu que je n'ai que trois jours pour retenir cela.

— Ne craignez rien, je réponds de tout; d'ailleurs on a un souffleur.

— C'est juste, ce sera ma ressource.

— Que vous sachiez votre entrée, c'est tout ce qu'il faut.

— Oh! pour mon entrée, j'en réponds.

> La fortune à mes vœux cesse d'être opposée,
> Madame, et dans vos bras met...

— Bravo!... vous allez comme un ange.

— C'est la malédiction qui m'embarrasse.

— Que vous fassiez bien les gestes, et cela suffira.

A midi ces messieurs voient arriver M. Floridor, qui vient les chercher pour les conduire au théâtre, où le reste de la troupe les attend. L'aspect de la petite salle, où l'on arrive par un colombier, dans lequel on a établi le bureau pour les billets, divertit beaucoup Dubourg, tandis que Ménard va se cogner contre deux vieilles futailles dont on a fait des montagnes.

La troupe témoigne beaucoup de respect aux deux nouveaux venus, qui répètent le rôle à la main. Dubourg ne dit pas un mot que les autres ne s'écrient :

— Comme c'est bien déclamé! quel talent!

Ménard de même; et le précepteur, étourdi des applaudissements qu'on lui prodigue, se persuade aussi qu'il avait un talent caché pour le théâtre.

— Est-ce que vous prenez du tabac en jouant? lui demande Floridor.

— Pourquoi pas? je fais un roi... et le roi de

Prusse en prenait bien... témoin cette boîte que...

— En Pologne, dit Dubourg, nous prenons en scène tout ce qui nous fait plaisir! c'est reçu, c'est même de tradition dans plusieurs rôles.

— Oh! que c'est heureux! dit la femme du garde-champêtre, qui joue Phèdre, moi qui n'osais pas priser en faisant la princesse!...

— En ce cas, dit le compagnon menuisier, je me glisserai une petite chique tout en faisant Aricie, puisque M. Boleslas veut bien le permettre...

— Tout ce que vous voudrez; les grands talents se permettent mille folies.

— *Non est magnum ingenium sine mixtura dementiæ*, dit Ménard.

— Entendez-vous?... c'est du polonais, dit le directeur à ses artistes.

On passe trois jours à faire des répétitions, et le jour de la représentation arrive. Ménard ne sait par cœur que son entrée, mais il la sait fort bien, et Dubourg lui a dit que cela suffisait. Ce dernier ne sait pas un mot de son rôle, mais il ne s'en inquiète nullement. Le matin de la représentation il a soin de se faire payer d'avance les cent francs convenus avec Floridor, en lui disant que c'est l'usage en Pologne. Le petit directeur lui compte la somme, que Dubourg met dans sa poche.

— On apporte à l'auberge les costumes qui doivent servir pour *Phèdre*.

— Est-ce qu'on ne s'habille pas au théâtre? demande Dubourg au directeur.

— Nous n'avons pas de loges pour cela, chacun s'habille chez soi; mais comme il fait beau, cela n'a aucun inconvénient.

— Il me faudra donc traverser la ville en Hippolyte?

— Le théâtre n'est qu'à deux pas de votre auberge, et vous pouvez jouer ce rôle-là en bottes, puisque Hippolyte est un chasseur.

— C'est juste.

— A défaut d'arc, que nous n'avons pas, vous prendrez un vieux fusil, que je vous ai fait apporter; la baguette représentera les flèches.

— C'est très bien.

— Quant à la perruque, je crois que vous en serez content; comme il faut qu'Hippolyte ait des cheveux qui tombent en boucles sur son cou, je vous ai fait arranger une perruque à la Louis XIV, qui remplira parfaitement votre objet.

Le directeur est parti, et Dubourg se fait habiller par Ménard, qui, n'étant que du troisième acte, a tout le temps de faire sa toilette. Dubourg garde son pantalon noir, dans lequel sont les cent francs, que, de crainte d'événements, il veut avoir sur lui. Il passe par-dessus un large pantalon de nankin, met un gilet de piqué blanc, et attache sur ses épaules le large manteau couvert de poils de lapin qui représente la peau de tigre; il se coiffe de la perruque, se barbouille de rouge, prend d'une main le fusil, de l'autre son mouchoir, et se dirige vers le théâtre, en recommandant à Ménard de se dépêcher, afin de ne point manquer son entrée.

La salle était pleine, ce qui pouvait produire une recette de près de quatre-vingts francs. Floridor était dans l'enchantement; il courait de son trou sur le théâtre et du théâtre redescendait dans son trou, le tout à la vue du public, car on ne passait point sous le théâtre, et la toile qui servait de rideau était adaptée sur une tringle, et se tirait de côté, comme le rideau d'une lanterne magique.

Dubourg arrive en sueur, parce que le manteau recouvert de peaux de lapin est très lourd, et que la perruque est énorme. Les comédiens poussent un cri d'admiration en le voyant arriver.

— Qu'il est beau! s'écrient-ils de toutes parts, comme il représente bien Hippolyte!

— Ah! je jouerai Phèdre d'inspiration!... dit la femme du garde-champêtre en lançant à Dubourg un regard enflammé.

Mais comme Phèdre louche un peu et a un énorme nez plein de tabac, Hippolyte ne répond pas à cette œillade amoureuse. Il va tirer le rideau pour regarder dans la salle; au moment où il passe sa tête, un cri part de tous côtés: les dames ont cru voir un lion. Floridor sort de son trou et se tourne vers le public, en disant:

— Je vous avais bien annoncé que vous seriez ravis, enchantés!... et il applaudit avec force, les spectateurs en font autant, et Dubourg salue le public avec noblesse, puis se retire derrière le rideau.

Tout le monde est prêt; Phèdre a une robe à la Marie Stuart, un bonnet à la folle, et des mouches jusque sur le nez. Œnone, pour se donner l'air méchant, s'est habillée en rouge et en noir et s'est fait une légère paire de moustaches, parce que Dubourg lui a dit que cela annoncerait une femme à caractère. Le compagnon menuisier a, au contraire, sacrifié de naissants favoris pour représenter Aricie; on lui a mis une robe de percale blanche et une guirlande de roses dans les cheveux, et il imite assez bien la voix de femme, tout en continuant de mâcher du tabac.

Le perruquier qui fait Théramène s'est coiffé à la François Ier et a mis un costume espagnol, avec son sabre de garde national en guise d'épée. Quant aux deux autres confidentes, c'est Floridor qui, de son trou, doit réciter leurs rôles. On n'attend plus que Thésée pour commencer, et il ne vient point, mais il n'est que du troisième acte.

— Commençons toujours, dit le directeur, le public s'impatiente, il ne faut pas le faire attendre davantage. Thésée sera certainement arrivé avant le troisième acte.

— Il n'y a pas de doute, dit Dubourg, c'est sa toilette qui le retient : c'est un homme très sévère sur l'exactitude des costumes, et il ne met pas une épingle qui ne soit de tradition.

Le directeur, qui était à la fois souffleur, régisseur et machiniste, frappe les trois coups, puis tire le rideau, qui ne veut d'abord laisser voir que la moitié de la scène; mais avec le secours de deux spectateurs qui montent sur le théâtre, on parvient à le tirer entièrement. Alors M. Floridor descend dans son trou avec son bougeoir à la main, et la pièce commence.

Lorsque Dubourg paraît en scène, s'entortillant majestueusement dans son manteau, le public laisse échapper un murmure d'étonnement qui n'est pas précisément de l'admiration ; car avec sa perruque, son rouge qui lui coule sur les joues, et son vieux fusil sur l'épaule, Dubourg n'est rien moins que beau. D'après la tête qu'on avait aperçue un moment, on avait présumé voir un bel homme, de haute stature ; mais, au contraire, le manteau l'écrasait, et Théramène étant très grand, le rapetissait encore.

— C'est un Polonais, se dit-on dans la salle.

— Il est bien laid ! disent les demoiselles; mais on assure que c'est un grand talent !...

Dubourg roule ses yeux d'une façon effrayante pour se donner de la physionomie, tandis que le malheureux Théramène, dont la tête touche les frises, est obligé de se tenir courbé pour que sa coiffure n'enlève pas les toiles d'araignée qui se trouvent au plafond du palais.

Dubourg, qui n'est pas timide, débite son rôle en criant comme un sourd, et gesticule avec tant de chaleur qu'avant la fin de la première scène Théramène a déjà reçu deux soufflets d'Hippolyte. Au troisième, le perruquier commence à se fâcher, et dit entre ses dents :

— Sacrebleu, prenez donc garde !... si vous y allez de cette force-là, je serai comme une pomme cuite avant la fin de la pièce.

Mais le public trouve cette chaleur admirable ; il applaudit, il crie bravo !... Dubourg va son train, et une femme enceinte, placée au parterre, est obligée de sortir, parce qu'elle craint que les contorsions d'Hippolyte ne la fassent accoucher.

Le premier acte marche assez bien; cependant le public montre un peu d'étonnement lorsque, au lieu de voir arriver Panope, il entend le souffleur déclamer de son trou; mais le rôle étant court, on passe par là-dessus ; d'ailleurs Floridor se tournant vers le parterre, dit :

— Messieurs, c'est ainsi que se jouent presque tous les confidents dans les villes de troisième ordre.

Cependant Thésée n'est pas encore arrivé.

— Que diable fait-il donc à l'auberge? dit Dubourg, est-ce qu'il ne peut pas mettre son costume.

— Impossible ! dit le directeur ; je lui ai donné une tunique jaune superbe et un pantalon de même étoffe; quant au diadème, il a un turban de même couleur qui m'a servi dans *Mahomet*.

— Ah çà, Thésée sera donc tout jaune?

— C'est de tradition, et celle-là ne se perd pas. Mais jouons encore le second acte, il faut espérer qu'il arrivera.

On commence le second acte, qui ne va pas si bien que le premier. Aricie, dans un moment de chaleur, ayant craché son tabac au nez d'Hippolyte, celui-ci lui donne un coup de pied dans le derrière, pendant que son amant lui dit :

Modérez des bontés dont l'excès m'embarrasse !...

— Cela vous apprendra à faire attention, dit Dubourg.

— Si je n'étais pas en femme, je vous répondrais d'une autre manière, dit le menuisier en lui montrant le poing.

— Je vous conseille de vous tenir tranquille.

Floridor se hâte de sortir de son trou pour raccommoder Hippolyte et Aricie ; il parvient enfin à les apaiser, et la pièce continue. Mais un moment après, Dubourg étant en scène avec Phèdre, attend qu'on le souffle pour parler; mais on ne souffle pas, parce que le directeur ne voit plus clair. Il crie avec force :

— Des mouchettes? des mouchettes donc !

— Est-il bête ! dit Phèdre en se baissant pour prendre la chandelle qu'elle mouche dans ses doigts avec beaucoup de grâce. Tiens, mon petit, voilà comment on fait quand on a de l'instinct. Puis elle replace le bougeoir dans le trou.

Cette petite interruption ne plaît point au public, qui a déjà murmuré de la dispute entre Hippolyte et la princesse; et un amateur, qui est plus sévère que les autres parce qu'il a vu jouer quelquefois à Grenoble, lance une pomme de terre crue qui va frapper l'œil gauche de Phèdre ; la femme du garde-champêtre achève sa scène en pleurant, et le second acte se termine ainsi, faisant craindre l'approche d'un orage.

Floridor, qui sort de son trou après chaque acte, court sur le théâtre pour consoler Phèdre, qui ne veut plus jouer; il tâche de ranimer ses acteurs en assurant que les derniers actes raccommoderont tout; il compte surtout sur l'apparition de Thésée, que l'on n'a pas encore vu, et dont il attend un grand effet. Mais Thésée n'est pas arrivé, et l'inquiétude est générale.

— Que peut-il lui être survenu? Je cours à l'auberge, dit Dubourg, car ce retard commence à me surprendre; je vous le ramène sur-le-champ.

— Dépêchez-vous, lui crie Floridor, car si nous faisons attendre le public, cela pourrait se gâter tout à fait.

Voyons pourquoi M. Ménard, si exact dans tout ce qu'il doit faire, n'est pas encore arrivé au théâtre. Après le départ de Dubourg, il s'est occupé de sa toilette, et ce n'est pas peu de chose pour un homme qui, n'ayant jamais été au bal et ne s'étant jamais déguisé, portait depuis trente ans le même costume. Ménard examine dans tous les sens la tunique, le pantalon turc et le turban; il a quelque peine à se décider à endosser ce vêtement jaune et à mettre du fard sur ses joues *vénérables;* il faut qu'il se rappelle à chaque instant Roscius, Garrick et Molière, pour ne point renoncer à jouer la comédie. Mais il a promis, l'engagement est pris; M. le baron, seigneur polonais, lui donne l'exemple, il faut se plier à la circonstance.

Après s'être donné beaucoup de peine, il est parvenu enfin à se costumer en Thésée. Il se mire, se sourit, ne se trouve plus si mal; il s'échauffe en pensant qu'il va représenter le roi d'Athènes, repasse son rôle dans sa tête et surtout son entrée, puis sort de sa chambre pour se rendre au théâtre en se disant : *Sic fata volunt.*

Dans ce même moment un voyageur vient d'arriver à l'auberge dans une bonne voiture. Tout annonce un homme riche, un homme du grand monde. L'aubergiste s'empresse de lui demander ses ordres. Le voyageur, qui est un petit vieillard maigre et dont la figure annonce la sévérité, s'informe d'un ton bref des voyageurs arrivés depuis peu dans la ville, et après la réponse de l'hôte s'écrie :

— Je ne saurai donc pas ce qu'ils sont devenus?...

— Monsieur soupera-t-il? demanda l'aubergiste.

— Non, je n'ai pas faim.... Qu'on ait soin de mes chevaux... Peut-être repartirai-je bientôt; donnez-moi une chambre où je puisse être tranquille un moment.

Le ton du voyageur ne permettait pas de faire la conversation. L'aubergiste s'empresse de prendre de la lumière et de conduire ce nouveau personnage. En montant l'escalier, on se trouve face à face avec Ménard, qui descendait majestueusement l'escalier en déclamant :

La fortune à mes vœux cesse d'être opposée,
Madame, et dans vos bras met...

Le petit vieillard a levé la tête en entendant la voix de Ménard; il le regarde, l'examine longtemps avec surprise, et s'écrie enfin :

— Est-il bien possible!... c'est M. Ménard que je vois sous cet accoutrement!

Ménard regarde le voyageur et reste saisi en reconnaissant le comte de Montreville, le père de Frédéric, dont les yeux expriment la colère, et qui, prenant Thésée par le bras, le fait rentrer brusquement dans sa chambre, se place devant lui, et d'un ton fort sévère commence à l'interroger.

— Que signifie tout ceci, monsieur Ménard? que veut dire ce turban placé sur votre tête et ce costume jaune avec lequel vous avez l'air d'un échappé des Petites-Maisons?

— Monsieur le comte, le jaune n'est point une couleur méprisable : à la Chine, les marques de distinction sont les gilets jaunes et les plumes de paon.

— Morbleu! monsieur, laissez-là les Chinois, répondez-moi : pourquoi vous vois-je affublé ainsi?

— Monsieur le comte, c'est que ce soir je fais Thésée...

— Vous faites Thésée!...

— Oui, monsieur le comte, dans *Phèdre* que l'on va jouer...

— Comment, monsieur le précepteur, vous jouez la comédie?

— Que voulez-vous, monsieur le comte?... les circonstances... D'ailleurs... Roscius était admis chez Sylla... Garrick est enterré à Westminster, et Molière...

— Vous croyez-vous comparable a ces hommes-là, monsieur? est-ce pour jouer la comédie que je vous ai placé près de mon fils? est-ce pour cela que vous avez entrepris ce voyage? Avez-vous cru, ainsi que Frédéric, que je serais longtemps votre dupe? Après quinze jours d'absence vous avez mangé les huit mille francs que je vous ai remis...

— Nous ne les avons pas mangés, monsieur le comte...

— Silence, monsieur. Je veux bien pardonner cette première folie. Je vous renvoie de l'argent, et au lieu de continuer vos voyages, j'apprends que vous restez à Grenoble, que c'est dans le Dauphiné que mon fils fait son tour de l'Europe.

— Le pays est superbe, monsieur le comte.

— Je pars, je veux savoir moi-même ce qui vous retient dans ce pays. Je vais à Grenoble, je ne vous trouve pas;... je vous cherche inutilement dans les environs... Enfin c'est ici, sous ce costume, que je vous revois!... je ne m'y attendais pas, je l'avoue. Mais mon fils... où est-il? est-ce qu'il joue aussi la comédie?

— Non, monsieur le comte.

— Où donc est-il?... parlez...

— Il est perdu, monsieur le comte...

— Perdu!... Que voulez-vous dire?... Répondez donc, monsieur.

— C'est-à-dire, monsieur le comte, qu'il n'est qu'égaré...

— Songez, monsieur, que je vous avais confié mon fils...

— Nous le retrouverons, monsieur le comte; M. le baron Potoski doit envoyer des courriers dans toutes les cours de l'Europe.

— Qu'est-ce que c'est que le baron Potoski?

— C'est un seigneur polonais... un jeune homme fort savant, qui est palatin de Rava et de Sandomir, et a un château superbe sur le mont Krapack, qu'il échauffe avec le gaz...

— Ah! pour le coup, je crois qu'ils vous ont rendu tout à fait imbécile, monsieur Ménard!...

— Non, monsieur le comte, je sais ce que je dis, et je ne dis que la vérité.

— Où avez-vous trouvé ce baron?

— Nous l'avons trouvé en route près de Paris; par parenthèse il a renversé notre voiture, et j'ai roulé dans un fossé. Mais M. votre fils a retrouvé dans le baron Potoski un de ses intimes amis; nous sommes montés dans la berline du roi Stanislas, où j'occupais la place de la princesse de Hongrie, et depuis ce temps nous avons toujours voyagé avec le baron.

Le comte de Montreville se promène dans la chambre en frappant du pied avec violence et en levant les yeux au ciel. Ménard est dans un coin, tenant son turban à la main et n'osant plus bouger. Après quelques tours dans la chambre, le comte revient vers lui.

– Et ce baron, qu'est-il devenu?

– Il fait Hippolyte, monsieur le comte... il joue dans ce moment... et... Mais tenez, le voici lui-même, monsieur le comte...

Dans ce moment, en effet, Dubourg entrait vivement dans la chambre en criant :

— Allons donc, Thésée! on vous attend pour le troisième acte!...

Mais il s'arrête et reste immobile en apercevant le comte, qui s'écrie :

— J'en étais sûr!... c'est ce mauvais sujet de Dubourg!...

A ces mots, Ménard ouvre de grands yeux, et Dubourg se contente de faire une profonde salutation au père de Frédéric.

— Allons, monsieur Ménard, suivez-moi, reprend le comte; quittez ce costume que vous ne deviez pas porter, et partons sur-le-champ.

Le pauvre précepteur ne se fait pas répéter cet ordre; en un moment il a jeté loin de lui la tunique et le pantalon; il repasse son habit, prend son chapeau et se présente humblement devant le comte, qui dit à Dubourg :

— Quant à vous, monsieur, dont la société a été si profitable pour mon fils, songez que si bientôt je ne retrouve pas Frédéric, c'est sur vous que retombera ma colère. Suivez-moi, monsieur Ménard.

En un instant le comte et le précepteur sont dans la voiture, dont on n'avait pas encore dételé les chevaux, et ils s'éloignent de l'auberge, se dirigeant vers Grenoble, ville dans laquelle le comte espère avoir des nouvelles de son fils.

Cependant Dubourg, qui est resté un peu étourdi par ce qui vient de se passer, songe alors à ce qui peut lui arriver encore : le public attend Thésée, sans lequel on ne peut pas continuer la pièce, et le public de Voreppe ne parait pas aimable quand on ne le satisfait pas. D'un autre côté, il a reçu du directeur l'argent pour lui et pour Ménard; et puisque Ménard est parti, comment tenir leur promesse?

Pendant qu'il se consulte, un bruit confus se fait entendre dans la rue; Dubourg court à la fenêtre; il aperçoit Floridor qui arrive avec plusieurs spectateurs qui jurent et font tapage en disant qu'il faut que les deux Polonais jouent, ou qu'ils les chasseront; et Floridor crie :

— Ils joueront, messieurs, ils joueront... je les ai payés d'avance.

Dubourg voit le danger qui le menace : il balance s'il rendra l'argent, s'il s'excusera sur le départ de son collègue, ou s'il laissera le directeur s'arranger avec le public. Ce dernier parti lui plaît davantage; même en rendant l'argent il craint d'être rossé, et d'ailleurs il trouve que la manière dont il a joué Hippolyte valait bien ce qu'il a reçu. Courant aussitôt vers une autre fenêtre de la chambre qui donne sur des champs, Dubourg, qui entend tout le monde entrer dans la cour, n'hésite plus; il saute, tombe sur de l'oseille, se relève, tortille son manteau autour de son corps, et court à travers les champs comme si toute la ville était sur ses pas.

Le comte et Ménard arrivent en peu de temps à Grenoble, et descendent à l'auberge où les trois voyageurs avaient habité, et que le comte s'est fait indiquer par le précepteur; car pendant la route M. de Montreville ayant encore questionné Ménard au sujet de son fils, les réponses qu'il en obtient font aisément comprendre que c'est une amourette qui retient Frédéric dans les environs, et le comte est un peu plus tranquille, ne doutant pas que sa présence ne suffise pour ramener son fils à la raison.

En arrivant dans l'auberge, Ménard a une scène avec le maître de la maison pour le char à bancs que celui-ci a prêté. Cet homme parle aussi de Dubourg, en disant qu'un créancier du prétendu baron Potoski est venu le chercher à Grenoble, et court après lui pour le faire arrêter.

Le pauvre Ménard ne répond rien : il est confondu en apprenant que celui-ci qu'il a cru un seigneur polonais n'a fait que se moquer de lui depuis qu'ils voyagent ensemble. Le comte de Montreville met fin au propos de l'aubergiste en lui payant ce qu'il demande. Les voyageurs couchent à Grenoble, et l'intention du comte est de se rendre le lendemain avec Ménard à l'endroit où celui-ci dit avoir laissé Frédéric.

Mais le lendemain matin, à l'instant où le comte se disposait à partir, Ménard fait un cri de joie en disant :

— Le voilà, monsieur le comte... la brebis retourne au bercail, l'enfant revient près de son père... Tuons le veau gras, voici votre fils!

C'était en effet Frédéric qui entrait à l'auberge, mais qui était bien loin de se douter qu'il allait y trouver son père.

Le comte descend vivement, suivi de Ménard; il s'approche de son fils d'un air sévère, et le jeune homme baisse les yeux et paraît interdit en se trouvant devant lui.

— Je vous retrouve enfin, monsieur! lui dit le comte; j'ai su de vos nouvelles... j'ai vu votre campagnon de plaisirs; j'ai appris que c'était dans un bois, dans un misérable village que vous borniez le cours de ces voyages, dans lesquels vous jugez sans doute avoir acquis assez de connaissances; mais je m'abstiendrai de vous faire aucun reproche, j'en mériterais moi-même pour vous avoir donné un compagnon tel que monsieur. Oublions tout cela, et partons.

Ces derniers mots ont retenti jusqu'au cœur de Frédéric, qui avait supporté avec courage les reproches de son père; il se trouble, paraît accablé, porte ses regards derrière lui, et balbutie quelques mots pour demander au comte un jour ou deux de retard; mais celui-ci feint de ne pas l'entendre; et lui répète d'une voix sévère :

— Mon fils, je vous attends.

La voiture est prête, comment faire?... comment désobéir à son père? Frédéric est tremblant... il hésite encore... mais le comte va le prendre par la main et l'entraîne vers la voiture sans qu'il ose résister. Il n'a pas eu le temps de la réflexion, et déjà les chevaux l'emportent loin de Grenoble. Il avance la tête pour regarder du côté de Vizille; il pousse un profond soupir... il verse quelques larmes en songeant à sœur Anne, et il se dit :

— Pauvre petite! que va-t-elle penser?

CHAPITRE XVII

PLAISIRS D'AMOUR NE DURENT QU'UN MOMENT; CHAGRINS D'AMOUR DURENT TOUTE LA VIE

Pourquoi l'amour d'un mois ne ressemble-t-il plus à celui d'un jour? pourquoi celui d'un an est-il bien moins vif que celui d'un mois? pourquoi jouissons-nous avec indifférence de ce que nous possédons en toute commodité, et pourquoi quelquefois ne jouissons-nous plus du tout, quand nous avons ce que nous désirons si ardemment? C'est que tout passe dans ce monde, où nous ne sommes nous-mêmes que passagers!... c'est que les hommes avides de plaisirs en cherchent toujours de nouveaux, et que pour beaucoup d'entre eux l'amour n'est qu'une distraction. Cependant vous me direz peut-être : Je suis marié depuis trois ans. et j'aime ma femme comme le premier jour; mon amant m'adore depuis six mois, et il est plus amoureux que jamais : je le veux bien! d'ailleurs, il y a toujours quelque exception, et chacun peut l'invoquer en sa faveur; ensuite je ne vous dis pas que l'amour s'envole; j'entends seulement qu'il change de nuances, et, malheureusement, les dernières n'ont pas l'éclat, le brillant, le charme de sa couleur primitive.

Sans doute Frédéric aime toujours la jolie muette; cependant voilà trois semaines qu'il vit avec elle dans le bois, et cela commence à lui sembler un peu monotone; mais le défaut des amants est de trop s'enivrer de voluptés dans les premiers jours de leur bonheur. Ils font comme ces gourmands qui se mettent à table avec un grand appétit, et qui, pour avoir mangé trop vite, étouffent avant d'être à la moitié du repas.

Sœur Anne n'éprouve point cet ennui; elle est près de Frédéric plus heureuse, plus aimante que jamais. Mais, en général, les femmes aiment mieux que les hommes; et d'ailleurs la pauvre orpheline n'est pas une femme ordinaire. Frédéric est pour elle le monde, l'univers. Depuis qu'elle le connaît, son âme s'est élevée, son esprit s'est formé; elle a appris à penser, à réfléchir, à former des désirs, à craindre, à espérer; mille sensations nouvelles ont fait battre son cœur. Avant de connaître l'amour, son existence n'était qu'un rêve, mais Frédéric l'a réveillée.

Lorsqu'elle s'aperçoit qu'il est triste, préoccupé, elle redouble de soins, de caresses; elle court, l'entraîne dans le bois... elle disparaît un moment à ses yeux et se cache derrière un buisson ou un bouquet d'arbres; puis, se montrant tout à coup, elle se précipite dans ses bras, et sa grâce enfantine ajoute encore à la douce expression de ses traits.

Dès que la nuit vient, ils rentrent dans le jardin de la cabane. Sœur Anne, vive, légère, apprête en un moment leur repas du soir, qu'ils prennent dès que la vieille Marguerite est couchée. La jeune muette cueille des fruits, apporte du laitage, du pain bis, puis se place près de Frédéric, s'assied tout contre lui, et sa main lui présente ce qu'elle trouve de plus beau, ce qu'elle croit de meilleur. Quand son amant parle, elle l'écoute avec délices; on voit que les accents de Frédéric vibrent jusqu'à son cœur. Une fois il a chanté une tendre romance, et la jeune fille, immobile, attentive, craignait de perdre un son, puis lui a fait signe de la redire encore. Depuis ce temps, son plus grand plaisir est de l'entendre. Frédéric a la voix douce et flexible; elle passerait tout le jour à l'écouter.

C'est ainsi que sœur Anne cherche à captiver celui qu'elle aime. Ce n'est point là le manège d'une coquette... c'est de l'amour tout simplement!... et ce n'est que cela; tandis que dans tout ce que fait la coquette, il n'en entre pas un pauvre petit grain.

Pourquoi donc, imbéciles que nous sommes, nous laissons-nous prendre dans les filets de l'une et ne payons-nous que de froideur l'amour sincère de l'autre?

C'est que la coquette sait nous tenir en haleine : nous voit-elle bien épris, elle fait la cruelle; sommes-nous un peu froids, elle nous ramène par quelque sujet de jalousie; paraissons-nous trop confiants, sa raillerie éveille nos craintes; sommes-nous rebutés et prêts à nous éloigner, elle devient tendre, sensible, passionnée, et d'un mot nous ramène à ses genoux. Ces changements continuels ne laissent pas au cœur le temps de se refroidir... J'allais encore nous comparer aux gourmands chez lesquels la variété des mets aiguillonne l'appétit, mais je m'arrête : on croirait que j'ai étudié l'art d'aimer dans le *Cuisinier royal*.

Depuis quelques jours Frédéric a déjà fait de petites promenades dans les environs. Sœur Anne s'en alarme d'abord; mais il revient bientôt, et ses craintes se dissipent. Frédéric commence à songer à l'avenir, à son père. Que dirait le comte de Montreville, s'il savait que son fils vit au milieu des bois avec une jeune villageoise?... Cette pensée vient souvent troubler le repos de Frédéric, et plus le temps s'écoule, plus elle se présente à son esprit.

Quelquefois il se dit :

— Si mon père voyait cette charmante fille, il lui serait impossible de ne pas l'aimer!...

Mais, parce qu'il l'aimerait, la donnerait-il pour épouse à son fils... ce n'est pas présumable; le comte de Montreville n'est nullement romanesque; il est fier, il aime les richesses, l'opulence, parce qu'il sait que l'argent ajoute toujours à la considération; il ne faut donc pas espérer qu'il laissera son fils épouser une villageoise qui n'a rien.

On pourrait, il est vrai, se passer de son consentement : mais il faudrait alors renoncer à sa fortune, travailler pour vivre, faire usage de ses talents; mais de toute façon il faudrait toujours quitter le bois, car Frédéric commence à sentir que cela n'aurait pas le sens commun de fuir le monde à vingt-et-un ans, que les hommes sont faits pour la société, et que parce qu'on a une jolie femme ce n'est pas une raison pour s'enterrer avec elle dans le fond d'une forêt.

De jour en jour ces raisons prennent plus de force; c'est surtout lorsqu'il n'est pas avec sœur Anne qu'il se livre à ces pensées, et ses absences deviennent chaque jour plus longues. La pauvre petite en gémit; elle compte les minutes qu'elle passe loin de son amant; elle court dans la vallée pour le voir arriver, elle lui fait une petite moue bien triste lorsqu'il a été longtemps éloigné; mais elle éprouve tant de plaisir à le revoir, que son chagrin passe bien vite... elle oublie toutes ses inquiétudes lorsqu'elle le presse contre son cœur.

Un mois s'est écoulé.

Dubourg et Ménard ne sont pas revenus s'informer de Frédéric, et cela l'étonne beaucoup. Il ne sait pas comme nous que ses deux compagnons de voyage étaient alors établis chez leur ami Chambertin, qui préparait cette surprise en artifice qui lui fit voir ce que vous savez bien, et ce qu'il ne savait pas, et ce qu'il ne sut pas même après, à ce qu'on prétend, parce que sa femme lui persuada qu'elle n'avait vu que du feu.

Frédéric ne comprend rien à l'indifférence de ses deux amis, et surtout à celle de Ménard; il se dit :

— Il leur sera arrivé de nouveau quelque événement; Dubourg aura encore fait quelque sottise... J'ai eu tort de lui confier tout l'argent que je possédais. Le résultat de ces réflexions est toujours qu'il faut aller à Grenoble savoir ce qu'y font ces messieurs. Mais aller les trouver après avoir dit à Dubourg qu'on ne voulait plus quitter le bois, qu'on fuyait pour jamais un monde faux et pervers, dont tous les plaisirs ne valaient pas la tranquillité d'une chaumière... Ah! c'était

Il aperçoit des choses fort agréables... (Page 102.)

fort embarrassant, et voilà pourquoi Frédéric ne pouvait se décider à aller à la ville, car un homme aime souvent mieux persévérer dans une sottise que de convenir qu'il a eu tort.

Cependant l'oisiveté accablait Frédéric; avec la meilleure volonté du monde, on ne peut pas parler pendant vingt-quatre heures à une jolie femme, et la pauvre petite n'est déjà plus heureuse, parce qu'elle s'aperçoit que son doux ami est triste et soupire souvent. Enfin, un beau soir, Frédéric, qui n'y tient plus, dit à sa compagne :

— Demain, dès le point du jour, je partirai pour aller à Grenoble savoir des nouvelles de mes amis.

La petite, comme frappée d'un coup inattendu, reste un moment immobile ; puis sa poitrine se gonfle, et deux ruisseaux de larmes s'échappent de ses yeux. Ses bras désignent le chemin de la ville, puis elle les reporte sur elle, et semble dire :

— Et moi?..... tu vas donc me quitter?

Pour retenir son amant, la jeune fille ne peut employer ces mots si doux, si tendres, ces prières auxquelles il est si difficile de résister. Mais que ses gestes sont expressifs, que ses yeux sont éloquents!... il suffit de les regarder pour comprendre toute sa pensée.

— Je reviendrai, lui dit Frédéric..... je te le promets; je reviendrai, et je n'en aimerai jamais d'autre que toi.

Ces mots ont déjà adouci le chagrin de sœur Anne; car elle ne met point en doute les promesses de son amant..... Souvenez-vous, mesdames, que sœur Anne ne connaît pas le monde; connaissance bien pénible quelquefois! puisqu'elle apprend à renoncer aux illusions du cœur.

La soirée s'est écoulée tristement; car, tout en ne doutant pas qu'il reviendra bientôt, l'idée du départ de son ami est cruelle pour cette âme brûlante qui goûtait en aimant un bonheur qu'elle croyait devoir durer jusqu'à la fin de sa vie. Frédéric fait tout ce qu'il peut pour la consoler; mais en donnant de nouvelles preuves d'amour, un homme se fait aimer encore davantage... Est-ce donc là le moyen d'adoucir le moment d'une séparation? c'est cependant celui que l'on emploie ordinairement.

Le jour s'est levé bien sombre aux regards de la jeune orpheline... Peut-il être beau, le jour qui va nous séparer de tout ce que nous aimons? Frédéric gravit un montagne qui mène sur la route, tenant dans les siennes la main tremblante de la pauvre petite. Arrivé là, après avoir renouvelé ses promesses, après avoir fait les plus tendres adieux, il s'éloigne enfin et disparaît aux regards de son amie.

Quel poids est venu se placer sur le cœur de la jeune fille!..... elle ne voit plus Frédéric... cependant elle reste toujours là..... ses yeux le cherchent encore... Tout à coup elle les reporte autour d'elle... un gémissement lui échappe, elle tombe à genoux auprès d'un vieux chêne... elle le baise avec respect... Pauvre petite!... elle est à l'endroit où sa mère est morte en venant attendre son père! elle a reconnu la place... et joignant ses mains avec ferveur, elle implore le ciel... elle se recommande à sa mère.

Sœur Anne allait plusieurs fois dans l'année s'asseoir et prier sous le vieux chêne où la malheureuse Clotilde avait expiré; mais jamais elle ne s'y était rendue avec Frédéric. Ce jour-là ils avaient pris par cette montagne, qui conduisait au chemin de la ville; sœur Anne, toute à sa douleur, ne l'avait pas remarqué.

Pauvre petite! quel sinistre pressentiment oppresse ton cœur? tu songes à ta mère, et tu te dis :

— Serai-je donc malheureuse comme elle!

Il faut regagner sa cabane, la vieille Marguerite, peut avoir besoin de ses soins. Sœur Anne quitte lentement la montagne; plusieurs fois elle soupire en contemplant le vieux chêne... C'est là qu'il s'est séparé d'elle!... Comme sa mère, c'est là que chaque jour elle viendra attendre son retour.

Elle a revu sa chaumière, ses bois, ses chèvres; elle a repris ses habitudes, ses travaux accoutumés. Mais tout est changé à ses yeux : le bois lui paraît triste; partout elle éprouve de l'ennui, Son jardin n'a plus de charme, sa demeure lui semble un désert..... Frédéric embellissait tout! *Et* Frédéric n'est plus là!... Avant de le connaître, ses regards s'arrêtaient avec plaisir sur ce qu'elle voit maintenant avec indifférence, et cependant ces objets n'ont point changé... mais elle a perdu la paix, le repos, elle ne peut plus rien voir comme autrefois.

Frédéric n'a pas dit combien de jours il serait absent; la petite espère le revoir bientôt; elle ignore qu'il vient de trouver son père à Grenoble, et que le comte de Montreville emmène en ce moment son fils à Paris.

Chaque jour sœur Anne se rend sur la montagne avec ses chèvres, et à chaque instant ses regards se tournent vers la route de la ville; elle y cherche Frédéric comme la pauvre Clotilde y cherchait son époux. Avec une baguette, elle s'amuse à tracer sur la terre le nom de son amant, c'est là tout ce qu'il lui a appris; mais, devant lui, elle s'est exercée si souvent à tracer ce mot, qu'elle est parvenue à l'écrire lisiblement.

Plusieurs jours se sont écoulés, et Frédéric ne revient pas. Sœur Anne espère toujours, parce qu'elle ne peut croire que son amant manque à sa promesse, et tous les matins en montant sur la montagne elle se dit :

— Aujourd'hui sans doute je la redescendrai avec lui. Vain espoir, il faut encore revenir seule à la chaumière, il faut regagner sans lui cette demeure, dont le repos a fui depuis que l'amour y est entré.

Un sentiment nouveau doit cependant faire diversion à ses peines. Sœur Anne porte dans son sein un gage de son amour pour Frédéric, elle est enceinte, et n'a pas encore cherché à se rendre compte du changement qu'elle remarque en elle. Dans sa simplicité, elle n'a pas songé qu'elle pouvait être mère; mais cette pensée vient enfin frapper son esprit. Alors une joie nouvelle s'empare de son cœur..... elle se livre avec ivresse à cette espérance. Elle aurait un enfant... un enfant de Frédéric..... il lui semble qu'il l'aimerait encore davantage. Cette idée la transporte... Elle mère! quel bonheur!... et quel plaisir de pouvoir annoncer cela à Frédéric! La jeune fille court, saute dans le bois; dans son délire elle fait mille folies... elle se regarde dans l'eau du ruisseau, elle se mire dans la fontaine..... elle est déjà fière d'être mère, elle voudrait que l'on pût s'en apercevoir en la regardant.

Pauvre petite! dont toutes les actions prouvent la candeur, jouis avec délire du nouveau sentiment qui naît dans ton âme... Celui-là, du moins, ne s'affaiblira pas.

Mais le temps se passe ; Frédéric ne revient pas. Sœur Anne a la certitude d'être mère, et elle ne peut annoncer ce bonheur à son amant : il faut donc toujours que la peine se mêle au plaisir! Celui de la jeune fille est empoisonné par l'inquiétude qu'elle éprouve en ne voyant pas revenir l'être qu'elle adore; et chaque jour le vieux chêne est de nouveau témoin de ses soupirs et de ses pleurs.

CHAPITRE XVIII

LA GROSSE BÊTE

Nous avons laissé Dubourg courant à travers champs pour échapper à M. Floridor, au public et aux pommes de terre crues, dont Phèdre avait reçu un échantillon; n'oublions pas que dans la promptitude de sa fuite il n'avait pas eu le temps de changer de costume, que sa tête était toujours enterrée sous l'énorme perruque à la Louis XIV, qui descendait en grosses boucles sur son cou et sur ses épaules, et qu'il avait le corps enveloppé dans le manteau recouvert en poil de lapin.

Dubourg courait depuis une heure, traversant les routes, sautant les fossés, marchant dans les blés, dans les terres labourées, franchissant les haies, et tout cela sans trop savoir où il était ni ce qu'il faisait, car on doit se rappeler que c'est au milieu de la soirée qu'il s'est mis en course; par conséquent il était nuit, et comme il pleuvait, la lune n'éclairait pas sa fuite.

Dubourg s'arrête enfin, il écoute... et n'entend rien qui lui indique que l'on court sur ses traces.

Le plus profond silence règne autour de lui; il cherche à se reconnaître, à s'orienter, à savoir où il est; il ne craint plus d'être attrapé, et il sent qu'il a besoin de se reposer. On est alors en automne, les soirées commencent à devenir fraîches, et notre coureur ne se soucie pas de passer la nuit en plein champ, exposé à recevoir la pluie sur le dos; à la vérité sa perruque lui tient lieu de chapeau, et son manteau vaut mieux qu'un parapluie; mais, à la longue, ces objets seront trempés, et il se trouvera fort mal à son aise; il faut donc chercher un abri.

Il sent qu'il marche dans des plants de légumes ; il avance... une haie assez haute lui barre le passage... mais le manteau protecteur le garantit des piqûres ; il enjambe... s'accroche un peu, laisse quelques poils de lapin et deux boucles de sa perruque après le taillis, et se trouve enfin de l'autre côté sans savoir s'il y sera mieux. Cependant plusieurs arbres, des pots de fleurs, du treillage, lui font présumer qu'il est dans un jardin. Il marche toujours, les mains en avant, et sent enfin un pan de mur... puis se trouve sous un toit, puis se sent arrêter par des bottes de paille et de foin : il est sous un hangar qui sert sans doute à mettre le fourrage.

— Parbleu! se dit Dubourg, j'ai trouvé ce qu'il me faut pour passer la nuit : je suis ici à l'abri de la pluie... étendons-nous dans mon manteau, et dormons!... Demain nous penserons à nos affaires.

Dubourg est bientôt couché. Il se trouve fort bien sous le hangar, il bénit le hasard qui lui avait fait trouver un asile, et s'endort profondément.

Le hangar sous lequel Dubourg est couché se trouve effectivement au bout d'un jardin, mais ce jardin tient à une petite maisonnette assez gentille, habitée par un cultivateur nommé Bertrand, lequel a épousé, il y a sept ans, une jolie villageoise de son hameau, femme bien fraîche, bien alerte qu'on n'appelait que la belle Claudine, et à laquelle M. Bertrand a déjà fait deux gros enfants ; Claudine espère qu'il ne s'en tiendra pas là.

Aux champs on se lève de bon matin. Au point du jour, Fanfan et Marie, ce sont les deux enfants du cultivateur, dont l'un a cinq ans et l'autre quatre, après avoir mangé la soupe au lait, descendent, suivant leur habitude, jouer et courir dans le jardin. En courant ils approchent du hangar, et que voient-ils sur la paille? Figurez-vous Azor dans *la Belle et la Bête* et vous aurez une idée de Dubourg, dont la figure était entièrement cachée par une profusion de boucles d'un châtain roux, qui retombaient jusque sur sa poitrine, tandis que tout son corps était couvert du manteau, qui, s'il ne jouait pas le tigre, jouait au moins un autre animal ; jugez alors de la frayeur de ces enfants en apercevant cette énorme masse.

La petite Marie laisse tomber une tartine de beurre qu'elle tenait à la main ; le petit garçon ouvre une grande bouche qu'il ne peut plus refermer, parce que la frayeur l'a presque pétrifié.

— Ah! ah! mon frère, vois-tu? dit enfin Marie en se serrant contre lui et lui montrant l'objet couché sur la paille.

— Oh! oh! que c'est vilain!... dit Fanfan en passant derrière sa sœur.

Puis les deux enfants se sauvent vers la maison, en poussant de grands cris qui ne réveillent pas Dubourg, parce que les fatigues de la veille lui ont procuré un sommeil très profond.

Bertrand venait d'embrasser sa Claudine, et il allait partir pour travailler à son champ, lorsque les deux enfants reviennent avec des figures bouleversées et en jetant de grands cris.

— Quoi que vous avez donc? dit le papa ; parlez-donc, polissons...

Les enfants étaient si troublés qu'ils ne pouvaient s'exprimer. Enfin chacun crie en même temps :

— Là-bas... sous la remise... une grosse bête toute poilue... sur la paille une tête noire... du crin rouge ; c'est pus gros que not' bourrique... Oh ! que c'est vilain !...

— Comprends-tu queuque chose à tout ça? dit Bertrand à sa femme.

— Ils ont parlé de grosse bête, not'homme.

— Morgué ! i gna que nous dans la maison... par où donc qu'elle serait entrée?... C'est peut-être le taureau du voisin Gervais, ou ben l'âne de dame Catherine...

— Non, papa... non, c'est tout gris, tout rouge... oh ! c'est effrayant !...

— Diable ! quoi que ça veut donc dire?

— Ça a-t-il une queue? demande Claudine.

— Dame ! maman, je n'en sais rien, la bête a l'air de dormir, et nous nous sommes sauvés bien vite.

— Faut aller voir c' que c'est, not' homme...

— Oui... oui... faut aller voir...

Mais Bertrand, qui n'est pas courageux, éprouve déjà un léger tremblement et va, par prudence, chercher son fusil, qui est chargé avec du sel. Claudine prend un balai, les enfants des bâtons, et ils se dirigent vers le hangar. Les enfants marchent devant, parce que, tout en ayant peur, à cet âge, on aime ce qui est extraordinaire, et le moindre événement est un plaisir. M. Bertrand marche à côté de sa femme, qui le pousse pour le faire avancer. Plus ils approchent du hangar, plus ils vont doucement ; on a surtout recommandé aux enfants de ne point faire de bruit, parce qu'il vaut mieux voir la bête endormie qu'éveillée.

Les voilà enfin près du petit bâtiment, et les enfants disent d'une voix altérée :

— Tenez... voyez-vous, là-bas?...

Bertrand et Claudine tendent le cou... ils aperçoivent l'objet effrayant, ils n'osent plus avancer ; le mari pâlit et se glisse près de sa femme, qui fait signe aux enfants de ne pas approcher.

— Allons chercher du secours, dit enfin Bertrand d'une voix entrecoupée.

— Si tu tirais dessus not' homme....

— Oui, mon fusil qui n'est chargé que de sel, ça ne la tuerait pas, mais ça la réveillerait; elle serait furieuse, et sauterait sur nous...

— Ah ! t'as raison, faut pas tirer... courons bien vite dans le village.... Venez, mes enfants.... Mon Dieu ! pourvu qu'elle ne s'éveille pas !....

Bertrand est déjà en avant ; il court comme si la bête le poursuivait ; il se rend au village, qui n'est qu'à une portée de fusil de sa maison, et il est bientôt rejoint par Claudine. Tous deux vont conter partout ce qu'ils ont trouvé dans leur jardin. Comme la peur grossit les objets, la bête qu'ils ont vue est, disent-ils, de la grosseur d'un taureau ; et comme, en passant de bouche en bouche, les événements vont toujours en augmentant, parce que chacun enchérit sur ce qu'il a entendu, de taureau la bête devient un chameau, de chameau elle se change en lion, de lion en éléphant, et on irait encore plus loin si on connaissait un plus gros animal.

Ce qu'il y a de certain, c'est qu'il y a une bête extraordinaire dans le jardin de Bertrand, et en un moment cette nouvelle a mis tout le village en émoi. On se rassemble, on se consulte ; les femmes vont chercher leurs maris aux champs, et les mères font rentrer leurs petits enfants, en leur défendant de sortir. On se rend chez le maire, qui est un bon paysan comme ses administrés, et qui déclare ne pas se connaître en bêtes plus que les autres habitants de sa commune. Mais il y a dans l'endroit un nommé Latouche, qui a été, à Paris, commis de barrière, et qui fait le bel esprit, le malin, le goguenard et le savant. On va trouver Latouche, qui cherchait alors un procédé pour faire des confitures sans sucre, et on lui apprend l'événement qui met tout le village en l'air.

Latouche écoute d'un air grave ; il se passe la main sous le menton, se fait plusieurs fois répéter les moindres détails, paraît réfléchir longtemps, et s'écrie enfin :

— Il faut aller voir ce que c'est.

Tout le monde répète :

— C'est juste, il a bien raison, allons voir cette bête.

— Quand je l'aurai vue, dit Latouche, je vous dirai sur-le-champ ce que c'est, et de quel règne est l'animal ; je dois m'y connaître, j'avais étudié pour être herboriste, et j'ai un cousin qui a été sous-portier, à Paris, au Muséum d'histoire naturelle.

On se dispose à se rendre chez Bertrand. Chacun s'arme de ce qu'il trouve; les femmes mêmes prennent ou des pioches ou des râteaux, parce que la bête peut être dangereuse. Le maire se joint aux habitants, et Latouche, qui est le seul de l'endroit qui ait un fusil en état, car celui de

Bertrand ne peut supporter que du sel, Latouche se charge de diriger l'ordre, la marche et toutes les opérations qui vont avoir lieu.

On quitte le village; hommes, femmes, garçons et filles s'avancent en dissertant sur cet événement. Mais plus on approche de la demeure de Bertrand, moins on a envie de causer; et bientôt, par suite de la terreur que l'on éprouve, le silence devient général. On avance en colonne plus serrée, et chacun cherche à puiser du courage dans les regards de son voisin ou de sa voisine.

Latouche marche en avant, son fusil sur l'épaule, et faisant ses dispositions comme s'il s'agissait d'aller surprendre un poste d'ennemis. Comme on approche de la haie du jardin, Bertrand jette un cri, et se cache derrière une grosse pierre en s'écriant:

— La voilà!...

Aussitôt tous les paysans font un mouvement rétrograde, et Latouche se précipite dans le centre du bataillon; mais enfin, n'entendant aucun bruit, on se rapproche, on cherche l'objet qui a effrayé Bertrand... C'était un chat rouge qui venait de passer par-dessous la haie.

— Morbleu! Bertrand, dit alors Latouche en se hâtant de sortir du centre, savez-vous que vous êtes terriblement poltron!... et que c'est honteux, à votre âge, de montrer si peu de cœur!

— Oh! ça c'est vrai, dit Claudine, il n'est pas ferme du tout, et c'est ce que je lui reproche souvent.

— Pousser un cri! répandre l'alarme pour un chat!...

— Dame, monsieur Latouche... j'voyais s'glisser queuque chose... et j'croyais...

— Peut-être est-ce aussi pour une bagatelle qu'il met tout le village sens dessus dessous, et qu'il m'a dérangé de l'expérience chimique que je cherchais.

— Oh que non!... ça n'est pas une bagatelle!... vous verrez bientôt que ça en vaut la peine... nous v'là tout près du hangar... voulez-vous passer par cette petite porte? vous y serez tout d'suite.

— Non pas... entrons par la maison, afin d'examiner l'animal, de loin d'abord.

On suit l'avis de Latouche: on entre dans la maison de Bertrand, puis on se rend dans le jardin. En approchant du hangar, les plus courageux pâlissent, plusieurs femmes n'osent plus avancer; et Latouche, qui ressemble à ces gens qui chantent pour cacher leur frayeur, donne des ordres de prudence de côté et d'autre, mais trouve un moyen de ne plus rester en avant.

— La voilà... la voilà! disent bientôt quelques villageois, et du doigt ils montrent aux autres Dubourg, qui est toujours dans la même position, parce qu'il dort profondément. La terreur se peint sur tous les visages, mais la curiosité s'y joint; chacun allonge le cou, on se penche, on s'appuie sur ses voisins. Latouche a sur-le-champ ordonné une halte, et de tous côtés on entend ces mots:

—Ah! que c'est vilain!... ah! que c'est laid!... Ah! queu tête!.... ah! queu corps!... On ne lui voit pas d'yeux, disent les uns; ni de pattes, disent les autres...

— Chut! chut! dit Latouche, ne parlez pas tant, vous pourriez l'éveiller!... attendez que j'examine... Mes enfants, avez-vous entendu parler de la fameuse bête qui désola le Gévaudan?...

— Non, non, disent les bons villageois.

— Eh bien! celle-ci m'a l'air de lui ressembler beaucoup... On ne lui voit pas les pieds, parce qu'à l'instar des Turcs ce monstre les aura croisés sous lui... quant à ses yeux... ils sont tournés vers la paille, ce qui est fort heureux pour nous, car les yeux de ces animaux-là lancent souvent un venin mortel. Plus je considère ce poil et cette crinière... oui... c'est un lion marin qui nous sera venu par la Normandie...

— Un lion marin! répètent les paysans, est-ce méchant?

— Ah! parbleu! cela mange un homme comme une huître!...

— Ah! mon Dieu! comment faire?... comment le prendre?...

— Mais, dit Claudine, il est peut-être mort... depuis ce matin il n'a pas changé de position...

— Mort?... ma foi... qui est-ce qui veut s'en assurer?...

— Si vous lui tiriez votre coup de fusil? dit le maire.

— Tirer dessus... c'est beaucoup risquer... souvent la balle glisse sur la peau de ces animaux...

— Visez dans l'oreille...

— Il faudrait la voir pour cela.

— N'importe, dit le maire, il faut que nous saisissions cet animal mort ou vif: ajustez-le bien, tirez, et nous allons, moi et les plus braves, vous faire un rempart avec nos pioches; et morgué, si la bête s'avance, nous la recevrons bien.

Le discours du maire ranime le courage des villageois; ils forment une ligne en levant leurs pioches, et sont prêts à frapper. Latouche, quoiqu'il ne s'en soucie guère, se décide à tirer. Il se place derrière la ligne, passant le canon de son fusil entre deux paysans. Il ajuste... il vise pendant cinq minutes... il lâche la détente enfin... et le fusil rate; ce qui est fort heureux pour Dubourg, qui ne sait pas à quel danger il vient d'échapper.

Le maire se désole, Latouche ne veut plus recommencer, les paysans sont toujours immobiles... lorsque tout à coup notre dormeur fait un mouvement, et se retourne en poussant un bâillement que l'on prend pour un rugissement. Aussitôt les plus braves lâchent leurs armes et reculent. On se foule, on se presse, on n'écoute plus que sa frayeur. Dans ce désordre, chacun pousse son voisin ou sa voisine pour se frayer un passage; les garçons tombent sur les filles, les femmes entraînent les hommes; Latouche grimpe sur un arbre; le maire est renversé par Bertrand; les plus lestes sautent par-dessus la haie, les plus lourds glissent en voulant courir. Claudine a fait la culbute, ainsi que plusieurs de ses voisines; et dans ce désordre, ces dames et ces demoiselles ont fait voir bien des choses qu'elles n'avaient pas l'habitude de montrer au soleil; mais alors personne n'y a fait attention, et les objets les plus séduisants n'arrêtent point les fuyards, parce que dans les grands événements on ne s'occupe point de pareilles bagatelles.

Cependant Dubourg s'est éveillé entièrement; il se frotte les yeux, et commence par se débarrasser de sa perruque qui l'empêche de voir clair, puis ôte son manteau qui l'étouffe. Il se lève, car il entend des cris, des plaintes, des mots qu'il ne comprend pas, enfin un tapage dont il est bien loin de soupçonner la cause. Il quitte le hangar; il s'avance... et reste saisi du tableau qui s'offre à ses regards: il y avait de quoi être étonné; cependant, comme parmi ce désordre, cette bagarre, il aperçoit des choses fort agréables, il avance toujours en disant:

— Je ne sais pas quelle mouche a piqué ces gens-là, mais voilà un pays où l'on a une singulière manière de recevoir les voyageurs; on y doit faire bien vite connaissance.

Le plus hardi de la bande villageoise, n'entendant plus les rugissements de l'animal, a, petit à petit, tourné la tête... il aperçoit la figure de Dubourg, qui, dans ce moment, ne regardait pas une figure; et les traits de l'étranger n'avaient rien d'effrayant lorsqu'ils étaient débarrassés de la maudite perruque.

— Et ben, queu que c'est donc que c't' homme-là, dit le paysan, et d'où sort-il? A ces mots chacun retourne la tête, et on regarde Dubourg, qui, après avoir galamment rabaissé la jupe de Claudine, et aidé la villageoise à se relever, répond au maire qui lui répète cette question:

— Je suis un pauvre diable, honnête homme, du reste, qui, cette nuit, me trouvant surpris par l'orage, et ne sachant où porter mes pas, ai pris la liberté de me coucher sur ces bottes de paille, où j'ai dormi tout d'un somme jusqu'à ce moment; ce qui, je l'espère, n'a fait tort à personne.

— Vous avez couché sous ce hangar? dit le maire.

— Sans doute.

— Et vous n'avez pas été mangé par la grosse bête? dit Bertrand.

— Quelle grosse bête?...

— Pardi, c'te bête à poils... à crins rouges, qu'était couchée là...

Dubourg se retourne, il voit sa perruque et son manteau; il devine le sujet de la frayeur des paysans et cède à une envie de rire qu'il est quelques moments sans pouvoir réprimer. Les villageois qui entendent rire, commencent à ne plus avoir peur; les fuyards s'arrêtent, les plus éloignés se rapprochent, les femmes se relèvent et rajustent leur toilette; tout le monde regarde Dubourg, on attend une explication; il retourne sous le hangar, prend d'une main son manteau, de l'autre sa perruque et revenant au milieu des villageois:

— Mes amis, leur dit-il, tenez, voici la bête qui vous a sans doute effrayés... Je la livre à votre colère.

En achevant ces mots, il jette sur le gazon la perruque et le manteau, et les paysans s'approchent, touchent ces objets et se mettent à rire avec Dubourg en disant:

— Quoi, c'était çà!... ah! mon Dieu! que nous étions donc bêtes!...

Alors Latouche descend du poirier sur lequel il était grimpé, et s'écrie:

— Je vous avais bien dit que cet imbécile de Bertrand, qui est poltron comme un lièvre, nous ferait une histoire en l'air, et prendrait une noisette pour un bœuf. Voyez si je me suis trompé!

— Morguienne! dit Bertrand, i' m' semble que cette noisette-là vous a aussi fait une rude peur! car vous êtes monté sur not' poirier plus vite qu'un chat, et vous avez renversé Claudine en courant.

— Taisez-vous, dit Latouche, que la réponse de Bertrand a rendu rouge comme un coq; taisez-vous, belître; je ne montais sur l'arbre qu'afin de mieux viser le prétendu animal.

— Et vous aviez jeté vot' fusil à terre!

— Par inadvertance, sans doute.

— Allons, allons, dit Dubourg, c'est moi qui suis cause de tout ce désordre; véritablement, sous ce manteau et cette perruque on pouvait de loin être effrayé ; les gens les plus braves ne se soucient pas toujours de se battre contre une bête féroce ; et certes il faut que M. Latouche soit bien courageux pour avoir osé tirer sur moi.

Ce discours adroit flatte tout le monde. Latouche reprend sa belle humeur.

— Cet étranger s'exprime fort bien, c'est à coup sûr un savant.

Dans la disposition où il avait mis les esprits, il ne tenait qu'à Dubourg de se donner encore pour un baron ; mais, depuis sa rencontre chez M. Chambertin, il ne se soucie plus de faire le seigneur ; et quand le maire lui demande d'où il vient dans un costume aussi singulier, il forge à l'instant une histoire de voleurs qui l'ont attaqué, pillé, ont étouffé ses cris avec cette perruque et l'avaient enveloppé dans le manteau probablement pour l'emporter dans leur caverne, lorsqu'un bruit de chevaux les ayant effrayés, ils se sont sauvés, et l'ont laissé ainsi au milieu des champs.

Ce récit intéresse vivement les villageois en faveur de Dubourg, qu'ils trouvent fort aimable depuis qu'ils n'en ont plus peur. Le maire dresse un procès-verbal, et Latouche s'écrie :

— Il y a longtemps que je dis qu'il y a des voleurs dans les environs... on m'a volé deux poules il y a huit jours, et cela ne s'est pas fait tout seul. Il faut faire une battue générale, mes enfants ; je me mettrai à votre tête, et vous savez comme je sais faire mes dispositions. Nous la commencerons immédiatement après celle que feront les gendarmes, d'après le procès-verbal de M. le maire.

En attendant la battue générale, on s'occupe de Dubourg, qui doit avoir besoin de se restaurer. C'est à qui le logera, le nourrira et le traitera ; chaque villageois lui offre de bon cœur une veste pour remplacer son manteau, et sa maison pour s'y reposer quelques jours. Dubourg donne la préférence à Bertrand, parce qu'il n'a pas oublié certaines choses qui lui ont donné dans l'œil lorsqu'il a aidé Claudine à se relever. La femme de Bertrand paraît très flattée de cet honneur ; elle fait la révérence à l'étranger, et en lui faisant la révérence elle sourit, et ce sourire disait bien des choses. Après tout ce que Dubourg avait été à même de voir, il était très glorieux de l'emporter sur ses voisines.

Le maire, comme chef de l'endroit, a l'avantage d'offrir une bonne grosse veste de laine en remplacement de l'habit que les voleurs ont pris à Dubourg. En récompense il s'adjuge le fameux manteau, dont il compte se faire une couverture pour l'hiver ; et M. Latouche obtient la perruque, qu'il a bien méritée pour la conduite qu'il a tenue dans cette affaire.

Chacun est retourné à ses travaux ; les uns regagnent leurs champs, les autres leurs chaumières. Bertrand, qui a un grand carré de terrain à labourer, va à son ouvrage en recommandant à sa femme d'avoir bien soin de monsieur en attendant son retour. Claudine le promet, et elle tient parole. La villageoise est active, obligeante ; elle a fort à cœur de prouver à l'étranger qu'il a bien fait de lui donner la préférence, et elle n'épargne rien pour qu'il soit content. De son côté, Dubourg veut effacer l'impression terrible que son apparition a faite dans le village ; et nous savons que Dubourg a un grand talent pour se faire bien venir des dames ; aussi, lorsque le soir Bertrand revient des champs, sa femme court au-devant de lui en disant :

— Ah ! jarni, not'homme, que nous étions donc bêtes d'avoir peur de ce monsieur ! il est fait comme tout le monde, vois-tu, et il a de l'esprit plus gros que toi !

Dubourg est fort bien traité par les villageois, et il trouve très commode de passer quelque temps au milieu de ces bonnes gens, qui veulent, par leurs soins, lui faire oublier sa mésaventure. Il paye son écot en contant le soir des histoires à la veillée. Pour les paysans, c'est un trésor qu'un homme qui parle pendant des heures entières de choses intéressantes, effrayantes et par conséquent amusantes. Dubourg est ce trésor-là, et, quand M. Latouche est présent à ses récits, il y mêle queques mots de latin ; alors celui-ci, qui ne le comprend pas, se retourne vers les villageois en disant :

— Tout cela est vrai, mes enfants, il vient de nous le jurer en allemand.

Mais au bout de quinze jours, Dubourg, las de conter le soir des histoires aux paysans, et le matin des fleurettes à leurs femmes, songe à quitter le village, afin de savoir des nouvelles de ses compagnons. Il a toujours intacts, dans sa poche, les cent francs qu'il a gagnés en faisant Hippolyte ; avec cela il peut se mettre en route sans être obligé de se déguiser en grosse bête. Malgré tout ce que peut faire Claudine pour le retenir encore, il est décidé à partir. Il remercie le maire, Latouche et tous les habitants de l'endroit de l'accueil qu'il a reçu chez eux. Il remercie plus particulièrement Bertrand, et surtout sa femme ; puis, tenant à la main un gros bâton noueux, qui s'accorde avec sa veste, et un grand chapeau rabattu qui remplace sa perruque, il se met en route en se disant :

— Ceux qui m'ont vu faire le seigneur ne me

reconnaîtront pas, c'est précisément ce que je désire.

Cependant Dubourg juge prudent de ne pas passer par Voreppe, où il pourrait rencontrer M. Floridor ou quelqu'un faisant partie de sa troupe. Il ne veut pas non plus traverser Grenoble, où M. Durosey pourrait encore l'attendre, et les yeux d'un créancier sont difficiles à tromper. C'est du côté de Vizille qu'il se dirige ; c'est là qu'il espère trouver encore Frédéric, ou du moins apprendre de ses nouvelles.

Il marche gaiement chantant, tout le long du chemin, et mangeant sur l'herbe des provisions dont Claudine a rempli ses poches, car les femmes pensent à tout... Dubourg bénit la prévoyance de madame Bertrand et se dit:

— Comment pourrais-je m'attrister, quand j'ai eu cent fois la preuve que des êtres aimables s'intéressaient à mon sort! Buvons à la santé de Claudine, de madame de Chambertin, de Goton, de la petite Delphine... et de tant d'autres, qui m'ont fait passer des heures agréables et qui me laisseront de si doux souvenirs.

Il boit de l'eau d'un ruisseau, mais il s'accommode de tout. D'ailleurs, il a de l'argent et pourrait avoir du vin, c'est une raison pour que l'eau lui semble moins mauvaise. A la fin du jour il approche de Vizille, et se dit :

— Si M. le comte a appris par Ménard les amourettes de Frédéric, il aura été le chercher dans le bois, et je ne l'y trouverai plus; mais j'y trouverai la jolie blonde, et elle me dira ce qui est arrivé.

Dubourg ne sait pas que la pauvre petite ne peut rien lui dire. Il traverse la vallée, entre dans le bois, cherche, appelle, ne rencontre personne, et aperçoit enfin la chaumière. Il entre... le jardin est désert... il pénètre dans la maisonnette, ne trouve que la vieille Marguerite, qui sommeille dans son grand fauteuil.

Dubourg quitte la cabane, étonné de ne point voir la jeune fille; il craint que l'histoire qu'il a forgée à Ménard ne soit trouvée vraie, et que Frédéric n'ait emmené sa petite. Il va se rendre au village pour tâcher d'avoir des nouvelles de sœur Anne, lorsqu'en traversant un sentier du bois il l'aperçoit qui regagne lentement sa demeure.

La démarche de la jeune fille est si triste, sur tous ses traits se peint une douleur si profonde, que Dubourg en est attendri. Il la contemple quelques instants et se dit :

— Pauvre petite, il est parti... et ne t'a pas emmené! ne vaudrait-il pas mieux pour toi qu'il ne fût jamais venu!

Dans ce moment, sœur Anne entend marcher près d'elle, elle aperçoit quelqu'un... elle court avec la promptitude de l'éclair... Arrivée devant Dubourg, elle s'arrête; ses traits, qu'animait l'espérance, reprennent de nouveau tous les signes de la douleur, elle secoue tristement la tête :

Ce n'est pas lui !...

Mais Dubourg parle... elle reconnaît sa voix... elle le regarde avec plus d'attention, et bientôt la joie vient encore ranimer son cœur. C'est un ami de Frédéric, c'est celui qui est venu une fois le chercher, et sans doute il lui annonce son retour. Elle s'approche de lui, ses yeux l'interrogent, elle attend avec impatience qu'il s'explique, et Dubourg étonné lui demande alors ce qu'est devenu Frédéric.

Le nom de Frédéric la fait tressaillir... elle indique la route qu'il a prise... compte sur ses doigts les jours qui se sont écoulés depuis son départ, et semble lui demander s'il ne le ramène pas.

Ces signes font enfin comprendre à Dubourg le triste état de sœur Anne, et il ne cherche plus qu'à la consoler; mais pour elle il n'y a point de consolation, point de bonheur sans Frédéric.

— Pauvre fille ! dit Dubourg ; il avait bien raison de m'assurer qu'elle ne ressemblait à aucune de celles qu'il a connues!... Mais la laisser dans ce bois... ah! c'est fort mal! tant de grâces, de charmes, vivre dans une cabane, c'est un meurtre!... J'ai vraiment envie de l'emmener à Paris.

— Pourquoi ne l'avez-vous pas suivi? lui dit-il; qui vous retient dans ce bois?... Venez avec moi, mon enfant, nous retrouverons Frédéric, ou si nous ne le trouvons pas, il y en a mille autres qui seront trop heureux de le remplacer.

Sœur Anne le regarde avec étonnement : elle semble ne pas le comprendre; mais lorsqu'il fait un geste pour l'emmener, elle s'éloigne vivement de lui, et désignant sa cabane, lui fait entendre qu'il y a là quelqu'un qu'elle ne peut pas quitter. Ah! sans Marguerite, avec quel empressement elle suivrait Dubourg! car elle croit qu'il la conduirait sur-le-champ dans les bras de son amant. Mais abandonner celle qui a pris soin de son enfance, qui lui a tenu lieu de mère, l'abandonner alors que la pauvre femme, accablée par l'âge, a le plus besoin de son secours! une telle pensée n'entre pas dans l'âme de la jeune muette : l'ingratitude est un vice étranger à son cœur.

— Allons, lui dit Dubourg, restez donc dans ce bois, pauvre petite, et puissiez-vous y retrouver la paix et le bonheur!

Les yeux de sœur Anne l'interrogent de nouveau.

— Oui, oui, lui dit-il, il reviendra... vous le

Vous avez donc tous les talents ? lui dit-il. (Page 110.)

reverrez.... je n'en doute pas..... séchez vos pleurs.... Bientôt, sans doute, il viendra vous consoler.

Ces mots font briller un rayon d'espérance sur la figure pâle et mélancolique de la jeune muette. Elle sourit à Dubourg, qui vient de lui faire cette promesse; puis, lui adressant avec sa tête un dernier signe d'adieu, elle le quitte pour retourner près de Marguerite.

Alors Dubourg sort du bois, et malgré son insouciance, il ne chante plus en traversant la vallée et en regagnant la route. Il a le cœur serré de l'image de cette infortunée, à laquelle il a donné un espoir qu'il pense ne devoir point se réaliser. Jamais il n'avait été ému à ce point; pendant plusieurs lieues encore il pense à sœur Anne, et répète :

— Pauvre fille, c'était bien la peine !

Mais enfin le souvenir de sa situation le ramène à son humeur naturelle. Il donne à un fripier sa veste et son chapeau, et avec quelques écus se rhabille plus convenablement, puis se dispose à prendre la route de Lyon, d'où il compte revenir à Paris :

C'est là qu'il espère retrouver ses deux compagnons de voyage.

CHAPITRE XIX

ILLUSIONS DU CŒUR. — INCONSTANCE ET FIDÉLITÉ

La chaise de poste qui emmenait Frédéric à Paris allait comme le vent. Le comte de Montreville voulait se hâter d'arracher son fils à ses souvenirs, et paraissait impatient d'arriver.

La route se faisait silencieusement : Frédéric ne pensait qu'à sœur Anne ; son père rêvait au moyen de rendre son fils raisonnable, et Ménard songeait à tous les mensonges que lui avait débités le faux baron polonais.

Cependant le comte n'adresse plus un seul reproche à Frédéric, il paraît avoir oublié tous ses sujets de mécontentement ; et Ménard, qui craint toujours les regards sévères de M. de Montreville, parce qu'il sent bien que sa conduite n'a pas été exemplaire, commence à respirer plus librement et à se permettre de lever le nez.

On arrive à Paris. Avant que M. Ménard prenne congé du comte, Frédéric trouve l'occasion de lui parler en particulier, et lui demande des nouvelles de Dubourg. Ménard garde un moment le silence. Il se pince les lèvres comme quelqu'un qui ne sait pas s'il doit se fâcher ; enfin il répond d'un air qu'il veut rendre malin :

— C'est de M. le baron Potoski que vous désirez avoir des nouvelles.

— Du baron, de Dubourg, nommez-le comme vous voudrez...

— Ma foi, monsieur, je pourrais le nommer un peu impertinent pour tous les contes qu'il m'a débités... Se dire palatin...

— Allons, mon cher Ménard, oubliez tout cela...

— Et sa tabatière du roi de Prusse !...

— C'était une plaisanterie...

— Ah ! c'est surtout ce tokai de la cave de Tekély sur lequel je comptais...

— Songez que j'ai eu autant de torts que lui en l'autorisant à vous tromper...

— C'est ce qui me ferme la bouche, monsieur le comte ; d'ailleurs, sans son étourderie et sa passion pour le jeu, ce serait un homme de mérite. Il est instruit, il connaît ses classiques...

— Mais enfin qu'est-il devenu?... où l'avez-vous laissé ?...

— Je l'ai laissé faisant *Hippolyte* et venant me chercher pour entrer en scène.

Frédéric ne comprenant rien à cela, Ménard lui explique les aventures de la petite ville, dont tout autre que le jeune comte aurait ri ; mais celui-ci entend seulement que Dubourg est resté dans un embarras, et ne prévoit pas quand il pourra le revoir, ce qui le chagrine beaucoup, car il voudrait envoyer Dubourg près de sœur Anne, pour calmer les inquiétudes de la jeune fille, et lui donner de ses nouvelles.

Le comte de Montreville a congédié M. Ménard en lui donnant une somme raisonnable, non pas pour la manière dont il a veillé sur son fils pendant son voyage, mais pour le temps qu'il a perdu. Ménard va dire adieu à son cher élève, en se recommandant à son souvenir, dans le cas où il voudrait plus tard recommencer ses voyages autour du monde.

Plusieurs jours se sont écoulés depuis que Frédéric est de retour à Paris. Le souvenir de la jeune muette est sans cesse présent à sa pensée. Il se la représente dans le bois, attendant son retour, guettant son arrivée, et désolée de son abandon. Chaque instant augmente ses tourments et son désir de revoir sœur Anne. Mais comment faire ? il n'ose plus quitter son père ; il est sans argent, et pour la première fois, l'intendant lui en a refusé par ordre de M. le comte, qui craint que son fils ne s'en serve pour recommencer ses voyages, et ne se soucie plus de le laisser partir.

Chaque jour Frédéric fait des projets les plus extravagants ; il veut partir à pied, courir rejoindre sa jeune amie, puis se cacher avec elle dans le fond d'une forêt. Mais sœur Anne ne peut pas quitter Marguerite ; il faudra donc rester dans le bois, et là son père le retrouvera facilement, car Ménard lui a tout conté.

Comment donc faire?... écrire? hélas ! la pauvre petite ne sait pas lire... elle ne sait rien... qu'aimer !... et c'est bien peu dans le siècle où nous sommes !

Frédéric ne va que rarement dans le monde où il se déplaît. En vain la jolie petite madame Dernange a recommencé ses agaceries, il n'y fait plus attention ; et celle-ci, piquée de son indifférence, emploie toutes les ressources de la coquetterie pour le ramener à ses genoux ; mais Frédéric n'est pas sa dupe, il a aimé véritablement. Il reconnaît la légèreté de tous ces sentiments d'amour-propre, de ces caprices des sens que l'on prend pour de l'amour, tant que l'on n'a pas connu le véritable.

Le comte traite son fils avec froideur, mais ne lui parle jamais de tout ce qui a rapport à ses aventures dans le Dauphiné. Il évite au contraire d'aborder ce sujet ; et lorsque Frédéric, voulant pressentir les sentiments de son père, se hasarde à dire quelques mots sur son séjour à Grenoble, sur les environs de cette ville, et sur ce joli village de Vizille, un regard sévère du comte lui ferme la bouche et ne lui permet pas de continuer.

Frédéric a déjà couru vingt fois dans les divers logements que Dubourg a habités à Paris ; mais dans aucun on ne l'a revu. Il va voir Ménard, et le charge de faire son possible pour rencontrer Dubourg, qui est peut-être revenu et n'ose se présenter chez lui, de crainte d'être aperçu par M. de Montreville.

— Et si je le découvre ? dit Ménard.

— Vous me l'enverrez sur-le-champ.

— Vous l'envoyer ! je m'en garderais bien !... Peste ! M. le comte votre père ne l'a pas bien traité quand il l'a aperçu en Hippolyte... Il est vrai que le costume lui allait mal.

— Vous lui direz de m'écrire, ne peut-il me voir dehors s'il craint de venir à l'hôtel?... suis-je donc gardé à vue?... Ah ! monsieur Ménard... je n'y puis plus tenir... Chaque jour augmente mon supplice !... il faut que je la revoie, il faut au moins que j'aie de ses nouvelles...

— Des nouvelles ! de qui?

— De celle que j'adore, de celle... que j'ai été forcé d'abandonner pour vous suivre...

— Ah !... j'entends... de la petite du bois. M. Dubourg m'avait dit que vous l'aviez mise dans ses meubles, que vous étiez parti avec elle.

— Plût à Dieu que je l'eusse fait !... Maintenant je serais près d'elle. Ah ! mon cher monsieur Ménard... si vous étiez un autre homme... Mais vous êtes bon, sensible, vous m'aimez, et vous me rendriez la vie si vous consentiez à aller lui dire que je l'adore plus que jamais !...

— J'en suis fâché, monsieur le comte, mais je n'irai pas lui dire cela ni autre chose. Je ne servirai pas une passion que monsieur votre père désavoue ; il n'a déjà que trop à se plaindre de ma négligence. Je vous aime infiniment, et c'est pour cela que je ne vous aiderai point à continuer une liaison coupable qui ne vous mènerait à rien. Monsieur votre père sait bien ce qu'il fait ; il était temps qu'il arrivât... nous ne faisions tous que des sottises, moi le premier. Sa présence a rétabli l'équilibre... Il vous a arraché à la tentation ; cela vous afflige, et cependant c'est ce qu'il pouvait faire de mieux : *Qui bene amat, bene castigat, experto crede Roberto.*

Frédéric rentre chez lui pour penser à sœur Anne, pour chercher un moyen de la revoir. S'il savait qu'elle porte dans son sein un gage de son amour, rien alors ne pourrait le retenir à Paris. Il partirait, il braverait la colère de son père. Mais il ignore cette circonstance, et il reste en disant : tous les jours :

— Je partirai

Le comte fait prier son fils de venir le trouver, et Frédéric se présente devant son père, le front toujours chargé d'ennui.

— On ne vous voit plus dans le monde, lui dit le comte, vos voyages vous auraient-ils donc rendu misanthrope ?

Frédéric se tait : c'est ce que l'on a de mieux à faire lorsqu'on ne sait que dire.

— Je désire que vous m'accompagniez ce soir, reprend le comte ; je vais chez un de mes anciens frères d'armes, le général Valmont. Après un long séjour dans ses terres, il vient passer quelque temps à Paris. Il désire vous voir : je veux vous présenter à lui.

Frédéric s'incline et se dispose à suivre son père. Il lui a entendu quelquefois parler de ce M. de Valmont, avec lequel il a fait la guerre, et qui doit être à peu près de son âge. Il ne voit rien d'étonnant à ce que son père veuille le présenter à son ancien ami.

On part. Le comte de Montreville est plus aimable avec son fils, et celui-ci s'efforce de paraître moins triste. La voiture s'arrête devant la demeure de l'ancien général. Le comte et son fils se font annoncer, et M. de Valmont vient au-devant d'eux. Au premier abord, sa figure prévient en sa faveur. Le général a de la rondeur dans ses manières ; ses traits respirent la franchise et la gaieté. Il court embrasser son ancien ami, il tend la main à Frédéric, la lui serre avec cordialité, et paraît charmé de le voir.

Après les premiers compliments, le général engage ces messieurs à passer avec lui dans une pièce voisine.

— Tu m'as montré ta famille, dit-il au comte, il faut à mon tour que je te montre la mienne ! Cela t'étonnera peut-être... que moi, vieux garçon, j'aie aussi de la famille... elle ne me tient pas de si près, à la vérité, mais ne m'en est pas moins chère.

En disant ces mots, le général fait entrer le comte et son fils dans une autre pièce, où une jeune personne était assise devant un piano.

A l'entrée des étrangers, elle se lève vivement.

— Constance, lui dit le général, c'est mon ami, le comte de Montreville et son fils ; messieurs, je vous présente ma nièce... ma fille... car je l'aime autant que si j'étais son père.

Constance fait aux deux étrangers, une révérence pleine de grâce. Frédéric la regarde... il ne peut faire autrement que de la trouver charmante. Quant au comte, un sourire de contentement perce dans ses traits. Je crois que le malin vieillard avait déjà entendu parler de mademoiselle Constance, et qu'en conduisant son fils chez le général il avait son projet.

Constance est d'une taille élégante ; son abord a quelque chose de doux, de modeste, qui prévient en sa faveur. Elle est blonde, et son teint est légèrement coloré. Ses grands yeux bleus, qu'embellissent de longs cils noirs, ont un charme dont on ne peut se rendre compte ; sa physionomie est aimable et franche ; chacun de ses mouvements est gracieux, et Constance n'a pas l'air de s'en douter. Bien loin de chercher à briller, elle semble vouloir se dérober à l'admiration qu'elle fait naître.

Les deux vieux amis se sont mis sur le chapitre de leurs guerres, de leurs aventures de jeunesse, et à soixante ans on a de quoi causer longtemps sur ce chapitre-là. Il faut donc que Frédéric entretienne la nièce du général, et quoique l'on ait le cœur triste, on n'aime pas à ennuyer une jolie femme, on fait alors quelque effort pour oublier un moment son chagrin, afin de ne point paraître trop maussade. C'est ce que notre jeune homme tâche de faire en causant avec mademoiselle Constance, qui cause fort agréablement, et, sans montrer la moindre prétention, laisse voir un esprit juste, cultivé, un grand amour pour les arts, et une candeur, une modestie, qui répandent un charme de plus sur tout ce qu'elle dit. Ce n'est point une jeune demoiselle qui sait tout, discute et tranche sur tout, comme nous en avons tant, que l'on a la bonté d'appeler de petits prodiges, parce qu'elles babillent pendant deux heures avec une assurance surprenante, et qu'il est d'usage de trouver charmant tout ce que débite une jolie bouche, quand bien même cela n'aurait pas le sens commun.

Dieu vous garde des prodiges, lecteur, surtout en fait de femmes ! Il n'y a rien de si bon que le simple, le modeste, le naturel : c'est toujours à cela qu'il faut retourner. Ces qualités n'excluent point l'esprit et les connaissances, mais elles y ajoutent un vernis de douceur et de modestie qui leur donne un attrait de plus, et que l'on ne trouve jamais chez les autres.

Les jeunes gens parlaient peinture, musique, campagne : tout à coup le général dit à sa nièce :

— Chante-nous quelque chose, Constance... mets-toi devant ton piano, et fais-toi entendre ; j'aime que l'on chante, moi, et cela amusera ce jeune homme.

Constance ne se fait pas prier ; elle se met au piano et chante en s'accompagnant fort bien ; sa voix est douce et pleine d'expression ; elle n'a pas une grande étendue, mais Constance chante avec tant de goût qu'on ne se lasse pas de l'écouter. Frédéric l'écoute avec beaucoup de plaisir : il n'a pas encore entendu de voix qui lui ait plu autant, Constance chante plusieurs morceaux, jusqu'à ce que son oncle lui dise :

— C'est bien, c'est très bien ; tu es obéissante, et tu n'as pas fait toutes ces petites façons pour chanter. Ah! morbleu ! c'est que je n'aime pas les simagrées, moi.

Le comte et son fils unissent leurs éloges, et remercient Constance, qui reçoit leurs compliments en rougissant. Mais il y a déjà près de deux heures qu'ils sont chez le général ; le comte fait ses adieux :

— J'irai te voir, lui dit son ami ; je viens d'acheter dans les environs une petite maison de campagne pour mademoiselle, qui me fait enrager avec ses champs et ses oiseaux. J'espère que tu viendras avec ton fils avant que la saison soit plus avancée.

Le comte le promet et remonte en voiture avec Frédéric, auquel il se garde bien de parler de la nièce du général. La vue de Constance devait faire plus que tous les discours d'un père. Frédéric ne dit rien non plus : il songe de nouveau à la pauvre muette du bois... Depuis deux heures!... il l'avait presque oubliée... Deux heures!... ce n'est rien encore ; mais sœur Anne ne l'oublie pas une minute.

Trois jours après cette visite, le général vient avec sa nièce dîner chez le comte de Montreville, qui a chez lui une nombreuse réunion. En apprenant qu'il va se trouver avec mademoiselle de Valmont, Frédéric éprouve une certaine émotion, qu'il attribue à la contrariété d'être obligé de cacher encore sa tristesse. En était-ce bien la véritable cause ?

Le général est comme à son ordinaire, gai, franc et sans façons : sa nièce est toujours jolie, aimable et sans prétentions. Dans une grande réunion, il est plus facile d'être seule qu'en petit comité, et Frédéric revient toujours se placer auprès de Constance. Il pense que c'est simplement par politesse, et qu'il doit des soins particuliers à la nièce du général ; mais il ne peut se dissimuler que Constance est de toute la société celle qui lui plairait le plus si l'on pouvait encore lui plaire. Avec elle on peut causer sans chercher ce que l'on va dire. Ce ne sont point de fades épigrammes, des phrases banales, qu'il entend sortir de sa bouche : Constance n'est pas exclusivement occupée de la toilette des autres femmes ; elle ne les passe pas en revue pour les critiquer l'une après l'autre ; ce qui est ordinairement le fond de la conversation d'une jeune femme. Avec elle il se sent plus libre, plus à son aise : il lui semble qu'il la connaît déjà depuis longtemps ; elle sourit si agréablement lorsqu'il va se placer à côté d'elle ; sa voix a quelque chose de si tendre, ses yeux sont si doux, qu'il est bien naturel de préférer sa conversation à toutes les autres ; lors même qu'il ne lui dit rien, il éprouve encore un charme secret. Frédéric, quoiqu'il s'efforce de surmonter sa tristesse, conserve auprès de Constance un air de mélancolie qui ne lui va pas mal, et les femmes se laissent souvent séduire par ces airs-là. Lorsqu'il est rêveur, Constance le regarde avec intérêt, ses yeux semblent lui dire : Vous avez des chagrins?... Et en lui parlant sa voix est encore plus douce, ses manières plus affectueuses : on dirait que, sans les connaître, elle prend part à ses peines, ou qu'elle cherche à les faire oublier.

Plusieurs demoiselles ont fait briller leur talent et leur voix en s'accompagnant de la harpe ou du piano, mais Frédéric n'a entendu que mademoiselle de Valmont. Elle n'a chanté qu'une romance, mais elle l'a chantée si bien ! En l'écoutant, Frédéric la considère plus attentivement qu'il n'a osé le faire. Soit un effet du hasard, soit une illusion de son cœur, il trouve dans les traits de Constance beaucoup de ressemblance avec ceux de sœur Anne... la même douceur, la même expression: et si la pauvre orpheline pouvait parler, sans doute elle aurait une voix aussi tendre, aussi expressive. Frédéric en écoutant Constance se persuade qu'il entend sœur Anne, et ses yeux se mouillent de pleurs. Plein de cette idée, et trouvant à chaque instant de nouveaux rapports dans les traits, il ne perd plus de vue mademoiselle de Valmont. Elle a cessé de chanter, et Frédéric est de nouveau près d'elle, et ses regards, qu'il attache sur elle, ont un feu, une expression nouvelle. Constance s'en aperçoit, elle baisse les yeux ; un vif incarnat vient colorer ses joues ; mais si Frédéric en la regardant aussi tendrement croit toujours voir la petite muette, n'aurait-il pas dû au moins prévenir mademoiselle de Valmont du véritable objet qui l'occupe? et Constance n'est-elle pas en droit de croire que le fils du comte de Montreville ne la voit pas avec indifférence?

La soirée a passé bien rapidement pour Frédéric. Le général et sa nièce sont partis en annonçant qu'ils se rendaient le lendemain à leur campagne, où le général déclare qu'il attend avec impatience le comte et son fils.

Lorsque Constance est éloignée, Frédéric se retrouve de nouveau seul au milieu de la société; et aussitôt qu'il peut disparait, il se hâte de regagner son appartement pour penser... à Constance? oh! non, non, à sœur Anne; c'est toujours la pauvre petite qui l'occupe; mais est-ce sa faute, si parfois le souvenir de mademoiselle de Valmont se mêle à celui de la jeune muette! Cela vient de la ressemblance qui existe entre elles. Un cœur aimant retrouve partout celle qu'il adore... Il la revoit où elle n'est pas... Il l'aime dans une autre qui lui rappelle son image... Voilà pourquoi il ne faut pas plus se fier aux gens sentimentals qu'aux étourdis.

Plusieurs jours se sont écoulés : Frédéric n'a point de nouvelles de Dubourg, qui probablement n'est pas encore de retour à Paris. Le jeune comte est toujours triste et pensif, mais sa mélancolie a quelque chose de doux. Le souvenir de sœur Anne le fait souvent soupirer..... Il désire vivement la revoir; mais il ne forme plus de ces projets extravagants qui dans les premiers jours de son arrivée à Paris lui semblaient si faciles à exécuter. Il voudrait faire le bonheur de sœur Anne, assurer à jamais son repos, sa félicité; mais il songe à l'avenir, et il est plus que jamais certain que son père ne consentira pas à la lui donner pour femme. Il se dit quelquefois : Que ferions-nous?... quelle serait la suite de cette liaison?... on ne peut pas vivre toujours dans un bois! L'homme est fait pour la société, et sœur Anne ne peut y être présentée... elle ignore tout ce qu'il est indispensable de savoir.

Pauvre petite! pourquoi n'a-t-il pas fait toutes ces réflexions lorsqu'il t'a vue pour la première fois sur les bords du ruisseau?... Mais alors tu lui semblais charmante, telle que tu étais; ton ignorance te rendait mille fois plus piquante à ses yeux : et maintenant... Hum !... je le répète, les hommes si sensibles ne valent pas mieux que les autres.

Un matin, le comte propose à son fils de partir pour la campagne du général; Frédéric est toujours aux ordres de son père, mais il se hâte de donner un peu plus de soin à sa toilette. Quoique l'on ne cherche pas à plaire, on ne veut pas faire peur. Le comte remarque les moindres actions de son fils, et il ne lui parle pas plus de mademoiselle de Valmont que de toute autre personne.

La maison de campagne du général est dans les environs de Montmorency; les voyageurs y arrivent vers midi. En descendant de voiture, Frédéric éprouve un battement de cœur qu'il attribue au plaisir de revoir une femme dont les traits lui rappellent celle qu'il aime. Il est en effet bien ému, et en entrant dans la maison ses yeux cherchent mademoiselle de Valmont... Mais il ne voit que le général, qui leur fait l'accueil le plus aimable.

— Vous resterez quelques jours ici, dit-il, je vous tiens, et je ne vous laisserai pas partir de sitôt. Nous causerons, nous rirons, nous chasserons, nous ferons la partie... ma nièce nous fera de la musique; enfin nous passerons le temps le plus gaiement que nous pourrons.

Frédéric cherchait des yeux cette nièce qu'il ne voyait pas; et comme le général venait déjà de citer à son père une de leurs campagnes, et que cela pouvait le mener loin... il se hasarda à demander de ses nouvelles.

— Elle est sans doute dans le jardin, dit le général, à sa volière, ou à ses fleurs, ou à son belvédère..... Allez, allez, jeune homme, cherchez-la, corbleu! c'est votre affaire; à votre âge, une jolie figure m'aurait fait courir depuis Paris jusqu'ici.

Frédéric profite de la permission; il descend dans un jardin qui paraît fort beau, et s'avance au hasard, cherchant des yeux mademoiselle Constance. Il passe près de la volière, elle n'y est point; il s'enfonce dans une allée de tilleuls, au bout de laquelle le terrain s'élève, et conduit par un chemin tournant à une espèce de plate-forme d'où l'on découvre au loin un charmant paysage. C'est sans doute ce que le général appelle le belvédère, car Constance y est assise, et tenant sur ses genoux un carton de dessin, s'occupe à esquisser une vue de la belle vallée que l'on aperçoit de cet endroit. Elle ne voit pas venir Frédéric, parce qu'elle tourne le dos au chemin qui mène au belvédère, et le jeune homme s'est approché et penché au-dessus de son épaule sans qu'elle ait été distraite de son occupation.

— Vous avez donc tous les talents? lui dit-il.

Constance lève la tête, l'aperçoit, et un sentiment de plaisir se peint dans ses yeux, tandis que son sein palpite avec plus de force. Elle veut aussitôt quitter son dessin.

— Continuez, de grâce, dit Frédéric; je ne viens point interrompre vos études.... je désire plutôt les partager. D'ailleurs M. votre oncle veut que nous restions quelques jours ici; il ne faut donc pas que notre présence change en rien vos habitudes...

— Et... nous ferez-vous en effet le plaisir de rester quelque temps? dit Constance d'une voix émue.

— Mais sans doute... Je pense bien que mon père n'aura pas refusé à son ancien ami... Il se trouve trop bien avec lui.

— Je crains, monsieur, que vous, qui n'avez pas le même motif pour vous plaire en ces lieux, ne regrettiez bientôt les plaisirs de Paris... Ici nous ne recevons que peu de monde .. Vous allez vous ennuyer...

— Vous me jugez bien mal, si vous croyez que je puis m'ennuyer près de vous...

— Ah! pardon... Je disais cela... par crainte; mais au fait, si vous aimez les champs, la musique, le dessin et la lecture, vous devez aussi vous plaire à la campagne.

Frédéric ne répond rien; il regarde attentivement Constance, et son cœur est oppressé par mille sentiments divers; il revoit dans ses traits une image toujours aimée... Il se transporte en idée dans le petit bois au bord du ruisseau; une teinte de tristesse obscurcit son front; un profond soupir s'échappe de son sein. Ce n'est qu'au bout de quelques minutes que, paraissant sortir d'un rêve, il répond à Constance :

— Oui, j'aime beaucoup la campagne

La jeune personne le regarde avec étonnement, et sourit; puis voyant qu'il n'en dit pas davantage, elle reprend son dessin et veut continuer son paysage : mais la présence de Frédéric lui cause une sorte d'embarras; sa main tremble en conduisant son crayon, et elle ne sait plus ce qu'elle fait.

Frédéric continue de la regarder en silence; il admire sa grâce, son maintien, son air à la fois aimable et décent. Il se dit : Si sœur Anne eût reçu de l'éducation, elle serait comme elle : elle aurait sa tournure, ses talents; elle s'exprimerait aussi bien. Et il commence à trouver que, loin de nuire aux grâces, aux attraits d'une femme, l'éducation leur donne un charme de plus.

La conversation languit entre les deux jeunes gens, car Frédéric retombe souvent dans ses rêveries; malgré cela, le temps passe vite, il semble qu'ils se trouvent bien l'un auprès de l'autre, et que cela leur suffit. Pour Frédéric, il passerait volontiers toute la journée à regarder Constance et à faire des comparaisons. La jeune personne s'aperçoit qu'il la considère sans cesse; mais les yeux de Frédéric sont si doux, il y a dans leur expression quelque chose de si tendre et de si touchant, qu'une femme ne peut pas se fâcher d'être regardée ainsi.

L'arrivée des deux vieux amis arrache les jeunes gens à cette situation, dans laquelle ils se plaisaient sans oser se l'avouer à eux-mêmes. Le général montre au comte toutes les beautés de son jardin, et le belvédère en est une. Le comte en paraît fort satisfait, car en y montant il a remarqué certain trouble, certaine émotion qui ne contribuent pas peu à lui plaire dans le belvédère. Le général ne voit pas tout cela : il n'est pas observateur comme son ami.

— Ma nièce, dit le général, voilà deux hôtes qui nous arrivent : tâche de faire si bien les honneurs qu'ils ne songent pas de longtemps à quitter cette maison.

— Je ferai de mon mieux, dit Constance en rougissant.

— Mademoiselle, dit le comte, il suffit de vous y voir pour y être déjà retenu.

Frédéric ne dit rien, mais il regarde Constance, qui, tout en remerciant le comte, a jeté sur lui un regard furtif, comme pour s'assurer s'il pensait de même.

Après le dîner, deux voisins viennent chez le général. L'un est un grand joueur de billard qui ne dormirait point s'il n'avait pas fait sa partie; l'autre, un peu plus jeune et qui a servi, n'épargne pas non plus ses récits de campagne, qu'il entremêle de galanteries et de compliments à mademoiselle de Valmont.

Frédéric laisse ces messieurs jouer au billard, pour rester auprès de Constance et l'entendre chanter ou toucher du piano.

— Ne vous gênez pas pour me tenir compagnie, lui dit-elle; songez que nous ne sommes pas à Paris.

— A moins que cela ne vous déplaise, répond Frédéric, je préfère rester auprès de vous.

Constance sourit, et il est facile de voir que cela ne lui déplait pas.

A la campagne, et surtout chez le général, règne la plus aimable liberté. Dans la journée, chacun se livre à ce qui lui plait; souvent le comte et son ami vont faire des promenades dans les environs. Frédéric reste avec Constance : c'est dans le jardin qu'ils passent ensemble une partie des journées.

— Il faut profiter des derniers beaux jours, dit Constance; l'hiver arrive, et je viens dire adieu à mes arbres, à mes fleurs, à mes oiseaux. Mais je les reverrai, cet adieu n'est pas éternel.

— Vous ne retournerez donc pas habiter la terre de votre oncle?

— Oh! non : cette maison me plaît davantage; il l'a achetée pour moi, et il me permettra d'y passer sept mois de l'année. L'hiver nous reviendrons à Paris. Mon oncle est si bon! Il fait tout ce que je veux, car il m'aime tant!

— Et qui pourrait ne pas vous...

Frédéric n'achève pas; il s'arrête, comme fâché de ce qu'il allait dire; et Constance, surprise, baisse les yeux et se tait; mais elle commence à s'accoutumer aux bizarreries du jeune homme. Parfois, lorsqu'il reste longtemps auprès d'elle sans rien dire, et qu'il paraît triste et chagrin, elle est tentée de lui demander ce qui l'afflige; mais elle n'ose; elle se tait et soupire aussi, sans savoir pourquoi. La mélancolie est un mal qui se gagne entre deux jeunes gens de sexe différent. Souvent les heures de silence sont plus dangereuses qu'une conversation dont la galanterie ferait les frais.

Cependant, chaque jour une intimité plus tendre s'établit entre Frédéric et Constance : à peine huit jours se sont écoulés, et il ne règne plus entre eux cette réserve, ce ton de galanterie et de société qui n'est jamais le ton de l'amitié ni de l'amour. Le comte parle de retourner à Paris, et Frédéric s'étonne de n'y avoir pas songé : ces huit jours ont passé si vite!... En y réfléchissant, il est presque fâché contre lui; il a des remords d'avoir eu du plaisir... Mais les remords ne viennent jamais qu'après. Puis il se dit :

— Non, je n'ai point oublié sœur Anne... C'est toujours elle que je vois dans Constance... C'est à elle que je pense en regardant les traits si doux de mademoiselle de Valmont; c'est près d'elle que je crois être, lorsque, assis près de Constance, j'éprouve une émotion délicieuse.

Et c'est probablement en songeant encore à sœur Anne, que, la veille du jour où il doit retourner à Paris avec son père, Frédéric, assis dans le jardin, près de Constance, a pris sa main et l'a tenue longtemps dans les siennes. Cette main, Constance ne la retire pas... Elle baisse les yeux et paraît vivement émue. Frédéric garde le silence, mais il presse sa main bien tendrement, et, sans y penser peut-être, l'aimable fille lui rend ce signe de tendresse.

Le jeune homme éprouve alors un trouble nouveau : il abandonne la main qu'il tenait... il s'éloigne vivement de Constance, qui lève la tête, et voyant son agitation, lui sourit avec ce charme qui retient, qui entraîne, puis lui dit :

— Vous partez donc demain?

Frédéric se rapproche et balbutie :

— Il le faut... J'aurais dû partir plus tôt peut-être... et cependant... Ah! oui, c'est elle... c'est toujours elle que je vois... Je voudrais sans cesse rester auprès de vous... J'y suis si bien!... Ah!... pardonnez, mademoiselle, je ne sais où je suis...

Constance ne comprend pas trop ce discours-là, mais les amants ne savent pas toujours ce qu'ils disent, ou le disent souvent fort mal, et elle pardonne volontiers, parce qu'elle interprète tout cela suivant son cœur, qui lui dit que Frédéric l'adore; et ces choses-là paraissent toujours bien exprimées, car en amour les yeux parlent autant que la voix.

Le comte emmène son fils à Paris, et jamais un mot touchant Constance. Ah! monsieur le comte, vous avez votre tactique, et vous savez bien ce que vous faites. A peine quelques jours se sont écoulés, et Frédéric dit que l'on devrait profiter des derniers beaux temps pour aller à la campagne du général, car il brûle de revoir Constance... afin de penser à sœur Anne.

CHAPITRE XX

LUNEL, DUBOURG ET MADELON

Nous avons laissé Dubourg se disposer à prendre la route de Paris. Mais cette fois il ne voyage plus en seigneur polonais, il va modestement à pied, une canne à la main, qu'il balance comme s'il ne faisait qu'une simple promenade. Il n'a point de paquet à porter, parce qu'il a sur lui toute sa garde-robe, ce qu'il trouve beaucoup plus commode quand on voyage à pied. Il aperçoit ces lieux qui l'ont vu naguère si brillant, si magnifique. Il passe près de la maison de M. Chambertin, et salue cette demeure hospitalière, en donnant un soupir... à la maîtresse du logis? non pas, mais au vieux pomard de sa cave.

Cependant il passe vite, car il craint encore la rencontre de ce maudit Durosey, dont la présence semble avoir causé tous ses malheurs. En débouchant d'un petit sentier qui mène à la grande route Dubourg se trouve presque nez à nez avec le vieux Lunel, qui retournait chez son maître, conduisant un âne chargé de différents objets qu'il venait d'acheter à Grenoble. Dubourg se hâte d'enfoncer son chapeau sur ses yeux et de marcher la tête baissée, ne se souciant pas d'être reconnu par le jockey de M. Chambertin. Mais en avançant il va se jeter contre l'âne, qu'il manque de renverser.

— Tu ne vois donc pas clair? imbécile! dit Lunel; la route est assez large, et il vient se jeter sur cet âne!...

Au mot imbécile, Dubourg, qui n'a jamais aimé le vieux jockey, lequel, pendant son séjour chez M. Chambertin, ne l'a servi qu'avec humeur, cherchant toujours à lui faire des méchancetés, ainsi qu'à Ménard; Dubourg, qui n'a pas oublié les coups de fouet que monsieur l'homme de confiance a distribués à ses deux petits Polonais, se retourne brusquement et applique trois coups de son bâton noueux sur les fesses de Lunel. Celui-ci se retourne en criant: — Au secours! au voleur!... Et comme le mouvement que Dubourg vient de faire a relevé son chapeau, le domestique reconnaît ses traits, et crie de plus belle: — C'est ce méchant palatin qui doit quatre cents francs à son traiteur.. C'est ce faux baron qui faisait voir des chandelles romaines à madame et des croissants à monsieur... Peste, il n'est pas si pimpant maintenant!...

— Te tairas-tu? drôle! dit Dubourg en levant de nouveau sa canne sur Lunel.

— Pourquoi me battez-vous?

— Je ne fais que te rendre ce que tu as donné à mes gens; il y a longtemps que je te devais cela.

— Vos gens... vos gens... ils étaient gentils!... C'est là mon pourboire, parce que mon maître vous a hébergé pendant un mois avec votre savant, qui mangeait comme six.

— Si j'ai fait à ton maître l'honneur de loger chez lui, de quoi te mêles-tu, faquin, d'y trouver à redire?

— Oui... il est joli l'honneur que vous lui avez fait!...

— Prends garde que je ne recommence...

Dubourg tenait encore sa canne levée. Le vieux jockey se décide à filer doux. Il se tait et cherche des yeux son âne pour continuer son chemin; mais l'animal a disparu pendant la dispute de ces messieurs; il s'est enfoncé dans le fourré qui borde la route, et on ne le voit plus.

— Ah! mon Dieu!... mon âne!... Où est mon âne? crie Lunel en regardant de tous côtés avec inquiétude.

— Ma foi, je n'en sais rien. Cherche ton âne, je continue mon voyage. Tu feras bien des compliments de ma part à ta maîtresse, et tu diras à ton maître que si jamais il vient me voir à Paris, je lui ferai une petite réception en artifice.

Lunel n'écoute pas Dubourg; il court à droite et à gauche de la route en appelant: — Madelon!... hé! Madelon!... Il s'enfonce dans un sentier couvert.... Dubourg le perd de vue, et se remet en route en riant de cette rencontre. Il y a près d'une demi-heure qu'il a quitté Lunel, et il est alors au bout d'un chemin qui donne dans une plaine, lorsqu'en sortant du sentier il aperçoit à une vingtaine de pas de lui Madelon qui marchait au petit trot avec son fardeau sur le dos, suivant librement les chemins qui lui plaisaient, et s'arrêtant de temps à autre pour manger un chardon ou quelques ronces sauvages.

— Parbleu! voilà une aventure singulière, dit Dubourg en s'approchant; cet animal me serait-il envoyé par la Providence? Prenons garde pourtant, la justice pourrait trouver mauvais que je reçusse des cadeaux de la Providence. Cependant je n'ai point détourné cette ânesse de sa route.... Est-ce ma faute si elle a quitté son maître?... Commençons malgré cela par tâcher de la lui rendre.

Dubourg retourne de quelques pas dans le bois qu'il vient de quitter, et se met à appeler de toute sa force: Lunel! holà! Lunel!... voici votre bourrique...

Personne ne répond.... Dubourg appelle inutilement. Las enfin de crier, il retourne vers l'âne en se disant: — Il me semble que j'ai fait tout ce que j'ai pu, et ma conscience commence à être

Il se remet en route. (Page 114.)

plus calme. Je ne puis pas retourner de près d'une demi-lieue... Je n'ai pas envie de me présenter de nouveau chez mon ami Chambertin... qui n'est plus mon ami. Voyons cependant ce que porte cette ânesse... mais il n'est pas probable que ce soient des objets bien précieux.

Dubourg commence l'inventaire des deux paniers, qui sont couverts d'une grosse toile grise. Dans l'un, il trouve deux seringues, l'une à mécanique, étiquetée: *Pour madame;* la seconde, sans mécanique : *Pour monsieur;* plus une grande boîte contenant plusieurs fioles et d'autres petites boîtes de carton : — Oh! oh! c'est une boutique d'apothicaire que j'ai trouvée là, dit Dubourg; mais voici un grand papier.... Ah! c'est le mémoire acquitté; cela va me donner connaissance des objets; lisons: fourni par Dardanus, apothicaire à Grenoble, pour madame Chambertin. Ah! voyons un peu. De l'opiat pour les dents, pommade pour les gencives, trois pots de rouge superfin, pâte d'amandes liquide, huile de Macassar pour teindre les cheveux, pommade d'oursin pour les empêcher de tomber, extrait de philocome pour les conserver, essence de Vénus pour adoucir la peau, rouge au vinaigre pour le soir, bleu végétal pour se faire des veines.

— Ah! mon Dieu! dit Dubourg en s'interrompant, c'est fort heureux que je n'aie pas trouvé ce mémoire-là un mois plus tôt, car cela m'aurait ôté le courage de dire de jolies choses à madame Chambertin. Poursuivons : Des pastilles laxatives, des pilules émollientes, des tablettes adoucissantes. — Diable ! il paraît que madame est bien échauffée ! — Deux livres de chocolat de santé. — Ah ! ceci est meilleur. Voyons monsieur, maintenant : Trois cents pois à cautère. — Ah ! le coquin ! c'est cela qu'il a le teint si frais. — Trois bouteilles d'eau de Barège, pommade pour les cors, onguent pour les clous, pastilles au cachou, menthe, conserve d'ache, pilules astringentes, tablettes toniques. — Il paraît que monsieur est relâché. C'est tout... voyons l'autre panier.

Il trouve d'abord un carton contenant une perruque parfaitement frisée et bouclée, que madame met sans doute les jours où elle n'a pas le temps de préparer ses cheveux. Plus une tête de bois destinée à supporter la perruque lorsqu'elle ne sert point. Enfin, une paire de bottes à l'écuyère et des gants de daim.

— Ma foi, je ne retournerai pas à Allevard pour des seringues et des pilules, dit Dubourg après avoir terminé son inventaire, monsieur et madame se passeront quelques jours des objets qu'ils attendent... Je prends possession... quoique je ne sache pas trop ce que je ferai de toutes ces drogues... Eh ! mais, quelle idée !... Parbleu, voilà un moyen d'utiliser cette boutique et de voyager sans toucher à ma bourse, qui n'est pas considérable ; et qui sait si je ne vais pas faire ma fortune? Allons, le sort en est jeté; j'ai été baron, palatin, comédien, j'ai même fait la bête sans m'en douter ; je ferai bien le charlatan ; c'est le métier le plus facile, le rôle le plus aisé à jouer, pour peu que l'on ait de l'esprit, de l'audace et du babil, et j'ai tout cela... Me voici donc charlatan... Eh ! qui ne l'est pas dans le monde ; chacun le fait à sa manière : les gens en place avec les solliciteurs, les spéculateurs avec les capitalistes, les fripons avec les sots, les hommes à bonne fortune avec les femmes, les coquettes avec leurs amants, les débiteurs avec leurs créanciers, les auteurs avec les acteurs, les libraires avec les lecteurs, et les marchands avec tout le monde. Moi, je suis de ceux qui guérissent tous les maux, qui les préviennent, qui les devinent ; enfin, je suis un second Cagliostro ; j'ai la pharmacopée universelle, je n'ai point de compère, j'agis sans fraude ; j'ai trouvé mille secrets, dont un seul suffirait pour faire la fortune d'un homme, et je vends des pilules pour deux sous, parce que je suis philanthrope.

Bien décidé à cette nouvelle folie, Dubourg entre avec son âne dans un taillis épais. Là, il commence par ôter ses bottes de palatin, qui étaient fort usées, et les jette dans le bois ; il met à la place les grandes bottes à l'écuyère, qui lui montent jusqu'à moitié de la cuisse, afin que dans le marchand d'onguent on ne reconnaisse pas le baron Potoski ; il enfonce sur sa tête la perruque blonde bouclée destinée à madame Chambertin, après avoir eu soin de nouer les cheveux de derrière et d'en former une queue à la prussienne ; il se barbouille les joues, le front et le menton de rouge superfin ; puis, montant sur la croupe de Madelon et ayant devant lui les deux paniers qui contenaient sa boutique ambulante, il se remet en route, aiguillonnant son coursier avec sa canne qui lui sert de houssine.

La mine singulière de Dubourg, sa figure ombragée de belles boucles blondes, cette longue queue qui tombait sur son dos, ses grandes bottes qu'il tenait en arrière, parce que les paniers le gênaient beaucoup, enfin sa pose majestueuse, attiraient les regards de tous les villageois. Ils s'appelaient l'un l'autre pour le voir. Les paysans se mettaient sur leurs portes ou à leurs fenêtres pour le regarder passer, et quelques petits garçons le suivaient quelquefois par derrière. Dubourg saluait à droite et à gauche d'un air de bienveillance en criant à haute voix :

— Mes enfants, avez-vous quelques maux, quelques douleurs de pied ou d'oreille, faites-vous de mauvais rêves, souffrez-vous en dormant?... avez-vous reçu des coups? êtes-vous aveugles, muets, paralytiques? Approchez... saisissez l'occasion !... Je suis le grand réparateur, le grand guérisseur, le grand opérateur... Hâtez-vous de profiter de mon passage dans ce pays ; je n'y reviendrai que dans trente ans, et il est probable que je ne vous y trouverai pas tous... Venez, mes amis... je guéris tout, je fais tout... même des enfants quand on les commande d'avance. Il n'y a que les dents que je n'arrache pas, mais je donne une eau qui les fait tomber, et cela revient au même.

Les paysans sont naturellement crédules. A ce discours, quelques-uns approchaient de Dubourg, et après avoir ôté respectueusement leur chapeau, ou fait une révérence, ils allaient lui conter leurs maux. Quand l'assemblée était nombreuse, Dubourg tirait de son panier sa seringue à mécanique qu'il avait remplie avec de l'eau de Barège ; puis il seringuait au loin, et les villageois étaient obligés de se boucher le nez : mais ils restaient, parce que la seringue merveilleuse jouait l'air *Avec les jeux dans le village*, et que Dubourg disait :

— Mes enfants, cette seringue magique me vient de la sultane favorite du soudan d'Égypte. Elle joue trois cents airs ; mais comme elle a des caprices, aujourd'hui elle jouera toujours le même. Cette eau merveilleuse qui en sort... et qui ne sent pas l'essence de rose, est un remède prompt et souverain pour les femmes qui ont la colique. Je donne quelquefois moi-même de ces remèdes, mais il faut que je choisisse les personnes, car cette seringue-là ne va pas à toutes les figures.

Après ce discours, Dubourg, écoutant les plaintes de chacun, fouillait dans sa pharmacie, distribuant des drogues au hasard, mais les vendant avec assurance, en promettant qu'on en éprouverait bientôt les effets. Il donnait à une nourrice de la pâte d'amandes liquide, à un fiévreux des pastilles de cachou ; pour un rhume, des boulettes qu'il avait faites avec l'onguent destiné aux cors ; pour un asthme, de l'huile de Macassar ;pour une fluxion, de la pommade d'oursin; et pour les maux d'estomac, du rouge au vinaigre.

Après cette belle équipée, il piquait Madelon, et se hâtait de s'éloigner de ses malades. En effet, à peine était-il à une demi-lieue, que les pauvres gens éprouvaient les effets de ses remèdes. Les uns se tenaient le ventre, les autres avaient des nausées; ceux-ci éprouvaient un violent mal de tête, ceux-là ne pouvaient supporter le goût de la drogue qu'ils avaient avalée; et quelques-uns couraient après le charlatan, qu'ils traitaient de filou. Mais celui-ci ne les attendait pas. Heureusement que, par prudence, il ne distribuait ses remèdes qu'en très petite quantité, ce qui empêchait qu'ils n'eussent des suites graves.

Dubourg avait soin de ne guérir personne dans les endroits où il s'arrêtait pour manger ou pour coucher. Après avoir fait ainsi une quarantaine de lieues en quinze jours, parce que, le grand guérisseur s'arrêtant pour faire son commerce, et sa monture n'allant qu'au très petit trot, il ne pouvait pas avancer fort vite, Dubourg se trouve devant une ferme considérable. Il y avait longtemps qu'il n'avait rien vendu, car plus il approchait de la capitale, et moins il trouvait de gens crédules. Sa fortune ne s'était pas augmentée. Il mangeait régulièrement le soir ce qu'il avait gagné dans la journée; et quand la recette était bonne il faisait grande chère, satisfait de ne point toucher à sa bourse de réserve.

L'aspect de la ferme engage Dubourg à s'arrêter. N'ayant ni trompette, ni cor de chasse, il se sert pour s'annoncer de sa seringue à mécanique, et s'accompagne en battant la mesure avec sa canne sur la tête à perruque. Les habitants de la ferme arrivent. Parmi les personnes qui accourent, Dubourg remarque une jeune fille rose, fraîche, à l'œil mutin, au pied mignon, dont il a une grande envie de devenir le médecin.

Quelques grosses filles de basse-cour se font donner des onguents pour la fièvre et les maux d'aventure. Quelques paysans reçoivent des pastilles de menthe et de cachou pour le mal de dents; mais tous regardent avec étonnement cette seringue merveilleuse qui fait de la musique, et la tête à perruque qui parle quand il fait de l'orage, à ce qu'assure l'opérateur.

La jolie paysanne est la fille du fermier, qui est alors absent. Auprès d'elle est sa tante, bonne vieille qui croit aux songes, aux rêves, aux cartes, à la magie, aux revenants, aux talismans et aux sorciers. Elle s'est empressée de venir consulter Dubourg, parce que depuis trois jours elle s'endort sur le dos et se réveille sur le ventre, ce qui lui semble fort extraordinaire.

— Je vais vous donner quelque chose qui vous empêchera de changer de position, dit notre charlatan à la vieille tout en lorgnant la jeune; ce sont des pastilles qui me viennent d'un habitant de la côte de Guinée, qui dormait quelquefois huit jours de suite sur l'oreille gauche. Mais en n'en prenant que modérément, on passe une nuit délicieuse, et on fait des rêves charmants!... des rêves divins!... des rêves de quinze ans... C'est si agréable qu'on ne voudrait plus se réveiller. Enfin, ma chère dame, quand on a pris de cela, on est certain de rêver de telle personne que l'on veut; il ne faut pour cela que faire le tour de son vase de nuit avant de se coucher.

— Ah! mon cher monsieur, dit la vieille, donnez-moi vite de ces précieuses pastilles... j'en mangerai tous les soirs!... dès cette nuit je veux rêver de mon premier mari... qui était bien aimable, et pas ivrogne comme le second... Je ferai le tour du pot, monsieur, je n'y manquerai pas!...

Dubourg donne à la vieille une boîte de pilules laxatives qu'elle reçoit avec reconnaissance, puis il demande à la jeune villageoise ce qu'il peut faire pour elle.

— Dame! monsieur, dit la jolie fille, c'est qu'il y a huit jours, en dansant avec Thomas, je suis tombée, je me suis foulé le poignet, et je ne m'en sers pas encore aussi bien que de coutume; auriez-vous quelque chose qui me fît passer cela tout de suite?

— Si j'ai quelque chose, ma belle enfant? est-ce que je n'ai pas tout, moi?... En un quart d'heure je vous aurai fait passer votre douleur... il n'y paraîtra plus; je n'ai qu'à vous frotter avec une certaine pommade ; mais il faut aussi que je dise des paroles magiques, et je ne puis les prononcer devant témoin, cela détruirait le charme.

Conduisez-moi donc dans votre chambre, ou dans tout autre lieu où nous serons seuls, et j'opérerai.

— Ma tante, faut-il? demande la fille du fermier.

— Comment donc, s'il le faut! répond la bonne femme; mais sur-le-champ. Profite de la bonne volonté de ce grand homme, et laisse-toi frotter.

La jeune fille ne fait plus de difficultés. Elle prie Dubourg de la suivre. Celui-ci attache son âne et toute sa boutique à la porte de la ferme, et suit lestement la jolie fermière, qui le mène dans sa chambrette, dont elle pousse la porte sur elle s'abandonnant avec confiance à la science du sorcier, qui paraissait plus comique qu'effrayant.

De son côté, la tante, pressée de jouir de l'effet des pastilles, et n'ayant pas la patience d'attendre la nuit pour rêver à son premier mari, était aussi rentrée chez elle, et après avoir avalé une pilule, et fait la cérémonie ordonnée, venait de se mettre sur son lit attendant avec impatience l'effet du charme, qui ne s'annonçait pas précisément par des prodiges.

Pendant que ces dames font usage des spécifiques de Dubourg, le fermier rentre chez lui. Il commence par s'informer à qui appartient cette bourrique qui est à sa porte. On lui répond que c'est la monture du grand guérisseur qui vient d'arriver. Le fermier demande ce que c'est que le grand guérisseur, les valets de ferme disent qu'ils n'en savent rien, mais que c'est probablement un sorcier, parce qu'il a des cheveux bouclés comme une femme, une grande queue, des bottes immenses, une seringue qui fait danser, et une tête de bois qui parle quand il fait de l'orage.

Mais le fermier était de ces hommes qui ont le malheur de ne pas croire aux sorciers, aux charmes et à la magie, qui veulent voir par leurs yeux, entendre par leurs oreilles, et qui ne peuvent pas se mettre dans la tête qu'une poule noire fait venir le diable, et qu'on lit dans l'avenir avec le foie d'un mouton, du marc de café ou du plomb jeté bouillant dans de l'eau. Ces hommes-là sont la perte des sciences occultes.

Celui-ci, impatienté du récit des paysans, demande où est passé ce grand guérisseur. On lui dit qu'on l'a vu entrer dans l'intérieur de la maison avec la tante et la demoiselle. Le fermier se hâte de courir à la chambre de la vieille, qu'il trouve couchée, et attendant toujours le songe délicieux qui n'arrivait pas.

— Ah! mon frère! que faites-vous? dit-elle au fermier. Vous venez me troubler... me déranger... Le rêve venait, j'apercevais déjà mon premier mari... nous allions cueillir la noisette ensemble... Allez-vous-en, vous empêcheriez l'effet de la pilule que j'ai prise... et que je dois à cet homme surprenant qui vient d'arriver.

— Morbleu! dit le fermier, aurez-vous bientôt fini vos contes et vos sotises?... Où est-il, ce sorcier?... il me vole mes lapins peut-être?

— Quelle pensée!... il est avec votre fille, dans sa chambre, il prononce des paroles pour guérir sa main...

— Enfermé avec ma fille! dit le fermier; morgué! nous allons voir ça... Et il court à la chambre de la petite sans écouter ce que dit la vieille. D'un coup de pied le fermier ouvre la porte, et sans doute il n'est pas satisfait de la manière dont le grand guérisseur guérit sa fille; car saisissant un balai, il commence la conversation par lui en appliquer plusieurs coups.

Dubourg n'a pas le temps de se reconnaître; il crie, il se sauve; la jeune fille pleure, le père jure, et toute la maison est aux abois.

Notre charlatan, qui voit les valets s'armer de gourdins, à l'exemple de leur maître, ne s'occupe plus que de son salut; il fuit la ferme, y abandonnant son âne, ses seringues et tous ses remèdes; ce qui fut fort heureux pour les malades qui se trouvaient sur la route qu'il avait encore à parcourir.

CHAPITRE XXI

L'AMOUR EST TOUJOURS LE PLUS FORT

Dubourg est enfin arrivé à Paris. Il n'a mis qu'un mois et quelques jours pour faire à peu près cent vingt lieues; mais ce n'est pas trop, lorsqu'en route on a fait des cures merveilleuses. En fuyant la ferme, où son dernier prodige a été si mal récompensé, il a eu soin de jeter au loin sa perruque blonde à grande queue, qui faisait courir après lui tous les petits polissons. Il arrive dans la capitale un peu sale, un peu crotté, un peu défait, mais il arrive enfin et se hâte de se rendre à son dernier logement, qui ne lui appartient plus mais où il a laissé une culotte entre les mains de sa portière, bonne femme qui aime assez les mauvais sujets, parce qu'en général ils sont plus généreux que les gens raisonnables.

Avec sa culotte, la portière lui remet un gros paquet cacheté, et Dubourg le prend en tremblant, car il croit que c'est un paquet d'assignations ou de sentences; quant aux saisies, il ne les craint pas.

Il brise le cachet, il lit une lettre... la joie se peint sur sa figure... bientôt cependant il fait des grimaces comme s'il voulait pleurer, mais n'en pouvant venir à bout, il se décide à y renoncer.

— Ma chère madame Benoît, dit-il à sa portière, vous m'avez souvent entendu parler de ma respectable tante de Bretagne... qui m'envoyait quelquefois de l'argent?

— Oui, monsieur.

— Eh bien, elle est morte... Madame Benoît... cette femme respectable n'est plus!...

— Ah! mon Dieu, quel malheur!

— Certainement... mais je suis son unique héritier... ce n'est pas une grande fortune, mais c'est de quoi vivre honnêtement, surtout quand on est philosophe et sage.

— Et de quoi est elle-morte, monsieur?

— Ah! quant à cela, je vous le dirai une autre fois. On m'attend en Bretagne, et je vais partir sur-le-champ.

— Monsieur, pendant votre absence, votre ami, M. Frédéric, a envoyé plusieurs fois vous demander.

— Je le verrai à mon retour, ma succession me réclame, c'est le plus pressé: il faut s'occuper de ses affaires avant de songer à celles des autres... Adieu, madame Benoît... adieu. Tenez, je vous fais présent de cette culotte pour la nouvelle que vous venez de me donner... vous en ferez un spencer pour votre fille. Quant à moi, je pars tel que je suis arrivé, si ce n'est que cette fois je n'irai pas à pied.

Dubourg court aux diligences, il avait encore assez d'argent pour payer sa place; à la vérité, il ne lui restait plus que cent sous pour vivre en route, mais il se met à la diète, en se promettant de s'en dédommager bientôt.

La vieille tante avait laissé tout son bien à son neveu, qu'elle croyait marié et père de famille. Ce bien lui donnait à peu près seize cents livres de rente. Avec cela on ne fait pas le baron, mais on peut vivre modestement quand on est rangé et économe. Ce ne sont pas les qualités de Dubourg, mais, ainsi que tous les hommes, il se promet de se corriger et de ne point hypothèquer son revenu.

— Monsieur, lui dit l'homme de loi chargé des affaires de la succession, madame votre tante m'a engagé à vous recommander de faire bon ménage, d'être fidèle à votre femme, et de bien élever vos petits jumeaux.

— Soyez tranquille, monsieur, dit Dubourg, je remplirai strictement les intentions de cette chère tante... Je vis avec ma femme comme un tourtereau, et mes jumeaux s'aiment déjà comme Castor et Pollux.

Dubourg fait vendre les effets et le mobilier de la défunte afin de se trouver en argent comptant. Tous ces soins le retiennent près de deux mois en Bretagne, et ce n'est qu'au bout de ce temps qu'il revient à Paris, habillé de noir depuis la tête jusqu'aux pieds. Pour y marquer son retour à la sagesse, il commence par payer ses créanciers, et tâche de conserver cet air raisonnable et cette démarche posée qu'il a prise depuis qu'il a hérité.

Il pensait à Frédéric, et ne savait s'il devait lui écrire ou se présenter chez lui, lorsqu'un soir, en entrant dans un café, il aperçoit M. Ménard assis devant une partie de dominos et fort occupé à juger les coups. Dubourg lui frappe légèrement sur le bras; M. Ménard se retourne, il reconnaît son compagnon de voyage, et est indécis sur la mine qu'il doit lui faire.

— C'est ce cher M. Ménard que j'ai le plaisir de voir, dit Dubourg en souriant.

— Lui-même... monsieur le... monsieur du... ma foi, je ne sais pas trop comment je dois vous nommer maintenant. Et le percepteur sourit enchanté de l'épigramme qu'il vient de lancer.

— Eh quoi! monsieur Ménard, aurions-nous de la rancune?...

— Vraiment on en aurait à moins, monsieur, après toutes les histoires que vous m'avez faites... Aussi, désormais, si jamais je vous crois...

— Allons, monsieur Ménard, laissons le fiel aux âmes noires, et qu'on ne dise point de nous: *Nec ipsa mors odium illorum internecinum exstinxit.*

— Oui... je sais bien que vous êtes très instruit, dit le précepteur en se radoucissant; mais ce château de Krapach!... et puis me faire jouer la comédie!...

— Vous accepterez bien la demi-tasse et le petit verre de liqueur des Iles?...

— Allons, puisque vous le voulez...

Et le précepteur se dit en suivant Dubourg à une table : Ce diable d'homme a une logique qui vous séduit... qui vous entraîne; il est impossible de rester fâché avec lui.

— D'où venez-vous? dit-il à Dubourg; il y a longtemps que mon élève vous cherche dans Paris, et désire vous voir.

— J'arrive de mon pays, de Bretagne.

— Ah! vous êtes de la Bretagne?... je ne m'étonne plus si vous en fourriez toujours dans vos descriptions de la Pologne; et puis ce laitage et ce beurre que vous me vantiez sans cesse...

— Ah! excellents, monsieur Ménard.

— Et qu'avez-vous fait en Bretagne?

— Je viens d'hériter de ma tante, qui me laisse une petite fortune fort jolie...

— Je gage que ce n'est pas vrai!...

— Ah! monsieur Ménard! ne voyez-vous pas que je suis en deuil?

— Cela ne prouve rien : vous vous mettiez bien en seigneur polonais, quand je vous donnais le bras dans les rues de Lyon... Ah! quand je songe à cela...

— Songez-vous aussi aux repas délicieux que je vous ai fait faire?...

— Sans doute, sans doute... Oh! vous commandez parfaitement un dîner... Mais ce pauvre M. Chambertin! lui faire croire qu'il reçoit un personnage illustre!

— Écoutez donc, monsieur Ménard, il me semble que j'en vaux bien un autre...

— Et se faire donner des fêtes, des feux d'artifice, des dîners superbes!

— Où vous remplissiez aussi fort bien votre place.

— J'y allais de bonne foi, moi; j'étais votre compère sans m'en douter... Savez-vous que que vous me compromettiez... et que c'est fort mal?

— Un léger verre de punch... qu'en dites-vous?...

— Oh! je craindrais...

— On le fera bien doux...

— Allons... puisqu'il sera doux...

— Garçon, du punch!

— Car enfin, mon ami, je n'ai plus votre âge, et les folies que l'on pardonne à la jeunesse ne s'excusent point dans l'âge mûr...

— Vous parlez comme Cicéron... cependant je vous répondrai que Caton apprenait à danser à soixante ans.

— En êtes-vous bien sûr?

— Je ne l'ai pas vu, mais nos folies ont été très raisonnables... Buvons donc.

— Je sais bien qu'après tout cela ne faisait de mal à personne... Il est bon, le punch... il est très bon. Pourtant, quand vous m'avez fait courir à travers champs pour ce soi-disant Turc...

— Ah! ma foi, je vous avouerai que c'était un créancier, et ces gens-là ne sont-ils pas des Turcs pour leurs pauvres débiteurs?... Buvons...

— Il est certain que les créanciers... Tenez, mon cher Dubourg, vous avez tout ce qu'il faut pour faire un charmant sujet; vous connaissez les bons auteurs, vous connaissez l'histoire, croyez-moi, rangez-vous... devenez sage...

— Je le suis... oh! c'est fini!... plus de jeu, plus de folies... plus d'excès de table... Mais nous ne buvons pas...

— A votre santé, mon cher ami.

— Plus de contes en l'air, plus de mensonges...

— Oh! oui, plus de mensonges surtout, parce que cela ôte la confiance... et puis c'est que j'avais l'air d'un imbécile, moi...

— Oh! pas tout à fait.

— Vous avez là une bien belle pierre en cachet...

— C'est une émeraude qui a été portée par Ali-Pacha...

— C'est magnifique!...

— Encore un verre...

— Ce brave Dubourg!... mon ami, je suis bien content d'avoir renoué connaissance avec vous.

La liqueur et le punch ont beaucoup attendri M. Ménard, qui ne quitte Dubourg qu'en le nommant son tendre ami, et en lui assurant qu'il peut aller à l'hôtel, que M. le comte de Montreville ne lui en veut plus et le recevra fort bien.

Le lendemain de cette rencontre, Dubourg se rend en effet chez Frédéric, qui revenait de chez le général. C'était auprès de mademoiselle de Valmont qu'il passait tout son temps. N'ayant plus besoin d'être accompagné par son père pour se rendre chez le général, qui le traite comme son fils, Frédéric profite de cette liberté. Chaque jour il se trouve à lui-même un prétexte pour aller voir Constance; car il veut se faire illusion, s'excuser à ses propres yeux; il veut se persuader que l'amour n'est pour rien dans ce sentiment qui l'entraîne près de la nièce du général. Il pense encore à sœur Anne, mais ce n'est plus avec cette ardeur, avec cette tendresse d'autrefois, et voilà ce qu'il ne veut pas s'avouer; peut-être, s'il la revoyait, éprouverait-il encore une douceur extrême à la presser dans ses bras. Mais ce n'est pas elle qu'il voit, c'est Constance!... Constance, qui chaque jour est pour lui plus tendre, plus aimable, plus sensible; qui éprouve tant de plaisir à le voir, et ne cherche pas à le cacher. Déjà il règne entre eux une intimité plus tendre. Lorsque mademoiselle de Valmont est plusieurs jours sans voir Frédéric, elle lui fait d'aimables reproches, elle lui avoue qu'elle s'est ennuyée de son absence, et elle dit cela avec une candeur, une expression si vraie que Frédéric en est vivement touché. Jamais cependant il ne lui a dit un mot d'amour; mais est-il toujours nécessaire de parler pour se faire comprendre, et à la place de Constance quelle femme ne se croirait pas aimée?

En apercevant Dubourg, Frédéric fait un mouvement de surprise; un observateur y remarquerait même de l'embarras.

— Me voilà, dit Dubourg; je ne suis que depuis huit jours à Paris.

— Oui... j'ai pensé que tu étais absent... Mais pourquoi ce deuil?...

— Ah! mon ami, ma pauvre tante... elle n'est plus!...

Ici Dubourg tire son mouchoir et se mouche quatre ou cinq fois de suite.

— Allons, Dubourg, finis donc de te moucher; tu sais bien que tu ne pleureras pas.

— C'est égal... c'était une femme bien respectable... elle m'a laissé seize cents livres de rente...

— C'est quelque chose, mais tâche de ne point les jouer.

— Oh! que dis-tu là?... l'écarté me fait l'effet d'une médecine. Mais toi, apprends-moi donc des nouvelles de tes amours... Sais-tu bien que je ne te trouve pas trop mauvaise mine pour un amant malheureux?

— Mais je... Depuis que mon père est venu brusquemment me chercher à Grenoble, où je m'étais rendu pour avoir de vos nouvelles... je n'ai pu revoir cette pauvre petite... nous sommes partis si précipitamment!... Depuis ce temps il me quitte à peine... Écrire... qui lui lirait mes lettres?... nous ne pouvons employer ce moyen... et je ne sais comment avoir des nouvelles.

— Alors c'est moi qui vais t'en donner...

— Tu l'as vue?

— Oui. Oh! il y a déjà longtemps... c'était environ quinze jours après ton départ...

— Eh bien, que faisait-elle? où était-elle?...

— Où elle était?... toujours dans son bois, revenant du chemin par où sans doute elle comptait te voir arriver; ce qu'elle faisait? elle pleurait!... c'est, je crois, maintenant son unique ressource.

— Elle pleurait!...

— Oui. Et j'avoue qu'elle m'a fait de la peine.

— Pauvre petite!... mais enfin tu lui as parlé; elle t'a vu... apprends-moi donc...

— Elle m'a vu; elle m'a même reconnu, quoiqu'elle ne m'eût aperçu qu'une seule fois. Tu ne m'avais pas dit qu'elle était muette; mais j'ai bien vite compris ses signes. Elle me comptait les jours de ton absence, me demandait si tu reviendrais bientôt... je lui ai dit que oui.

— Ah!... tu as bien fait...

— Oui, mais il y après de trois mois de cela...

— C'est vrai... mais je n'ai pas pu...

— Enfin je l'ai quittée après lui avoir donné de l'espérance... je ne pouvais lui donner que cela; mais depuis trois mois elle doit s'être évanouie.

Dubourg ne dit plus rien, et Frédéric reste pendant quelques minutes triste et rêveur. Au bout d'un moment il s'adresse à son ami:

— Si tu savais, Dubourg, quelle chose surprenante m'est arrivée!...

— Si tu me la disais, je la saurais.

— C'est vraiment inconcevable... c'est un coup du sort .. En arrivant ici à Paris, j'ai retrouvé sœur Anne...

— Tu l'as retrouvée ici?

— Oui, je l'ai revue... dans une autre femme, dans la nièce du général Valmont, un ancien camarade de mon père. Ah! mon ami, c'est une chose étonnante... jamais ressemblance plus parfaite ne s'est offerte à mes regards.

— Ah!... je commence à comprendre.

— Si tu voyais Constance... c'est le nom de la nièce du général, tu serais aussi surpris que je l'ai été... non pas sur-le-champ... mais en la considérant bien...

— Ah! tu as été surpris à la longue?

— Ce sont ses yeux... leur douceur, leur expression... Ceux de Constance sont pourtant un peu plus foncés. La même couleur de cheveux... un front aussi noble, aussi gracieux; le même teint... Cependant Constance est moins pâle que sœur Anne... La même expression dans les traits...

— Je m'étonne que la nièce d'un général ait tous les traits d'une pauvre chevrière.

— Sans doute, il y a cette différence qui tient à la situation, à l'éducation... aux usages du monde. D'abord Constance est beaucoup plus grande; elle est d'une taille charmante; elle est fort bien faite; mais sœur Anne aussi. Constance a cette grâce... cette tournure que l'on ne peut pas prendre en vivant au fond d'un bois.

— Ah! tu trouves cela maintenant.

— Enfin elle a une voix charmante, une voix enchanteresse, qui pénètre jusqu'au fond du cœur. Eh bien, mon ami, quand je l'écoute, je me persuade que la pauvre orpheline n'est plus muette; je me figure que je l'entends; sa voix, j'en suis certain, aurait la même douceur, le même charme... Aussi je suis tout ému quand j'entends cette voix-là...

— Je ne sais pas si cette émotion-là ferait grand plaisir à sœur Anne.

— Ah! il est impossible de ne pas l'éprouver... Dis-moi, n'est-ce pas bien singulier une telle ressemblance?...

— Fort singulier sans doute; je crois cependant qu'elle ne serait pas aussi frappante à mes yeux. Je ne m'étonne plus si tu laisses la petite dans son bois... Tu la retrouves ici, tu la vois, tu l'entends, jouissance que tu n'avais pas auprès d'elle. Tu peux tous les jours la contempler à ton aise; elle a ici des grâces, des talents qu'elle n'avait pas là-bas... C'est fort commode... Je t'en fais mon compliment... Je conçois que tu n'as plus besoin de t'occuper de celle qui est loin d'ici.

dans sa cabane ou sur la montagne, à regarder si elle te verra venir, puisque tu la retrouves, sans te déranger, plus belle et plus séduisante en ces lieux.

Il régnait dans le ton de Dubourg une ironie, un accent de reproche qui faisait baisser les yeux à Frédéric.

— Non, dit-il avec embarras, non... je n'abandonnerai pas sœur Anne... Certainement j'irai la voir, la trouver... je ne l'ai pas oubliée, puisque j'y pense tous les jours. Est-ce ma faute si je trouve tous ses traits dans ceux d'une autre? N'est-ce pas, au contraire, une preuve que je pense sans cesse à elle? Mais, en vérité, c'est surprenant; mademoiselle de Valmont lui ressemble si bien... malgré de légères différences... elle est si douce si bonne!... sa voix me cause tant de trouble... Ah! je voudrais que tu visses Constance!...

Dubourg ne répond rien, et pendant quelques instants les deux amis gardent le silence, Dubourg le rompt enfin.

— Tiens, Frédéric, je t'avoue que je suis fâché d'avoir revu cette petite... de l'avoir vue pleurant et t'attendant.

— Pourquoi donc?

— Ah! pourquoi?... C'est que je crois la voir encore, et que, malgré mon insouciance, je sens... que ça me fait de la peine. Je ne suis qu'un étourdi, un coureur, mauvais sujet même! mais enfin j'aime mieux ma manière d'aimer que toutes les tiennes. Avec tes beaux sentiments, qui ne doivent jamais finir, et qui finissent tout comme les autres, tu empaumes les jeunes cœurs, les femmes aimantes... qui se laissent toucher par tes soupirs, tes grands sentiments; elles se donnent à toi, puis après... pleurent, se désolent de ton inconstance. Ma foi, je ne connais que des femmes galantes, des grisettes ou des coquettes, qui ne valent pas mieux; du moins c'est beaucoup plus gai. Elles me trompent, je les trompe, nous nous trompons!... c'est convenu, c'est reçu! mais pour cela on ne se désole pas; nous ne pleurons que pour rire; et quand on se fâche tout à fait, on n'en est pas plus triste. Je conviens que ces dames ne sont pas de la première vertu, mais pour une amourette, un caprice, faut-il donc chercher cette fleur de sentiment, ces cœurs novices, qui ne connaissent l'amour que par les romans romantiques dans lesquels l'amour est peint d'une manière fort séduisante peut-être, mais très peu ressemblante? Non, je crois, au contraire, qu'il y a de la barbarie à se faire aimer tout à fait, à chercher à inspirer une grande passion, pour laisser ensuite celle que l'on a séduite perdre les plus beaux jours dans les larmes et le désespoir.

— Pourquoi me dis-tu cela? J'aime toujours sœur Anne; je ne lui suis point infidèle... Est-ce ma faute si mon père m'a ramené brusquement à Par s? si, depuis ce temps, il m'a été impossible de m'absenter?... Certainemen je la reverrai, je ne l'abandonnerai pas... elle m'est toujours chère...

— Allons, Frédéric, ne me dis donc pas de ces choses-là... Voudrais-tu me faire croire que j'ai le nez aquilin? Va, je suis un vieux routier qui ne s'y trompe pas; d'ailleurs, j'ai peut-être lu dans ton cœur mieux que toi. Tu n'aimes plus sœur Anne, ou du moins, tu n'en es plus amoureux, parce que tu brûles maintenant pour cette charmante Constance... qui est en tout le portrait de la pauvre muette, si ce n'est qu'elle est plus grande, plus forte, qu'elle a les yeux plus foncés et un autre teint.

— Non, Dubourg, non; oh! je te jure que je ne suis pas amoureux de Constance... je l'aime... comme un frère... mais jamais un mot d'amour n'est sorti de ma bouche!...

— Eh bien, je te réponds que cela ne tardera pas. Oh! tu as beau lever les yeux au ciel, je te dis que tu aimes mademoiselle Constance... Je ne t'en fais pas un crime, c'est tout naturel! cette jeune personne est jolie, elle te plaît, rien de mieux. Mais ce dont je te blâme, c'est d'avoir été courir dans le fond d'un bois pour y chercher cette pauvre petite, qui n'a aucune connaissance du monde, des hommes, et qui s'est laissé séduire et a cru tout ce que tu lui as juré, parce qu'on ne lui jurait jamais rien. Ce qui est mal, c'est de lui avoir inspiré un sentiment exalté, qui fera son malheur, parce que dans son bois elle n'a rien qui puisse l'en distraire. Encore, si, cédant à l'occasion, tu l'avais trompée et quittée sur-le-champ... la douleur eût été forte, mais eût moins duré; elle n'aurait pas eu le temps de t'aimer autant; mais il faut toujours que tu outres les choses!... Tu abandonnes tout pour vivre dans le bois!... pour ne point te séparer d'elle... Pendant six semaines tu ne la quittes pas un seul instant; tu manges des noisettes, tu couches sur l'herbe, tu vivrais de racines, s'il le fallait, pour lui parler d'amour. Comment diable veux-tu que cela ne lui tourne pas la tête?... La petite ne peut plus se passer de ta présence... elle ne vit plus, ne respire plus que pour toi; elle se figure que ce genre de vie durera toujours!... et c'est alors que... crac!... monsieur part; bien le bonsoir, c'est fini. Pleure, désole-toi!... je ne le verrai pas. Mais je l'ai vue, moi, ce dont je suis très fâché... car je crois la voir encore... pâle, échevelée, marchant sans regarder, écoutant sans entendre, et, tout occupée d'un seul objet, tourner à chaque minute

Elle ne sent pas ses douleurs physiques, un seul sentiment l'absorbe. (Page 126, col. 2).

ses yeux baignés de pleurs vers la route par laquelle il est parti, et rentrer ainsi dans sa chaumière pour pleurer encore; puis en faire autant le lendemain, et toujours !... sans avoir même la dernière consolation des malheureux, qui est de pouvoir se plaindre et verser ses chagrins dans le sein d'un ami. Voilà ce dont tu es cause... Ce n'est pas le plus beau chapitre de ton histoire. Voilà ce que tu aurais évité, en ne te laissant point aller à tes idées romanesques, ou en n'adressant tes hommages qu'à une femme du monde.

Frédéric ne répond rien; il paraît réfléchir profondément.

— Mon ami, lui dit Dubourg en lui prenant la main, je t'ai dit ce que je pensais; tu aurais tort de t'en fâcher. D'ailleurs tout ce que l'on dit à un amoureux ne l'empêche pas de n'en faire qu'a sa tête... Je sais aussi que tu ne peux pas épouser sœur Anne... Parbleu ! s'il fallait épouser toutes les belles que l'on a aimées, moi, j'aurais autant de femmes que le grand Salomon. Je te dis seulement que cela m'a fait de la peine de... Mais ne parlons plus de cela; je n'en suis pas moins ton ami, dispose de moi quand tu voudras. Adieu, je vais dîner à trente-deux sous, parce que, lorsque l'on n'a que seize cents livres de rente, et qu'on veut les conserver, on ne va pas chez Beauvilliers.

Dubourg est parti depuis longtemps, et Frédéric est toujours enseveli dans ses réflexions. Malgré lui, Dubourg l'a éclairé sur l'état de son cœur, et quoiqu'il veuille encore chercher à se faire illusion, il sent bien qu'il n'est plus pour la jeune muette cet amant tendre, passionné, fidèle, qui voulait tout sacrifier pour passer ses jours auprès d'elle.

On a de la peine à convenir de ses torts avec soi-même, et alors même qu'on se les avoue, on trouve en même temps quelque raison pour colorer sa conduite, et l'on se dit : Je ne pouvais pas faire autrement. C'est surtout en amour que l'on raisonne ainsi, et le dernier sentiment, étant toujours le plus fort, ne doit pas tarder à vaincre l'ancien.

Frédéric, cherchant tous les moyens de réparer sa faute, se dit :

— J'irai revoir sœur Anne, je ne la laisserai point passer sa vie dans une misérable cabane, éloignée de toute société ; je lui achèterai une jolie maisonnette avec un beau jardin, des vaches, des troupeaux ; je réunirai dans cette demeure tout ce qui pourra l'occuper agréablement et embellir sa vie ; je lui donnerai une villageoise de son âge, qui la servira, et dont la présence la distraira ; elle habitera cet asile avec la vieille Marguerite, et là du moins rien ne lui manquera ; la vue des habitants des environs, du monde, des travaux champêtres, les soins qui l'occuperont, chasseront sa mélancolie ; j'irai la voir quelquefois, et elle sera heureuse.

Heureuse, sans Frédéric !... Non, sœur Anne ne peut l'être... L'aisance, la richesse même, ne la dédommageraient pas de la perte de son amour : car sœur Anne n'a pas été élevée à Paris ; elle ne concevrait pas que l'on pût préférer aux jouissances du cœur des diamants et des cachemires, ni réparer une faute avec de l'or. Il y a cinq mois, Frédéric ne l'aurait pas conçu non plus ; mais comme il comprend fort bien cela maintenant, il est naturel qu'il croie que sœur Anne pense de même : on juge le cœur des autres par le sien.

Pendant plusieurs jours Frédéric, tourmenté par ce que lui a dit Dubourg, a sans cesse l'image de la jeune muette devant les yeux ; même auprès de sa Constance, sa mélancolie, qui s'était d'abord dissipée, semble plus que jamais l'accabler. Le général est de retour à Paris avec sa nièce. Chaque jour Frédéric peut voir Constance ; mais ce n'est qu'en tremblant qu'il se rend près d'elle. Mademoiselle de Valmont, étonnée de sa tristesse, n'ose cependant lui en demander les motifs ; mais en se fixant sur ceux de Frédéric, ses yeux parlent pour elle, et laissent voir toute la part qu'elle prend à son chagrin secret, et souvent le désir qu'elle aurait d'en connaître la cause.

Voulant sortir d'inquiétude et avoir des nouvelles de sœur Anne, Frédéric a plusieurs fois supplié Dubourg de se rendre à Vizille, afin de voir la jeune orpheline et de tâcher de la consoler. Mais sur cet article Dubourg s'est montré inébranlable.

— Je n'irai point, dit-il ; je l'ai vue une fois, c'est bien assez. Je ne me soucie pas de la revoir encore, pour avoir ensuite des idées tristes pendant six semaines.... moi qui ne savais pas ce que c'était. D'ailleurs, ma présence ne la consolerait pas ; elle ne croirait plus ce que je pourrais lui dire, parce que je lui ai déjà menti ; mon voyage ne servirait donc à rien, et ne changerait aucunement sa situation.

Ne pouvant faire consentir Dubourg à se rendre près de la jeune muette, Frédéric se décide à demander à son père la permission de s'absenter quinze jours. Ce n'est pas sans avoir hésité longtemps qu'il se résout à faire cette démarche ; mais le remords se fait sentir, il est sans cesse tourmenté par le souvenir de la pauvre petite, il se persuade qu'il sera plus calme, plus tranquille après l'avoir revue.

Depuis quelque temps le comte traitait son fils avec la plus tendre amitié ; persuadé qu'il a entièrement oublié l'objet qui l'avait séduit dans son séjour en Dauphiné, et ne doutant pas de son amour pour mademoiselle de Valmont, le comte n'a plus avec Frédéric ce ton sévère d'autrefois ; il espère voir bientôt s'accomplir le plan qu'il a formé, et pour lequel il est certain d'avance du consentement du général ; c'est donc avec une vive surprise qu'il entend son fils lui demander la permission de s'éloigner pendant quelques jours.

Le front du comte de Montreville redevient sombre et sévère, et Frédéric, habitué à trembler devant son père, attend avec anxiété ce qu'il va lui répondre.

— Où voulez-vous aller ? dit le comte après un moment de silence.

Frédéric va balbutier quelque prétexte ; le comte ne lui en donne pas le temps.

— Ne cherchez pas de détours, je ne les aime point. Vous songez encore à une femme qui vous a occupé pendant votre voyage... et pour laquelle, je le sais, vous avez fait mille folies. Je l'avoue, je vous croyais devenu raisonnable ; je croyais que depuis longtemps le souvenir de cette amourette était sorti de votre esprit, je ne dis pas de votre cœur, car le cœur n'est pour rien dans ces sortes de liaisons.

— Ah! mon père!..... si vous connaissiez celle...

— Finissons, monsieur. Vous n'avez pas, sans doute, le projet d'épouser votre conquête?... Cependant, il est possible que vous ayez des torts à réparer. Je ne connais pas cette fille... Peut-être êtes-vous plus coupable que je ne le pense; peut-être celle que vous avez séduite, égarée, se trouve par votre faute méprisée, abandonnée, et vit maintenant dans la misère. Si avec de l'or on peut réparer son malheur, croyez, monsieur, que je ne l'épargnerai pas; mais c'est moi, et non pas vous, qui me chargerai de ce soin.

— Vous, mon père?

— Oui, monsieur, moi-même, je saurai m'en acquitter mieux que tout autre. Vous ne quitterez donc point Paris maintenant..... D'ailleurs, reprend le comte après un moment de réflexion, d'ailleurs... votre présence est indispensable ici. Le général compte marier sa nièce avec un jeune colonel qu'il attend... et qui arrivera sans doute avant peu...

— Le général marie sa nièce?... dit Frédéric.

Et déjà tous ses traits ont pris une autre expression: la tristesse, la mélancolie, ont fait place à un trouble violent, à une inquiétude jalouse qui se manifeste par des regards enflammés, et ne lui permet pas de rester en place. Sa voix est altérée, et en questionnant son père il semble déjà attendre de sa réponse la vie ou la mort.

— Oui, dit le comte avec indifférence et feignant de ne point s'apercevoir de l'état de Frédéric; oui, le général marie sa nièce; je ne vois rien là de surprenant.

— Et... et ce colonel va arriver?... Le connaissez-vous, mon père!... Il est jeune?... dit-on s'il est bien? Mademoiselle de Valmont l'aime sans doute?

— Vous ne pensez pas que je sois dans la confidence de mademoiselle de Valmont; elle a dû voir le colonel dans le monde... Oui, je crois que c'est un jeune homme de vingt-huit à trente ans.

— Joli garçon?...

— Oh! joli ou laid... un homme d'honneur n'est-il pas toujours bien?

— Et ce mariage est arrêté?

— Il paraît que oui.

— Et mademoiselle Constance ne m'en a jamais parlé!

— Pourquoi donc vous aurait-elle appris d'avance ce dont une demoiselle bien née ne parle jamais?

— Ah!... en effet... je n'avais aucun droit... je ne devais pas savoir... cependant j'aurais cru...

— D'ailleurs il est possible que le général n'ait pas encore fait part à sa nièce de ses projets.

— Et c'est pour cela qu'il faut que je reste à Paris?

— Sans doute; en pareille circonstance il y a mille détails de fêtes, de toilettes, d'emplettes; le général, habitué à la vie des camps, ne s'entend pas à tout cela... Un garçon a besoin de conseils... il a compté sur vous pour l'aider.

— Ah! c'est fort aimable de sa part... je suis bien flatté de ce qu'il me trouve bon pour cela.

— Ainsi donc, Frédéric, je vous le répète, ne songez point maintenant à vous absenter.

Cette recommandation était devenue inutile. Le comte est parti pour aller voir son ancien ami, avec lequel il veut causer en secret, et Frédéric, longtemps après le départ de son père, est encore comme anéanti de ce qu'il vient d'entendre. Pauvre sœur Anne!... ton souvenir s'est évanoui.

Pâle, agité, respirant à peine, Frédéric va et vient dans son appartement, s'asseyant quelques minutes, se levant ensuite brusquement, soupirant et fermant ses mains avec une force convulsive. C'est dans cet état que le trouve Dubourg, qui venait lui dire adieu parce que Frédéric lui avait appris son projet, et qui, effrayé de le voir ainsi, s'arrête pour le considérer.

— Qu'as-tu donc, Frédéric?... que diable t'est-il arrivé? tu as la figure toute renversée... Ah çà! voyons, parleras-tu? au lieu de te promener comme ça et de frapper sur les meubles...

— Qui l'aurait cru? qui l'aurait pensé? dit Frédéric en se jetant dans un fauteuil. Ah! les femmes! les femmes!...

— Ah! il est question de femmes, cela commence à me rassurer.

— Avec une figure si franche, avec des yeux si doux... cacher tant de perfidie!... car c'est une perfidie!... elle devait me dire qu'elle en aimait un autre... M'accueillir si bien! paraître si contente lorsqu'elle me voyait!... Oh! c'est affreux!

— Il n'y a pas de doute que c'est affreux. De qui parles-tu?

— De mademoiselle de Valmont... de cette Constance... si belle!... si jolie!...

— Ah! oui, qui ressemble tant à sœur Anne!

— Eh bien, mon ami, croirais-tu qu'elle va se marier... épouser un jeune colonel que je ne connais pas... qu'elle aime... cela va sans dire... que je n'ai jamais vu, et qui va arriver ces jours-ci pour l'épouser?

— Mademoiselle de Valmont se marie?

— Oui, Dubourg.

— Eh bien, qu'est-ce que cela te fait? tu ne l'aimes pas? tu n'en es point amoureux? jamais un mot de galanterie n'est sorti de ta bouche! tu es pour elle un frère, un ami... Tu m'as dit cela il n'y a pas un mois.

— Non certainement, je ne l'aime pas... mais il est de ces égards, de ces marques de confiance que l'on se doit ; et quand on voit quelqu'un tous les jours...

— Ah ! tu la vois tous les jours !...

— Elle pouvait me faire entendre... me laisser voir... Ah ! Constance ! je ne l'aurais jamais cru.

— Ah çà ! tu ne pars donc plus pour le Dauphiné?... dis donc... Frédéric ! Frédéric !...

Mais celui-ci est déjà bien loin, il court comme un fou auprès de mademoiselle de Valmont. Dubourg alors quitte l'hôtel en disant :

— Cela lui va bien d'accuser les femmes de perfidie !... Ah ! les hommes ! les hommes !... Allons dîner. Je ne sais pas comment cela se fait, je suis déjà endetté avec mon traiteur, et nous ne sommes encore qu'au milieu du mois...

Frédéric est arrivé chez le général sans avoir formé aucun projet, sans savoir ce qu'il veut dire ni ce qu'il veut faire. Il entre dans l'hôtel, où l'on est habitué à le voir; il traverse rapidement plusieurs pièces, il pénètre dans le salon où se tient habituellement Constance... Elle y est en effet, assise devant son piano. En la voyant occupée et calme comme à son ordinaire, Frédéric reste un moment immobile à la contempler.

Constance a retourné la tête en entendant entrer quelqu'un. Elle sourit lorsqu'elle reconnaît Frédéric, dont le désordre ne l'a pas encore frappée.

— C'est vous, monsieur, lui dit-elle, tant mieux ; vous êtes bon musicien, vous allez m'aider à déchiffrer ce morceau.

Le jeune homme ne répond pas ; il continue à regarder Constance, qui, habituée à son humeur bizarre et souvent taciturne, ne remarque pas d'abord son trouble; mais s'apercevant qu'il reste toujours loin d'elle, elle se retourne de nouveau, et l'émotion de Frédéric ne lui échappe pas.

— Qu'avez-vous donc, monsieur? lui demande-t-elle avec intérêt ; vous semblez bien agité !

— Oh ! je n'ai rien, mademoiselle; que pourrais-je avoir?

— Mais je l'ignore... vous n'avez pas l'habitude de me conter vos peines.

En ce moment un léger accent de reproche perçait dans le ton de Constance. Frédéric va s'asseoir près d'elle, il semble vouloir lire dans ses yeux ; jamais il ne l'a regardée ainsi, et Constance, étonnée, se sent rougir et baisse ses beaux yeux.

— Vous craignez que je ne devine ce qui se passe dans votre cœur, dit enfin Frédéric en affectant un ton d'ironie pour cacher sa douleur.

— Moi, monsieur ! je ne sais en vérité ce que vous voulez dire... je ne vous comprends pas... Pourquoi craindrais-je de laisser lire dans ma pensée?... je ne me trouve pas coupable... si je le suis, ce n'est pas vous qui devriez me le reprocher...

— Oh ! sans doute !... vous êtes entièrement libre de vos sentiments, mademoiselle... je sais que je n'ai aucun droit sur votre cœur...

— Mon Dieu ! qu'avez-vous donc, monsieur Frédéric?... vraiment vous m'inquiétez... votre trouble n'est pas naturel...

— Ce que j'ai !... Ah ! Constance, vous en aimez un autre, et vous me le demandez !

Mademoiselle de Valmont reste muette, saisie ; jamais Frédéric ne l'avait appelée ainsi, et ces mots : Vous en aimez un autre, n'est-ce pas dire : Vous ne devriez aimer que moi. Une émotion délicieuse vient de passer jusqu'au fond du cœur de Constance ; il palpite avec plus de force; l'expression du plaisir, du bonheur brille dans ses yeux, et sa voix est encore plus tendre en s'adressant à Frédéric.

— J'en aime un autre !... Mon Dieu ! mais qu'est-ce qu'il veut donc dire !... Frédéric, expliquez-vous... je ne vous comprends pas.

L'aimable fille n'avait compris qu'une chose, c'est que le jeune homme ne voulait point qu'elle en aimât un autre, et cela avait suffi pour lui faire entendre qu'elle était aimée. Depuis longtemps elle espérait bien avoir inspiré à Frédéric les plus doux sentiments; mais cependant il ne lui disait jamais un mot à ce sujet, rien qui voulût dire : Je vous aime ; et lors même que tout le fait deviner, on veut encore s'entendre dire cela.

Frédéric garde de nouveau le silence, de longs soupirs s'échappent de sa poitrine, et il ne dit rien.

— Parlerez-vous, monsieur? dit Constance; qu'avez-vous aujourd'hui qui vous trouble à ce point? qu'ai-je fait pour mériter vos reproches?... Expliquez-vous tout à fait... je le veux : entendez-vous, monsieur? je le veux.

La voix de Constance avait une expression si tendre en prononçant ces mots, que Frédéric ne put s'empêcher de la regarder de nouveau, et sans doute les yeux de mademoiselle de Valmont étaient d'accord avec sa voix; car il reste quelques minutes à les regarder avec délices, mais tout à coup il s'écrie de nouveau :

— Que je suis malheureux !...

— Vous, malheureux ! Frédéric... et pourquoi?...

— Vous allez vous marier...

— Je vais me marier !... en voilà la première nouvelle.

— Oh! vous voudriez en vain me le cacher; je sais tout, mademoiselle... je sais que votre prétendu arrive dans quelques jours... que c'est un colonel... et que vous l'aimez...

— Que ditez-vous?... un colonel... et je l'aime!... Ah! par exemple, c'est un peu fort... Et quel est le nom de ce colonel que je vais épouser?...

— Son nom... Ah! ma foi, j'ai oublié de le demander... Mais, à coup sûr, vous savez fort bien qui je veux dire... Soutiendrez-vous que vous ne connaissez pas un colonel?...

— Il en est venu plusieurs... chez mon oncle... mais...

— Ah! il en est venu plusieurs... vous en convenez maintenant...

— Et qui vous a dit, monsieur, que j'allais me marier?...

— Quelqu'un qui en est certain, mon père, qui le sait de votre oncle.

— De mon oncle... mais je n'y comprends rien.

— Vous feignez de ne pas me comprendre!... Mais, sans doute, vous attendez avec impatience l'arrivée de votre futur époux.

Constance semble réfléchir quelque temps; puis elle reprend d'un air qu'elle s'efforce de rendre bien froid :

— Vraiment, monsieur, je suis bien étonnée de ce que vous venez de me dire; mais enfin... s'il était vrai que je me mariasse... en quoi cela pourrait-il vous toucher?... Je crois que cela ne peut que vous être fort indifférent.

— Ah!... vous pensez cela... Oh!... vous avez bien raison, mademoiselle; certainement cela ne peut rien me faire...

— Eh bien, monsieur, pourquoi donc alors me faire toutes ces questions?...

— Pourquoi?... Ah! Constance, vous vous mariez donc?... et ce colonel... vous l'aimez?...

— Et... si j'aimais quelqu'un... est-ce que cela vous ferait de la peine?...

Constance veut le pousser à bout; elle veut le forcer d'avouer ses sentiments. Frédéric ne peut plus se contenir... son cœur ne peut plus garder son secret.

— Oui, s'écrie-t-il, je vous aime.... je vous adore... je mourrai, si vous êtes à un autre!...

— Il m'aime!... Ah! c'est bien heureux que l'on vous ait arraché cela!... J'ai cru qu'il ne le dirait jamais...

Et l'aimable fille tendait sa main à Frédéric, et celui-ci était tombé à ses genoux, et couvrait cette main de baisers pendant que Constance lui disait avec tendresse :

— Ah! Frédéric, moi aussi je vous aime... Je n'aimerai jamais que vous!... Mon ami, pourquoi donc ne me l'avoir pas fait plus tôt cet aveu qui me rend si heureuse, et que j'attendais depuis si longtemps?... Mon oncle me chérit; il ne voudra point faire mon malheur. S'il est vrai qu'il ait formé pour moi quelque projet de mariage... ce dont je n'ai jamais entendu parler, il faudra qu'il y renonce, car je lui dirai que je ne veux épouser que vous... que vous seul pouvez obtenir mon cœur et ma main, et il y consentira, j'en suis certaine... Il vous aime aussi, Frédéric; et qui ne vous aimerait pas?... Vous le voyez : vous avez tort d'être triste... mélancolique... de me cacher vos peines... Mon ami, depuis longtemps j'avais lu dans votre cœur : ne deviez-vous pas aussi lire dans le mien?

Frédéric ne répond que par des serments d'amour; sa tête n'est plus à lui; l'aveu de Constance a troublé sa raison; ce n'est pas sans peine que mademoiselle de Valmont parvient à le calmer, et il ne la quitte qu'après avoir reçu de nouveau le serment qu'elle ne sera jamais à un autre.

Frédéric quitte l'hôtel dans une situation d'esprit bien différente de celle avec laquelle il y est entré. La certitude d'être aimé de Constance a en un moment changé toutes ses résolutions : dans son délire, sœur Anne est entièrement oubliée, il n'éprouve même plus de remords. Semblable à ces malades qui, dans le plus fort de la fièvre, ne sentent point leur douleur, Frédéric s'écrie à chaque instant :

— Dubourg avait bien raison; j'aime Constance... je l'adore!... je ne puis plus aimer qu'elle.

Deux jours après cette déclaration, le comte de Montreville, bien certain que son fils ne songe plus à s'éloigner de Constance, part dans une de ses voitures pour le Dauphiné, accompagné d'un seul domestique et d'un postillon.

CHAPITRE XXII

MORT DE MARGUERITE. — SŒUR ANNE QUITTE SA CHAUMIÈRE

Retournons dans le bois près de la jeune muette que nous avons laissée attendant Frédéric, et que nous retrouverons l'attendant encore.

Mais les arbres ont dépouillé leur parure; les champs n'offrent plus à l'œil le doux aspect de la végétation; plus de gazon dans la vallée; plus de verdure sur les bords du ruisseau. Les feuilles sont tombées et les pas du villageois ont retenti sur ce qui, quelques jours plus tôt, ombrageait sa tête et embellissait son jardin. Il a foulé aux pieds le beau feuillage du printemps, que l'approche d'une autre saison vient de faire mourir... Ainsi tout passe et se succède... Un autre feuillage renaîtra pour retomber à son tour; et cet homme qui le foule à ses pieds doit aussi retourner dans la poussière, sur laquelle marcheront d'autres générations. Il se croit quelque chose, parce que sa course a été plus longue; mais quand les siècles auront dispersé sa cendre, qu'aura-t-il laissé de plus que ces feuilles que le vent chasse devant lui?

L'automne dispose à la mélancolie; il fait rêver, réfléchir, non pas le citadin que les soins de sa fortune ou de ses plaisirs retiennent dans le tourbillon du monde; mais l'homme des champs qui peut contempler chaque jour le changement qui s'opère dans toute la nature. Il ne voit pas sans émotion ces bois dont les arbres noirs et appauvris semblent porter le deuil du printemps; s'il parcourt une route qu'ombrageait un épais feuillage, s'il cherche ces bosquets sous lesquels il s'est reposé dans la chaleur du jour, il ne voit plus que des branches sèches que souvent la main du pauvre a brisées. La forêt, éclaircie dans son dôme, est moins sombre qu'en été et laisse pénétrer de toutes parts les rayons du jour. Mais cette clarté, loin de l'embellir, lui ôte tout son charme; on regrette ses sentiers sombres et mystérieux sous lesquels il est si doux de se promener dans la saison des amours.

En voyant l'approche des frimas, en contemplant les effets de l'hiver, l'homme, toujours bercé par l'espérance, se dit :

— Le printemps renaîtra; je reverrai mes ombrages, mes gazons, mes bosquets. Le printemps renaît... mais bien des hommes ne le reverront plus!

Sœur Anne n'a remarqué le changement de saison que parce qu'il lui fait sentir la longueur du temps qui s'est écoulé depuis que Frédéric l'a quittée. La pauvre petite ne peut plus compter les jours, le nombre en est trop considérable. Cependant l'espoir n'a pas encore fui de son cœur; elle ne peut croire que son amant veuille l'abandonner pour jamais; quelquefois elle s'imagine que Frédéric a cessé de vivre; c'est alors que le désespoir le plus sombre s'empare de son âme... Lorsque cette pensée s'offre à son esprit, la vie ne lui semble plus qu'un long supplice..... Pourrait-elle exister encore, si l'espérance de revoir son ami ne la soutenait plus!... Souvent elle voudrait mourir... Mais elle va être mère, ce souvenir la rattache à l'existence; quelque chose lui dit qu'elle doit vivre pour son enfant.

Depuis fort longtemps la jeune orpheline n'est point allée au village. Un vieux pâtre, qui passe par le bois a l'habitude de déposer tous les jours, au pied d'un arbre, le pain bis nécessaire aux habitantes de la cabane; et, en échange, il trouve trouve toujours une grande cruche pleine de lait. Ce pain, du laitage, des œufs, composent en hiver toute la nourriture des pauvres femmes. Lorsque sœur Anne a terminé les apprêts de leur repas et donné à sa vieille compagne tout ce qui lui est nécessaire, elle prend avec ses chèvres le chemin de la montagne, et va s'asseoir au pied de l'arbre de sa mère. Malgré le froid qui commence à être vif, la jeune fille ne manque pas un jour de se rendre à cette place. Couverte d'un mauvais manteau de laine à demi usé, elle brave la rigueur de la saison, elle s'entortille dans ce vêtement qui ne la garantit qu'à peine; ses chèvres, qui ne trouvent plus rien à brouter sur la montagne, viennent se coucher aux pieds de sœur Anne, dont les traits, amaigris par son état et ses souffrances, n'offrent que trop fidèlement l'image de la pauvreté et de la douleur.

Plus d'une fois la neige, en tombant à gros flocons, a formé sur toute sa personne un manteau de glace et permet à peine de distinguer sur la terre le corps de la jeune fille, qui se dépouille alors elle-même pour couvrir ses pauvres compagnes. Le voyageur qui passerait sur la montagne ne verrait sortir de ce groupe couvert de neige que la tête de la petite muette, toujours tournée vers la route de la ville. Mais, insensible au froid, elle ne sent pas que tout son corps frémit, que ses dents claquent avec force, que ses membres se roidissent; elle ne sent pas ses douleurs physiques; un seul sentiment l'absorbe..... le mal qu'il lui fait ne laisse plus de sensation pour les autres.

Quand la nuit ne permet plus de voir sur la route, elle se relève, elle se regarde... étonnée de se voir presque ensevelie sous la neige. Elle secoue son manteau, caresse ses chèvres, et redescend lentement la montagne. Elle retourne tenir compagnie à la vieille Marguerite, puis va se jeter sur sa couche solitaire... Elle n'y trouve plus l'amour, elle n'y trouve pas même le repos; depuis longtemps elle n'en goûte plus. Le souvenir de son amant est là... Il est partout pour sœur Anne... Si du moins elle pouvait se plaindre, l'appeler..... l'implorer encore!..... Il lui semble que ses accents arriveraient jusqu'à lui. Pauvre fille! le ciel t'a ôté cet organe si précieux. Des larmes! toujours des larmes!... voilà tout ce qui te reste.

Mais de jour en jour sœur Anne voit s'affaiblir la vieille Marguerite. Depuis longtemps la bonne femme ne sort plus de la cabane; à peine si elle peut encore gagner son grand fauteuil. Marguerite a soixante-seize ans; sa vie a été active, laborieuse, sa vieillesse est tranquille; exempte d'infirmités, la bonne femme n'a point de souffrance; l'âge seul abat ses forces, qui à chaque instant diminuent; elle s'éteint comme une lampe, après avoir jeté une douce clarté; elle n'a point brillé, mais elle a été utile, ce qui est préférable.

L'instant marqué par la nature approche, Marguerite ne doit point revoir un autre printemps. Sœur Anne redouble de soins près de sa mère adoptive; s'apercevant de l'affaiblissement de ses facultés, elle renonce à se rendre sur la montagne, afin ne plus la quitter. Ce sacrifice était le plus grand qu'elle pût lui faire. La bonne Marguerite, touchée de son attachement, sourit à sa fille adoptive et l'appelle encore sa chère enfant... Mais un matin, quand sœur Anne, suivant son habitude, se rend près du lit de sa mère pour voir comment elle a passé la nuit, Marguerite ne lui répond plus... elle ne lui tend plus sa main tremblante!... ses sont yeux fermés, ils ne doivent plus se rouvrir. Sœur Anne, effrayée, s'empare de la main de la bonne vieille... cette main est froide, inanimée... En vain elle cherche à l'échauffer dans les siennes!... Elle dépose un baiser sur le front de Marguerite... Mais un sourire n'est plus sa récompense.

La jeune fille reste anéantie devant le lit de sa compagne, elle contemple les traits vénérables de celle qui a pris soin de son enfance..... de sa seule amie, qui vient aussi de lui être enlevée!... Marguerite semble dormir; la sérénité de sa figure annonce celle de son âme à ses derniers moments. Sœur Anne, placée devant ce lit sur lequel elle appuie une de ses mains, ne peut se lasser de regarder sa mère adoptive... Sa douleur est calme, mais elle n'en est pas moins profonde; ses yeux ne trouvent plus de larmes, mais leur expression n'en est que plus déchirante!...

Sœur Anne a passé une partie de la journée devant les restes inanimés de la bonne femme; ce n'est pas sans peine qu'elle parvient à s'en éloigner; mais elle sait qu'il faut rendre à Marguerite les derniers devoirs, la conduire à son dernier asile, et seule, sans secours, la jeune fille en serait incapable. Il faut donc qu'elle aille au village, où elle n'a point paru depuis bien longtemps.

Elle quitte sa chaumière, elle sort du bois et se rend à Vizille. Sur son passage elle salue, comme à son ordinaire, les villageoises qu'elle connaît; mais elle ne conçoit pas pourquoi les paysannes détournent la tête ou la regardent avec mépris. Loin de s'arrêter, comme c'était leur coutume, pour dire bonjour à sœur Anne, elles s'éloignent d'elle, et semblent vouloir éviter sa rencontre; les jeunes gens la regardent en souriant d'un air moqueur; quelques-uns causent entre eux en se la montrant du doigt, et sur aucune de ces figures elle ne retrouve ces marques de l'intérêt qu'on avait l'habitude de lui témoigner.

— Qu'ont-ils donc?... se dit la pauvre orpheline; tout le monde semble me fuir... est-ce parce que je suis plus malheureuse... parce que j'ai perdu ma mère, parce que Frédéric m'a abandonnée?...

Elle ne songe pas qu'elle porte le témoignage de sa faiblesse; ce gage d'amour, dont elle est fière, n'est aux yeux des paysans qu'une preuve de sa honte. Au village on est plus sévère qu'à la ville : on y fait grand cas de l'innocence, parce que c'est souvent l'unique trésor que l'on y possède. Les habitants de Vizille avaient sur ce chapitre des principes austères : une fille qui avait commis une faute devenait l'objet du mépris général, tant que son séducteur ne la réparait pas en face des autels. Peut-être auraient-ils dû se montrer plus indulgents pour la jeune muette, qui, vivant au fond des bois, ignorait que l'on était coupable en cédant à son cœur; mais les paysans ne raisonnent point; ils agissent par habitude et souvent machinalement. Ils avaient témoigné beaucoup d'intérêt à sœur Anne tant qu'elle avait été aussi innocente que malheureuse; maintenant qu'elle porte des preuves de sa faiblesse, ils la repoussent sans s'informer si elle n'est pas plus malheureuse encore qu'auparavant.

La jeune muette est arrivée dans le village, ne comprenant rien à la conduite des habitants, ne devinant pas pourquoi les jeunes filles fuient son approche sans daigner répondre à ses signes, ni pourquoi leurs parents la regardent d'un air sévère et méprisant.

Elle frappe à la porte d'une maisonnette dont les propriétaires étaient amis de Marguerite. La villageoise qui lui ouvre fait un mouvement de surprise en la regardant, puis la renvoie de sa maison. Sœur Anne veut insister, et cherche à lui faire comprendre la perte qu'elle vient de faire; mais, sans daigner remarquer ses signes, on la repousse dans la rue, où la regardent plusieurs habitants qui s'y sont rassemblés.

— Osez-vous bien venir au village dans cet état? lui dit un vieux paysan; vous montrer parmi nous... vouloir entrer dans nos maisons? Vous portez les preuves de votre honte... Il fallait la cacher dans le fond de vos bois. Et vous venez vous présenter à nos filles... Est-ce pour qu'elles admirent votre belle conduite? Est-ce pour leur donner un si bel exemple?... Allez, fille de Clotilde... vous devriez mourir de honte!... Retournez dans votre chaumière..... fuyez avec votre séducteur, mais ne venez plus vous mêler parmi nos femmes et nos enfants.

Sœur Anne ne conçoit pas comment on peut être coupable pour avoir connu l'amour. Elle regarde les habitants du village avec surprise; elle joint vers eux ses mains suppliantes; elle cherche à leur faire entendre que ce n'est pas pour elle qu'elle vient les implorer; mais les villageois ne veulent point la comprendre; ils la repoussent, la fuient en rentrant dans leur maison; quelques-uns l'accompagnent jusqu'au bout du village, et, là, ne la quittent qu'après lui avoir ordonné de ne plus y rentrer.

La pauvre petite suffoque; les sanglots l'étouffent; être traitée de la sorte pour avoir aimé Frédéric!... cette pensée soutient son courage: c'est pour lui qu'elle souffre ces humiliations; elle supporterait tout plutôt que de ne plus l'aimer. Elle regagne en pleurant sa chaumière. Il est nuit. La profonde solitude règne dans sa demeure, désormais l'asile du silence. Elle est maintenant entièrement seule sur la terre. Inaccessible à de vaines terreurs, à ces craintes puériles que de grands génies éprouvent quelquefois près de l'image de la mort, sœur Anne retourne près du lit sur lequel repose Marguerite, et se jetant à deux genoux devant cette couche funèbre, elle tend encore ses bras vers sa protectrice, et semble lui dire: Vous ne m'auriez pas repoussée, ô ma mère! si, plus coupable encore, je m'étais présentée devant vous!... Vous auriez eu pitié de moi. Votre grand âge, votre vue affaiblie, ne vous ont point permis de vous apercevoir de mon état; mais vous m'auriez pardonné... et ils viennent de me chasser! Est-ce donc en accablant les malheureux qu'on leur offre une voie au repentir!

Sœur Anne passe toute la nuit auprès du lit de Marguerite. Elle prie du fond du cœur pour celle qui lui a tenu lieu de parente; elle la supplie de la protéger encore, et pendant cette triste nuit l'image de Frédéric ne vint point troubler sa pieuse occupation.

Le lendemain, au point du jour, sœur Anne va dans le bois attendre le passage du vieux pâtre qui échange du pain contre son lait. Le villageois ne tarde pas à venir. C'est un homme d'une soixantaine d'années, mais encore fort et robuste, qui a passé une partie de sa vie dans les forêts, et, comme sœur Anne, est à peu près étranger à ce qui se fait au village, qui est le monde pour un habitant des bois. La jeune fille le prend par la main et semble le supplier de la suivre dans sa chaumière. Le vieux pâtre se laisse conduire. Elle le mène devant Marguerite. Le vieux berger hoche la tête sans paraître ému: l'habitude d'une vie sauvage rend quelquefois indifférent sur les malheurs d'autrui. Cependant sœur Anne lui fait des signes suppliants qu'il est impossible de ne pas comprendre; le vieux pâtre consent à lui rendre le service qu'elle lui demande.

La jeune muette le conduit dans le jardin, devant le figuier sous lequel Marguerite aimait à s'asseoir; elle lui indique du doigt la terre: c'est là qu'elle veut que sa mère adoptive repose. Le vieux pâtre a bientôt creusé la tombe, puis il y transporte les restes de la bonne vieille et les recouvre de terre. Sœur Anne plante une croix sur cette place... C'est le seul monument qu'elle puisse élever à la mémoire de sa bienfaitrice; mais elle viendra souvent l'arroser de ses pleurs. Et combien de mausolées magnifiques sur lesquels on n'a jamais versé une larme.

Le vieux pâtre s'est éloigné; sœur Anne est de nouveau seule... et pour jamais!... Elle sent alors plus vivement encore la perte qu'elle a faite. Marguerite parlait peu; depuis quelque temps elle sommeillait sans cesse; mais elle était là; et la pauvre petite ne se sentait point abandonnée de tout le monde. Un seul être pourrait la consoler... mais il ne revient pas, et chaque jour détruit le peu d'espérance qui la soutenait encore. Sœur Anne n'aurait pas la force de supporter ses peines, si elle ne sentait que bientôt le ciel lui donnera quelqu'un pour les adoucir...

Les mouvements de son sein lui annoncent l'existence de cet être qui va doubler la sienne. Pour lui elle a déjà bien souffert! on la fuit, on la méprise; elle ne trouverait plus dans le village ni secours ni protection; mais sa vue seule lui fera oublier tous ses tourments; n'est-il pas juste que ce soit dans la cause de nos peines que nous en trouvions aussi le dédommagement?

Cependant les jours en s'écoulant ont changé en un doux souvenir de reconnaissance la vive douleur que sœur Anne éprouvait de la perte de Marguerite; mais le temps, qui calme les regrets n'adoucit point les douleurs d'une amante. Le souvenir de Frédéric est plus que jamais présent à sa pensée; elle n'a plus rien qui puisse l'en distraire. Elle ne voit plus personne, et si les mouvements de son sein lui rappellent qu'elle sera mère, n'est-ce pas encore pour lui faire désirer la présence du père de son enfant.

Pendant le temps que Frédéric a passé avec sœur Anne, il lui parlait quelquefois du monde, de son père, et souvent de Paris, lieu de sa naissance. Dans le cours de la journée, lorsqu'ils étaient assis tous deux sur les bords du ruisseau, il se plaisait à faire à la jeune fille le tableau de la grande ville, à lui décrire une partie de ces

La lune qui brille au-dessous de la route sur le bord de laquelle elle s'est endormie. (Page 134, col. 1.)

plaisirs, de ces spectacles, de ces promenades brillantes qui en font un séjour enchanté. La petite ne comprenait pas toujours ce qu'il lui disait, mais elle l'écoutait en ouvrant de grands yeux; elle témoignait son étonnement par des mouvements naïfs, par des signes de surprise fort bizarres, et cela amusait Frédéric, qui était souvent obligé de conter pour la satisfaire, car on ne fait pas continuellement l'amour... Il y a des personnes qui disent que c'est bien dommage; elles oublient que ce que l'on peut faire sans cesse finit par ne plus avoir de prix.

Ce que Frédéric disait s'est gravé dans la mémoire de sœur Anne. Chaque jour elle y pense davantage et se dit :

— Il est sans doute dans cette grande ville, dans ce Paris dont il m'entretenait si souvent et où il est né. Peut-être son père l'empêche-t-il de de venir me trouver... Mais si je pouvais aller le rejoindre... si je pouvais me jeter dans ses bras... oh! je suis bien sûre qu'il serait content de me revoir... Alors il me garderait près de lui... je ne le quitterais plus... et je serais bien heureuse... Mais comment faire pour trouver ce Paris?

Chaque jour le désir d'aller trouver son amant

prend plus de force dans cette âme aimante, qui ne peut se persuader que Frédéric l'ait oubliée, et qui croit que s'il ne revient pas la trouver, c'est parce qu'on le retient loin d'elle. Depuis que Marguerite est morte, sœur Anne n'a plus de raison pour rester dans le bois. Dans l'état où elle est, et privée d'un organe si nécessaire, sans doute sa chaumière devrait lui paraître préférable aux dangers, aux peines, aux fatigues qui seront son partage dans le voyage qu'elle veut entreprendre; mais une femme qui aime bien ne voit ni les dangers ni la peine... elle brave tout, soutenue par l'espoir de revoir l'objet de sa tendresse. Sœur Anne, étrangère au monde, ne pouvant parler, et portant dans son sein le fruit de ses amours, se décide à quitter son asile pour aller chercher son amant; elle bravera tous les périls, supportera la misère, les privations de toute espèce, et dût-elle employer plusieurs années dans ses recherches, il lui semblera que chaque pas la rapprochera de son amant.

Sa résolution est prise, elle ne songe plus qu'à l'exécuter; mais elle ne voudrait pas laisser à l'abandon sa cabane et le tombeau de Marguerite. C'est encore au vieux pâtre qu'elle va s'adresser : elle le conduit un matin dans sa demeure, lui montre un petit paquet qui contient ses vêtements, et qu'elle place sur son dos en lui indiquant qu'elle va se mettre en voyage; puis, le faisant asseoir dans la chaumière, semble lui dire : — Elle est à vous, restez ici... je ne vous recommande que le figuier qui ombrage la tombe de ma mère, et ces pauvres animaux qui furent si longtemps ma seule compagnie.

Le vieux berger la comprend aisément; mais, quoique la chaumière soit à ses yeux un palais, et que, par l'abandon que lui en fait sœur Anne, il se trouve plus riche qu'il ne l'a jamais été, il cherche à détourner la jeune fille d'un projet qui lui semble insensé.

— Où voulez-vous aller, mon enfant? lui dit-il; vous quittez votre maison dans l'état où vous êtes... dans deux mois peut-être vous serez mère, et vous allez vous mettre en voyage!... Vous, pauvre muette!... qui vous recevra, qui vous aidera... comment demanderez-vous votre chemin?... Allons, ma petite, vous allez faire une folie... du moins, attendez encore quelque temps.

Sœur Anne a pris son parti, rien ne peut plus l'en détourner; elle secoue la tête en regardant le vieux berger; puis, levant les yeux au ciel, semble lui dire : — Dieu me conduira, il prendra pitié de moi.

Le vieux pâtre veut la retenir encore.

— Et de l'argent? lui dit-il, ma petite, il en faut dans le monde : je sais cela, moi, quoique je n'y aie guère vécu... Dame, je n'en ai pas, et je ne puis rien vous donner de votre chaumière et de tout ce qui est dedans... et pourtant tout cela vaudrait de l'argent.

Sœur Anne sourit; puis, sortant de son sein un petit sac de toile bise, en tire quatre pièces d'or, qu'elle montre au vieux berger : c'était le trésor de Marguerite. Quelque temps avant de mourir, la bonne vieille avait ordonné à la jeune muette de fouiller dans un coin de la chaumière. Celle-ci y avait trouvé le petit sac, bien roulé et bien ficelé, et Marguerite lui avait dit :

— Prends cela, ma fille, c'est pour toi : c'est le fruit de mes épargnes et de soixante années de travail... C'est à toi que je l'ai toujours destiné : ce trésor pourra te servir à acheter un plus nombreux troupeau.

A la vue des quatre pièces d'or, le vieux pâtre ne la retient plus, car il croit aussi qu'avec cela on peut faire le tour du monde.

— Allez donc, lui dit-il, mon enfant, je garderai votre chaumière; quand vous voudrez y revenir, songez qu'elle est toujours à vous.

Sœur Anne lui sourit tristement; puis, jetant un dernier regard sur sa demeure, elle en sort tenant d'une main son léger paquet, et de l'autre un bâton, sur lequel elle s'appuie en marchant. En traversant le jardin elle salue la tombe de Marguerite... ses chèvres courent après elle, et semblent, suivant leur coutume, attendre qu'elle les conduise sur la montagne. Sœur Anne les caresse en pleurant, elles étaient devenues ses seules amies, et quelque chose lui dit tout bas : Tu ne les reverras plus!

En traversant le bois, que de souvenirs viennent agiter son cœur! Voilà la place où ils s'asseyaient souvent!... voilà le ruisseau près duquel elle l'a vu pour la première fois... où il lui a dit qu'il l'aimait! Ces lieux sont encore animés de sa présence... Ce n'est pas sans effort qu'elle se décide à les quitter! Mais pour soutenir son courage elle se dit :

— Je vais le trouver... et peut-être y reviendrons-nous ensemble...

Elle gravit la montagne... et se prosterne devant l'arbre où périt Clotilde. Là, elle prie sa mère pour que, du haut des cieux, elle veille sur elle... pour qu'elle la guide dans son voyage. Ensuite elle descend la montagne du côté de la ville... elle marche dans la route qu'il a suivie, elle voudrait y retrouver l'empreinte de ses pas.

CHAPITRE XXIII

VOYAGE DE SŒUR ANNE. — LA FORÊT

Depuis le point du jour la jeune muette est en route. Le temps est froid, mais beau; une forte gelée a séché les chemins, tari les ruisseaux, et arrêté les torrents. Les champs sont devenus déserts, les villageois ne les traversent qu'à la hâte, empressés de regagner leurs chaumières et de s'asseoir devant le foyer où pétillent les bourrées qu'ils ont rapportées de la forêt. La vue d'un feu ardent égaye les longues soirées de l'hiver, et le pauvre mendiant qui passe dans un village s'arrête et regarde d'un œil d'envie cette flamme qui brille à travers la croisée d'une chaumière, trop heureux lorsque, sur la grande place, il trouve à se réchauffer devant quelques bottes de paille auxquelles d'autres malheureux ont mis le feu!

Il n'y a que quatre heures que sœur Anne est en marche, et déjà ses yeux sont frappés de la nouveauté des objets qu'elle aperçoit. N'ayant jamais vu que sa chaumière, son bourg et le village de Vizille, elle s'arrête avec étonnement devant une forge, devant un moulin, près d'une maison de campagne qui lui semble un château: tout est neuf pour elle; mais comment se dirigera-t-elle dans ce monde qui lui paraît si grand, comment pourra-t-elle trouver cette ville qu'elle ne peut pas nommer, dont elle ignore même la route?... Quelquefois ces pensées abattent son courage, elle s'arrête, regarde tristement autour d'elle... puis elle songe à Frédéric, et se remet en route.

Vers le milieu de la journée elle arrive dans un hameau, elle frappe à la porte d'une maison de paysan, on lui ouvre : elle voit une jeune femme allaitant un de ses enfants tandis que quatre autres marmots jouent autour d'elle et qu'une bonne vieille entretient le feu en y mettant quelques branches sèches qu'elle vient de ramasser dans le bois.

— Que voulez-vous, brave femme? lui demande la jeune mère.

Sœur Anne contemple le tableau qui vient de s'offrir à sa vue, et ne peut détourner ses regards de l'enfant pendu au sein de sa mère; un rayon de joie vient ranimer sa physionomie, on voit qu'elle se dit en ce moment : — Et moi aussi je nourrirai mon enfant, je recevrai ses caresses, je le porterai sur mon sein!

— Dites donc ce que vous demandez, dit la vieille sans se détourner de devant son feu.

— Ah! ma mère, reprend la jeune femme, voyez donc comme elle est pâle... comme elle paraît souffrante!... Si jeune, près d'être mère, voyager ainsi par le froid qu'il fait... Vous allez rejoindre votre mari, sans doute!...

Sœur Anne soupire... Puis, voyant que l'on attend sa réponse, elle indique qu'elle ne peut pas parler.

— Ah! mon Dieu, ma mère, elle est muette... Pauvre jeune femme!...

— Muette! s'écrie la vieille... Quoi! ma chère, vous ne pouvez pas parler?... Que je vous plains, ma pauvre enfant!... Muette! seriez-vous sourde aussi?

Les gestes de sœur Anne indiquent qu'elle les entend parfaitement.

— Ah! c'est bien heureux, vraiment! reprend la vieille en s'approchant de la jeune voyageuse, tandis que chaque enfant regarde sœur Anne avec curiosité, croyant qu'une muette n'est pas un être comme un autre.

— C'est donc par accident que vous êtes muette, ma petite? y a-t-il longtemps?... Est-ce par une maladie?... Cela peut-il se guérir?...

— Ma mère, dit la jeune femme, donnons d'abord à cette pauvre femme tout ce dont elle a besoin; faites-la reposer, rafraîchir... vous la questionnerez ensuite.

On s'empresse de faire asseoir sœur Anne devant le feu; un enfant lui prend son paquet, un autre son bâton; la vieille mère lui apporte à manger, car la jeune femme ne peut pas quitter l'enfant qu'elle nourrit. Sœur Anne, vivement émue des soins que l'on a pour elle, en témoigne sa reconnaissance par des gestes si touchants, que les habitants de la maisonnette en sont tout attendris.

— Ce n'est donc pas partout comme à mon village! pense la jeune voyageuse; ici, loin de me chasser, de me repousser, ils me font du bien... me traitent comme leur enfant. Le monde n'est donc pas si méchant!...

Cette réception ranime le courage de la jeune fille; mais elle ne peut satisfaire à toutes les questions de la grand'mère. Les villageoises croient, d'après ses signes, qu'elle va retrouver son mari.

— Il est sans doute à la ville? lui dit la vieille.

Sœur Anne fait un signe affirmatif; et comme la ville la plus proche est Grenoble, les paysannes pensent que c'est là qu'elle se rend.

Après être restée plusieurs heures sous ce toit hospitalier, sœur Anne veut se remettre en route; mais auparavant elle sort de son petit sac une de ses pièces d'or qu'elle présente à la jeune femme.

— Gardez, gardez, ma chère, lui dit celle-ci; nous ne voulons rien pour ce que nous avons fait. Vous êtes si à plaindre d'être privée de la parole, que vous mériteriez d'être accueillie et logée par tout pour rien ; mais, malheureusement, tout le monde ne pense pas de même; il y a des cœurs durs, insensibles... Vous allez à la ville; là, votre argent vous sera nécessaire, on ne vous l'y refusera pas.

Sœur Anne témoigne à la jeune femme toute sa reconnaissance. Elle l'embrasse tendrement, ainsi que son nourrisson, puis sort de la maisonnette, et on lui indique la route de Grenoble, où l'on présume qu'elle se rend.

La jeune voyageuse ne va pas vite : sa grossesse, son peu d'habitude de la marche, le paquet de hardes qu'elle porte, la forcent à s'arrêter souvent. Alors elle s'assied sur un arbre renversé, sur une pierre, ou sur le bord d'un fossé. Là elle attend que ses forces soient revenues pour se remettre en chemin.

Quelquefois, pendant qu'elle se repose, des voyageurs passent devant elle. Les gens en voiture ne la regardent pas; quelques hommes à cheval lui jettent un regard; mais les piétons s'arrêtent et lui adressent quelques mots. Comme ils ne reçoivent pas de réponse, ils s'éloignent, les uns en la croyant stupide, les autres en la traitant d'impertinente, parce qu'elle ne daigne pas leur parler. Sœur Anne regarde les passants d'un air de surprise; elle sourit au paysan qui lui propose de monter sur son cheval, et baisse les yeux lorsqu'un autre se fâche de ce qu'elle ne lui répond pas; les plus curieux font comme les autres, ils finissent par la laisser là.

Vers la fin du jour, sœur Anne, qui a suivi exactement la route qu'on lui a indiquée, se trouve devant Grenoble. La vue d'une grande ville lui cause une nouvelle surprise, qui augmente à chaque pas qu'elle fait dans ces rues où elle voit du monde mis bien plus élégamment que dans son village. Tout l'étonne, tout l'embarrasse, elle ne marche qu'en tremblant. Ces grandes maisons, ces boutiques, ce mouvement de gens qui vont et viennent, ce bruit continuel, l'air singulier avec lequel on la regarde, tout augmente sa confusion. Pauvre fille! que serait-ce donc si tu étais à Paris?...

Mais il est nuit, il faut chercher un asile. Sœur Anne n'ose entrer nulle part; toutes ces maisons lui paraissent trop belles, elle craint qu'on ne veuille pas l'y recevoir. Pendant longtemps elle erre à l'aventure dans ces rues qu'elle ne connaît pas; mais la fatigue l'accable, elle se décide à frapper quelque part. La pauvre petite ne sait pas ce que c'est qu'une auberge; elle croit que partout, en payant, on lui donnera à coucher.

Elle frappe à la porte d'une maison assez modeste. On lui ouvre, elle entre en tremblant.

— Que demandez-vous? lui crie un vieux tailleur qui sert de portier.

La jeune fille le regarde tristement, et lui fait des signes pour se faire entendre; mais le portier, sans remarquer ces signes, se contente de répéter sa question. Ne recevant pas de réponse, il se lève avec colère, court à sœur Anne, la prend par le bras et la met à la porte en disant :

— Ah! tu ne veux pas dire où tu vas... mais on n'entre pas comme ça ici, ma petite.

Cette réception n'était pas encourageante; la pauvre orpheline est encore dans la rue les larmes sont près de s'échapper de ses yeux; elle rappelle son courage et va frapper ailleurs. Là, on la traite de mendiante, et on ne la reçoit pas davantage. Elle n'y tient plus, ses sanglots l'étouffent; elle va s'asseoir et pleurer sur un banc de pierre, placé devant une porte; mais bientôt cette porte s'ouvre : un vieux couple en manchon, en pelisse et en douillette, en sort suivi d'un domestique qui porte un fallot; en passant ils ordonnent à sœur Anne de quitter le banc qui tient à leur maison, en la traitant de fainéante, de mendiante, de paresseuse, et la menaçant, si elle ne s'éloigne pas, de la faire mettre en prison. Sœur Anne se lève en tremblant, et va traîner plus loin sa fatigue et sa douleur; et les vieux époux s'éloignent enchantés de ce qu'ils viennent de faire, en se promettant de se plaindre de l'audace des malheureux, dans le cercle où ils vont passer la soirée.

La jeune fille, accablée de fatigue, peut à peine se soutenir, et ne sait plus où porter ses pas. La conduite que l'on tient avec elle lui donne une bien triste idée du séjour des villes. Il faut cependant qu'elle trouve un abri pour la nuit. Elle aperçoit une maison qui lui semble plus éclairée; la grande porte est ouverte; plusieurs personnes vont et viennent. Elle prend dans sa main une de ses pièces d'or, et n'ose entrer qu'en la présentant. Cette fois elle s'est bien adressée : c'est dans une auberge qu'elle vient d'entrer, et la vue de la pièce d'or lui fait avoir un accueil favorable.

Quand l'hôtesse s'aperçoit que la jeune voyageuse ne peut pas lui répondre, elle pense devoir parler pour deux; et tout en la conduisant dans une petite chambre où est un lit, lui vante les agréments de sa maison, la manière dont son auberge est tenue; lui demande d'où elle vient, où elle va; et s'interrompt bientôt pour s'écrier :

— Ah! mon Dieu, que je suis bête!... je vous demande cela comme si vous pouviez me répondre.

Puis elle recommence ses bavardages.

— Mais c'est cruel!... Je ne comprends pas vos signes, je ne les comprends pas du tout... C'est égal, mon enfant, vous serez servie à la minute... Ah! si mon neveu était ici!... lui qui sait les mathématiques, comme il m'aurait bien vite expliqué vos signes! Mais il est parti, le pauvre garçon!... il est employé maintenant au télégraphe de Lyon.

Enfin l'hôtesse a quitté sœur Anne, et celle-ci, après avoir fait un léger repas, peut se livrer au repos dont elle a tant besoin. Dors, pauvre fille, et puissent des songes heureux te faire un moment oublier tes souffrances!

Comme sœur Anne a entendu plusieurs fois son hôtesse lui répéter : « Vous êtes dans la meilleure auberge de Grenoble, » elle sait maintenant le nom de la ville dans laquelle elle se trouve, et se rappelle que Frédéric a aussi prononcé ce nom devant elle. Ce souvenir la détermine à ne point quitter cette ville sans l'y avoir cherché; et le lendemain matin, après être parvenue à faire comprendre à son hôtesse qu'elle veut encore passer ce jour à Grenoble, elle sort de l'auberge, et se met en route pour visiter cette ville, qui lui paraît immense.

Sœur Anne, tout en marchant, regarde chaque maison, chaque fenêtre. Si Frédéric était là, elle pense qu'il la verrait passer, qu'il l'appellerait, ou courrait après elle. Quelquefois elle s'arrête croyant reconnaître sa tournure... mais elle s'aperçoit bientôt de son erreur. Elle passe ainsi la journée entière, et ne vient à l'auberge que lorsque la nuit ne permet plus de distinguer devant soi.

— Vous avez parcouru notre ville? lui dit l'hôtesse; elle est fort jolie, ma foi... fort jolie, notre ville de Grenoble..... Mais cela n'est pas aussi grand que Lyon, et Lyon lui-même n'approche pas de Paris.

Au nom de Paris, la voyageuse fait un mouvement de joie, et serrant fortement le bras de l'hôtesse lui indique que c'est là qu'elle veut aller. Mais celle-ci ne la comprend pas bien.

— Vous allez à Lyon, je gage, lui dit-elle, ce n'est pas fort loin : quinze bonnes lieues, pas davantage! il est certain que dans votre état vous ne pouvez aller vite. Cependant en trois ou quatre jours au plus vous pouvez être arrivée.

Sœur Anne remonte tristement dans sa chambre; comment pourra-t-elle trouver le chemin de Paris, si elle ne peut faire comprendre que c'est là qu'elle veut aller? Cette pensée la désespère... mais elle a supplié sa mère de la guider dans son voyage; elle prie de nouveau, et l'espérance renaît dans son âme; sans elle que resterait-il aux malheureux!

Le lendemain, la jeune fille se prépare à quitter l'auberge; l'hôtesse lui présente un mémoire auquel la pauvre petite ne peut rien comprendre, mais elle donne une pièce d'or, et il ne lui revient que peu de chose. Les habitants des villes font payer chaque révérence, chaque politesse... On avait été très poli avec sœur Anne, aussi son séjour à l'auberge lui coûta un peu cher.

On lui a indiqué le chemin de Lyon, et la voilà de nouveau en route, son petit paquet et son bâton à la main. Mais de Grenoble à Lyon ne peut-elle point s'égarer dans ces sentiers montagneux et couverts de bois?... Elle s'en remet à la providence du soin de la conduite. Elle marche une partie du jour; et le soir, épuisée de fatigue, quoique n'ayant fait que très peu de chemin, elle entre dans une ferme, où l'on consent à la coucher dans une grange. Mais pourvu qu'elle puisse passer la nuit à l'abri du froid, elle dormira sur la paille comme sur le duvet; la marche lui procure enfin quelques heures de sommeil.

Son séjour dans la ferme n'a pas du moins épuisé sa bourse, que la jeune voyageuse commence à sentir la nécessité de ménager; car c'est presque le seul talisman pour se faire donner un asile. Ils sont rares les gens hospitaliers!..... Les plus humains croient faire beaucoup pour le pauvre voyageur en lui donnant une légère aumône et un morceau de pain!... mais ils ne le reçoivent point sous leur toit. Il est bien loin ce temps où l'on se trouvait honoré de donner asile à un étranger, sans s'informer quel était son rang et sa fortune; où l'on partageait avec lui son feu, son repas et son lit! Autres temps, autres soins!... Nous sommes devenus très fiers, nous ne voulons plus rien partager. En revanche, nous avons de bons amis qui viennent manger notre soupe, boire notre vin, quelquefois même en conter à notre femme, et qui, en sortant de notre maison, vont dire mille méchancetés de nous... mais c'est par excès d'attachement, et de crainte que nous n'ayons d'autres amis qu'eux.

Vers le milieu de la seconde journée qui suit son départ de Grenoble, sœur Anne, tout occupée de ses souvenirs, n'a point remarqué qu'elle s'écartait de la route qu'on lui avait indiquée. Ce n'est que lorsqu'elle sent le besoin de se reposer qu'elle porte ses regards autour d'elle et cherche le village dont, d'après les indications qu'on lui a données le matin, elle ne devrait plus être éloignée.

Le site où elle se trouve est âpre et désert; aucune maison ne s'offre à sa vue. Elle monte sur une éminence, et ne découvre devant elle qu'une immense forêt de sapins. Sur la gauche, un torrent, qui roule quelques glaçons, va se perdre dans un ravin profond et tortueux; à sa droite, une montagne aride, des rochers, mais point d'habitation.

La jeune fille commence à craindre de s'être égarée ; elle reste quelques moments indécise sur le parti qu'elle prendra ; mais à droite et à gauche les chemins paraissent trop mauvais, elle ne veut point retourner sur ses pas, et se décide à suivre la route qui mène à la forêt. Après avoir marché encore une demi-heure, elle se trouve devant ces superbes sapins que le temps n'a point courbés, et dont les branches, quoique dépouillées de leur parure, semblent encore s'élever avec fierté vers la nue et braver les vents et les frimas.

Une route assez belle est percée dans la forêt ; sœur Anne n'hésite point à s'y engager. Elle espère que ce chemin, dans lequel on trouve la trace des voitures et des chevaux, la conduira au village ou à la ville prochaine. Elle surmonte sa fatigue, afin de faire en sorte d'arriver avant la nuit... Elle s'avance dans cette route, où elle n'aperçoit personne, et qui, bordée de chaque côté par la forêt, a quelque chose de sombre qui attriste l'âme du voyageur.

La pauvre muette, dont les yeux cherchent la fin de cette longue route, n'aperçoit que les sombres sapins, et rien qui annonce l'approche du village. Son cœur se serre ; la nuit commence à couvrir la terre de ses ombres ; déjà l'œil ne peut plus percer sous ces sentiers qui se croisent à droite et à gauche, et bientôt sœur Anne dont les forces trahissent le courage, sent qu'il lui est impossible d'aller plus avant.

Il faut donc se décider à passer la nuit dans la forêt ; ce n'est point la peur qui fait palpiter le cœur de la pauvre voyageuse, elle ne sait pas ce que c'est que des voleurs, il n'y en a jamais eu dans son bois. Mais par le froid qu'il fait, et dans sa situation, passer toute une nuit dans la forêt !... sans abri pour attendre le jour !... Il le faut cependant. Elle va s'asseoir auprès d'un gros arbre : elle a toujours soin en quittant une ville ou un hameau de se munir de quelques provisions. Elle mange du pain et des noix sèches ; puis, s'entortillant de son mieux dans ses vêtements, et posant sa tête sur son paquet de hardes, elle attend le sommeil, que la fatigue qu'elle a éprouvée dans cette journée ne tarde pas à lui procurer.

Il est minuit quand la jeune fille rouvre les yeux, et la lune qui brille au-dessus de la route sur le bord de laquelle elle s'est endormie, éclaire le tableau singulier qui l'attend à son réveil.

Quatre hommes entourent sœur Anne : tous quatre, vêtus comme de misérables bûcherons, en vestes et en larges pantalons, que soutiennent de larges ceintures, ont de grands chapeaux, dont quelques-uns sont rabattus, tandis que les autres, relevés par-devant, laissent voir des figures qui n'annoncent ni la douceur ni l'humanité. Leurs cheveux flottant sans ordre et leurs barbes longues ajoutent à l'expression sinitre de leurs traits ; chacun d'eux tient à la main un fusil sur lequel il s'appuie, tandis que dans sa ceinture est passé un couteau de chasse et une paire de pistolets.

Deux de ces hommes sont courbés vers sœur Anne ; un autre, à genoux, tient une lanterne sourde, qu'il approche du visage de la jeune fille, tandis que le quatrième, tout en la regardant aussi, semble prêter l'oreille pour s'assurer si tout est tranquille sur la route.

La vue de ces quatre figures, occupées à la considérer, cause à sœur Anne un saisissement involontaire ; et, quoique ignorant la grandeur du péril qui la menace, elle éprouve un effroi dont elle ne peut se rendre compte, et referme les yeux pour éviter les regards attachés sur elle.

— Que diable avons-nous trouvé là ? dit l'un des voleurs penché vers sœur Anne ; je crains bien que ce ne soit pas grand'chose de bon... je ne sais pas même si c'est la peine de nous arrêter...

— Eh ! pourquoi donc pas ? dit celui qui tient la lanterne, cela vaut toujours mieux que rien... Tiens, vois-tu, Pierre, elle a un paquet sous sa tête...

— Quelques misérables hardes... ne vois-tu pas que c'est une femme qui travaille aux champs ?...

— Ah çà ! est-elle morte, ou dort-elle ? dit un troisième... Voyons, Leroux, pousse-là donc un peu... Est-ce que nous passerons la nuit à regarder cette malheureuse ?...

— Mort de ma vie ! il me semble que nous n'avons rien de mieux à faire, car la route est bien tranquille ; n'est-il pas vrai, Jacques ?

Jacques était celui qui, un peu plus éloigné, semblait avoir l'oreille au guet. A ces mots de ses camarades, il se rapproche du groupe qui entoure la jeune fille, en disant : Malédiction !... la nuit sera encore mauvaise !...

— Pas tant ! dit Leroux, qui considère toujours la jeune fille ; morbleu ! elle est jolie, cette femme !...

C'est en ce moment que sœur Anne rouvre les yeux, et se décide à implorer la pitié des hommes qui l'entourent, et dont elle n'a point compris le langage, ne soupçonnant pas leur profession.

— Tenez, regardez, s'écrie Leroux, la voilà

qui s'éveille... Elle a de beaux yeux vraiment... Je suis curieux de savoir ce qu'elle va dire...

Sœur Anne promène ses yeux suppliants sur ceux qui l'entourent, et, joignant ses mains vers eux, semble implorer leur pitié.

— Oh! ne crains rien, dit Pierre, nous ne te ferons pas de mal!... mais d'où viens-tu? où vas-tu? pourquoi t'avises-tu de coucher dans notre forêt?

La jeune fille, qui prend les voleurs pour des bûcherons, tâche de leur faire comprendre qu'elle s'est égarée.

— Comment, c'est une femme, et elle ne veut pas parler! s'écrie Jacques, qu'est-ce que cela veut dire?... Est-ce la peur qui te rend muette? Allons, parle donc, morbleu!...

Sœur Anne se lève et fait de nouveaux signes pour faire comprendre qu'elle ne parle pas.

— Quelle diable de femme est-ce-là? s'écrie Pierre, tandis que Leroux, approchant toujours sa lanterne de la petite, dit en poussant un gros rire :

— Oh! oh! camarades!... muette ou non, la poule a trouvé son coq, et l'œuf ne tardera pas à tomber.

Cette plaisanterie est accueillie par un rire féroce des trois autres voleurs; et tous quatre ne cessent de contempler la jeune muette, qui ne devinant pas la cause de leur gaieté, mais ne pouvant soutenir leurs regards, baisse timidement les yeux vers la terre et reste tremblante au milieu d'eux.

— Allons, laissons cette femme, reprend Pierre c'est une pauvre sourde-muette... il ne faut pas nous en embarrasser...

— Une sourde? répond Leroux, dont les yeux brillent d'une expression effrayante: c'est un vrai trésor qu'une femme comme cela... celle-ci est jolie... elle me plaît... j'en ferai ma compagne dès qu'elle se sera débarrassée de son fardeau...

— Allons, Leroux, veux-tu rire?...

— Eh non! mille tonnerres!... une sourde-muette, songez donc que c'est précieux dans notre état.

Sœur Anne, toute tremblante, n'entend pas bien la conversation des voleurs; mais, remarquant leur indécision, et craignant qu'ils ne veuillent point lui accorder un asile, dont elle sent qu'elle a plus besoin que jamais, car le froid a engourdi tous ses membres, elle tire son trésor de son sein. Elle sait que la vue de l'argent aplanit toujours toutes les difficultés; elle tire une pièce de son petit sac, et la présente d'un air suppliant à l'un des voleurs.

— Oh!... elle a de l'argent et elle nous l'offre... c'est fort bien : parbleu! donne... donne, la fille... En disant ces mots, Pierre s'empare de la bourse que tenait sœur Anne, qui demeure interdite en se voyant arracher son trésor, tandis que les voleurs comptent avec avidité ce qu'il y a dans le petit sac.

— Trois pièces d'or, ma foi!... s'écrie Jacques, et la figure des brigants exprime une joie féroce. C'est plus que nous n'avons gagné depuis cinq jours!...

— Quand je vous disais que la trouvaille n'était pas mauvaise! reprend Leroux. Allons, camarades, emmenons cette femme dans notre retraite, et allons nous réjouir!...

En disant ces mots, le voleur prend sœur Anne par le bras et l'entraîne vers le milieu de la forêt; Jacques se charge du paquet, Pierre le suit, et Franck, le quatrième brigand, prenant la lanterne des mains de Leroux, va en avant pour éclairer la marche de ses compagnons.

La jeune fille avançait sans résistance au milieu des voleurs, ne devinant point l'horreur de sa situation; elle pensait qu'ils la conduisaient à leur demeure, près de leur femme et de leurs enfants. Cependant les traits farouches de ces quatre hommes, leurs manières brusques et hardies, les armes qu'ils portaient et la singularité de leurs discours, inspiraient à la pauvre petite une terreur dont elle n'était pas maîtresse. Souvent, pour se rassurer, elle jetait sur eux un regard timide, espérant trouver sur leurs figures l'expression de la compassion et de la pitié; mais lorsqu'elle levait les yeux, elle rencontrait aussitôt ceux de Leroux attachés sur elle et brillant d'une ardeur grossière. Les traits de cet homme ajoutaient encore à l'effroi que ses manières causaient à la jeune fille : ses cheveux étaient crépus et de la couleur de son nom, que ses compagnons lui avaient donné à cause de cela; ses yeux, d'un gris pâle, roulaient avec une vivacité étonnante dans leur orbite; sa bouche, sur laquelle errait toujours un sourire féroce, était surmontée d'épaisses moustaches de la couleur de ses cheveux; et une large cicatrice, qui prenait au-dessus du nez et descendait jusqu'au bas de l'oreille gauche, achevait de donner à sa figure quelque chose d'effrayant. Cet homme, un bras passé autour du corps de la jeune muette, la soutenait en la faisant marcher dans les sentiers de la forêt, tandis que les autres bandits par leur air et leurs discours augmentaient à chaque instant la frayeur de sœur Anne.

Les voleurs habitaient une misérable cabane située dans le fourré de la forêt; ils y passaient, le jour, pour de pauvres bûcherons, ayant soin alors de cacher leurs armes dans un caveau qu'ils avaient creusé sous leur retraite. Mais, la nuit, ils s'armaient jusqu'aux dents, et se rendaient sur la route, où ils attaquaient les voyageurs, lorsqu'ils se croyaient en nombre suffisant.

Sœur Anne est surprise du chemin qu'il faut faire pour arriver à l'habitation de ces hommes, et plus encore des sentiers à peine praticables dans lesquels il faut passer. Enfin, après plus d'une heure de marche, on la fait descendre dans un fond et marcher entre d'épaisses broussailles. Bientôt on distingue une petite lumière qui sort d'une cabane, et les voleurs sifflant à plusieurs reprises, une femme ne tarde pas à leur ouvrir la porte.

La vue d'un être de son sexe a un moment rassuré sœur Anne; mais lorsqu'elle regarde celle qui vient de paraître sur le seuil de la cabane, elle sent s'évanouir son espoir. L'aspect de la compagne des voleurs ne devait pas en effet ramener le calme dans l'âme du malheureux voyageur : cette femme, d'une taille élevée, était d'une maigreur effrayante, et ses traits, fortement accusés, avaient une expression de cruauté froide et calme qui semblait annoncer la plus complète insensibilité; son teint était livide, un fichu rouge couvrait sa tête, et quelques lambeaux de vêtements cachaient à peine son corps décharné.

— C'est nous... nous voilà, Christine, crient les voleurs en approchant de la cabane. Nous avons fait une prise, nous t'amenons une compagne avec laquelle tu ne te disputeras pas!...

A ces mots, Christine, faisant quelques pas dans la forêt, et arrachant la lanterne des mains de Franck, va la mettre devant la figure de sœur Anne, et après l'avoir examinée attentivement pendant quelques minutes, dit d'une voix sombre :

— Qu'est-ce que c'est que cela?...

— Une femme, tu le vois bien... mais une femme rare!... une sourde-muette.

— Sourde-muette!... belle trouvaille, ma foi!... Et que voulez-vous faire de cela?...

— Ça ne te regarde pas, dit Leroux d'une voix qui retentit dans les échos de la forêt; c'est pour moi que j'ai pris cette femme... elle me plaît, elle me convient comme cela. Ne t'avise pas de la regarder de travers, ou je t'accroche au plus haut sapin de la forêt!

Christine ne paraît pas effrayée de cette menace, elle continue à regarder la jeune fille, et s'apercevant de son état, un sourire ironique vient ranimer ses traits, et elle murmure entre ses dents :

— Tu seras sûr au moins d'avoir un enfant.

Un soufflet qui fait reculer de trois pas la compagne des voleurs est la seule réponse de Leroux à cette remarque de la hideuse Christine; celle-ci se rapproche d'un air menaçant, mais Pierre se met entre eux.

— Allons, enfants, dit-il, c'est assez jouer comme cela, il ne faut pas que la nouvelle venue mette le désordre ici!... En avant, Christine, et songe à nous donner vivement à souper : nous avons faim comme des loups.

Pendant cette altercation entre les voleurs et leur compagne, l'infortunée muette éprouve un sentiment de frayeur, un effroi jusqu'alors étranger à son cœur. La vue de cette femme, les propos de ces hommes, dont elle commence à deviner la férocité, l'aspect de cette horrible retraite, tout se réunit pour lui donner une idée des dangers qui l'environnent, mais que fera-t-elle? que deviendra-t-elle? Elle voudrait bien, maintenant, être loin de cette demeure, quitte à supporter dans la forêt toute la rigueur du froid. Mais il n'y a plus moyen de s'éloigner, et on ne lui rend pas son trésor; on lui a pris son argent et ses hardes, n'est-ce que pour un moment?... elle n'ose l'espérer, et à chaque instant elle a quelque nouveau sujet de terreur.

Tout son corps frissonne, ses dents se choquent, ses genoux se dérobent sous elle.

— Voyez, dit Leroux en la soutenant, cette mégère a fait peur à ma jolie voyageuse... Allons, rassure-toi, ma petite, et entrons nous chauffer.

Les voleurs entrent dans la chaumière, qui est divisée en deux parties : la première est celle où se tiennent habituellement les habitants de cet horrible séjour; c'est là qu'ils mangent et qu'ils se reposent sur des bottes de paille jetées dans un coin. Une cheminée dans laquelle est allumé un grand feu, échauffe cette pièce qui est la plus grande et la plus belle de la cabane. Celle d'à côté, qui n'a pas de cheminée, mais seulement une croisée donnant sur la forêt, sert de chambre à Christine, et on y dépose les provisions, ainsi que le bois pour alimenter le foyer.

En entrant dans cette demeure sale et noircie par la fumée, à l'aspect de cette paille étalée dans un coin, de ces armes pendues le long des murs, de ce feu qui éclaire cette pièce, et devant lequel sont disposés plusieurs quartiers de viande qui rôtissent pour le souper des voleurs, sœur Anne, n'a plus la force d'avancer, et Leroux la porte devant le feu, en lui disant :

— Remets-toi, réchauffe-toi, et le souper te redonnera des forces...

— Imbécile, qui lui parle comme si elle pouvait l'entendre! dit Jacques.

— C'est vrai, mais on oublie toujours cela...

— Et comment savez-vous qu'elle est sourde?

Cette lutte horrible dure depuis longtemps. (Page 140, col. 1).

dit Franck; elle fait semblant peut-être... Elle n'est peut-être que muette...

— Alors, il faudrait qu'on lui eût coupé la langue, dit Leroux; mais il est bien facile de voir qu'elle l'a tout entière; et puisqu'elle ne peut pas parler, c'est parce qu'elle est sourde. Ah! vous ne comprenez pas cela, vous autres; mais moi, qui ai voyagé, je suis moins bête que vous, et je sais que les sourds-muets ne sont muets que parce qu'ils n'entendent pas. D'ailleurs, examinez cette femme... il est bien facile de voir qu'elle n'entend rien de ce que nous disons.

Depuis son entrée dans la chaumière, sœur Anne, abattue par la terreur, les souffrances et la fatigue, semblait en effet insensible à tout ce qui se passait autour d'elle. Cependant elle entendait fort bien la conversation des brigands; mais en apprenant qu'ils la croient sourde, un secret pressentiment l'engage à ne pas détruire leur erreur. Persuadés qu'elle ne peut les entendre, ils ne se gêneront pas pour parler devant elle de leurs projets, de leurs desseins; elle saura ce qu'elle doit craindre ou espérer, et peut-être, sans le vouloir, lui fourniront-ils l'occasion de s'échapper. Cet espoir soutient le courage de la jeune fille, elle tâche de cacher l'émotion que lui causent les discours des voleurs.

Les brigands ont quitté leurs armes, et en attendant que le souper soit prêt ils s'entretiennent de leurs hauts faits. La pauvre petite voit avec horreur qu'elle est au milieu de scélérats capables de tous les crimes. Mais c'est dans l'excès même de son désespoir qu'elle puise son courage; et connaissant enfin l'étendue des périls qui la menacent, elle sent que ce n'est que par la ruse et l'adresse qu'elle pourra s'y soustraire. Si la mort ne frappait qu'elle, elle ne la redouterait pas; mais elle veut sauver l'existence de l'être qu'elle porte dans son sein. L'amour maternel a produit ces actes d'héroïsme; c'est encore ce sentiment qui soutient sœur Anne et lui donne la force de supporter son affreuse situation.

Christine dresse une table au milieu de la chambre, et la couvre de viande, de verres et de bouteilles; les voleurs s'asseyent autour et se mettent à souper en se livrant à leur brutale joie. Sœur Anne reste assise devant le feu; Leroux place devant elle du vin, du pain et de la viande rôtie; elle le remercie d'un geste de tête, et s'efforce de manger un peu, pour reprendre des forces et cacher sa terreur.

— Vous voyez bien cette femme-là, dit Leroux à ses camarades, eh bien, je gage qu'elle est douce comme un agneau... j'en ferai tout ce que je voudrai!...

— Ne te fie pas à la mine, dit Christine en s'asseyant auprès des voleurs; avec ces airs-là on enjôle les hommes... mais les figures sont trompeuses.

— La tienne ne l'est pas, car tu as bien l'air de la sœur de Lucifer!...

Cette plaisanterie fait rire tous ces messieurs; ils remplissent leurs verres et les vident rapidement; plus ils boivent, plus ils parlent; l'horrible Christine leur tient tête; Leroux seul, occupé de sœur Anne, conserve un peu de sang-froid.

— D'où pouvait venir cette femme? dit l'un des voleurs; elle n'a pas l'air de travailler aux champs...

— Parbleu, c'est quelque fille que l'on a séduite! son amant l'a quittée, et elle court le monde pour le retrouver... C'est l'histoire de toutes les demoiselles qui écoutent les galants.

Sœur Anne essuie des larmes qui vont couler de ses yeux, car son cœur lui dit que cet homme ne s'est pas trompé.

— Morgué! dit Christine, si j'avais une fille, et qu'elle eût le malheur de faire un faux pas... je l'étranglerais de mes mains!...

— Voyez-vous ça! dit Jacques; c'est dommage que tu n'aies point d'enfants, ils auraient été beaux!

— Que cette femme soit ce qu'elle voudra, dit Leroux, elle ne sortira plus d'ici... et toi, Christine, ne va pas lui manquer, ou rappelle-toi ce que je t'ai promis!

— Je me moque bien de ta mijaurée... Tiens, tu ferais bien mieux de la consoler... on dirait qu'elle pleure maintenant..... donne-lui donc un baiser.

— Et nous donc? disent les autres voleurs, échauffés par les fumées du vin, nous la consolerons aussi..... Allons embrasser cette jolie muette, il faut l'égayer un peu.

En disant ces mots, les trois camarades de Leroux se sont levés pour aller vers sœur Anne; mais celui-ci se plaçant entre eux et elle, et prenant un pistolet de chaque main, arrête ses compagnons en leur criant d'une voix formidable :

— N'approchez pas, corbleu! ou je vous tue!... Cette femme est à moi, c'est moi qui l'ai trouvée sur la route, lorsque vous passiez comme des imbéciles sans l'apercevoir; c'est moi qui ai voulu l'amener ici, j'ai déclaré que j'en ferais ma femme, et, mort de ma vie! le premier qui la toucherait mourrait de ma main.

Ces mots arrêtent les voleurs; ils connaissent leur compagnon, ils savent que l'effet suivra de près la menace, et se contentent de rire de la jalousie de Leroux, tandis que sœur Anne, que cette scène a glacée d'effroi, se recule dans un coin de la salle, et se jette à genoux devant les voleurs.

Leroux va près d'elle, tâche de la tranquilliser; mais de crainte de nouvelle entreprise de la part de ses camarades, il la fait passer dans l'autre pièce, et lui montrant un mauvais grabat, lui fait signe de s'y reposer, puis sort en refermant la porte sur elle.

Sœur Anne est seule dans une petite pièce où il n'y a pas de lumière; mais la cloison mal jointe laisse percer celle de la pièce voisine, et permet de distinguer auprès de soi. La jeune fille, qui a feint de se coucher sur le grabat, se relève bientôt, et prêtant une oreille attentive, écoute ce que disent les voleurs; ils continuent de boire et de chanter. Si pendant ce temps elle pouvait s'échapper!... Elle tâtonne autour d'elle..... elle sent une fenêtre... elle doit donner sur la forêt, et la pièce est au niveau du sol, il sera donc facile de se sauver par là... Mais bientôt sa main touche de forts barreaux qui s'opposent à son passage... Pauvre petite! elle éprouve un déchirement plus cruel que toutes les souffrances qu'elle a endurées jusqu'alors. Au moment de croire recouvrer sa liberté, perdre cette dernière espérance..... ne plus entrevoir le moyen de sortir de cet affreux repaire, c'est mourir une seconde fois..... Elle tombe anéantie sur la couchette, et tâche d'étouffer dans ses mains les gémissements qui s'échappent de son sein.

CHAPITRE XXIV

L'ÉTRANGER

La nuit se passe ainsi, les voleurs se sont endormis devant le feu, et heureusement pour sœur Anne, leur infâme compagne en a fait autant, et n'est point venue reprendre sa place sur la couchette où la jeune fille passe la nuit, l'oreille au guet, frémissant au moindre bruit qui se faisait dans la chambre voisine, et priant le ciel de lui envoyer des libérateurs.

Au point du jour les voleurs s'éveillent ; ils se hâtent de cacher leurs armes, puis se rendent dans la forêt pour y travailler comme les bûcherons. Avant de s'éloigner, Leroux va voir sœur Anne, il lui sourit, lui passe la main sous le menton, et murmure entre ses dents : Ce soir, ma belle, je te dirai deux mots. Il faut que l'infortuné reçoive ces horribles caresses !... Ce n'est pas sans effort qu'elle retient son indignation ; mais il est parti, il suit ses compagnons en recommandant à Christine de veiller sur la jeune femme.

Quand sœur Anne est seule avec la compagne des voleurs, il faut qu'elle supporte l'humeur de cette mégère, qui, jalouse de sa présence, cherche à s'en venger en accablant la jeune fille de mauvais traitements, trop sûre que celle-ci ne pourra pas s'en plaindre. Elle se rit de ses larmes, de ses prières, et la pauvre petite sent qu'il faudra mourir si elle ne peut bientôt se sauver de cet horrible séjour.

A la nuit, les quatre brigands reviennent ; ils mangent un morceau, puis reprennent leurs armes : Leroux seul ne les imite pas.

— Eh bien ! est-ce que tu ne te prépares pas à venir en course avec nous ? lui disent ses compagnons.

— Non, non..... pas encore..... j'irai vous rejoindre... mais ce soir je suis bien aise de dire deux mots à ma petite muette.

En disant cela, un affreux sourire brillait dans les yeux du bandit qui les reportait à chaque minute sur sœur Anne.

— Ah ! bon ! j'entends, dit Pierre ; nous te passons cela pour aujourd'hui, mais il ne faut pas que l'amour fasse oublier le devoir.

— Et s'il passait quelque bonne chaise de poste, dit Jacques, nous ne serions pas en état d'attaquer...

— Bah !... il ne va pas justement vous en venir ce soir ; d'ailleurs je vous dis que je vous rejoindrai !...

— Bon ! bon ! nous nous passerons de lui, dit Franck, et s'il vient quelque bonne prise, ce sera pour nous, et il n'en aura rien.

— C'est trop juste, camarades.

Les voleurs s'éloignent, regardant en riant la jeune muette, qui ne devine pas encore le danger qui la menace, ni ce que signifie le sourire des brigands. Cependant, en voyant que Leroux ne suit pas ses compagnons, elle se sent frémir, et ses yeux se portent sur Christine, comme si elle espérait un appui dans cette femme ; mais celle-ci, après l'avoir regardée aussi d'un air moqueur, ainsi que Leroux, rentre dans la seconde pièce, dont elle ferme avec force la porte sur elle.

Sœur Anne a fait un mouvement pour suivre la compagne des voleurs ; mais lorsqu'elle en voit l'impossibilité, elle retombe sur la paille sur laquelle elle était assise ; un tremblement convulsif l'agite... elle est seule avec le brigand.

Leroux s'assied devant la cheminée, dont il attise le feu ; puis il allume une pipe, et fume pendant quelques moments, ne s'interrompant que pour boire et pour regarder sœur Anne. Celle-ci est tremblante dans le coin de la pièce où elle s'est assise, afin d'être le plus loin possible du voleur, qui jette sur elle des regards enflammés en s'écriant de temps à autre :

— Fort bien, mille tonnerres !... des yeux superbes..... de belles dents..... Elle sera mieux encore dans quelques mois, mais c'est égal... et ces nigauds, qui ne voyaient pas cela... Oh ! oh ! je ne vous la céderai pas, camarades !..... nous n'avons pas souvent de telles prises...

Ces paroles ajoutent à l'effroi de la pauvre muette ; il redouble encore lorsque Leroux, qui n'est pas resté uniquement pour fumer et pour boire, lui fait signe de s'approcher de lui ; elle feint de ne pas comprendre et baisse les yeux. Alors le voleur se lève et s'avance vers elle..... La jeune fille respire à peine. Le brigand se jette près d'elle sur la paille, elle veut se lever et s'éloigner de lui... mais il la retient avec force en passant son bras autour de sa taille, et approche de sa tête son horrible figure... La pauvre petite met sa main devant ses yeux pour ne point voir ceux du bandit.

— Eh ! eh ! on dirait qu'elle tremble, dit Leroux en laissant échapper quelques éclats d'une joie féroce. Vraiment, ma chère, il ne te va pas de faire la cruelle... on voit bien que tu ne l'as pas toujours été...

En disant ces mots, il s'approche davantage, voulant prendre un baiser sur les lèvres de la jeune fille; mais celle-ci, retrouvant tout son courage, le repousse avec force, et profitant de sa surprise, se lève vivement et va se placer à l'autre bout de la chambre, mettant devant elle la table sur laquelle soupent les voleurs.

Leroux la regarde avec étonnement, mais il se contente de sourire de nouveau en disant :

— Ah! tu fais la méchante!... c'est vraiment drôle!... est-ce que tu penserais me résister?...

Le voleur se lève, marche vers sœur Anne, d'un coup de pied envoie la table à l'autre bout de la chambre; puis saisissant la jeune muette, qui se débat en vain, il l'enlève dans ses bras et la reporte sur la paille qu'il vient de quitter. Sœur Anne rassemble tout son courage, toutes ses forces, pour résister au brigand qui veut triompher d'elle, et qui, après avoir ri de la défense qu'elle lui oppose, devient enfin furieux de la résistance opiniâtre qu'il trouve dans cette jeune femme. Cette lutte horrible dure depuis longtemps; mais l'infortunée sent ses forces diminuer... Les larmes, les sanglots l'étouffent, elle va devenir la proie du scélérat qui la presse... lorsque tout à coup on frappe à coups redoublés à la porte de la cabane.

— Au diable ceux qui viennent maintenant! s'écrie le voleur. Les camarades le font exprès; mais je ne leur ouvrirai pas.

Dans ce moment une voix étrangère se fait entendre, et prononce ces mots :

— Ouvrez, de grâce... sauvez-moi, vous en serez bien récompensés...

Cette voix n'est celle d'aucun des compagnons de Leroux. Le voleur demeure interdit. Il écoute avec effroi, tandis que sœur Anne se jette à genoux, remercie le ciel qui vient de la sauver.

Christine sort vivement de l'autre pièce, et court à Leroux d'un air inquiet :

— On frappe, entends-tu ? c'est une voix étrangère...

— Eh! oui, morbleu! je l'entends bien..... Va regarder par la fenêtre, tâche de voir si c'est un homme seul. Christine va, et revient bientôt en disant : Oui, il est seul.

— En ce cas, ouvrons, dit Leroux; mais de la prudence en attendant le retour de nos amis.

Après avoir replacé la table au milieu de la chambre, Leroux prend sa pipe, va s'asseoir devant le feu, et Christine ouvre la porte de la masure à la personne qui vient de frapper.

L'étranger qui entre dans la chaumière est un homme âgé, dont la mise annonce l'aisance, et les manières un rang distingué; mais il est sans chapeau, ses vêtements sont en désordre, et la pâleur de son visage annonce l'effroi qui l'agite; il se précipite dans l'intérieur de la cabane, et ne semble respirer que lorsqu'il en voit la porte se refermer sur lui.

— Pardon... pardon, braves gens! dit-il en s'adressant à Leroux et à Christine; je vous ai dérangés. j'ai troublé votre repos sans doute! mais en m'accordant un asile vous me sauvez la vie.

— Comment donc cela, monsieur? dit Leroux d'un air d'intérêt.

— Je viens d'être attaqué, mes amis... là-bas, sur la route qui traverse la forêt; j'étais dans ma voiture avec mon domestique; le postillon fouettait les chevaux... Tout à coup des brigands sortent de la forêt, et s'élançant à la tête des chevaux, tirent à bout portant sur le postillon; le malheureux est tombé mort!... La voiture s'arrête, ils m'en font descendre, ainsi que mon domestique, et l'un des voleurs y monte pour la visiter : c'est pendant ce temps que, profitant d'un moment où ces misérables n'avaient pas les yeux sur moi, je me suis enfoncé dans la forêt, choisissant toujours les sentiers les plus épais... je suis parvenu jusqu'ici; la lumière que j'ai vue m'a guidé, et j'ai frappé à votre porte...

— Vous avez bien fait, monsieur, dit Leroux en regardant Christine d'un air significatif. Asseyez-vous là... devant le feu; remettez-vous, chauffez-vous...

— Ah! vous êtes trop bon! dit le voyageur en allant s'asseoir devant la cheminée; mais mon malheureux domestique!... qu'en auront-ils fait?... sera-t-il donc aussi leur victime?...

— Oh! ce n'est pas présumable!... Après l'avoir volé, ils l'auront laissé libre... Ils n'ont tué le postillon que pour le forcer à s'arrêter... Oh! je connais cela... on vole si souvent dans cette maudite forêt!...

— Je n'aurais pas dû prendre cette route... ce n'était pas mon chemin!... mais j'ai voulu connaître ce pays!...

— Et ces coquins vous ont-ils volé, vous, monsieur?

— Non, grâce au ciel; ils allaient le faire sans doute quand je me suis sauvé... J'ai du moins conservé mon portefeuille et ma bourse...

— C'est ma foi fort heureux! dit Leroux en regardant de nouveau Christine. Allons, monsieur, il faut prendre votre parti, et tâcher d'oublier cet événement... Nous vous traiterons de notre mieux, car il ne faut pas songer à sortir d'ici avant le jour; ce serait fort imprudent!...

— Ce n'est pas non plus mon intention, et si vous me permettez de rester...

— Comment donc! mais avec grand plaisir! Allons, Christine, alerte! prépare le souper de notre hôte.

Pendant toute cette conversation, sœur Anne n'a pas cessé d'examiner l'étranger, dont la figure, quoique sévère, lui inspire de l'intérêt et du respect. Elle frémit en songeant que cet homme n'a échappé à un péril que pour tomber dans un autre. Connaissant maintenant toute la scélératesse des habitants de la masure, elle tremble pour les jours du voyageur; et ses regards, constamment attachés sur lui, semblent vouloir lui faire connaître les dangers qui l'environnent.

Mais l'étranger n'a pas encore vu la jeune fille qui est assise à terre dans un coin de la chambre; à peine remis de l'émotion qu'il vient d'éprouver, il se rapproche du feu, et ne jette que rarement quelques regards autour de lui.

— C'est vraiment fort heureux que les voleurs ne vous aient pas poursuivi, dit Leroux en offrant au voyageur un verre de vin.

— Mais ce qui, je crois, m'a sauvé, c'est que dans ce moment j'ai entendu un grand bruit de chevaux...

— Ah! vous avez entendu un bruit de chevaux? demande Leroux avec inquiétude.

— Oui, je l'ai cru, du moins... J'étais si troublé!... C'était peut-être d'autres brigands, ou la maréchaussée qui doit être à leur poursuite...

— Mais... en effet, cela pourrait bien être...

— J'ai fait la guerre autrefois, mais j'avoue que je n'aime pas la rencontre des voleurs : contre de tels misérables, la valeur est souvent inutile... D'ailleurs, je n'avais pas d'armes sur moi...

— Ah! vous n'avez pas d'armes?...

— Non, mes pistolets étaient dans la voiture, mais ils ne m'ont pas laissé le temps de les prendre...

Leroux paraît réfléchir. Depuis que l'étranger lui a dit qu'il avait cru entendre sur la route un grand bruit de chevaux, il n'est plus aussi tranquille.

— Vous êtes bûcheron, sans doute? dit le voyageur.

— Oui, monsieur, je suis bûcheron... et voilà ma femme, dit Leroux en montrant Christine qui dressait le souper sur la table.

— Et vous n'avez pas peur, au milieu de cette forêt?

— Ah! de quoi voulez-vous que nous ayons peur, nous autres?... Nous ne sommes pas assez riches pour tenter les voleurs!... Allons, Christine, dépêche-toi... monsieur aura besoin de se reposer quand il aura soupé.

— Oh! ne la pressez pas tant.

L'étranger, qui est plus calme, commence à regarder avec plus d'attention autour de lui, et en examinant la pièce où il est, il aperçoit enfin sœur Anne assise sur un tas de paille, et dont les yeux sont fixés sur les siens avec une expression qui ne permet pas de ne point la remarquer.

Le voyageur, surpris, considère quelque temps avec intérêt les traits pâles et flétris de la jeune muette, et semble étonné de la façon singulière dont elle le regarde.

— Quelle est cette jeune fille? dit-il en s'adressant à Christine ; je ne l'avais pas encore aperçue.

— Ça!... oh! ce n'est pas grand'chose! répond la grande femme d'un ton sec.

— Est-ce que ce n'est pas votre enfant?

— Non, monsieur, dit Leroux, c'est une malheureuse sourde-muette que j'ai trouvée dans la forêt, et que nous avons recueillie par charité... Elle est sur le point d'être mère... j'en ai eu pitié.

— Cela vous fait honneur, monsieur; cette infortunée, si jeune!... avec des traits si doux!... vous n'avez pu savoir d'où elle venait, ni le nom de ses parents?

— Que diable voulez-vous qu'on sache d'une femme muette et sourde?... Au reste, peu m'importe! elle est aussi, je crois, presque imbécile; mais je la garderai ici.

En entendant ces mots, sœur Anne se lève et s'avance doucement vers l'étranger, qu'elle regarde toujours avec un air d'intérêt mêlé de compassion.

— Eh bien, que fait-elle donc? dit Leroux ; la pauvre fille a vraiment perdu la raison. Allons, Christine, fais-la rentrer dans l'autre chambre; il est temps qu'elle aille se reposer.

Christine pousse rudement la petite muette pour la faire aller dans la seconde pièce. Ce n'est qu'à regret que sœur Anne se décide à s'éloigner... elle ne voudrait pas perdre de vue ce voyageur, auquel elle porte le plus vif intérêt; mais il faut obéir. Elle marche lentement vers l'autre pièce en regardant toujours l'étranger, qui semble ému de son attention à le considérer, et la suit des yeux jusqu'à ce que la porte de la chambre du fond se referme sur elle.

Christine est entrée avec sœur Anne dans la seconde chambre; elle regarde à la croisée, et semble inquiète de ne point voir revenir les voleurs. La jeune muette s'est jetée sur sa couchette, non pour chercher le repos, mais pour rêver au moyen de sauver l'étranger en l'avertissant du danger qu'il court s'il reste dans la cabane. Mais comment pourra-t-elle s'approcher et se faire comprendre?... Dans ce moment Leroux vient aussi dans la chambre, dont il ferme la porte sur lui avec précaution, puis il s'approche de Christine, et, grâce à l'idée qu'ils ont que sœur Anne ne peut les entendre, celle-ci est bientôt au fait de leurs projets.

— Eh bien! tu ne les entends pas venir? dit Leroux.

— Non, je n'entends rien...

— C'est bien singulier! depuis le temps que cet homme est arrivé, que peuvent-ils faire encore dans la forêt? Je ne suis pas tranquille... ce voyageur a parlé de chevaux, de maréchaussée... Si nos amis étaient arrêtés!...

— Diable! nous auraient-ils vendus?

— Écoute : quand cet étranger aura soupé et dormira, je sortirai pour tâcher de savoir des nouvelles. Si les camarades sont dans la forêt, je sais où je les trouverai. S'ils sont pris ou partis, nous profiterons du sommeil de l'étranger pour nous en défaire, et avec ce qu'il a sur lui nous ne ferons pas mal de nous mettre aussi à l'abri du danger en quittant la forêt.

— C'est bien pensé; fais souper cet homme, qu'il s'endorme, puis à ton retour nous agirons... En attendant, je vais me jeter sur le lit et me reposer un peu.

— Oui, oui, sois tranquille, je t'éveillerai quand j'aurai besoin de toi.

Leroux va rejoindre le voyageur, et la hideuse Christine se jette sur la couchette à côté de sœur Anne. Il faut que celle-ci sente auprès d'elle cette femme qui calcule un meurtre avec la froideur la plus révoltante; mais la pauvre petite ne bouge pas; elle a entendu toute la conversation de ces monstres, elle n'a pas perdu un mot de leurs projets, et elle espère encore sauver l'étranger. Une seule pensée l'agite, c'est la crainte que les trois autres voleurs ne reviennent car alors tout serait perdu; il faudrait voir périr le malheureux voyageur ou mourir avec lui.

A peine Christine est-elle sur le lit, qu'un ronflement prolongé annonce son sommeil. Sœur Anne se lève alors doucement, s'éloigne de la couchette, et va appliquer ses yeux contre une fente de la cloison par où elle peut voir dans l'autre pièce.

L'étranger soupe tranquillement. Leroux tâche de lui tenir compagnie; mais à chaque instant il écoute avec inquiétude s'il n'entend pas du bruit dans la forêt, et paraît désirer que le voyageur veuille bientôt se reposer. Sœur Anne peut à son aise considérer les traits du vieillard, et plus elle le regarde, plus elle éprouve pour lui un sentiment d'intérêt, d'attachement, qui ne semble pas naître seulement de la situation dans laquelle il se trouve. Au moindre bruit causé par le vent qui agite les arbres ou fait tomber les branches sèches, la jeune fille éprouve une terreur mortelle, croyant voir revenir les trois brigands, tandis qu'au contraire la joie se peint alors dans les regards de Leroux, qui court écouter à la porte, espérant entendre ses compagnons.

— Attendriez-vous du monde! lui dit l'étranger.

— Non, monsieur, non, personne... c'est la crainte des voleurs qui me fait écouter ainsi.. mais je commence à croire qu'ils ne vous ont pas poursuivi, et vous pourrez dormir tranquillement.

— Je vais me reposer jusqu'au point du jour, alors vous voudrez bien me servir de guide pour trouver le prochain village.

— Oui, monsieur, avec grand plaisir..... mais dormez à votre aise, le jour est encore éloigné... Voilà le seul lit que je puisse vous offrir, c'est de la paille fraîche... Je suis fâché de ne pouvoir vous coucher mieux que cela, mais nous sommes si pauvres!...

— Oh! je serai fort bien, ne vous inquiétez nullement de moi.

En disant cela l'étranger va s'étendre sur la paille, où il recherche le repos, et Leroux reste devant le feu, tournant la tête de temps à autre, pour regarder si le voyageur s'endort. La jeune muette, l'œil toujours fixé contre l'ouverture de la cloison, ne perd pas de vue ni l'étranger ni le voleur, et prie le Ciel pour que Christine ne s'éveille point.

Enfin le voyageur paraît sommeiller, et Leroux se lève pour aller prendre ses armes dans le caveau, dont l'ouverture est fermée par une planche et masquée par un monceau de paille. Sœur Anne frémit... Si le voleur allait sur-le-champ assassiner le vieillard... Mais non; après avoir refermé le caveau, il sort doucement de la masure en murmurant :

— Allons au rendez-vous ordinaire, et s'ils n'y sont pas, revenons vite ici.

Leroux ouvre doucement la porte de la cabane et disparaît. Le moment d'agir est arrivé : la jeune muette rassemble tout son courage et sort de la chambre en marchant avec précaution, de crainte d'éveiller Christine, puis en referme la porte à double tour, afin de l'empêcher de sortir, dans le cas où elle s'éveillerait. La flamme qui brille encore dans l'âtre éclaire seule la chambre où dort le voyageur. Sœur Anne va près de lui et lui prend le bras qu'elle serre avec force. Le vieillard s'éveille... il voit avec étonnement cette jeune fille penchée vers lui, et dont les traits expriment la plus affreuse anxiété; il va parler... elle pose vivement un doigt sur sa bouche, et regardant autour d'elle avec terreur, ses regards lui recommandent le plus profond silence... L'étranger se lève et attend avec inquiétude l'explication de cette scène mystérieuse.

Sœur Anee court au caveau... elle parvient à en soulever l'ouverture, prend dans l'âtre un morceau de bois enflammé dont elle se sert pour l'éclairer, puis, faisant signe au voyageur d'approcher, lui fait voir dans l'intérieur du caveau des armes, des vêtements de toute espèce, et le sang dont ils sont couverts atteste comment les voleurs s'en sont emparés.

Le voyageur frémit : Grand Dieu ! dit-il, suis-je donc dans le repaire des brigands ?...

La jeune fille fait un signe affirmatif, puis court vers la paille, et lui indique que pendant son sommeil on doit revenir pour l'assassiner.

L'étranger s'empare aussitôt d'une paire de pistolets qu'il trouve à l'entrée du caveau.

— Du moins, dit-il, je vendrai chèrement ma vie... Mais toi, pauvre femme... comment vas-tu faire?...

Sœur Anne ne lui laisse pas le temps d'achever : elle court ouvrir la porte de la cabane, et lui indique qu'il faut se hâter de fuir, et qu'elle l'accompagnera. L'étranger la prend par la main... ils sortent de la masure... En ce moment la compagne des voleurs, qui a entendu du bruit, se lève et veut sortir de sa chambre; se voyant enfermée, elle crie, appelle Leroux, court vers la fenêtre qui donne sur la forêt, et aperçoit l'étranger et la jeune fille qui passent alors devant elle...

— Malédiction !... ils vont fuir !... s'écrie Christine en s'efforçant d'ébranler les barreaux de la fenêtre.

Le vieillard dirige sur elle un de ses pistolets; mais sœur Anne l'arrête en lui faisant comprendre que le bruit de cette arme attirerait les voleurs. L'étranger sent qu'elle a raison; ils fuient, et, laissant l'horrible femme les accabler d'imprécations, ils sont bientôt éloignés de la demeure des brigands.

Après avoir erré pendant près d'une heure dans les détours de la forêt, tremblant, au moindre bruit, de rencontrer Leroux et ses compagnons, les fugitifs distinguent les pas de plusieurs chevaux... Ce ne peut être que la maréchaussée envoyée à la recherche des brigands. L'étranger et la jeune fille se dirigent du côté d'où part le bruit... Bientôt un homme passe près d'eux en fuyant : c'est Leroux que poursuit un cavalier... Un autre homme à cheval accourt, et s'écrie en voyant l'étranger :

— Voilà mon maître!... Grâce au ciel, les coquins ne l'ont pas tué.

Le voyageur indique aux gardes la retraite des brigands; puis, montant sur un cheval que lui amène son domestique, prend en croupe la jeune femme qui l'a sauvé, et ils s'éloignent au grand trot de la forêt.

Pendant la route l'étranger ne cesse de remercier sa libératrice qui rend grâces au ciel de ce qu'elle n'est plus au pouvoir des voleurs.

Le domestique apprend à son maître que, quelques moments après sa fuite dans la forêt, la maréchaussée a paru. Les brigands n'ont plus songé qu'à se sauver; mais atteints bientôt, deux sont morts en se défendant. Alors, prenant les deux chevaux que les voleurs avaient déjà dételés de la chaise, le domestique était monté sur l'un et s'était joint aux gardes qui battaient la forêt pour tâcher de retrouver son maître.

Le péril passé est bientôt oublié. On arrive à un bourg assez considérable, et les voyageurs frappent à une ferme, où l'on s'empresse de les recevoir et de leur prodiguer tous les soins. C'est surtout la jeune muette qui a besoin de prompts secours. La situation affreuse dans laquelle elle s'est trouvée depuis deux jours, le danger auquel elle vient d'échapper, l'effort de courage qu'elle vient de faire dans cette nuit terrible, tous ces événements ont accablé l'infortunée, qui n'est plus en état de se soutenir. On la porte dans un bon lit; les habitants de la ferme, apprenant la situation dans laquelle se trouvait cette jeune femme, et ce qu'elle a fait pour sauver le voyageur, lui témoignent le plus tendre intérêt, et l'étranger ne se livre au repos que lorsqu'il est certain que rien ne manque à sa libératrice

Le lendemain on a ramené la voiture trouvée sur la route; l'étranger pourrait partir, mais sœur Anne est en proie à une fièvre ardente; il ne veut pas s'éloigner sans être rassuré sur son existence. Le meilleur médecin des environs est mandé : l'inconnu prodigue l'or pour que la jeune muette ait tous les secours que réclame son état. Il passe une partie de la journée dans sa chambre, il joint ses soins à ceux des habitants de la ferme.

Sœur Anne voit tout ce que l'étranger fait pour elle, et son cœur en est vivement touché. Malgré le mal qui l'accable, elle s'empare d'une des mains du voyageur et la presse avec reconnaissance.

— Pauvre femme! dit l'étranger vivement ému, je ne vous quitterai pas que je ne sois tranquille sur vos jours... J'aurais voulu vous emmener dans ma voiture et vous conduire à votre destination... Que puis-je faire pour vous?... Vous m'entendez, je le vois bien; vous n'êtes privée que de la parole, mais savez-vous écrire?

La jeune muette fait un signe négatif; puis, tout à coup, un souvenir semble la ranimer; elle fait un mouvement avec la main, comme si elle voulait tracer des caractères. Le vieillard lui présente une plume, du papier... elle ne peut s'en servir; il lui donne un morceau de craie; se soulevant alors de son lit, elle se penche sur une table placée auprès, et parvient, non sans effort, à tracer avec la craie le nom de *Frédéric;* puis, désignant ce nom en secouant tri stement la tête ses yeux semblent dire : Voilà tout ce que je sais...

Le voyageur paraît vivement surpris en lisant le nom que la jeune femme vient de tracer sur le bois. Il semble réfléchir quelques moments; ses yeux se reportent sur sœur Anne avec plus d'intérêt... mais la jeune muette y trouve moins de douceur, et une expression de sévérité qu'elle ne peut définir.

— Et votre nom, dit l'étranger, ne savez-vous pas l'écrire?

Sœur Anne fait un signe de tête, et trace de nouveau le nom de Frédéric.

Le voyageur paraît fortement préoccupé tout le reste de la journée ; lorsqu'il regarde la jeune fille, il tombe dans de profondes rêveries. Pendant cinq jours l'état de sœur Anne laisse craindre pour sa vie, et l'étranger ne quitte point la ferme. Au bout de ce temps un mieux sensible se déclare, le médecin répond des jours de la malade, mais il annonce que pendant longtemps sa faiblesse devant être extrême, il y aurait de l'imprudence à elle à quitter la ferme avant le moment qui doit la rendre mère.

En apprenant cela, les yeux de sœur Anne se remplissent de larmes : elle craint d'être à charge aux bonnes gens qui l'ont reçue; mais l'étranger s'empresse de la calmer, de la consoler.

— J'ai pourvu à tout, lui dit-il; attendez en ces lieux le rétablissement de votre santé, et, si rien ne vous appelle ailleurs, restez avec les habitants de cette ferme... ils vous aiment; ici vous serez heureuse.

Sœur Anne secoue tristement la tête, puis indique qu'il faut qu'elle aille bien loin. L'étranger, qui a déjà donné vingt-cinq louis aux villageois pour tous les soins qu'ils prendront de la jeune femme, met encore une bourse remplie d'or dans les mains de sa libératrice... Celle-ci veut la refuser, et ne sait comment lui témoigner sa reconnaissance.

— Vous ne me devez rien, mon enfant, lui dit le vieillard; songez que vous m'avez sauvé la vie, et que, tant que je vivrai, c'est moi qui vous devrai de la reconnaissance. Tenez, prenez aussi ce papier, il renferme mon nom et mon adresse. Si jamais vous êtes dans le malheur, faites-le-moi savoir, et comptez toujours sur ma protection.

Sœur Anne prend le papier, qu'elle serre précieusement dans la bourse que l'étranger vient de lui donner. Celui-ci, après l'avoir encore regardée avec attendrissement, dépose un baiser sur son front, puis, se dérobant aux témoignages de sa reconnaissance, monte en voiture et s'éloigne après avoir laissé dans la ferme des marques de sa générosité.

L'étranger est parti; sœur Anne en est longtemps attristée. Son cœur volait vers cet inconnu, déjà elle réunissait dans son âme son image à celle de Frédéric; mais la tendre amitié qu'elle sentait pour l'un ne nuisait en rien à l'amour qu'elle éprouvait pour l'autre.

CHAPITRE XXV

LE MARIAGE SE FAIT

Frédéric ne passe plus un jour sans voir Constance; depuis que les deux amants se sont avoué réciproquement leur amour à chaque instant ce sentiment semble augmenter encore. Mademoiselle de Valmont aime avec cet abandon d'un cœur qui ne cherche plus à cacher ce qu'il éprouve. Elle est fière de l'amour qu'elle inspire à Frédéric, et met tout son bonheur à le partager.

Frédéric, plus ardent, plus impétueux, cède au sentiment qui l'entraîne; mais en aimant, il ne doit pas être aussi heureux; il a besoin de s'étourdir... de repousser des souvenirs qui troublent son bonheur : semblable à ces gens qui ne regardent plus en arrière, de crainte d'y trouver des sujets d'effroi, Frédéric chasse les pensées qui le reportent à une époque encore récente. Il veut ne s'occuper que de Constance; il sent bien que désormais elle doit l'emporter sur toute autre : à quoi donc serviraient quelques soupirs qui ne consoleront pas celle qu'il abandonne? On se dit cela, mais malgré soi, dans le sein du bonheur même, il existe au fond de l'âme quelque chose qui nous reproche le mal que nous avons fait... à moins cependant que nous n'ayons pas d'âme, et il y a beaucoup de gens chez lesquels on en chercherait en vain.

Le comte de Montreville est absent depuis quinze jours. Frédéric ignore le but du voyage de son père, il le soupçonne cependant; mais il n'a plus envie de profiter de son absence pour partir de son côté. Pourrait-il maintenant quitter Constance un seul jour? Quoiqu'elle l'ait rassuré sur le mariage dont on lui a fait peur, Frédéric n'est pas encore tranquille; il supplie son amie de questionner son oncle à ce sujet. Constance n'ose parler de cela au général; mais, vaincue par les sollicitations de Frédéric, elle se

Allons, allons ! calme-toi, morbleu ! (Page 145, col. 2).

décide enfin à le questionner, et un matin va en rougissant le trouver dans son cabinet.

— Mon oncle... on m'a dit que vous aviez des projets sur moi, dit Constance en baissant les yeux.

Le général la regarde en souriant, puis tâche pour lui répondre, de prendre un ton sérieux, mais cela ne va pas à sa physionomie :

— Qui vous a dit, mademoiselle, que j'avais des projets sur vous?

— Mon oncle... c'est M. Frédéric qui le sait de son père.

— Ah! diable! M. Frédéric s'occupe de cela?... Et quels sont donc ces projets, mademoiselle?

— Mon oncle, vous devez le savoir mieux que moi...

— Ah! c'est vrai, tu as raison. Eh bien! oui, j'ai des projets.

— Pour mon établissement, mon oncle?... demande Constance en tremblant.

— Oui, pour te marier, enfin.

— Me marier!... Il serait possible! Ah! mon oncle... Et l'aimable fille lève sur le général des yeux suppliants et déjà pleins de larmes.

— Allons, allons, calme-toi, morbleu! dit le général en prenant la main de sa nièce... Te voilà déjà aux champs, comme si je devais faire ton malheur : est-ce que tu ne veux pas te marier?...

— Mais... je ne dis pas cela, mon oncle.

— Alors pourquoi donc cet effroi en apprenant que je songe à te donner un mari?

— Mais... c'est que je veux... je ne voudrais pas...

— Tu veux, tu ne voudrais pas!... Hum! les femmes ne peuvent jamais parler clairement... Pourquoi ne pas me dire tout de suite que tu ne veux épouser que Frédéric?

— Ah! mon oncle... vous savez...

— Il faudrait que je fusse aveugle pour ne pas voir cela; et ce beau monsieur qui s'avise d'aimer ma nièce... et qui soupire, qui est triste, qui se désole... au lieu de venir tout bonnement me demander sa main...

— Ah! mon cher oncle... vous voudrez donc bien?

— Parbleu, est-ce que j'ai l'habitude de ne pas vouloir ce qui te plaît?...

— Mais ce mariage avec ce colonel?...

— C'est un conte inventé par mon vieil ami, je ne sais pas trop pourquoi; mais enfin il est venu me trouver et m'a supplié de le laisser dire cela : il a bien fallu le laisser agir, quoique je ne comprenne rien à tous ces mystères, et qu'il me semble que lorsque deux jeunes gens s'aiment et se conviennent, il n'y a pas besoin de marches et contremarches pour les marier. N'importe; Montreville a sa tactique, dont il ne veut pas s'écarter. Ne va pas dire cela à Frédéric surtout, car son père m'en voudrait; mais à son retour, qui doit être prochain, je mets fin à ces mensonges, et je t'unis à ton amant, qui finirait par se rendre malade à force de soupirer.

Constance embrasse son oncle et le quitte, encore embellie par la certitude du bonheur. Bientôt Frédéric revient près d'elle et s'informe avec inquiétude de ce que lui a dit le général.

Constance tâche de dissimuler sa joie; la femme qui aime le plus n'est pas fâchée quelquefois d'inquiéter un peu son amant, car dans les tourments qu'il éprouve elle voit de nouvelles preuves de son amour.

— Eh bien, dit Frédéric avec impatience, vous ne me répondez pas? Vous avez cependant parlé à votre oncle au sujet de ce mariage... Est-il vrai qu'il en ait conçu le projet?...

— Mais oui, il songe à me marier...

— J'avais donc raison! s'écrie le jeune homme en faisant un bond qui fit trembler Constance, il y pense; on m'avait dit la vérité... Mais on ne vous ravira pas à mon amour...

— Mon ami... calmez-vous...

— Que je me calme quand on veut vous marier!... Constance, si votre oncle est un tyran, je vous enlève... Nous fuyons ensemble au bout du monde!... au bout de l'univers!... Vous, vous seule suffirez à mon bonheur!... Ce soir, si vous y consentez, nous partirons... Comment, mademoiselle, vous riez en voyant mon désespoir!...

— Ah! Frédéric, quelle mauvaise tête vous avez!

— Ah! mademoiselle veut me donner maintenant des leçons de sagesse... Il me semble que ce mariage ne vous afflige pas beaucoup... C'est donc comme cela que vous m'aimez?

— Méchant!... quel reproche!... Ah! mon ami, parce que mon amour est plus tranquille que le vôtre, ne croyez pas qu'il ait moins de force.

— Mais ce mariage que projette votre oncle?

— Et si c'était avec vous, monsieur, qu'il songeât à me marier?...

— Avec moi!...

Tous les traits de Frédéric s'animent d'une expression nouvelle, et Constance pose un doigt sur sa bouche en lui disant :

— Chut!... silence, mon ami, mon oncle m'avait bien défendu de parler... mais puis-je vous voir longtemps de la peine!...

— Quoi! Constance, il se pourrait!... Ah! quel bonheur! votre oncle est le meilleur des hommes! Ah! laissez-moi aller me jeter à ses pieds...

— Non pas vraiment!... pour qu'il me gronde... Mais je ne pourrai donc jamais vous rendre raisonnable? Asseyez-vous là, monsieur, auprès de moi...

— Mais enfin quand donc pourrai-je lui dire que je vous aime?

— Au retour de votre père... il ne tardera pas sans doute. Savez-vous s'il est allé bien loin?...

— Mais... non... je ne crois pas... je ne suis pas certain...

— Eh bien, mon ami, vous voilà tout pensif...

— Moi, non, je vous jure.

— Tant que nous n'avons pas été certains de notre bonheur je vous ai pardonné ces airs rêveurs, ces moments de tristesse qui vous prennent quelquefois auprès de moi; mais songez bien, monsieur, que je ne veux plus de ces mines-là... Mon ami, vous n'avez pas de chagrins, pas de peines secrètes que vous ne puissiez confier à Constance, n'est-il pas vrai?

— Non, sans doute!

— Promettez-moi que vous me direz tout... tout absolument, que j'aurai votre confiance entière... Est-ce que deux époux doivent se cacher quelque chose?...

— Oui, ma chère Constance, je vous le promets, je vous dirai toutes mes pensées.

Frédéric ment un peu en ce moment,, mais ce mensonge est excusable, et dans cet instant une confidence entière ne causerait pas un grand plaisir à Constance, qui est persuadée que son amant ne songe qu'à elle, et qui, malgré son air calme, sa douceur et sa confiance, aime trop éperdument Frédéric pour ne pas être susceptible de jalousie, sentiment qui, chez les femmes, est presque toujours adhérent à l'amour.

Le comte de Montreville revient à Paris après une absence de près d'un mois. En toute autre circonstance Frédéric aurait été surpris de la longueur d'un voyage qui pouvait être terminé en quinze jours, mais près de Constance il ne s'est pas occupé de cela. Cependant, en revoyant son père, tous les souvenirs du Dauphiné reviennent à son esprit, il demeure embarrassé devant lui, il voudrait et n'ose le questionner.

De son côté, le comte ne paraît pas le même qu'avant son départ : comme s'il était fortement préoccupé d'un événement récent, il est souvent rêveur, pensif, et en regardant son fils, semble aussi craindre et désirer une explication. Enfin Frédéric se hasarde le premier à questionner son père, et contre son attente, celui-ci en lui répondant n'a plus ce ton sévère, cet air froid, qu'il prenait autrefois en abordant ce sujet.

— Vous avez été en Dauphiné, dit Frédéric, vous avez été à Vizille!...

— Oui, dit le comte, j'ai parcouru les environs de ce village... le bois dans lequel vous avez séjourné si longtemps...

— Et... vous avez vu cette... jeune fille?

— Non, je ne l'ai point vue; depuis quelques jours elle avait quitté sa chaumière, qu'un vieux pâtre seul habitait.

— Quoi! sœur Anne n'est plus dans sa retraite! se pourrait-il?... et Marguerite?...

— La vieille femme est morte depuis plusieurs mois.

— Sœur Anne est partie... pauvre petite!... que peut-elle être devenue?.. dans sa situation comment pourra-t-elle se conduire?... se faire comprendre? Ah! malheureuse!...

— Que voulez-vous dire? s'écrie le comte en fixant sur son fils des yeux où se peignait l'expression du plus vif intérêt, quelle est donc la situation de cette jeune fille... qui la rend tant à plaindre?... répondez, Frédéric!

— Mon père... sœur Anne depuis l'âge de sept ans a perdu l'usage de la parole... un événement affreux, une frayeur épouvantable ont ôté à cette pauvre petite la possibilité de se faire entendre

— Grand Dieu! dit le comte, vivement frappé de ce qu'il vient d'apprendre, c'est elle!... je l'avais deviné!...

Mais Frédéric n'a point entendu les derniers mots que son père vient de prononcer. Il est tout occupé de sœur Anne, qu'il croit voir errante sans secours, sans abri, au milieu des bois, des campagnes; repoussée dans la plupart des auberges, et partout en proie à la misère et au malheur. Il songe que tout cela est son ouvrage, que s'il n'avait pas cherché à inspirer à cette jeune fille une passion violente, elle aurait vécu tranquille dans le fond de sa retraite, ne désirant point des plaisirs qu'elle ne connaissait pas, et ne se créant point un bonheur, une existence différente. Dans ce moment les remords accablent Frédéric, et il se reproche vivement sa conduite avec une femme dont il a cessé d'être amoureux, mais qui lui est toujours chère.

Depuis longtemps le comte et son fils étaient plongés dans leurs réflexions. Le comte rompt enfin le silence en s'adressant à Frédéric d'une voix émue :

— Rassurez-vous sur le sort de cette jeune fille... Je l'ai retrouvée.

— Vous l'avez retrouvée, mon père, se pourrait-il?...

— Oui, dans une ferme, aux environs de Grenoble. Je l'y ai laissée... et j'ai fait en sorte de la mettre à l'abri de la misère.

— Mais comment?... vous ne pouviez la connaître...

— Son malheur, sa jeunesse... elle m'intéressait vivement... quelque chose me disait que c'était la personne que je cherchais, je n'en doute plus depuis que vous m'avez dit qu'elle est muette. Je vous le répète, ne vous inquiétez plus de son avenir; je l'ai laissée chez de bonnes gens, qui l'aiment et où elle sera bien; j'aurai soin d'ailleurs de veiller sur son sort.

Le comte se garde bien de dire à son fils son aventure dans la forêt et tout ce qu'il doit à sœur Anne; en apprenant qu'elle lui a sauvé la vie, il craint que Frédéric ne sente se rallumer pour elle son premier amour; il ne veut pas surtout que Frédéric sache que la jeune muette est sur le point d'être mère; cette connaissance pourrait déranger les projets qu'il a formés. Enfin le comte, quoiqu'il s'intéresse maintenant à sœur Anne et se promette d'assurer son existence et celle de son enfant, n'en désire pas moins voir s'accomplir ce mariage de son fils avec la nièce de son vieil ami. et pour cela juge très nécessaire de cacher tout ce qui a rapport à la pauvre orpheline.

En arrivant à Paris il a expressément défendu à son domestique de parler de l'aventure de la forêt et de la jeune femme qu'ils ont laissée à la ferme.

L'assurance que son père vient de lui donner, que sœur Anne était entourée de bonnes gens et désormais à l'abri du besoin, a calmé le chagrin de Frédéric. En amour, les remords ne durent guère, et le sentiment nouveau est toujours là pour chasser les souvenirs de l'ancien. C'est auprès de Constance que le jeune homme va oublier entièrement la pauvre fille des bois, c'est en faisant de nouveaux serments d'amour qu'il perd le souvenir de ceux qu'il a faits à une autre.

Le retour du comte de Montreville doit amener le prochain mariage des jeunes gens. Frédéric le désire, Constance l'espère, et le général le veut, parce qu'il trouve qu'il ne faut pas laisser les amants soupirer longtemps.

Tout le monde est d'accord : quel obstacle pourrait retarder le bonheur des deux amants? Le mariage est arrêté. Le général se fait une fête de danser à la noce de sa nièce, quoiqu'il n'ait jamais dansé de sa vie; le comte ne désire pas moins saluer Constance du doux nom de fille; et les amants... ah! vous savez bien ce qu'ils désirent; cela se devine, mais cela ne se dit pas.

Tout occupé de son prochain bonheur, Frédéric n'a plus que bien rarement de ces souvenirs qui donnaient à ses traits une expression de tristesse; quand par hasard il lui échappe un soupir, un regard de Constance éloigne aussitôt ces pensées données à d'autres temps. Mademoiselle de Valmont est si aimable, l'approche du bonheur la rend si belle, qu'il est impossible de ne point l'adorer.

Enfin est arrivé ce jour qui doit unir Frédéric et Constance. Le comte de Montreville est tellement satisfait, qu'il permet à son fils d'inviter à son mariage toutes les personnes qu'il désirera. Frédéric ne se connaît point de meilleur ami que Dubourg, qui, au milieu de ses folies, lui a souvent donné des preuves d'un véritable attachement. D'ailleurs, depuis que Dubourg a hérité de sa tante, il est devenu beaucoup plus raisonnable. A la vérité il est toujours gêné vers le milieu du mois, mais il n'a pas hypothéqué son revenu, et a remplacé l'écarté par le domino, jeu où l'on s'échauffe beaucoup moins.

Ménard n'est pas non plus oublié! le bonhomme aime tendrement Frédéric; il a été un peu trop indulgent dans le voyage, mais le comte a pardonné cela; et d'ailleurs le précepteur a toujours eu les meilleures intentions. Quant à son penchant pour la table, dans le monde cela passe souvent pour une qualité.

Constance est parée avec goût et élégance; mais on ne peut s'occuper de sa toilette, en voyant ses grâces et sa beauté : car le bonheur, qui embellit tout, ajoute encore aux charmes d'une jolie figure. Les hommes ne peuvent que l'admirer; quant aux femmes, elles voient d'un coup d'œil toutes les parties du costume et pourraient, au besoin, nous dire comment est placée chaque épingle, et combien de plis la robe fait par derrière et par devant : notre perspicacité n'ira jamais jusque-là.

Frédéric est rayonnant d'amour; il ne perd pas Constance de vue, c'est le plus sûr moyen de n'avoir aucun fâcheux souvenir; Frédéric est fort bien aussi, sa figure est noble et douce; et si les hommes admirent Constance, les dames ne la plaignent pas d'épouser Frédéric.

Le général et le comte éprouvent la satisfaction la plus vive d'unir leurs enfants. Dans sa joie, M. de Valmont est plus gai, plus expansif que le comte de Montreville; mais celui-ci sourit à tout le monde, et, pour la première fois, il a embrassé tendrement son fils.

M. Ménard s'est habillé avec soin, et conserve une tenue très sévère jusqu'au moment du dîner. Quant à Dubourg, enchanté d'être au mariage de son ami, et voulant se mettre dans les bonnes grâces du comte, il prend toute la journée une mine tellement raisonnable, qu'il a l'air d'avoir le *spleen*, et s'étudie à se donner une démarche si posée, qu'on croirait qu'il a soixante ans. Toutes les fois que le comte se trouve près de lui, il parle des faux plaisirs du monde, du bonheur de la retraite et des jouissances qui attendent le juste après sa mort. Cela devient si fort, que le général dit à Frédéric :

— Quel diable d'homme que ton Dubourg! Est-ce qu'il passe son temps dans les cimetières? Je me suis approché de lui une fois ou deux pour causer, il m'a cité cinq ou six passages des *Nuits d'Young* et du *Petit-Carême* de Massillon; voilà un jeune homme bien gai pour une noce!

Frédéric va près de Dubourg, et l'engage à se laisser aller à son caractère habituel; mais celui-ci est persuadé que sa conversation, son air et sa tenue enchantent M. de Montreville, et il n'y a pas moyen de le faire sourciller.

Un dîner magnifique est préparé dans l'hôtel du comte, d'où les jeunes mariés doivent partir le soir pour retourner à l'hôtel du général, dans lequel ils vont habiter. Le général, étant souvent en voyage, n'a besoin que d'un petit appartement, et cède aux nouveaux époux les trois quarts de sa maison.

Les mariages dans la haute société n'ont point la gaieté des noces bourgeoises, c'est ce qui dédommage la classe bourgeoise de ne pas être de la haute société. Cependant une gaieté douce préside au repas. M. Ménard s'en donne comme à la table de M. Chambertin; mais Dubourg ne mange pas, il refuse de presque tous les mets, parce qu'il présume que c'est beaucoup plus comme il faut. Impossible de lui faire accepter un verre de champagne ni de liqueurs :

— Je n'en prends jamais, répond-il avec un flegme imperturbable.

Le comte de Montreville le regarde avec étonnement, tandis que Ménard, qui est près de lui, lui dit à chaque instant :

— Vous en preniez cependant... je vous en ai vu prendre assez souvent!... dites donc que vous êtes malade, à la bonne heure.

— Ton ami est terriblement sobre! dit le général à Frédéric, c'est un anachorète que tu nous as amené.

Après le repas, la danse remplit la soirée. Les nouveaux époux se livrent à ce plaisir, qui donne la patience d'en attendre d'autres; aussi la danse est-elle toujours nécessaire pour terminer gaiement une noce.

Mais Dubourg ne danse pas; il se contente de se promener avec roideur dans les salons, tenant sa tête comme s'il avait un torticolis, et ne s'arrêtant jamais auprès d'une table d'écarté.

— Vous ne jouez pas, monsieur Dubourg? lui dit le comte d'un air riant.

— Non, monsieur le comte, j'ai entièrement renoncé à ces jeux d'argent; je n'aime plus que les échecs, c'est le jeu des gens raisonnables, le seul qui me convienne.

— Vous ne dansez pas?

— Jamais; je n'aime que le menuet, danse noble et posée. C'est bien dommage qu'on ne le danse plus.

— Diable! monsieur Dubourg, vous êtes donc bien changé; vous étiez un peu étourdi autrefois!...

— Ah! monsieur le comte, autre temps, autres soins; avec les années on devient sage.

— Les années!... mais il n'y a pas encore un an que vous faisiez *Hippolyte*, et que vous vouliez faire jouer *Thésée* à ce pauvre Ménard.

— Ah! monsieur le comte, depuis ce temps il s'est fait en moi une bien grande révolution. Je n'aime plus que l'étude... la science... ah! la science surtout!... car, comme dit Caton : *Sine doctrina vita est quasi mortis imago.*

Le comte s'éloigne de Dubourg en souriant, et celui-ci est persuadé qu'il est fort satisfait de lui. Cette journée est passée; Ménard a regagné son petit logement en repassant dans sa mémoire tous les morceaux délicats qu'il a mangés. Dubourg n'est pas plutôt hors de l'hôtel, qu'il saute et court comme un écolier qui n'est plus sous les yeux de son maître. Frédéric et Constance sont heureux!... des témoins importuns ne sont plus là pour contraindre les élans de leur tendresse... car le monde pèse aux amants! et c'est avec impatience qu'ils attendent le mystère et la solitude. Frédéric peut enfin emmener sa femme; le premier jour des noces, un époux est un amant qui enlève sa maîtresse.

CHAPITRE XXVI

SOEUR ANNE EST MÈRE. — LONG SÉJOUR A LA FERME

Soeur Anne est toujours dans la ferme où l'a laissée le comte de Montreville, car nous savons maintenant que l'étranger qu'elle a sauvé de la chaumière des voleurs n'était autre que le père de Frédéric, qui revenait de Vizille, où il avait été s'informer du sort de la jeune fille que son fils avait abandonnée. Mais le comte n'avait trouvé dans le bois que le vieux pâtre, et celui-ci ignorait de quel côté soeur Anne avait porté ses pas en quittant sa cabane. A toutes les questions qu'on lui adressait, il ne pouvait que répondre :

— Elle est partie, elle a voulu s'en aller, je ne sais où elle est allée!...

En s'éloignant du bois, le comte avait parcouru les environs de Grenoble, et c'était en retournant à Lyon que sa voiture avait été arrêtée dans la forêt.

Soeur Anne, malgré le désir qu'elle a de continuer son voyage, sent bien qu'elle n'est plus en état de se mettre en route; le moment approche où elle va être mère, où elle pourra presser contre son coeur le fruit de ses amours. Cette pensée adoucit un peu ses tourments; l'espoir de voir son enfant la distrait quelquefois de ses peines, et dans la ferme chacun cherche à lui rendre la tranquillité, à ramener le sourire sur ses lèvres. Les habitants de cette demeure sont de braves gens qui portent à la jeune muette le plus vif intérêt. Sans en être récompensés, ils auraient montré pour elle le même attachement; mais l'or ne nuit jamais, et la somme que le comte de Montreville leur a donnée en les engageant à continuer de garder soeur Anne est pour eux considérable.

La jeune femme, qui sent bien devoir prolonger son séjour chez eux, leur présente la bourse que lui a remise le vieux monsieur quelques moments avant de s'éloigner; mais les villageois ne veulent plus rien accepter.

— Gardez cet or, lui dit la fermière, gardez-le, mon enfant; cet homme respectable que vous avez sauvé des mains des brigands a pourvu à tout; il nous a trop payés même!... nous n'avions pas besoin de cela pour vous rendre service; vous êtes si douce, si gentille et si malheureuse!... Pauvre petite femme!... ah! je devine en partie votre situation!... quelque séducteur aura abusé de votre inexpérience, de votre innocence!... il vous a trompée, puis vous a laissée là!... Voilà l'histoire de toutes les jeunes filles qui n'ont point de parents pour les garantir des pièges de tous ces beaux messieurs... Ne pleurez, pas, mon enfant!... je suis bien loin de vous condamner!... vous êtes moins coupable que toute autre!... mais c'est celui qui vous a quittée qui mériterait d'être puni... Dans la situation où vous êtes, vous abandonner... ah! il faut qu'il ait le cœur bien dur!...

En entendant ces mots, sœur Anne fait un mouvement précipité comme pour empêcher la fermière d'en dire davantage; elle pose un doigt sur sa bouche, et secouant la tête avec force semble démentir ce que la villageoise vient de dire.

— Allons, dit la fermière, elle ne veut pas que l'on dise du mal de lui!... elle l'aime encore!... Voilà bien les femmes! toujours prêtes à excuser celui qui leur a fait le plus de mal. Mais ne vous inquiétez plus de votre sort, mon enfant; restez avec nous, nous vous chérirons comme notre fille, nous aurons bien soin de vous : ici vous êtes pour jamais à l'abri de la misère.

Sœur Anne presse tendrement la main de la fermière, mais ses yeux ne lui font pas une promesse que son cœur n'a pas l'intention de tenir. Frédéric règne toujours au fond de ce cœur brûlant, et l'espoir de le retrouver n'abandonne pas la jeune fille.

Peu de temps après le départ de l'étranger, sœur Anne, se rappelant qu'il lui a remis un papier, le prend dans la bourse où elle l'a serré, et le présente à la fermière, impatiente de savoir ce qu'il contient; la villageoise lit : *Le comte de Montreville, rue de Provence, à Paris*. Le papier ne contenait pas autre chose, et sœur Anne ne se doute pas que c'est le nom du père de Frédéric, car il n'a jamais devant elle prononcé le nom de sa famille; mais elle entend avec joie nommer Paris; elle tâche de faire comprendre à la fermière que c'est là qu'elle veut se rendre, et replace avec soin le papier dans sa bourse.

— C'est l'adresse de l'étranger, dit la fermière; oh! cet homme-là ne ressemble pas à tout le monde!... il est reconnaissant; il n'oubliera jamais le service que vous lui avez rendu; et je suis certaine que si vous alliez à Paris, il vous y recevrait bien; mais qu'iriez-vous faire dans cette grande ville?... Croyez-moi, ma chère enfant, restez avec nous, vous serez plus heureuse.

Sœur Anne est charmée de posséder ce papier sur lequel est le nom de la ville où elle compte se rendre un jour; avec ce billet elle pourra se faire comprendre et rend grâces au ciel de cette circonstance qui lui permettra de trouver ce Paris dans lequel elle espère trouver aussi son amant.

Après deux mois de séjour dans la ferme, sœur Anne met au monde un fils... Avec quelle ivresse elle contemple son enfant! avec quels transports elle entend ses premiers cris! Il faut être mère pour comprendre les jouissances que ce moment procure. Déjà dans les traits de son enfant elle croit retrouver ceux de Frédéric; à chaque instant elle le considère, le couvre de baisers; son fils ne la quitte plus : malgré sa faiblesse, c'est elle qui le nourrit. Les villageois n'ont point cherché à s'opposer au désir qu'elle a témoigné d'allaiter son fils; car pour une mère c'est une source de jouissances sans cesse renaissantes, et sœur Anne semble les goûter plus vivement qu'une autre. Elle est si heureuse, si fière lorsqu'elle tient son enfant sur son sein, que ce bonheur la distrait de ses peines. Elle n'oublie pas Frédéric, mais son âme n'est plus en proie à une sombre tristesse; la vue de son enfant ramène souvent le sourire sur ses lèvres; elle sent que pour son fils une mère peut tout supporter.

Quelques semaines après son accouchement, sœur Anne témoigne le désir de se remettre en voyage; mais les habitants de la ferme s'opposent à son projet.

— Y pensez-vous? lui dit la fermière, vous mettre en route en nourrissant votre enfant! Songez que ce n'est plus votre vie seulement, c'est la sienne que vous exposeriez. Croyez-vous, en cherchant de nouveau des fatigues, des dangers, pouvoir offrir à ce pauvre petit un sein dans lequel il puiserait la vie? Non, madame, non, cela est impossible; bientôt cet enfant perdrait la santé, l'existence, si vous persistiez dans votre projet.

Compromettre l'existence de son fils!... cette idée fait frémir la jeune muette. Il n'est pas de sacrifice qu'elle ne fasse pour son enfant; c'en est un bien grand pour elle de suspendre son voyage, mais ce que vient de dire la fermière la décide sur-le-champ à rester à la ferme jusqu'à ce que son fils ne puisse plus se ressentir des peines qu'éprouvera sa mère.

— Allons, allons, vous resterez, dit la fermière, qui lit dans les yeux de sœur Anne qu'elle ne résiste pas. C'est bien, mon enfant, vous êtes raisonnable. Dans un an... dans dix-huit mois, si votre fils est assez fort... alors nous verrons; mais jusque-là il ne faut point songer à voyager.

Sœur Anne a pris son parti; et tout en songeant encore à Frédéric elle ne s'occupe plus que de son enfant. Pour prix de ses soins, elle voit son fils acquérir chaque jour de nouvelles forces: sur ses joues brille la santé, sur ses lèvres un doux sourire, et déjà ses petits bras semblent entourer avec reconnaissance celle qui lui donna le jour.

En traçant devant les villageois le nom de Frédéric, sœur Anne est parvenue à faire comprendre que c'est ce nom qu'elle veut que l'on donne à son fils. Les villageois n'appellent plus l'enfant autrement, et la jeune mère éprouve un sentiment de plaisir toujours nouveau chaque fois que ce nom frappe son oreille; combien son bonheur sera plus grand encore lorsque son enfant y répondra!

La jeune muette est depuis six mois chez les bons fermiers, lorsqu'un jour un courrier apporte à la ferme un paquet contenant vingt-cinq louis et un billet du comte de Montreville adressé aux villageois. Dans sa lettre, il recommande de nouveau la jeune femme à leurs soins, en les prévenant que tous les six mois il leur enverra pour elle une pareille somme.

La fermière se hâte d'apprendre à sœur Anne ce que fait pour elle le comte de Montreville, et les yeux de la jeune mère se remplissent des larmes de la reconnaissance.

— Quel brave homme! dit la villageoise... Ah! j'étais bien sûre qu'il ne vous oublierait pas!... Morgué! je vous le répète, si plus tard il vous prend encore l'envie d'aller à Paris, c'est chez ce comte-là qu'il faudra vous rendre tout de suite!.. Dame, mon enfant, c'est qu'un comte c'est un seigneur!.. un homme puissant!.. Celui-là est bien riche, à ce qu'il paraît, et si vot'séducteur est dans Paris, il vous le fera retrouver bien vite; et peut-être ben que, par les bons conseils qu'il lui donnera, il l'engagera à ne plus vous quitter.

Sœur Anne témoigne qu'elle pense comme la fermière, et qu'elle fera tout ce qu'elle vient de dire. Elle la force ensuite à accepter la somme envoyée par le comte, et se trouve plus heureuse en pensant qu'elle n'est point à charge aux bonnes gens qui lui marquent tant d'intérêt.

Le temps s'écoule : sœur Anne idolâtre son fils. Il lui tient lieu de tout ce qu'elle a perdu; elle revoit en lui ce frère qu'elle chérissait et dont la mort lui a causé une révolution si funeste; elle revoit Frédéric, ce sont ses traits que son fils lui offre.. Elle étudie les moindres désirs de son enfant; elle épie son regard, son sourire, et dans ces soins si touchants trouve moins long le temps qui s'est écoulé depuis qu'elle n'a revu son amant, et celui qui doit se passer encore avant qu'elle se rapproche de lui.

Le petit Frédéric promet d'avoir la beauté, la douceur de celle dont il tient le jour; déjà il balbutie ce nom si doux à l'oreille d'une mère, et sœur Anne sent alors combien il est nécessaire qu'elle ne prive pas son enfant des soins qu'on lui prodigue à la ferme. Si son fils ne connaissait qu'elle, le pauvre enfant ne parlerait pas; car la voix est aussi un art dans lequel il faut un maître.

Le comte fait parvenir un second envoi d'argent à l'époque qu'il a désignée. Son messager s'informe toujours de la situation de la jeune muette, de la santé de son enfant, et engage sœur Anne à ne point quitter la ferme où elle goûte une existence tranquille, où elle peut prodiguer tous ses soins à son fils.

Mais sœur Anne n'a point renoncé au désir de se rendre à Paris. Malgré les remontrances de la fermière, elle veut tout tenter pour retrouver Frédéric. L'amour qu'elle sent pour son fils ne diminue pas ses regrets d'être éloignée de son amant : il semble au contraire qu'en considérant son enfant, dont elle admire la beauté, elle éprouve un plus vif désir de l'offrir à son père.

— S'il le voyait! pense-t-elle, pourrait-il ne pas l'aimer?... Non, il ne songerait plus alors à se séparer de moi.

Le petit Frédéric a vingt mois. Depuis longtemps il ne puise plus sa nourriture dans le sein de sa mère. Il commence à essayer ses premiers pas; chaque jour sa marche est moins chancelante. Sœur Anne le guide, le soutient; elle remarque l'augmentation de ses forces, de ses facultés. Semblable au jardinier qui considère les changements qu'une nuit a apportés dans ses jeunes plantes, une mère voit chaque jour avec délices ceux qui annoncent les progrès de son enfant.

Tranquille sur la santé de son fils, à l'abri du besoin par la somme que le comte lui a donnée à son départ, et ne doutant pas d'ailleurs qu'en arrivant à Paris elle trouvera en lui un protecteur et un ami, sœur Anne est résolue à entreprendre ce voyage, et, un matin, elle présente à la fermière le papier que lui a laissé le comte... C'était annoncer qu'elle voulait partir.

Les habitants de la ferme essayent encore de la faire changer de résolution; mais cette fois sœur Anne est inébranlable; elle veut aller à Paris; son cœur lui dit qu'elle y trouvera Frédéric.

— Pourquoi emmener votre enfant? lui dit la fermière; laissez-le avec nous, vous savez combien nous l'aimons.

Mais sœur Anne ne comprend pas qu'une mère puisse se séparer une seule minute de son fils;

elle serre le sien contre son sein, et fait signe qu'elle ne le quittera jamais.

— Du moins, dit la fermière, puisque vous voulez absolument aller à Paris, vous ne voyagerez plus à pied comme une mendiante. Je vais avec ma carriole vous conduire jusqu'à Lyon, et là, je vous embarquerai dans une diligence qui vous conduira avec votre enfant à votre destination. En arrivant, vous montrerez l'adresse que vous avez, on vous conduira chez M. de Montreville : cet homme-là ne vous abandonnera pas !... et quand vous voudrez revenir près de nous, il saura vous en procurer les moyens.

Sœur Anne témoigne à la bonne fermière toute la reconnaissance que lui inspirent ses bontés. Le voyage étant décidé, on s'occupe des préparatifs : les villageois ont acheté à la jeune femme du linge, des habillements et tout ce qu'il faut à son fils; ils veulent encore lui offrir de l'argent; mais la bourse que possède sœur Anne contient cinquante louis; cette somme lui paraît énorme, et bien plus que suffisante pour exister à Paris, lors même que le comte de Montreville ne l'y protégerait pas; elle ne veut rien prendre de plus, et les vêtements qui la couvrent lui semblent magnifiques, en comparaison de ceux qu'elle portait dans son bois. Son cœur éprouve un sentiment de joie lorsqu'elle considère son costume simple, mais de bon goût, qui est celui de la jeune fermière du Dauphiné. — Il me trouvera plus belle, se dit-elle ; peut-être m'aimera-t-il davantage !...

Tous les apprêts sont terminés : la fermière a fait atteler son cheval à sa carriole, dans laquelle elle se place près de sœur Anne, qui tient son fils sur ses genoux. On part de grand matin, et le soir même on arrive à Lyon. La fermière y arrête une place pour la jeune mère dans une diligence qui part le lendemain pour Paris; elle la recommande au conducteur, afin qu'il veille sur elle pendant le voyage.

Le moment du départ est arrivé : ce n'est pas sans répandre des larmes que la bonne fermière se sépare de la jeune muette et du petit Frédéric.

— Vous avez voulu nous quitter, mon enfant, dit-elle à sœur Anne, je crains bien que vous n'ayez eu tort !... Vous allez dans une ville immense !... On n'y aura pas pour vous la même amitié que dans notre village !... mais ne nous oubliez pas... Faites-nous donner de vos nouvelles par ce M. de Montreville, qui paraît vous aimer beaucoup, et si quelque jour vous étiez malheureuse, ah ! revenez bien vite chez nous, vous y serez toujours reçue comme notre enfant.

Sœur Anne embrasse tendrement la bonne fermière, puis monte avec son fils dans la voiture qui doit la conduire à Paris.

CHAPITRE XXVII

LA DILIGENCE. — SŒUR ANNE A PARIS

Une jeune femme qui jusqu'à l'âge de seize ans n'est point sortie de sa chaumière, qui par sa situation est plus que toute autre étrangère au monde et à ses usages, doit éprouver mille sensations nouvelles en se voyant pour la première fois entourée de personnes étrangères, dans ces maisons roulantes qui vous emportent à travers les villes et les champs.

Telle est la situation de sœur Anne, qui n'a encore que dix-huit ans et demi lorsqu'elle part pour Paris avec son fils âgé de vingt et un mois. Assise dans le fond de la voiture, tenant son enfant sur ses genoux, elle n'ose lever les yeux sur les personnes qui voyagent avec elle, et rougit lorsqu'elle s'aperçoit qu'on l'examine.

Sa jeunesse, sa beauté, son amour pour son fils, devaient la rendre intéressante aux yeux de toute personne sensible. Mais on trouve peu de sensibilité dans une diligence ; les gens qui entourent sœur Anne n'en paraissent pas abondamment pourvus. A sa gauche est un marchand qui ne cesse de parler de ses affaires avec un autre négociant placé en face de lui. Le cours de la bourse, le prix du sucre, du café, de la cochenille, les opérations qui ont eu lieu aux dernières foires occupent tellement ces messieurs, qu'ils ne trouvent pas même le temps de faire leurs excuses à leurs voisines, lorsque en gesticulant ils leur mettent le coude dans les côtes, ou leur tabatière sous le nez. A sa droite, notre jeune mère a un monsieur d'une quarantaine d'années, au regard oblique, à la mine sèche et longue, qui parle peu, mais semble écouter et chercher à connaître ses voisins. En face est une dame de cinquante ans, en vieille robe de soie tachée, coiffée d'un mauvais chapeau de velours, sur lequel se balancent des plumes qui ressemblent à des arêtes, et dont le visage enluminé est surchargé de rouge, de mouches et de tabac. Cette dame, avant que la voiture ait roulé dix minutes, a déjà appris à ses voisins qu'après avoir fait les ingénues à Strasbourg, les princesses à Caen, les amoureuses à Saint-Malo, les bergères à Quimper, les reines à Nantes, les mères nobles à Noisy-le-Sec, et les jeunes premières à Troyes, elle va remplir l'emploi des grandes coquettes au théâtre des Funambules à Paris, d'où elle compte obtenir incessamment pour la Comédie-Française un ordre de début qu'elle sollicite depuis trente-six ans.

Enfin, auprès de la débutante est un gros mon-

Sœur Anne en diligence.

sieur qui dort presque toujours, et ne se réveille que pour dire :

— Aïe! nous allons tomber!... J'ai cru que nous versions!... voisin extrêmement aimable en diligence.

Pendant les premiers moments du voyage, sœur Anne n'entend qu'un bruit confus de mots auxquels elle ne comprend rien, les marchands mêlant leur indigo et leur cochenille aux aventures arrivées à la grande coquette, qui ne s'arrête que pour priser et dire à son voisin le dormeur :

— Prenez donc garde, monsieur... vous vous jetez sur moi... Ayez donc les égards dus à mon sexe!...

— Aïe!... nous allons tomber!... dit alors le gros monsieur en se frottant les yeux.

Après s'être occupé de soi, on finit toujours par s'occuper des autres : le monsieur au regard louche a déjà fait compliment à sœur Anne de la beauté de son fils, et cela lui a valu un doux sourire de la jeune muette, car on est certain de plaire à une mère en donnant des éloges à son enfant.

La dame au vieux chapeau considère à son tour sœur Anne, et dit :

— Elle est fort bien, cette petite dame... figure très intéressante... C'est justement le costume que je portais dans *Annette et Lubin*, en 1792 : comme cela m'allait!... Il faudra que je rejoue ce rôle-là aux Funambules.

Les deux marchands jettent un coup d'œil sur sœur Anne; mais comme le petit Frédéric tient dans ses mains un morceau de sucre, cela les ramène nécessairement sur les variations que vient d'éprouver cette denrée.

— L'enfant est gentil, dit la comédienne, il a déjà de l'expression dans les traits... S'il était à moi, je le mettrais au théâtre... Dans un an, il pourrait faire le petit Joas d'*Athalie*, et dans deux il saurait faire les grands écarts de Polichinelle vampire. Ah! voilà comme on élève les enfants maintenant! C'est superbe!... Tous ceux qui résistent sont, à douze ans, des Forioso!

Sœur Anne ne sait pas ce que c'est que Forioso et le petit Joas, mais elle voit que l'on considère son enfant, et son cœur éprouve ce sentiment de plaisir et de fierté si naturel chez une mère. Cependant, bientôt les questions s'adressent à elle.

— Vous allez à Paris, dit la comédienne ; est-ce pour le faire vacciner?... L'a-t-il été dans votre endroit?... Qu'allez-vous faire à Paris? Votre mari vous a-t-il devancée?...

A toutes ces questions, la dame, ne recevant aucune réponse, commence à prendre de l'humeur et à trouver fort insolente la conduite de la jeune femme.

— Est-ce que vous ne m'entendez pas, madame? reprend-elle d'un ton ironique. Quand je vous adresse la parole, il me semble que vous pouvez bien me faire l'honneur de me répondre,

Sœur Anne fait un signe de tête négatif, en baissant tristement les yeux.

— Eh bien,... qu'est-ce à dire?... s'écrie la vieille débutante; je crois qu'elle ose me signifier qu'elle ne veut pas me répondre!... Apprenez, petite mijaurée, que je saurai bien vous faire parler!... et que *Primerose Bérénice de Follencourt* n'est pas faite pour souffrir une insulte!... Je me suis battue plus d'une fois en scène... J'ai fait des rôles d'homme, et je sais tirer l'épée, entendez-vous, petite impertinente?...

Sœur Anne, effrayée du ton de la vieille dame et des regards courroucés qu'elle lui lance, jette sur son voisin de droite un coup d'œil suppliant, et celui-ci, qui la considère avec curiosité, dit à la comédienne :

— Madame, vous avez tort de vous fâcher...

— Qu'est-ce à dire, j'ai tort?...

— Sans doute, le silence de cette jeune femme n'est pas naturel... Depuis qu'elle est en voiture elle n'a pas dit un seul mot, même à son enfant... je crois qu'elle est muette...

— Muette!... une femme muette!... c'est impossible, monsieur.

Mais sœur Anne s'empresse de faire signe que c'est la vérité; aussitôt la vieille actrice pousse un cri d'étonnement si fort que son voisin se réveille.

— Elle est muette?... se pourrait-il?... monsieur, entendez-vous... elle est muette!...

— Aïe!... j'ai bien cru que nous versions!...

— Ah! quel homme insupportable vous êtes!... Il me donnera des attaques de nerfs avec ses versements... Pauvre ange!... chère mignonne!... vous êtes muette, ma bonne amie?... Ah? que je vous plains!... que vous devez souffrir!... J'aimerais mieux être sourde et aveugle. Pauvre petite! qu'elle est intéressante!... que de grâce!... ne pas pouvoir parler... Et comment cela vous est-il arrivé, mon enfant?

Sœur Anne, presque aussi étonnée de l'amitié que lui témoigne la comédienne qu'elle l'a été de sa colère, tire de son sein sa bourse, en sort le papier qu'elle porte toujours sur elle, et le présente à son voisin, qui lit bas, et se contente de dire : C'est l'adresse de la maison où elle va.

— Sans doute pour être nourrice sur lieu... Ah! qu'elle ferait bien mieux de jouer la pantomime!... La jolie tête! comme elle serait bien dans *Philomèle et Térée*.

Le voisin de sœur Anne ne répond plus à la vieille actrice; il semble préoccupé depuis qu'il a vu la bourse pleine d'or que la jeune mère a tirée de son sein pour montrer l'adresse du comte. Depuis ce moment il redouble d'attentions, de prévenances avec sœur Anne; il caresse le petit Frédéric, et pousse la galanterie jusqu'à lui acheter du sucre d'orge et du pain d'épice à la première station. Sœur Anne, dont le cœur simple et pur ne voit que des amis et des protecteurs, ne remarque pas la fausseté qui règne dans les regards de son voisin, et se sent au contraire disposée à lui accorder toute sa confiance. Pauvre petite!... que vas-tu faire à Paris?

Le second jour du voyage, le monsieur louche dit à sœur Anne :

— Je connais beaucoup à Paris le comte de Montreville chez lequel vous allez... c'est un de mes amis. Si vous le désirez, je vous conduirai moi-même chez lui.

La jeune muette marque au monsieur qu'elle accepte avec reconnaissance ; et la vieille actrice, qui s'aperçoit que sœur Anne sourit à son voisin, se pince les lèvres en la regardant d'un air dédaigneux, puis murmure entre ses dents :

— Cela va bien... en voiture on fait vite connaissance...

Voilà comme on suppose toujours le mal, surtout quand on en a fait toute sa vie. Quant à sœur Anne, elle regarde la comédienne avec étonnement : elle ne conçoit rien à une femme qui, en moins de vingt-quatre heures, lui a montré de la colère, de l'amitié et du dédain.

Enfin la diligence est entrée dans la grande ville : sœur Anne est éblouie, étourdie de tout ce qu'elle aperçoit ; elle se croit dans un monde nouveau ; car étant arrivée à Lyon le soir, et repartie le lendemain de bon matin, elle n'a pas vu cette ville, dont la grandeur, la richesse et la population auraient pu lui donner une idée de Paris.

Le monsieur sec et louche, qui est toujours aux petits soins pour la jeune muette et son fils, les fait descendre de la diligence ; et pendant que la grande coquette des Funambules rarrange son chapeau et ses plumes un peu froissées par la voiture, pendant que les deux marchands courent à la bourse, et que le gros monsieur s'éloigne en disant :

— Tiens, nous n'avons pas versé... c'est drôle : je croyais que nous verserions ..

L'homme obligeant fait venir un fiacre ; on y place les paquets de sœur Anne ; elle y monte avec son enfant, et le monsieur y monte avec elle.

L'inconnu a parlé au cocher ; il a dit à la jeune voyageuse :

— Nous allons chez M. le comte de Montreville : je suis enchanté de vous conduire moi-même dans sa maison, car dans ce Paris où vous êtes étrangère, vous pourriez vous trouver fort embarrassée, ne pouvant vous faire entendre.

Sœur Anne remercie le monsieur ; la pauvre petite ne se doute pas qu'elle est tombée entre les mains d'un intrigant, d'un misérable escroc qui, après avoir fait dans toutes les grandes villes de petites gentillesses qui l'ont forcé à fuir, revient à Paris dans l'espoir qu'une absence de huit ans l'aura fait oublier de ses anciennes dupes, et qu'il pourra en faire de nouvelles. Mais il était impossible que la jeune muette ne donnât pas dans le premier piège qu'on voudrait lui tendre. Douce, confiante, étrangère à la ruse, elle ne soupçonnait jamais le mal. Son aventure de la forêt lui aurait fait craindre des voleurs dans un bois, mais elle ne pouvait lui apprendre à se défier de ceux que l'on rencontre dans le monde, et qu'il est beaucoup plus difficile de reconnaître, parce qu'ils s'y couvrent du masque de la probité, ce qui les rend souvent plus dangereux que ceux qui nous attaquent sur les grands chemins.

Le fiacre qui conduisait les voyageurs s'arrête devant une belle maison. Le monsieur s'empresse de descendre en disant à sœur Anne :

— Attendez un moment ; voilà l'hôtel du comte, mais il faut s'assurer s'il y est maintenant.

Et aussitôt il entre dans la maison, puis revient au bout de quelques minutes d'un air contrarié :

— Ma chère dame, ce que je craignais est arrivé : le comte de Montreville est à la campagne ; il ne reviendra que dans deux jours.

La figure de la jeune fille semble dire : — Que vais-je faire pendant ce temps? où vais-je aller ?

— Tranquillisez-vous, reprend l'homme obligeant, je ne veux pas vous laisser dans l'embarras ; je vais vous conduire dans une honnête maison où l'on aura bien soin de vous. Deux jours sont bientôt passés ; alors vous reviendrez chez M. le comte.

Sœur Anne lui témoigne de nouveau sa gratitude ; elle est touchée de toutes les peines que l'on se donne pour elle, sans cependant en être surprise : elle se figure que c'est ainsi que tout le monde agit dans les grandes villes. Le fiacre repart. Le mouvement de la voiture plaît au petit Frédéric ; il rit, il saute sur les genoux de sa mère ; et celle-ci, en apercevant ces grandes maisons, ces boutiques et ce monde qui se croise, laisse voir tout l'étonnement qu'elle éprouve.

— Oh! vous verrez bien autre chose encore, dit le monsieur ; vous serez surprise de mille manières différentes... ce voyage vous sera très profitable.

Le fiacre s'est arrêté devant une méchante maison garnie du faubourg Saint-Jacques, et sœur Anne en y entrant trouve que cet honnête asile est bien triste et bien sale ; mais elle se laisse conduire par le monsieur, qui fait porter son paquet dans une chambre qu'on vient de leur donner, et qui reste bientôt seul avec la jeune mère et son enfant.

— Avant de vous quitter, dit-il à sœur Anne, je dois vous prévenir qu'il y a une petite formalité à remplir : quand on vient loger dans un hôtel à Paris, il faut déclarer ce qu'on a d'argent sur soi... C'est la police qui veut que cela se fasse ainsi, afin qu'il ne se perde jamais rien dans la ville, parce que si vous déclarez aujourd'hui avoir quarante louis, et qu'il vous en soit volé un demain, alors on va compter les bourses de tous les habitants de la capitale, et celui qui a un louis de trop est le voleur. Hein! que dites-vous de cela? C'est bien inventé, n'est-ce pas?

Sœur Anne ne comprend pas trop ce que ce monsieur vient de lui dire ; elle le regarde comme pour en attendre une autre explication, et il reprend :

— Voulez-vous aller compter avec la maîtresse de la maison, ou voulez-vous que j'y aille pour vous?... ça vaudra mieux : donnez-moi votre bourse ce sera plus tôt fait.

La pauvre petite tire sa bourse de son sein, et le monsieur obligeant la prend en disant :

— Ne vous impatientez pas; je vais compter ce qu'il y a dedans.

Puis il sort, et donne en bas une pièce d'or à la maîtresse de la maison en lui disant :

— Voilà pour payer la dépense de cette jeune femme qui est muette.

Après cela le fripon s'éloigne en se flattant que ce procédé est fort délicat, puis il va au Palais-Royal, où, trouvant d'autres fripons de sa force, il perd bientôt l'or qu'il vient de voler à une infortunée; puis ne trouvant plus de dupes qui lui donnent leur bourse, il en escamote une dans la poche d'un gros milord; puis le milord, s'en étant aperçu, fait arrêter le coquin; puis on le conduit à la Préfecture, puis à Bicêtre, puis aux galères, où il s'exerce encore à voler ses camarades... Mais laissons le là.

Sœur Anne attendait toujours le retour de ce monsieur qui venait de sortir avec sa bourse; la pauvre petite n'avait aucun soupçon, elle ne concevait nulle inquiétude et jouait tranquillement avec son fils, jetant quelquefois un regard par la croisée, puis se retirant tout effrayée, parce que la chambre était au troisième, et que la jeune muette ne s'était jamais trouvée si élévée au-dessus des passants.

Cependant le monsieur ne revenait point; et sœur Anne s'étonnait de sa longue absence, lorsque la maîtresse du logis vint la trouver.

La jeune mère lui tend la main pour ravoir sa bourse; mais la dame se contente de lui demander ce qu'il faut lui servir :

— J'aurai grand soin de vous, ajoute-t-elle; ce monsieur en partant a payé pour votre loyer et toute la dépense que vous pourrez faire pendant les deux jours qu'il m'a dit que vous passeriez chez moi.

Ce monsieur est parti! Un affreux pressentiment vient enfin éclairer sœur Anne; elle tâche de se faire comprendre... elle tend sans cesse la main en faisant signe comme si elle comptait de l'argent.

— Je vous dis que je suis payée, dit l'hôtesse; je ne vous demande rien, mon enfant, et je vais vous faire monter à dîner.

Sœur Anne reste anéantie; ce n'est pas seulement son or qu'elle regrette, elle n'en connaît pas encore toute la valeur; mais dans sa bourse était l'adresse du comte de Montreville, et le misérable l'a emportée avec tout ce qu'elle possédait. Que deviendra-t-elle?... Comment pourra-t-elle maintenant trouver la maison de son protecteur?

Pendant la journée la jeune femme conserve encore quelque espérance : elle se flatte que l'inconnu reviendra; mais la nuit est venue, et l'homme obligeant n'a point reparu. Sœur Anne pleure en pressant son fils sur son sein; ce n'est plus pour elle seule qu'elle tremble, et sa peine n'en est que plus vive. Déjà elle voit son enfant privé du nécessaire, manquant de nourriture; elle frémit, elle entrevoit toute l'horreur de leur situation, et se repent maintenant d'avoir quitté la ferme, car la pensée que son fils souffrira aussi abat tout son courage.

Elle passe encore dans sa chambre le second jour de son arrivée à Paris; le misérable qui l'a dépouillée lui a dit que le comte était absent pour deux jours, elle attend donc au lendemain pour chercher M. de Montreville. Elle se flatte qu'elle reconnaîtra la maison devant laquelle le fiacre s'est arrêté. La pauvre petite croit se retrouver dans cette ville immense où elle vient pour la première fois!... elle ignore que le fripon qui l'a volée a fait arrêter la voiture devant un hôtel qui n'était point celui du comte.

Le lendemain elle prend son fils sur son bras et de l'autre le paquet qui contient ses effets, puis quitte sa demeure, où l'hôtesse ne cherche pas à la retenir, parce qu'on n'a payé la dépense que pour deux jours. Sœur Anne se recommande à la Providence et tâche de ranimer son courage en s'aventurant dans cette ville qu'elle ne connaît pas. A chaque moment les voitures l'effrayent, les chevaux lui font peur, les cris des marchands à éventaires l'étourdissent; la vue de tout ce monde qui va, vient, se croise, et souvent la presse brusquement, la trouble à tel point qu'elle ne sait plus où elle en est. La pauvre petite entre sous une porte cochère et se met à pleurer. La portière de la maison lui demande le motif de son chagrin, mais sœur Anne ne peut que verser des larmes; alors la portière s'éloigne de mauvaise humeur en disant : C'est bien la peine de s'apitoyer sur le sort de gens qui ne veulent pas vous dire ce qu'ils ont!

La jeune fille, après avoir longtemps pleuré, se remet en route; mais elle a marché quatre heures et n'en est pas plus avancée; elle voit toujours des rues, des boutiques, mais elle ne sait de quel côté se diriger, et fait souvent beaucoup de chemin pour revenir au point d'où elle est partie. Et cette maison du comte, comment la reconnaître?... elle commence à croire que cela n'est pas possible. La fatigue l'accable, car elle porte toujours son enfant sur ses bras... bientôt le besoin se fait sentir et vient augmenter l'horreur de sa situation.

Elle s'assied sur un banc de pierre; les gens qui passent jettent un regard sur elle... mais ils continuent leur chemin; ils s'arrêteraient si, au lieu d'une femme qui pleure sur son enfant, ils voyaient un chat se battre avec polichinelle.

Heureusement que l'on est dans le milieu de l'été; le temps est superbe, et l'approche de la nuit ne force point à quitter la promenade. La jeune muette est entrée dans la boutique d'un pâtissier, elle donne des gâteaux à son enfant, puis présente tristement un de ses effets en payement; mais on le lui rend en la regardant avec pitié et surprise, car la mine de sœur Anne n'annonçant pas la misère, on ne conçoit pas qu'elle se trouve sans argent.

Elle a essayé de se remettre en route, mais la nuit redouble ses alarmes; et malgré les réverbères qui éclairent les rues, le bruit des chevaux lui semble encore plus effrayant; elle tremble à chaque moment d'être renversée avec son fils par ces voitures qui souvent l'entourent de tous côtés; elle prend de nouveau le parti d'aller s'asseoir sur un banc.

Sœur Anne se trouve alors dans la rue Montmartre; plusieurs fois dans la journée elle a passé par la rue de Provence et devant l'hôtel de M. de Montreville, mais la pauvre petite ne le connaît pas; il lui serait maintenant impossible de retrouver sa demeure, elle est prête à se livrer au désespoir, mais elle presse son fils contre son cœur, et en le couvrant de baisers tâche de reprendre des forces. L'enfant lui sourit et joue avec ses cheveux : il est dans l'âge où l'on ne connaît pas le malheur quand on est dans les bras de sa mère.

La soirée s'avance; déjà les boutiques se ferment, les piétons sont moins nombreux, les voitures mettent de plus longs intervalles à se succéder. Sœur Anne lève les yeux et regarde autour d'elle avec un peu plus d'assurance. Où demandera-t-elle une retraite pour la nuit?... elle se trouve perdue au milieu de ces habitations, elle n'ose s'adresser nulle part!... Son regard suppliant s'attache sur les personnes qui passent devant elle... quelques hommes s'arrêtent pour la considérer.

— Elle est jolie! disent-ils; mais elle leur présente son enfant, et ils s'éloignent aussitôt.

— Grand Dieu! pense l'infortunée, les habitants de Paris n'aiment donc pas les enfants?... ils s'en vont bien vite dès que je leur montre le mien.

Sur le minuit des soldats passent dans la rue, ils s'approchent, j'en frissonne... l'un d'eux s'avance en lui disant :

— Allons, allons, que faites-vous là avec votre enfant? Rentrez chez vous, ou je vous emmène au corps de garde.

Le ton dur de l'homme qui vient de lui parler la fait trembler, elle se lève précipitamment et s'éloigne en serrant son enfant entre ses bras. Mais à peine a-t-elle fait cent pas, qu'elle s'aperçoit qu'elle a oublié sur le banc de pierre le paquet qui contient ses effets; elle court aussitôt pour le chercher... elle retrouve la place où elle était assise, mais hélas! déjà ses effets n'y sont plus... malheureuse! c'était sa dernière ressource!

Elle ne trouve point de larmes pour ce dernier malheur, un poids énorme semble arrêté sur sa poitrine; elle s'éloigne avec son enfant, elle n'ose plus penser... Elle marche plus vivement, et sans savoir où elle va... elle serre son fils avec plus de force, tous ses membres sont agités par une contraction nerveuse... elle a presque perdu le sentiment de ses maux. Elle vient de descendre la rue Montmartre, elle arrive au boulevard... des arbres frappent sa vue, son cœur se dilate... La pauvre petite se croit sortie de cette ville où le sort la poursuit, elle se croit de nouveau près de ses champs, de ses bois, et, courant précipitamment vers le premier arbre qui se présente, elle se serre tout contre, le touche avec ivresse, et ses larmes se font un passage.

Elle s'assied enfin sous le feuillage dont l'aspect vient de ranimer son cœur ; elle couvre son enfant avec le tablier qu'elle porte, et se décide à attendre le jour en cet endroit.

Le jour est revenu sans que la jeune muette ait goûté un moment de repos ; elle songe au sort qui l'attend, elle voit qu'il faudra implorer la charité publique pour elle et son fils. Seule, elle attendrait la mort; mais pour son enfant elle peut tout supporter. Après avoir été si bien dans la ferme, entourée de gens qui l'aimaient, qui chérissaient son fils, être réduite à demander son pain!... Combien elle se repent d'avoir quitté ce séjour tranquille! c'est surtout en regardant son enfant qu'elle s'accuse : Pauvre petit! pense-t-elle, tout ce que tu souffriras sera mon ouvrage!... Mais suis-je donc si coupable d'avoir voulu te rendre ton père?... Ah! si du moins je pouvais retrouver cet asile! si je pouvais revoir ces bons villageois qui me traitaient comme leur fille! Je sens qu'il faut renoncer à l'espoir de revoir Frédéric!... mais si ma douleur m'ôte la vie, que deviendra mon fils dans cette ville immense?...

La pauvre mère pleure en considérant le petit Frédéric, qui dort encore. Quelques paysans qui vont au marché lui offrent en passant du pain, des fruits; une laitière lui fait boire de son lait, ainsi qu'à son enfant; tous les cœurs ne sont pas insensibles, les Parisiens même donnent volontiers aux pauvres; et s'ils ne le font pas plus souvent, c'est qu'ils craignent de s'attrister devant un malheureux.

Pendant une partie de la journée, sœur Anne parcourt encore la ville pour tâcher de trouver la demeure de son protecteur; souvent elle voit passer des hommes qui ont la tournure, la mise de Frédéric; alors elle se hâte, elle double le pas pour les atteindre, et lorsqu'elle est près d'eux elle reconnaît son erreur; les uns la regardent avec étonnement, les autres en ricanant... elle s'éloigne toute honteuse et le cœur brisé. Mon Dieu! se dit-elle, je ne pourrai donc jamais le rencontrer!...

Vers la fin de la journée, les provisions qu'on lui a données sont épuisées; il faut tendre la main et implorer la pitié des passants. Sœur Anne a besoin de regarder son fils pour trouver la force de demander du pain. Si du moins ceux qui font le bien le faisaient avec grâce, les infortunés seraient moins à plaindre; mais c'est d'un air dur et dédaigneux, c'est presque en les grondant que bien des gens donnent aux malheureux. Hélas! pense sœur Anne en versant des larmes, pourquoi donc me font-ils un crime d'être pauvre?

Il lui tarde de quitter Paris; les habitants des campagnes lui semblent plus humains, plus doux; auprès d'eux elle se sent moins honteuse, mais quel chemin prendre pour retrouver la ferme hospitalière? Il faut donc s'en remettre à la Providence, qui jusqu'à présent ne lui a pas été favorable. Pauvre petite! puisse-t-elle te guider enfin vers le terme de tes maux!

Ignorant le chemin qu'ellle doit prendre, mais voulant absolument sortir de la ville, sœur Anne se décide à suivre un homme qui marche à côté d'une petite carriole recouverte en toile. En effet, cet homme ne tarde pas à prendre un faubourg, puis à sortir par une des barrières de la ville. En suivant toujours la carriole, qui ne va qu'au pas, la jeune mère se trouve enfin dans la campagne; elle respire plus librement, elle embrasse son fils, et implorant pour lui le secours du ciel, elle se dirige vers un village pour y demander l'hospitalité.

CHAPITRE XXVIII

LE HASARD LES RAPPROCHE

Frédéric aime toujours sa femme, peut-être avec moins d'emportement, de délire, que dans le premier mois de son union; mais la facilité qu'un mari a d'être avec sa compagne n'a point éteint son amour; car chaque jour il découvre en Constance de nouvelles qualités, de nouvelles vertus. Les charmes de la figure séduisent, mais ne suffisent pas pour enchaîner; heureux l'époux qui trouve dans sa femme des attraits sur lesquels le temps ne peut rien!

Constance paraissait susceptible d'un seul défaut, bien cruel lorsqu'on ne sait pas s'en rendre maître, mais qu'elle renfermait avec soin dans son sein. Elle était jalouse; l'excès de son amour pour Frédéric lui faisait quelquefois concevoir de secrètes alarmes. Lorsqu'il était rêveur, pensif, Constance devenait inquiète, et mille craintes s'élevaient dans son esprit. Qui pouvait occuper son époux, l'attrister, le faire soupirer?... car il soupirait encore quelquefois. Avant leur mariage, elle attribuait à son amour pour elle la mélancolie qui souvent obscurcissait le front de Frédéric... Mais maintenant qu'ils sont unis, maintenant qu'ils peuvent se livrer à toute leur tendresse, que rien ne trouble leur bonheur, pourquoi Frédéric soupire t-il encore? pourquoi est-il quelquefois rêveur? Voilà ce que se dit Constance, mais l'aimable femme se garde bien de laisser voir ce qu'elle éprouve à son époux; elle serait désolée de faire paraître le moindre soupçon. Quoique jalouse, elle ne tourmentera pas son mari; elle sera toujours aussi tendre, aussi douce, aussi aimante; et si elle souffre elle le cachera avec soin, afin de ne pas affliger celui qu'elle aime plus que la vie.

La mort du général vint au bout d'un an troubler leur bonheur. M. de Valmont était aimé de tous ceux qui l'entouraient, et tendrement chéri de sa nièce, à laquelle il avait tenu lieu de père. L'amour de son époux put seul adoucir le chagrin de Constance, vivement affligée de la mort de son oncle. M. de Montreville mêla ses regrets à ses larmes, il perdait un véritable ami; mais dans la vieillesse on montre souvent plus de courage qu'au printemps de la vie pour supporter la mort de ceux que l'on aimait. Est-ce l'âge qui rend égoïste? Est-ce que le cœur, devenu insensible aux feux de l'amour, se ferme aux transports de l'amitié, ou ne serait-ce pas plutôt l'idée que la séparation doit être moins longue, et qu'on rejoindra bientôt ceux que l'on a perdus?

Constance était unique héritière de son oncle; le général était fort riche et possédait plusieurs fermes et différentes terres que Frédéric voulait connaître. Il avait formé le projet de faire une tournée dans ses nouvelles propriétés, et Constance devait rester à Paris, afin de ne point laisser seul M. de Montreville, attristé de la perte de son ami. Mais comment quitter sa femme avant que sa douleur soit moins vive? Le voyage n'était point pressé, Frédéric le remettait de mois en mois; et Constance, qui n'avait pas encore quitté son mari un seul jour, ne pouvait se décider à le laisser partir.

Quelque temps après la mort du général, Frédéric apprenant que M. Ménard, tourmenté souvent par la goutte, n'a plus d'élèves et n'est point heureux, se rend chez son ancien précepteur et lui propose de venir habiter avec lui.

— J'ai besoin, lui dit-il, d'un homme sage, habile, qui veuille bien prendre connaissance de mes affaires, surveiller les comptes de mes régisseurs, se charger de correspondre avec eux. Mon cher Ménard, soyez cet homme-là. Songez bien que ce n'est pas comme intendant, mais comme ami, que je vous demande chez moi; et si le ciel me donne des enfants, vous serez auprès d'eux ce que vous étiez près de leur père.

Ménard accepte avec reconnaissance; et bientôt il est installé chez Frédéric, où Constance lui témoigne beaucoup d'égards et d'amitié; elle aime l'ancien précepteur parce qu'il chérit son mari; et Ménard, vivement touché des attentions que la jeune femme a pour lui, s'écrie souvent en lui baisant la main avec respect :

— Ah! madame, faites donc des enfants!... je serai leur précepteur, et ils seront aussi gentils que monsieur votre époux, qui est mon élève, et qui me fait honneur.

A cela Constance sourit... elle ne demanderait sans doute pas mieux, mais on n'a pas toujours tout ce qu'on désire.

Dubourg n'a pas non plus abandonné son ami. Frédéric lui a dit :

— Viens chez moi quand tu voudras, ton appartement sera toujours prêt.

Dubourg profite de cette permission, non pour aller loger chez Frédéric, à Paris, mais pour habiter quelquefois sa maison de campagne. C'est surtout vers la dernière moitié du trimestre que l'on voit plus souvent Dubourg, qui touche ses rentes par quartier, mais ne peut jamais parvenir à en faire durer un plus de six semaines; alors il va manger chez Frédéric, s'il est à Paris, ou prendre l'air à sa campagne, en lui disant :

— Grâce à toi, mon ami, avec mes seize cents livres de rente, je vis comme si j'en avais le double; je dépense mon revenu en six mois, et c'est toi qui fais les frais de l'autre moitié de l'année.

Le caractère gai de Dubourg plaît aussi à Constance, et Frédéric voit toujours avec plaisir venir son ami, car il sait bien que cet ami-là ne dira jamais à sa femme un mot qu'elle ne doit pas entendre, et que, malgré ses principes légers, il ne la regardera que comme une sœur. On peut passer quelques travers à celui qui respecte l'amitié. Il y a tant d'amis sincères, vertueux, délicats, qui se font un jeu de brouiller les ménages!

Lorsque Dubourg et Ménard se trouvent réunis chez Frédéric, ce qui arrive toujours aux fins de trismestre, l'ancien précepteur ne manque pas de faire l'éloge du ménage qu'il a sous les yeux :

— C'est Orphée et Eurydice, c'est Deucalion et Pyrrha, c'est Philémon et Baucis... Pyrame et Thisbé!...

— Oui, morbleu! dit Dubourg, Frédéric a une femme charmante, une femme qui a toutes les qualités, un trésor enfin... Ce serait bien le diable s'il n'était pas content!

— Sans doute!... mais si je n'avais pas donné à mon élève d'excellents principes de sagesse et de morale, peut-être, tout en aimant sa femme, ne serait-il pas aussi rangé. Le czar Pierre le Grand adorait Catherine, ce qui ne l'empêchait pas d'avoir des maîtresses; nombre de princes ont eu des concubines, et j'ai connu de très bons maris qui couchaient avec leurs servantes, probablement par esprit de propriété.

— Mon cher monsieur Ménard, ne vantez pas si haut la sagesse de Frédéric!... s'il n'avait eu que vous pour se conduire...

— Vous l'auriez mieux guidé peut-être, témoin quand vous avez voyagé avec nous en baron Potoski!...

— Allons, chut, monsieur Ménard, que ce voyage soit oublié, nous n'avons pas été plus sages l'un que l'autre. J'espère que devant madame de Montreville vous n'avez jamais parlé de la petite aventure du bois... de cette passion de Frédéric.

— Oh! pour qui me prenez-vous?... Je sais très bien que ce serait maintenant maladroit!... *non est hic locus*, et cependant madame de Montreville ne pourrait s'en fâcher; tout ce qui s'est fait avant le mariage ne la regarde pas; elle a trop d'esprit pour ne pas rire des petites folies que son mari a pu faire étant garçon.

— Malgré son esprit, il y a des choses qu'une femme n'apprend jamais avec plaisir; il faut toujours éviter de dire ce qui peut lui faire croire qu'une autre a possédé comme elle le cœur de son mari. Quoiqu'en épousant un jeune homme, une femme sache fort bien qu'il a déjà connu l'amour, elle se persuade qu'il n'a jamais aimé personne autant qu'elle; elle veut être celle qui lui a fait connaître le sentiment le plus vif, et ce serait l'affliger que de lui ôter cette illusion.

— Je comprends très bien : c'est comme un

cuisinier auquel on veut bien laisser croire qu'on n'a jamais mangé un meilleur macaroni.

— C'est cela même. Oh ! vous êtes étonnant pour les comparaisons. D'ailleurs je crois la jeune femme susceptible de devenir jalouse ; elle aime son mari à un tel point !

— Au fait, je crois que vous avez raison. J'ai remarqué qu'un jour elle paraissait moins gaie qu'à l'ordinaire... je présume que c'est parce que son mari s'amusait depuis un quart d heure à caresser un chat...

—Que le diable vous emporte avec vos chats !... soupçonner Constance d'une telle sottise !...

— Comment, sottise? mais il y a des hommes qui préfèrent leur chien à leur femme, comme il y a des femmes qui aiment mieux leur serin que leur mari... Ce n'est pas pour mon élève que je dis cela, mais...

— Mais madame de Montreville vous a-t-elle demandé quelquefois, comme à moi, si Frédéric avait toujours eu des moments... de tristesse, de mélancolie ?...

— Ah ! oui, oui, je me souviens que l'autre soir encore elle m'a dit tout bas : — Frédéric soupire, lui connaissez-vous quelque chagrin ? en devinez-vous le motif?

— Eh bien ! que lui avez-vous répondu?

— Parbleu ! je lui ai répondu : — Madame, c'est qu'il a sans doute une mauvaise digestion, et alors la respiration est gênée; cela m'arrive souvent. Depuis ce temps-là elle ne m'a plus questionné sur ce sujet.

— J'en suis bien persuadé.

Quoique Frédéric soit heureux, il n'a pas oublié la jeune muette du bois, et c'est son souvenir qui le jette quelquefois dans de profondes rêveries. Il voudrait connaître le sort de sœur Anne, mais il n'ose en parler à son père. Le comte lui a dit qu'il veillait sur elle, et Frédéric sait qu'il peut se fier à sa parole ; mais ne point savoir où elle est, ce qu'elle fait... ne point savoir si elle l'aime toujours... L'ingrat ose en douter, car il a bien fait tout ce qu'il fallait pour cela ! Cependant, plus son amour pour Constance devient calme, paisible, plus le souvenir de sœur Anne se présente fréquemment à sa pensée ; un sourire une caresse de sa femme lui font aisément oublier la jenne muette... mais plus tard son image revient encore... il semble que le cœur de l'homme ait toujours besoin de souvenirs ou d'espérances.

Depuis près de deux ans Frédéric est l'époux de Constance; leur seul chagrin est de n'avoir point d'enfant. Frédéric désirerait un fils, Constance voudrait offrir à son époux un gage de sa tendresse, et M. Ménard souhaite ardemment qu'il lui arrive de petits élèves.

Le comte de Montreville n'habite point avec ses enfants, mais il vient souvent chez eux ; il a toujours pour domestique celui qui l'accompagnait lorsqu'il fut attaqué dans la forêt, et auquel il a défendu de parler de cette aventure. Mais un soir, en causant avec les gens de l'office, le valet oublie la défense de son maître ; et comme chacun conte une histoire de voleur, il ne manque pas de parler des périls qu'il a courus, ainsi que M. le comte, qui a été sauvé, comme par miracle, par une jeune femme muette. Le valet de Frédéric est présent lorsqu'on raconte cette histoire ; le lendemain, en habillant son maître, il lui demande si ce qu'a dit Dumont est vrai, parce qu'il croit que Dumont est un menteur, et que jamais M. le comte n'a dit avoir été attaqué par des voleurs, et sauvé par une jeune femme muette.

Ces derniers mots attirent l'attention de Frédéric : un secret pressentiment lui dit qu'il s'agit de sœur Anne : il ne répond rien à son valet, et se hâte de se rendre à l'hôtel de son père. Le comte est absent, mais Dumont y est ; Frédéric peut lui parler seul, c'est justement ce qu'il voulait. Aux premières questions, Dumont rougit, il se rappelle la défense du comte, mais il n'y a plus moyen de se taire. D'ailleurs, en disant tout au fils de son maître, il ne croit pas commettre une grande faute, et ne conçoit pas pourquoi M. de Montreville a voulu faire un mystère de cette aventure.

Frédéric se fait dépeindre la jeune fille que son père a conduite à la ferme ; dès les premiers mots, il ne doute pas que ce ne soit sœur Anne. Il demande mille détails à Dumont ; celui-ci lui dit tout ce qu'il sait.

— Crois-tu qu'elle sera restée dans la ferme ? dit Frédéric.

— Oh oui, monsieur... elle était trop souffrante pour continuer son voyage... et puis, j'oubliais de vous dire qu'elle était sur le point de devenir mère...

— Que dis-tu ? Dumont... cette jeune fille...

— Fille ou femme je n'en sais rien, mais je vous réponds qu'elle était enceinte.

Sœur Anne aurait un enfant !... Frédéric comprend maintenant pourquoi son père agit avec tant de mystère. Il s'informe exactement du nom du village, de la position de la ferme dans laquelle on a laissé la jeune muette ; puis donnant une bourse à Dumont, il lui recommande, à son tour, le plus grand secret sur cette aventure et sur leur entretien. Dumont promet de ne plus parler, et se perd en conjectures sur la conduite du père et du fils.

Un chat se battre avec Polichinelle !

Depuis que Frédéric sait que sœur Anne l'a rendu père, il ne goûte plus un moment de repos. Cette idée le poursuit sans cesse, il brûle du désir de voir son enfant. Ses rêveries sont plus fréquentes, plus souvent son front est chargé de nuages, et Constance l'entend soupirer. La jeune femme n'ose questionner son époux ; mais en secret elle souffre et se tourmente ; elle se flattait d'occuper seule Frédéric, de remplir son âme, d'être l'unique objet de toutes ses pensées ; mais elle est près de lui, elle presse sa main dans la sienne... ce n'est pas elle qui peut le faire soupirer.

Quand il lui échappe de demander à Frédéric ce qu'il a, celui-ci, s'efforçant de se remettre, la presse contre son cœur en lui disant : — Que veux-tu que je désire encore?... Mais alors même Constance trouve dans son sourire quelque chose de triste, il ne lui semble pas entièrement heureux.

Frédéric annonce à sa femme qu'il va entreprendre ce voyage qu'il diffère depuis longtemps, mais qui devient indispensable ; Constance se flattait que Ménard le ferait à sa place ; Frédéric même en avait parlé, mais il a changé de résolution, et paraît décidé à partir. Constance n'ose le retenir encore, ni lui proposer de l'accompagner ; elle craint de lui être importune, elle craint de le contrarier dans la moindre chose ; et d'ailleurs, si Frédéric avait eu envie qu'elle vînt avec lui, il n'aurait eu qu'un mot à dire, elle aurait tout quitté pour le suivre; mais ce mot, il ne l'a pas dit!... Constance gémit en secret, mais elle ne montre à son époux qu'un front calme et des traits riants.

Frédéric l'a tendrement embrassée; il lui a promis de hâter son retour, et d'être auprès d'elle dans un mois. Constance tâche de prendre courage, et Frédéric est parti en la recommandant à Ménard et à Dubourg; mais Constance n'a pas besoin de distraction; quoique éloigné, Frédéric sera toujours près d'elle...

On est au mois d'août, dans cette belle saison de l'année où l'on respire avec douceur l'air plus vif des campagnes; Constance veut passer dans sa maison située près de Montmorency tout le temps de l'absence de son mari. Là, plus tranquille qu'à Paris, il lui semble qu'elle sera plus libre de penser à lui, de compter les instants qui doivent encore s'écouler avant son retour. M. de Montreville va voir sa bru à sa campagne. Mais à l'âge du comte on a des habitudes, les distractions deviennent un besoin. Le comte aime Paris, où il a un grand nombre de connaissances, et dont la vie animée a toujours flatté ses penchants. Après une semaine de séjour à la campagne, il revient dans sa ville favorite se livrer à ses plaisirs accoutumés.

Constance reste seule avec M. Ménard et les domestiques. On est encore au commencement du trimestre, et Dubourg n'est pas à la campagne; mais Constance n'éprouve pas un moment d'ennui; quand le cœur est bien occupé, la tête n'est jamais vide; le vieux précepteur lui tient fidèle compagnie; il lui parle de l'histoire grecque et romaine, cite ses auteurs latins, s'enfonce quelquefois dans l'histoire ancienne; il n'est pas certain que tout cela amuse beaucoup Constance; mais lorsque M. Ménard a fini de parler, elle lui fait un sourire si aimable que le précepteur est toujours content.

Vers la fin de la journée Constance se rendait au belvédère : c'était son endroit favori; c'était là que Frédéric et elle avaient commencé à s'entendre, c'était là qu'elle avait éprouvé les premières impressions de l'amour. Depuis ce temps le belvédère était souvent visité, elle y venait attendre le retour de son époux. Constance, assise sur cette éminence, dominait la vallée, et voyait dans la campagne qui environnait les murs de son jardin.

Un beau soir, en promenant ses regards sur le chemin qui passe devant sa maison, Constance aperçoit une jeune femme assise au pied d'un arbre, et tenant un enfant en bas âge dans ses bras; cette infortunée, qui paraît dans la plus affreuse misère, considère avec douleur son enfant, et, tout en le couvrant de baisers, semble livrée au plus violent désespoir. Constance se sent vivement émue. Dans ce moment M. Ménard monte au belvédère.

— Tenez, lui dit-elle, regardez donc cette pauvre femme... comme elle embrasse son enfant... Mais elle semble bien affligée... La voyez-vous?...

— Dans l'instant, madame, dit Ménard; je cherche mes lunettes... où diable les ai-je fourrées?

Dans ce moment la pauvre femme lève les yeux, et apercevant Constance, son regard devient si expressif, si suppliant, qu'il est impossible de ne pas la comprendre.

— Ah!... elle pleure, s'écrie Constance... attendez... attendez, pauvre femme... je descends.

Constance quitte précipitamment le belvédère, tandis que Ménard regarde de tous côtés, en cherchant ses lunettes.

A quelques pas de là, une petite porte donne sur la campagne; Constance l'ouvre, et se trouve bientôt près de l'infortunée qu'elle veut secourir. En approchant de la pauvre femme elle se sent encore plus touchée, car tous les traits de la mendiante annoncent la souffrance et le désespoir; mais c'est surtout pour son enfant qu'elle implore la pitié de Constance. En la voyant, elle le lui présente, et de grosses larmes coulent de ses yeux rougis par le malheur.

— Pauvre petit! dit Constance, qu'il est pâle... maigre!... mais les jolis traits!...

Et elle prend l'enfant dans ses bras, en disant à la mère :

— Venez, je vais vous donner de quoi vous remettre... Suivez-moi.

L'infortunée fait quelques pas, mais elle retombe bientôt... elle n'a plus la force de marcher.

— Grand-Dieu! dit Constance, dans quel état est cette malheureuse mère!... Monsieur Ménard, venez donc m'aider à la conduire jusqu'à la maison.

— Me voici... me voici, madame... Elles étaient dans la poche de mon gilet, dit Ménard en arrivant. Oh! oh! voilà une personne qui semble avoir besoin d'auxiliaire...

— Soutenez-la... aidons-la à marcher... Pauvre femme! qu'elle me fait de peine! Mon Dieu! est-il possible qu'il y ait des gens aussi malheureux!...

— Très possible, certainement, madame; mais il faudrait savoir *causa causarum*.

Avec l'aide de Ménard et de Constance, qui,

tout en tenant l'enfant, soutient encore la mère, la pauvre femme parvient à arriver jusqu'à la maison. Là, Constance s'empresse de lui donner tout ce qu'elle croit pouvoir lui faire du bien, ainsi qu'à son enfant; et pendant que la pauvre mendiante reprend des forces, elle la considère avec intérêt.

— Voyez donc, dit-elle à Ménard, elle est toute jeune encore... et déjà si à plaindre!... Ses traits sont doux... touchants... Pauvre mère! d'où donc venez-vous?... que comptez-vous faire maintenant?

A ces questions l'infortunée ne répond rien... On en devine la cause : c'était sœur Anne et son fils que Constance venait de secourir.

Depuis dix jours que la jeune muette était sortie de Paris, elle errait au hasard dans la campagne. Forcée de chercher sans cesse un asile et du pain, souvent rebutée, souvent se privant de nourriture pour en conserver à son fils, sœur Anne sentait chaque jour s'affaiblir ses forces et son courage; le désespoir s'emparait de son esprit... il minait toutes ses facultés, et l'infortunée attendait la mort en embrassant son enfant, lorsque le hasard, qui l'avait conduite devant la demeure de Mme de Montreville, permit que celle-ci l'aperçût et volât à son secours.

Constance, étonnée de ne point recevoir de réponse à ses questions, venait de les renouveler, lorsque sœur Anne, portant la main sur ses lèvres, et secouant tristement la tête, fit comprendre sa cruelle situation.

— O ciel!... elle ne peut pas parler... Pauvre femme!... Et seule, avec son enfant, sans argent... sans guide... sans pouvoir même demander sa route... Ah! c'est trop... c'est trop de peine à la fois!

Et Constance, se penchant vers sœur Anne, laisse couler des larmes que lui arrache la vue de son infortune, tandis que la jeune muette, touchée d'une pitié à laquelle elle n'est plus accoutumée, prend la main de sa bienfaitrice, la couvre de baisers, et la presse sur son cœur.

— Ma foi, dit Ménard en tirant son mouchoir, car le bon précepteur n'avait pu voir sans attendrissement ce tableau; ma foi... je conviens que la position était critique... D'ailleurs la langue est fort nécessaire dans tout le cours de la vie, et quiconque n'a point de langue, ou ne peut pas s'en servir, est comme un renard sans queue, un papillon sans ailes, ou un poisson sans nageoires.

Constance continue à donner tous ses soins à sœur Anne et à son fils; l'enfant rit déjà dans ses bras; il est dans l'âge heureux où le chagrin passe devant un gâteau ou un jouet; Constance ne peut se lasser de l'embrasser.

— Tenez donc, dit-elle à M. Ménard, regardez comme il me sourit...

— Je le crois bien, vous lui donnez des bonbons. On prend les hommes avec des paroles sucrées, et les enfants avec du sucre sans paroles. Les enfants montrent en cela plus de sagesse que les hommes.

— Les jolis traits, les beaux yeux!... Je ne sais si c'est une illusion, mais il me semble qu'il a les yeux de mon mari.

— De mon élève?... Oh! il me paraît difficile que des yeux de deux ans ressemblent à des yeux de vingt-trois.

— Pauvre petit! je sens que je l'aime déjà... Que je serais heureuse d'en avoir un comme cela!...

— Cela viendra, madame : Sara avait quatre-vingt-dix ans lorsqu'elle donna le jour à Isaac. Vous avez encore du temps devant vous.

Sœur Anne éprouvait une bien douce jouissance en voyant Constance caresser son fils. Mme de Montreville ne pouvait se lasser de le considérer, car elle trouvait dans ses traits quelque rapport avec ceux de son époux. M. Ménard regardait sœur Anne avec commisération : il était bien loin de se douter que cette pauvre mendiante était cette jeune fille qu'il avait aperçue dans le bois de Vizille, assise auprès de Frédéric. Comment aurait-il pu la reconnaître?... il ne l'avait vue qu'un moment, et alors elle était rayonnante de plaisir et d'amour, alors ses traits charmants n'étaient point flétris par les larmes et la douleur; la fatigue d'une route pénible, des souffrances sans cesse renaissantes, n'avaient point encore rendu sa démarche chancelante. Enfin, Ménard n'avait jamais su que la jeune fille était muette; il ne pouvait donc, en ce moment, soupçonner qu'elle était devant lui.

— Savez-vous écrire, pauvre femme? dit Constance à sœur Anne. Celle-ci lui fait signe que non. Quel dommage!... J'aurais voulu savoir le nom de ce joli enfant!...

La jeune muette regarde vivement autour d'elle. On l'a conduite dans une salle basse qui donne sur le jardin. Elle en sort en faisant signe à Constance de la suivre. Elle casse une branche au premier buisson; puis, se penchant vers la terre, elle trace sur le sable qui couvre les allées du jardin le nom de son enfant.

— Frédéric! s'écrie Constance en lisant le nom que sœur Anne vient de tracer. Quoi! votre enfant se nomme Frédéric?... Ah! je sens qu'il m'en sera encore plus cher... Frédéric! mais c'est justement le nom de mon mari... Qu'en dites-vous, monsieur Ménard? n'est-ce pas singulier?

— Je n'y vois rien de fort extraordinaire, dit le précepteur. Comme il y a une grande quantité de Martin, de Pierre et de Paul, il peut se trouver aussi beaucoup de Frédéric. Je ne connais que le nom de *Thésaurochrysonicochrysides*, inventé par Plaute, qui ne soit pas devenu commun... Aussi, si j'avais eu un fils, je ne l'aurais pas nommé autrement, quoique le nom ne soit pas très coulant.

Constance a pris de nouveau le petit garçon dans ses bras. Elle l'appelle Frédéric, et l'enfant, répondant à ce nom qu'on lui donnait à la ferme, balbutie le mot de maman et semble chercher des yeux les bons villageois qui l'appelaient ainsi.

— Je veux absolument que mon mari voie cet aimable enfant, dit Constance; puis après avoir réfléchi quelque temps, elle s'approche de sœur Anne et lui prend la main, suivant attentivement ses moindres signes, afin de comprendre ses réponses.

— Où alliez-vous avec votre enfant?... Elle n'en sait rien!... Malheureuse femme! vous n'avez donc plus ni père ni mère?... Ils sont morts!... Et le père de cet enfant, votre mari, pourquoi n'est-il pas avec vous?... Elle pleure!... Pauvre petite!... Il l'a abandonnée!... Abandonner un si joli enfant... une femme si intéressante! si infortunée!... Ah! c'est affreux!... il faut avoir un cœur bien dur!... Mais consolez-vous, séchez vos larmes, je ne vous abandonnerai pas, moi... Oui, j'y suis résolue, je veux prendre soin de vous, de votre enfant. Vous ne me quitterez plus. Vous logerez près de moi; je vous occuperai à des ouvrages d'aiguille; je vous apprendrai à travailler, je ferai élever votre fils sous vos yeux. Mon mari est bon, sensible, généreux; oh! je suis bien certaine qu'il ne me blâmera pas de ce que je fais. Il vous aimera aussi, et vous finirez vos jours avec nous. Entendez-vous, pauvre mère? ne pleurez plus... ne tremblez plus pour votre enfant... Désormais la misère ne vous atteindra pas!... Eh bien! voyez donc, monsieur Ménard, elle se jette à mes pieds, elle me baise la main!... comme si j'étais un Dieu!... A quoi donc servirait la richesse, si l'on ne savait pas faire un peu de bien?

— Madame, faire la charité est un des préceptes de l'Évangile; malheureusement tout le monde ne le met pas en pratique comme vous!...

— Mais il est temps de s'occuper de loger cette jeune femme, dit Constance en ramenant sœur Anne vers la maison. Après toutes les fatigues qu'elle a endurées, elle doit avoir besoin de repos. Où la ferons-nous coucher?... Ah! ce petit corps de logis qui touche à la serre dans le jardin. Mon mari voulait en faire un cabinet d'étude; mais il travaillera dans son appartement. Oui, c'est cela; monsieur Ménard, veuillez donner des ordres... Qu'on y porte un lit, tout ce qu'il faut pour ce soir; demain je le ferai arranger entièrement. Là, elle sera tranquille, elle aura son fils auprès d'elle, et dès le matin elle pourra le promener dans le jardin.

M. Ménard est allé dire aux domestiques de préparer un logement dans le pavillon du jardin. Pendant ce temps, Constance reste avec sœur Anne, qui ne sait comment lui témoigner toute sa reconnaissance, et dont les traits semblent déjà moins abattus. Constance, en l'examinant, la trouve à chaque instant plus intéressante; la jeune muette n'a rien de ces mendiantes qui semblent vouloir arracher, à force de plaintes ou d'importunités, quelques secours qu'elles reçoivent avec insensibilité. Sœur Anne est douce, craintive; elle est étonnée de l'intérêt qu'elle inspire; on lit dans ses yeux la reconnaissance qu'elle en éprouve, et il règne dans son air, dans toute sa personne, quelque chose qui, malgré sa misère, semble annoncer qu'elle n'est point née dans les dernières classes de la société.

— Plus je la regarde, dit Constance, plus je m'étonne que l'on ait pu l'abandonner... Ses traits sont délicats, ses yeux doux et pleins de charmes... Comme elle sera bien sous d'autres vêtements! Et toi, cher petit, oh! je veux bien avoir soin de toi.

Ménard vient annoncer que tout est disposé dans le pavillon du jardin pour y recevoir la pauvre femme et son fils : Constance prend sœur Anne sous le bras; elle la conduit au pavillon, regarde si rien ne lui manque pour la nuit, et la quitte en l'engageant à se livrer au repos et à ne plus se chagriner.

Sœur Anne presse sa main sur son cœur, et Constance s'éloigne tout émue en disant à Ménard :

— Ah! maintenant je trouverai moins longue l'absence de Frédéric! Je sens que le meilleur moyen de se distraire de ses peines est de soulager celles des autres.

CHAPITRE XXIX

ARRIVÉE DE DUBOURG. — L'ORAGE SE FORME

Sœur Anne, en s'éveillant le lendemain matin, craint un moment que tout ce qu'elle voit ne soit qu'une illusion. Après avoir souffert tout ce que la misère a de plus affreux, après avoir erré si longtemps, et souvent sans obtenir un asile pour reposer sa tête et celle de son fils; après avoir éprouvé tout ce que peut ressentir une mère qui tremble à chaque instant pour les jours de son enfant, se trouver dans un séjour élégant, commode, couchée dans un bon lit, rassurée sur son sort à venir; au lieu du froid dédain de la pitié, recevoir les soins touchants d'une femme généreuse, qui double le bien qu'elle fait par la grâce qu'elle y met, c'est passer subitement dans une situation si différente, que le cœur ému craint de se livrer au sentiment d'un bonheur auquel il ne peut croire encore.

Sœur Anne embrasse son fils; puis elle se lève et le conduit dans le jardin qui entoure le corps de logis où elle loge. Quel délicieux séjour!... quel bonheur de l'habiter, d'y soutenir les premiers pas de son enfant! Le petit Frédéric court déjà seul dans les allées de lilas et de roses; lorsqu'il chancelle, un sable épais amortit sa chute, et l'enfant attend en souriant que sa mère vienne l'aider à courir de nouveau.

Constance est éveillée de bon matin; toute la nuit elle a pensé à la jeune muette et à son fils; le bien qu'elle veut leur faire ne lui permet pas de goûter de repos, car le plaisir a aussi son insomnie; et les femmes mettent dans tout ce qu'elles veulent faire plus d'ardeur, plus de sentiment que les hommes. Si pour une parure, un objet frivole, elles paraissent quelquefois fort préoccupées, que d'âme, que de sensibilité ne mettent-elles point dans une bonne action!

Mme de Montreville se hâte de descendre au jardin; elle veut aller voir sa protégée. Elle trouve sœur Anne et son fils sous un bosquet de chèvrefeuille. L'enfant joue aux pieds de sa mère, qui en voyant Constance vole au devant d'elle, et s'empare d'une de ses mains, qu'elle tient longtemps sur son cœur.

Déjà levée! dit Constance en embrassant le petit Frédéric, comment avez-vous passé la nuit?... Bien... Tant mieux!... Après tant de fatigues, vous avez besoin de beaucoup de repos. Ce pauvre petit!... il me sourit... On dirait déjà qu'il me reconnaît. Mais je ne veux pas que vous gardiez ces vêtements; venez, venez avec moi, je vais vous donner une de mes robes... Elle vous ira; nous sommes à peu près de la même taille... Oh! je n'entends pas qu'on me refuse, songez qu'il faut m'obéir, ou je me fâcherai.

Constance emmène sœur Anne et son fils dans son appartement. Là elle cherche dans ses robes les plus simples, et force sa protégée à s'en revêtir. Sous ce nouveau costume, la jeune muette semble prendre des grâces nouvelles, et sa timidité, son embarras n'ont rien de cette gaucherie que tant de gens laissent percer sous des vêtements qui ne sont pas faits pour eux.

— Elle est charmante, dit Constance, qui appelle sa femme de chambre, et lui fait arranger bien simplement, mais avec goût, les cheveux de la jeune femme. Comme elle est bien ainsi!... Et dans quelques jours, lorsqu'elle sera entièrement remise de ses fatigues, lorsque son teint sera un peu plus animé, elle sera mieux encore. Allons, venez vous voir, et ne baissez pas les yeux... Est-ce qu'il faut être honteuse parce qu'on est jolie!

Constance conduit sœur Anne devant une psyché. La jeune muette s'y regarde en hésitant d'abord; mais bientôt elle se rassure un peu, un doux sentiment de plaisir colore son visage : une femme peut-elle être insensible à ce qui l'embellit? Sœur Anne, après s'être regardée quelques minutes, va se jeter aux genoux de Mme de Montreville.

— Oh! je n'entends plus qu'on se mette à mes genoux, dit Constance en la relevant; je désire que l'on m'aime et que l'on soit heureuse : voilà tout. Quant à votre fils, je veux qu'il soit beau aussi, et j'enverrai chercher à Paris tout ce qu'il faut pour lui.

M. Ménard, que le souvenir de la pauvre mendiante n'a point empêché de dormir comme à son ordinaire, descend enfin, et reste tout surpris en apercevant sœur Anne si différente de la veille.

— Eh bien! monsieur Ménard, comment la trouvez-vous? lui dit Constance.

— Ma foi, madame, je la trouve si bien, que je ne la reconnais pas.

— C'est que sous ses autres habits vous n'aviez vu que son malheur, sans remarquer la délicatesse de ses traits.

— Il est certain que le malheur enlaidit considérablement. D'ailleurs, en tout l'élégance ajoute aux charmes. On ne dîne pas si bien quand la nappe est malpropre, et le vin le plus ordinaire semble meilleur dans un verre à patte.

Toute la journée, Constance est occupée de ce qu'elle veut faire pour sœur Anne. L'appartement du premier, dans le pavillon, est arrangé et orné de tout ce qui peut le rendre encore plus agréable. Par les ordres de Mme de Montreville, on y porte un joli berceau que l'on place auprès du lit de la jeune mère. Les croisées sont garnies de caisses de fleurs.

— Elle ne peut avoir d'autres plaisirs, dit Constance; les livres, la musique, lui sont étrangers; la pauvre petite ne sait encore rien faire, et il faut bien l'entourer de ce qui lui plaît.

Pour tant de bienfaits, sœur Anne ne sait comment peindre sa reconnaissance. Constance s'amuse de l'étonnement que chaque chose nouvelle fait éprouver à la jeune muette. C'est surtout en entendant, pour la première fois, les sons du piano, auxquels Constance mêle sa douce voix, que sœur Anne éprouve un charme, un plaisir qui va jusqu'aux larmes. Le plaisir de la musique est vivement senti par cette âme brûlante qui ne sait pas cacher ses sensations.

En regardant coudre, broder, sœur Anne soupire et laisse voir le chagrin qu'elle ressent de n'en savoir pas faire autant. Mais Constance se charge de lui montrer, et la jeune muette a un si grand désir de se rendre utile, qu'en fort peu de temps elle fait tout ce qu'elle voit faire.

Huit jours se sont écoulés depuis que Constance a recueilli chez elle sœur Anne et son fils, et chaque instant semble augmenter encore l'attachement qu'elle leur porte. L'enfant a bien vite aimé Constance, qui le comble de caresses, et sœur Anne, toujours douce, attentive, reconnaissante, prouve à Mme de Montreville qu'elle a bien placé ses bienfaits.

Un matin, pendant que la jeune muette promenait son fils dans les jardins, Dubourg arrive à la maison de campagne de son ami : on était alors à plus de la moitié du trimestre; et Constance, qui connaissait un peu par son mari les habitudes de Dubourg, s'étonnait de ne point le voir arriver.

— Soyez le bienvenu, lui dit Mme de Montreville ; vous aviez promis à mon mari de venir me voir pendant son absence ; mais je commençais à être fâchée contre vous.

— Madame, dit Dubourg en souriant, je ne suis pas de ces amis qui ont la prétention de faire oublier les maris; mais si je puis vous distraire un peu, me voici tout à vous jusqu'au trimestre prochain, et toute l'année, si je vous étais bon à quelque chose.

— Oh ! vous verrez du nouveau ici... j'ai quelqu'un avec moi... Pendant l'absence de Frédéric j'ai fait une connaissance !.....

— Vraiment ! je suis bien sûr que celle-là sera aussi du goût de votre mari.

— Mais je l'espère bien.

— Mon cher Dubourg, dit Ménard, madame ne vous dit pas qu'elle a recueilli, pris chez elle une pauvre femme et son fils; elle ne se vante pas du bien qu'elle fait.

— Allons, taisez-vous, monsieur Ménard ; est-ce que cette jeune femme ne mérite pas tout ce que j'ai fait pour elle ? Pouvais-je mieux placer mes bienfaits?

— Je conviens qu'elle apprend parfaitement à travailler... Je compte incessamment lui apprendre à lire...

— Vous verrez, Dubourg, comme elle est jolie, comme elle est intéressante... Et son fils, un enfant de deux ans qui est charmant !...

— Ah ! elle a un fils ?...

— Oui, et je suis sûre que vous trouverez comme moi qu'il ressemble... Mais je veux que vous le disiez vous-même; je cours la chercher.

Constance est déjà dans le jardin.

— L'aimable femme ! dit Dubourg; que Frédéric doit se trouver heureux ! et cependant le voilà déjà qui voyage !

— Mon cher Dubourg, les affaires vont avant tout... une prise s'il vous plaît... mon élève a hérité par sa femme de terres, de fermes... il faut bien connaître ses propriétés.

— Et pourquoi ne pas emmener sa femme avec lui? Pensez-vous qu'elle n'aurait pas été bien aise d'accompagner son mari?

— Je ne dis pas, mais... Il est bon... vous le prenez toujours au même endroit?

— Hum !... pourvu que ce voyage ne cache pas quelque projet! Je sais que Frédéric serait désolé de causer la moindre peine à sa femme, mais je sais aussi que ces hommes si sentimentals prennent feu en entendant un soupir !...

— Je vous dis que mon élève visite ses biens... que diable !... Et le domino, commençons-nous à être fort?

— Beaucoup plus que vous, qui ne devinez jamais où est le double six. Mais allons rejoindre Mme de Montreville ; je suis curieux de voir cette femme dont elle prend soin.

— C'est une femme avec laquelle il serait difficile de ne point s'accorder, car une querelle ne peut naître qu'à l'issue d'une discussion; or, quand il n'y a point de discussion, il ne peut pas naître de querelle, et il ne peut pas se former de discussion, puisque...

Mais Dubourg n'écoute plus Ménard, il est déjà dans le jardin; il aperçoit de loin Mme de Montreville tenant un enfant dans ses bras, et près d'elle une jeune femme vêtue d'une simple robe blanche et coiffée en cheveux; il s'avance... cette jeune femme l'aperçoit... elle court, elle vole au-devant de lui, elle s'est emparée de son bras, elle le regarde avec anxiété... et Dubourg reste stupéfait, car il vient de reconnaître sœur Anne.

— Mon Dieu !... qu'a-t-elle donc? dit Constance en s'approchant de Dubourg, qui ne revient pas de sa surprise en retrouvant la jeune muette sous un costume si différent et près de Constance, qui tient son enfant dans ses bras. Quel effet votre présence vient de produire sur elle !...

voyez donc comme elle vous regarde... elle semble vous questionner... comme ses yeux vous interrogent!... vous connaissez donc cette pauvre petite?

— Mais... non... je... ah!... si, si... je l'ai vue autrefois; mais elle est si différente d'alors; ce costume... cet enfant... ma foi, je ne la reconnaissais pas!...

Dubourg est troublé, embarrassé, il ne sait ce qu'il doit dire, et sœur Anne lui tient toujours le bras, et ses yeux le supplient de lui parler.

— Comment! vous la connaissez? dit Constance avec surprise; mais que vous veut-elle donc maintenant?... ne pouvez-vous deviner ce qui paraît tant l'intéresser?

— Oh!... pardonnez-moi... je commence à comprendre. J'ai connu l'amant de cette pauvre fille... et elle me demande de ses nouvelles.

— Mais répondez-lui donc bien vite alors... voyez... ses yeux sont pleins de larmes...

— Ma foi... je n'ai rien de bon à lui dire... son séducteur est passé en pays étranger... sans doute elle ne le reverra jamais... Je ne sais ce qu'il est devenu! dit Dubourg en s'adressant à sœur Anne; ainsi que vous, je ne l'ai pas revu... ainsi, ma chère enfant, il faut tâcher de l'oublier!...

Sœur Anne qui prêtait la plus grande attention à chaque mot de Dubourg, laisse retomber sa tête sur son sein lorsqu'il a fini de parler, puis, donnant un libre cours à ses larmes, va s'asseoir sous un bosquet, où elle se livre à toute sa douleur.

— Pauvre femme! dit Constance, hélas! elle aime toujours celui qui l'a abandonnée... Qui donc a pu abuser de son innocence?

— Madame, c'est un jeune peintre... il voyageait alors... pour son instruction... En cherchant des sites il a rencontré sœur Anne... car c'est ainsi qu'elle se nomme... Elle est, je crois, fille de paysans... cependant je ne vous l'affirmerai pas, je ne connais point sa famille; enfin mon ami l'a vue... il en est devenu amoureux... Ces peintres ont l'imagination exaltée... et il en est résulté un enfant... Voilà tout ce que je sais, car je n'ai vu cette jeune fille qu'une fois en me promenant avec mon ami...

— Il est bien coupable à mes yeux!... Vous autres, messieurs, vous traitez cela légèrement!... séduire une femme, la quitter ensuite, ce ne sont pour vous que des étourderies de jeunesse, dont souvent même vous vous vantez!...

— Oh! madame, je puis me flatter de n'avoir jamais séduit personne!

— Je parle en général; mais je suis bien certaine que mon Frédéric n'a point imité l'exemple de tant d'etourdis!... il est trop sensible, trop aimant, pour chercher à abuser un jeune cœur! Voyez quelles suites terribles peuvent avoir de tels égarements. Cette pauvre petite, se voyant grosse, aura abandonné ses parents, fui le lieu de sa naissance. Sans ressources, et privée de cet organe si nécessaire dans le monde, elle courait au hasard dans la campagne, dans la ville!... en proie aux horreurs du besoin! L'infortunée, combien elle a dû souffrir! ah! si vous l'aviez vue, lorsque je l'ai recueillie, elle vous aurait fait peine!... mais désormais elle a trouvé une amie, je ne l'abandonnerai point, et si je ne peux la rendre entièrement au bonheur, auprès de moi du moins elle n'aura plus à craindre la misère.

Dubourg ne répond rien, la vue de sœur Anne lui donne trop à penser.

— Votre présence a renouvelé son chagrin, en lui rappelant son séducteur, dit Constance; éloignez-vous un moment, je vais tâcher de la consoler, quoique je sache bien que pour de telles peines il n'y a point de consolation. Si Frédéric m'oubliait, pourrais-je encore goûter un instant de bonheur?... mais du moins elle a un fils, et ses caresses adouciront sa douleur.

Constance va porter le petit Frédéric sur les genoux de sa mère, et, pendant ce temps, Dubourg retourne vivement dans la maison, où il cherche Ménard, qui ne sait que penser en voyant la mine effarée de son ancien compagnon de voyage.

— Tout est perdu! monsieur Ménard, s'écrie Dubourg en s'arrêtant devant le précepteur.

— Comment... qui est-ce qui est perdu?... est-ce encore la berline du roi Stanislas ou la tabatière du roi de Prusse? Vous savez bien que je ne donne plus là-dedans.

— Eh! laissons là toutes ces folies... l'événement est fort sérieux, il s'agit du bonheur, du repos de Frédéric et de sa femme...

— Je gage que ce n'est pas vrai, il vient encore me faire un conte pour m'attraper, mais *non me ludit amabilis insania.*

— Voulez-vous m'écouter, monsieur Ménard? morbleu! comment un homme de votre âge n'a-t-il pas su prévenir un tel événement?

— Qu'est-ce à dire, mon âge?... monsieur Dubourg, je vous prie de vous expliquer.

— Quoi! vous laissez Mme de Montreville recevoir, loger chez elle...

— Qui donc?

— Eh morbleu! celle pour qui Frédéric a fait mille folies, celle qui lui avait tourné la tête, près de laquelle il a vécu six semaines dans un bois... cette jeune fille qu'il adorait, qu'il aime peut-être encore!... car le cœur de l'homme est indéfinissable!... Enfin sœur Anne, la petite muette du bois, la jeune fille de Vizille, c'est elle que Mme de Montreville loge dans sa maison.

— Ah! mon Dieu!... que m'apprenez-vous là?

— Comment! vous ne l'aviez pas reconnue?

— Reconnue!... une femme que j'avais aperçue une seule minute et de loin... Je ne regarde pas les jeunes filles comme vous, monsieur; et pouvais-je me douter... savais-je qu'elle était muette? me l'avait-on dit? mais on ne me dit rien, et puis on veut que je devine!... que je sache!... Ces jeunes gens sont inconcevables! pensez-vous que je saurais le latin si on ne me l'avait pas montré!

— Eh bien! vous le savez maintenant...

— Parbleu! on m'a assez battu pour cela!... Dieu que de coups de règle pour l'*Epitome* et combien de *pensum* pour les fables de Phèdre!

— Par grâce, monsieur Ménard, c'est de sœur Anne que je vous parle, c'est elle, qui est ici, près de la femme de Frédéric...

— J'entends bien, j'entends très bien!

— Quand Frédéric reviendra, elle le verra; son trouble, les larmes, les caresses de cette jeune fille découvriront la vérité... songez-vous alors à ce qu'éprouvera Mme de Montreville, en voyant un époux qu'elle adore et qu'elle croit un modèle de fidélité, en le voyant retrouver dans sa maison une maîtresse, un enfant... un enfant surtout!...

— Oui, oui, je songe à tout cela...

— Eh bien! parlez... que faut-il faire?

— Je n'en sais rien!

— Il est impossible de laisser sœur Anne habiter sous le même toit que Frédéric...

— Sans doute... c'est fort embarrassant! mais elle était si malheureuse!...

— Pensez-vous que je veuille l'abandonner? Ah! je n'ai que seize cents livres de rente, mais je les lui donnerais de bon cœur pour que sa présence ne troublât point le repos des jeunes époux. Oui, je travaillerai s'il le faut, ou je passerai chez Frédéric mes trimestres entiers; mais cette jeune femme et son enfant seront à l'abri du besoin.

— C'est très bien, mon cher Dubourg, et si je possédais quelque chose... mais je n'ai que mes vieux classiques qui ne lui seraient d'aucune utilité puisqu'elle ne sait pas lire.

— Mais comment parvenir maintenant à faire quitter cette maison à sœur Anne?

— Voilà ce qui serait fort difficile : Mme de Montreville aime déjà beaucoup la jeune muette; elle est surtout folle de son enfant; elle trouve qu'il ressemble à mon élève. Eh! mais, au fait, je conçois d'où vient cette ressemblance.

— Je ne sais qu'inventer! qu'imaginer!... Quand revient Frédéric?

— Dans huit jours; nous avons le temps!...

— Le temps!... ah! ces huit jours seront bien vite écoulés... et s'il trouve sœur Anne ici!...

— Il me semble pourtant que nous pourrions défendre à la petite de parler.

— Eh! je sais bien qu'elle ne parlera pas; mais ses gestes, l'expression de ses traits en diront assez.

— Eh bien! je vous jure que très souvent je n'y comprends rien du tout.

Dubourg met son esprit à la torture pour trouver le moyen d'éloigner sœur Anne et son fils; M. Ménard reste les yeux fixés sur sa tabatière, et fait semblant de chercher aussi, quoiqu'il ne songe alors qu'à un pâté de lièvre arrivé la veille de Paris, et qu'on doit entamer au dîner.

Constance revient avec la jeune muette et son enfant; les traits de sœur Anne annoncent la douleur, mais elle est plus calme, plus résignée; en revoyant Dubourg elle sourit tristement, et lui présente son fils, qu'il regarde avec intérêt, effrayé de la ressemblance qu'il remarque déjà entre ses traits et ceux de son père.

— Ne le trouvez-vous pas charmant? dit Constance.

— Oui, madame, répond Dubourg en embrassant l'enfant, je le trouve fort gentil.

— Ressemble-t-il à son père?...

— Beaucoup.

— Et vous ne trouvez pas qu'il a dans le regard quelque chose de mon mari?

— Oh! pas du tout!...

— C'est singulier! cela m'avait frappée. Il se nomme Frédéric aussi, ce cher petit; je crois que je l'en aime davantage.

Constance prend l'enfant dans ses bras; sœur Anne la regarde avec attendrissement, et Dubourg détourne les yeux pour cacher les sensations que ce tableau lui fait éprouver.

Pendant le reste de la journée, Dubourg se creuse la tête pour savoir comment il pourra faire sortir sœur Anne de chez Mme de Montreville, mais il ne peut s'arrêter à aucun projet. Comment emmener la jeune femme loin d'une demeure où on lui prodigue les soins les plus touchants, où son fils est comblé de caresses? Sœur Anne, bien loin d'y consentir, ne verrait dans ce dessein qu'une affreuse ingratitude, et son cœur aimant et reconnaissant est incapable d'en concevoir la pensée. Lui apprendre que le mari de Constance est son séducteur, ce ne serait pas encore le moyen de la faire consentir à s'éloigner; le désir de revoir Frédéric l'emporterait

Frédéric! s'écria Constance.

dans son âme sur toute autre considération. Elle se croit unie à son amant par les serments qu'ils ont faits; pourrait-elle concevoir qu'une autre femme a des droits, sinon plus justes, du moins plus sacrés que les siens?

Dubourg n'ose donc risquer ce moyen, et il se tourmente en vain pour en trouver un autre. Puis il va à Ménard, et lui dit :

— Eh bien! avez-vous imaginé un expédient pour engager sœur Anne à quitter cette maison?

Et Ménard; après avoir pris du tabac et réfléchi pendant cinq minutes, emmène Dubourg dans un coin et lui répond à voix basse :

— Je ne trouve rien du tout.

En causant avec Constance, Dubourg tâche de l'engager à envoyer la jeune muette et son fils demeurer dans une de ses terres éloignée de Paris; mais madame de Montreville repousse avec force cette idée.

— Pourquoi donc, dit-elle, me priverais-je de la société de cette jeune femme, de la vue de son fils, que j'aime comme s'il m'appartenait? loin de moi, aurait-on pour cette infortunée tous ces soins qui adoucissent sa situation?... Non, je ne m'en séparerai jamais; chaque jour je sens que je m'y attache davantage; si vous saviez combien elle est reconnaissante de ce que je fais pour elle!... Ah! j'ai lu dans le fond de son âme! je n'ai point mal placé mes bienfaits, et je suis certaine que Frédéric ne me blâmera pas.

— Ma foi!... se dit Dubourg, j'ai fait tout ce que j'ai pu!... et quand je me donnerai la migraine pour séparer ces deux femmes, je crois que je n'y parviendrais pas; laissons donc aller les choses, et attendons les événements. Tout ce que je pourrai faire, ce sera de prévenir Frédéric quand il reviendra.

Le soir du jour où Dubourg est arrivé, madame de Montreville lui dit :

— Je veux vous rendre témoin du plaisir que la musique fait éprouver à cette jeune infortunée lorsqu'elle m'entend chanter et toucher du piano, il me semble toujours qu'elle va parler...

Constance prend sœur Anne par la main et la fait asseoir auprès de son piano; la jeune muette est plus triste qu'à l'ordinaire, la présence de Dubourg a renouvelé tous ses chagrins; cependant elle sourit à sa bienfaitrice, et fait tous ses efforts pour paraître moins affligée.

Déjà Constance a joué plusieurs morceaux, lorsqu'elle s'arrête en disant :

— Mais je ne lui ai pas chanté cette jolie romance que mon mari aime tant...

Constance prélude à sa romance; Dubourg fait peu d'attention à la musique. Il songe toujours au hasard singulier qui a réuni sœur Anne et l'épouse de Frédéric; M. Ménard est assis dans un coin du salon, où il fait tout ce qu'il peut pour comprendre la mesure, et le petit Frédéric joue aux pieds de sa mère, qui écoute attentivement sa bienfaitrice.

A peine Constance a-t-elle dit les premeirs mots de la romance, que sœur Anne éprouve un trouble qui semble s'accroître à chaque instant; elle se penche vers madame de Montreville, elle écoute, mais elle respire à peine; tout son corps frémit, toutes ses facultés sont absorbées par un puissant souvenir... et Constance n'a pas encore achevé son couplet, qu'une pâleur mortelle se répand sur tous les traits de la jeune muette; elle pousse un gémissement plaintif et perd connaissance.

Occupée de sa musique, Constance n'avait pas remarqué le trouble de sœur Anne; mais au gémissement qu'elle vient de pousser elle a volé vers elle.

— Grand Dieu! qu'a-t-elle donc? elle perd connaissance, s'écrie madame de Montreville, tandis que Dubourg se hâte d'aller soutenir la jeune femme, et que M. Ménard court chercher des sels et appeler du monde.

— Concevez-vous ce qu'elle peut avoir? elle m'écoutait avec plaisir, et tout à coup elle s'évanouit...

— Madame, dit Dubourg, qui veut profiter de cette circonstance, ne vous êtes-vous pas aperçue que cette jeune femme n'a pas toujours la tête à elle, et qu'il y a des moments... où elle semble en délire?

— Mais non, je n'ai jamais vu cela. Depuis qu'elle est ici, elle a toujours été fort raisonnable, et sa mélancolie me semble très naturelle... Pauvre petite!... elle ne rouvre pas les yeux...

— Oh! cela ne sera rien... L'émotion qu'elle a éprouvée ce matin en me voyant est sans doute la cause de cet évanouissement.

— Je le pense aussi.

Ménard revient armé d'une douzaine de flacons. Pendant longtemps tous les soins sont inutiles sœur Anne ne recouvre point ses sens, et Constance se désespère; enfin un long soupir annonce que la jeune muette revient à la vie, et bientôt elle ouvre les yeux. Son premier regard est pour son fils; trop jeune encore pour avoir connu le danger de sa mère, il n'a pas interrompu ses jeux. Sœur Anne le prend, l'embrasse, puis regardant tous ceux qui l'entourent, semble les remercier de leurs soins.

— Venez vous reposer, lui dit madame de Montreville, cette journée a renouvelé toutes vos peines, vous avez besoin de les oublier dans le sommeil.

Mais, au lieu de suivre Constance, sœur Anne lui prend la main, et la reconduit devant le piano en lui faisant signe de s'asseoir.

— Non, demain, dit Constance, la musique vous émeut trop... vous m'entendrez demain.

Sœur Anne joint ses mains vers elle, et ses regards sont tellement expressifs, ils demandent avec tant de force ce qu'elle désire, que Constance n'a plus le courage de le lui refuser; elle se remet au piano, et Ménard dit tout bas :

— Cette femme-là aime passionnément la musique, on aurait bien dû lui apprendre à solfier.

Constance commence un air, sœur Anne l'arrête; et secouant vivement la tête, semble lui dire : — Ce n'est pas cela. Madame de Montreville en joue un autre, et la jeune muette n'est pas encore satisfaite. Enfin Constance se rappelle qu'elle chantait une romance lorsqu'elle s'est interrompue; elle la chante de nouveau; et à peine a-t-elle commencé que le trouble de sœur Anne, l'attention qu'elle lui prête, annoncent que c'est bien cela qu'elle désirait entendre.

— Voyez donc comme cette romance l'agite, dit Constance, c'est celle que Frédéric aime tant!...

Constance n'a pas achevé ces mots, que la jeune femme lui prend la main, la lui serre avec force, et lui fait un signe affirmatif. Mais madame de

Montreville ne la comprend pas; elle regarde Dubourg qui lui dit tout bas :

— Je vous assure qu'elle a des moments où elle ne sait pas ce qu'elle fait... Partout elle croit voir son amant, l'amour lui tourne la tête.

Le trouble de sœur Anne est un peu calmé, les larmes se sont fait un passage. Elle pleure, mais elle paraît soulagée. Constance la regarde avec attendrissement en répétant souvent : — Pauvre petite!... qu'il est coupable celui qui t'a abandonnée!...

Pendant quelques moments tous ceux qui entourent sœur Anne gardent le silence. Constance, pour calmer la douleur de la jeune muette, a recours à son moyen ordinaire : elle va prendre le petit Frédéric et le porte dans les bras de sa mère; celle-ci regarde sa bienfaitrice avec reconnaissance, et après avoir couvert son fils de baisers, se lève et se dispose à gagner son logement.

Constance veut absolument la reconduire jusqu'au pavillon du jardin; là elle la quitte en l'engageant de nouveau à prendre courage.

— Vos peines finiront, lui dit-elle, j'en ai l'espérance... Oui, votre séducteur reviendra à des sentiments plus dignes de l'homme que vous aimez; il ne peut vous avoir entièrement oubliée... Dubourg n'est peut-être pas bien informé... séchez vos larmes, un jour vous le reverrez; et comment pourrait-il vous quitter encore lorsque vous mettrez ce cher enfant dans ses bras.

Ces douces paroles pénètrent jusqu'au fond du cœur de sœur Anne ; elle se livre au doux espoir que Constance vient de lui faire entrevoir, et la quitte moins malheureuse. Madame de Montreville regagne lentement son appartement; la vue de celle qu'elle a sauvée de la misère lui fait éprouver une tristesse involontaire, Frédéric n'est pas là pour la distraire, pour lui faire tout oublier; jamais elle n'a été aussi longtemps séparée de lui, et cette absence entretient aussi sa mélancolie.

M. Ménard se retire en disant à Dubourg :

— Voici une journée qui a été fort orageuse.

— Ah! répond celui-ci, je redoute de bien plus terribles orages! Si cette jeune femme s'est évanouie rien qu'en entendant cette romance que lui chantait Frédéric, que deviendra-t-elle lorsqu'elle le reverra... et lorsqu'elle apprendra qu'il est l'époux d'une autre? Ah! monsieur Ménard, cette idée m'occupe sans cesse.

— Je le crois bien! cela m'ôte l'appétit, à moi.

— Tâchons de parer à cet événement.

— Parons-le, je ne demande pas mieux.

— Songez qu'il y va du repos et du bonheur, et même de l'honneur de votre élève, et que ses fautes rejailliront sur vous.

— Permettez : une faute, soit de texte ou de vers latins, à la bonne heure; mais je ne lui ai pas enseigné à séduire les jeunes filles; ce sont plutôt vos mauvais conseils qui l'on perverti.

— Monsieur Ménard?

— Monsieur Dubourg.

— Allons nous coucher.

— *Rectès dicis.*

CHAPITRE XXX

RETOUR DE FRÉDÉRIC. — CONSTANCE ET SŒUR ANNE

Depuis dix jours que Dubourg habite chez madame de Montreville, il cherche sans cesse comment il pourra prévenir l'effet que produira sur sœur Anne la vue de Frédéric ; il voit chaque jour s'augmenter l'attachement de Constance pour sa protégée et la reconnaissance de la pauvre mère pour sa bienfaitrice. Les séparer lui semble plus difficile que jamais; Constance répète souvent qu'elle ne pourrait plus se passer de sœur Anne et de son fils, et la jeune muette semble auprès d'elle sentir moins vivement ses chagrins.

On attend Frédéric, déjà même il devrait être de retour ; Constance s'inquiète de ce retard ; elle a perdu une partie de sa gaieté, souvent des pleurs mouillent ses paupières; alors c'est sœur Anne qui s'efforce de la consoler, de lui faire comprendre que son mari reviendra bientôt.

S'il ne m'aimait plus! dit quelquefois Mme de Montreville. Mais la jeune muette la prend par la main, la conduit devant une glace, et semble lui dire :

— Regardez-vous... peut-on ne pas vous aimer?...

— Hélas! lui répond Constance, on vous a bien oubliée! et vous êtes aussi jolie que moi!...

Le comte de Montreville, qui devait revenir passer quelques jours à la campagne, est retenu à Paris par la goutte. Dubourg n'en est pas fâché ; il ne voudrait pas qu'il fût témoin de la reconnaissance qu'il redoute; il ne sait pas que le comte connaît aussi sœur Anne.

Enfin Constance reçoit une lettre de son mari : il lui marque que des affaires imprévues ont retardé son retour, mais qu'il va faire en sorte de les terminer promptement. La lettre de Frédéric est expansive ; il paraît toujours amoureux. Cependant Constance n'est pas satisfaite : rester aussi longtemps éloigné d'elle lui semble déjà annoncer moins d'amour. Frédéric n'est pas là, elle peut pleurer; devant lui, elle cacherait ses larmes. C'est toujours à sœur Anne qu'elle va confier ses peines; c'est dans son sein qu'elle verse des pleurs et trouve des consolations.

Dubourg voit dans ce retard quelques jours de gagnés, et dit à Médard :

— Tâchons d'employer ce temps à prévenir l'entrevue des deux amants.

— Prévenons-la: c'est aussi mon avis.

— Mais voilà dix jours que je cherche, et je ne trouve rien !

— Ma foi, je suis plus heureux que vous, avant-hier j'ai trouvé quelque chose..

— Eh ! parlez donc vite en ce cas...

— C'est ma recette pour faire du punch au lait, que je croyais avoir perdue.

En quittant sa femme, Frédéric s'est rendu à la ferme pour s'informer du sort de sœur Anne et de son fils, qu'il brûle d'embrasser. Mais en arrivant chez les bons villageois il apprend que depuis longtemps la jeune muette est partie pour Paris avec son enfant. Frédéric ne sait plus que penser, et ce qui le désespère, c'est qu'un messager de son père ne tarde pas à arriver apportant, comme de coutume, de l'argent et divers objets pour celle que le comte nomme sa libératrice; ce qui prouve qu'il ne sait pas que sœur Anne a quitté la ferme, et que celle-ci n'a point trouvé à Paris la demeure de son protecteur.

Frédéric est désolé; les habitants de la ferme partagent son chagrin. Ils se repentent d'avoir laissé partir sœur Anne ; mais comment auraient-ils pu s'opposer à son dessein? Qu'est-elle devenue? que fait-elle dans Paris, sans amis, sans protecteur? S'ils savaient que l'infortunée a été indignement dépouillée de ce qu'elle possédait, leur douleur serait bien plus grande encore.

Frédéric ne reste qu'un jour à la ferme ; il repart pour Paris, et tout le long de la route, tâche d'obtenir des renseignements qui puissent le mettre sur les traces de sœur Anne. Arrivé à Paris, il ne descend pas à son hôtel ; il veut que son retour soit un mystère, afin de le cacher à sa femme, et pour avoir le temps de faire des perquisitions sur la jeune muette et son fils. Pendant plus de huit jours il parcourt cette ville immense, courant dans les quartiers les plus déserts et les plus populeux, montant souvent dans les mansardes, et partout s'informant si l'on a vu une jeune femme muette avec un enfant... Mais ses recherches sont infructueuses ; il ne recueille aucun indice qui le mette sur les traces de sœur Anne. Le cœur ulcéré, il se décide enfin à retourner près de Constance ; il est bien loin de penser que c'est là qu'il doit chercher ceux qu'il cherche depuis si longtemps.

Tous les jours Dubourg va se mettre en embuscade sur une route, et place M. Ménard en vedette sur une autre, afin de l'avertir s'il voyait arriver Frédéric. Comme il n'y a que ces deux chemins pour venir à la maison de campagne, il se croit certain de ne pas le manquer. Mais un matin, M. Ménard, qui a emporté Horace avec lui, ne voit pas, en lisant une ode, que celui qu'il guette vient de passer, et Frédéric arrive chez lui, et entre précipitamment dans l'appartement de Constance, qui, seule alors, pensait à son mari.

Elle lève les yeux, pousse un cri de joie et vole dans ses bras. Toutes les peines de l'absence sont déjà oubliées sur le sein de son époux. Frédéric répond avec tendresse à ses marques d'amour. Après les premiers moments donnés au plaisir de se revoir, Constance lui dit :

— Pendant ton absence j'ai recueilli dans cette maison une infortunée... Oh ! j'espère que tu l'aimeras comme moi !...

— Tout ce que tu fais est bien, ma chère Constance, ton cœur ne saurait t'égarer ; je suis certain d'avance que tu as bien placé tes bienfaits.

— Ah ! c'est une jeune femme si intéressante !... une victime de l'amour ; et nous autres nous compatissons toujours à ces peines-là !... Son séducteur l'a abandonnée avec un enfant charmant... dont je suis folle... Il se nomme Frédéric comme toi... Mais qu'as-tu donc, mon ami ? tu pâlis, tu trembles...

— Ah ! la fatigue peut-être... l'empressement que j'ai mis à revenir...

Frédéric s'assied, car il chancelle : ce que vient de dire Constance lui cause une émotion dont il n'est pas maître. Il regarde en frémissant autour de lui.

— Et cette femme... cet enfant... où sont-ils? demanda-t-il d'une voix tremblante

— Elle loge dans le pavillon du jardin... Mais je l'aperçois... Venez, venez vite, mon amie, dit Constance en courant au devant de sœur Anne qui s'avançait avec son fils. Mon mari est revenu, ah ! que je suis heureuse !... Maintenant, rien ne manque à mon bonheur.

Constance, prenant la jeune muette par la main, l'entraîne dans l'appartement où son époux est encore. En apercevant Frédéric, sœur Anne pousse un cri déchirant ; elle court, se précipite dans ses bras, et s'évanouit en lui montrant son fils.

Frédéric soutient d'une main sœur Anne, dont la tête inanimée est appuyée sur sa poitrine; de l'autre, il se couvre les yeux et semble craindre de regarder autour de lui. Son fils est à ses pieds, il tient encore la main de sa mère ; et Constance, surprise, tremblante, s'est arrêtée devant eux.

En un instant, mille sensations différentes paraissent agiter l'épouse de Frédéric. Elle change de couleur, ses yeux expriment la surprise, l'inquiétude ; elle frémit et semble vouloir repousser la pensée que son cœur vient de concevoir. Mais ses regards, tour à tour fixés sur sœur Anne et son époux, cherchent à s'assurer de la vérité. Son premier mouvement est de courir à sœur Anne et de la retirer des bras de Frédéric.

— Qu'a-t-elle donc?... que signifie l'état où l'a mise votre vue? balbutie Constance en regardant Frédéric. Mon ami, répondez donc, connaissez-vous cette jeune femme?

Frédéric n'a pas la force de répondre ni de regarder Constance. Mais il aperçoit son fils, et, le prenant dans ses bras, il le couvre de baisers; alors un coup affreux vient frapper le cœur de Constance, toute la vérité s'est dévoilée à ses yeux.

Dubourg arrive, suivi de Ménard; en apercevant Frédéric, il devine tout ce qui vient d'arriver, et court sur-le-champ porter secours à sœur Anne en s'écriant :

— Encore évanouie!... quelque accès de délire, je gage! Oh! je vous l'ai dit, cette infortunée a des moments où elle perd la raison.

Constance ne répond rien. Elle abandonne sœur Anne aux soins de Dubourg et de Ménard et se rapproche de son mari, qui tient toujours l'enfant dans ses bras.

— Il est charmant... n'est-ce pas? dit-elle d'une voix entrecoupée et les yeux toujours attachés sur son époux. Frédéric garde le silence. Constance prend l'enfant et l'arrache brusquement de ses bras; mais bientôt, se repentant de ce mouvement, dont elle n'a pas été maîtresse, elle couvre l'enfant de baisers en s'écriant avec douleur :

— Pauvre petit! ah! tu n'es pas coupable, toi!...

Dubourg et Ménard ont emporté sœur Anne dans le pavillon; Frédéric et Constance sont restés seuls avec l'enfant. Frédéric a les regards baissés vers la terre, et semble craindre de rencontrer ceux de Constance, qui s'est assise à quelque distance de lui et a pris sur ses genoux le petit Frédéric. Elle tâche de retenir ses larmes, mais elle n'a plus la force de parler. Pendant quelques moments ils ne rompent point le silence. Enfin Frédéric lève les yeux, il aperçoit sa femme caressant le fils de sœur Anne... A cette vue, il est sur le point de se jeter aux pieds de Constance et de lui tout avouer... Mais Dubourg revient précipitamment.

— Allons! j'espère que ce ne sera rien, dit-il en regardant Frédéric et en lui faisant signe de ne point se trahir. Cette jeune muette a des accès de délire ; alors elle croit voir partout son amant... Oh! j'avais déjà conseillé plusieurs fois à madame de ne point la garder auprès d'elle.

— En effet, balbutie Frédéric en cherchant à se remettre, je ne conçois rien à tout ce qui s'est passé... mais j'ai été tellement ému de l'état de cette infortunée... que je ne pensais même pas à ce que je faisais...

Constance ne dit rien ; elle se contente de regarder Dubourg et son époux...

— Je vais lui ramener son fils, dit Dubourg en s'avançant pour prendre l'enfant.

— Laissez, dit Constance, Frédéric se chargera de ce soin...

Frédéric se trouble, il ne peut supporter les regards de sa femme. En vain Dubourg lui dit tout bas :

— Allons, morbleu! de la tête, ici... Songe que c'est pour son bonheur qu'il faut la tromper!

En ce moment, M. Ménard accourt tout effaré.

— Elle a repris ses sens, dit-il bas à Dubourg : mais il n'y a pas moyen de la faire rester tranquille dans sa chambre!... C'est un diable!... Elle veut absolument le voir!... Elle court éperdue dans le jardin!...

— Eh! pourquoi l'avez-vous quittée?...

Dubourg sort aussitôt de l'appartement.

— Qu'est-ce donc? dit Constance, serait-elle plus mal?...

— Non, madame, répond Ménard, qui ne sait plus ce qu'il faut dire ni faire, mais je crains... la tête... les femmes... l'amour... *quid femina possit!...*

— Je vais la secourir, dit Constance, je vais lui ramener son fils... peut-être que sa vue... Ne venez-vous pas avec moi, Frédéric? ne voulez-vous pas joindre vos soins aux miens pour calmer cette infortunée?

Frédéric hésite, il ne sait ce qu'il doit faire ; il brûle de revoir sœur Anne, dont l'état affreux a brisé son cœur; mais en la voyant, il craint de se trahir. En ce moment des cris se font entendre : c'est sœur Anne qui traverse le jardin ; les domestiques et Dubourg courent après elle ; les gens de la maison, en voyant son agitation, en l'apercevant courant les cheveux épars dans les allées du jardin, ne doutent point qu'elle n'ait perdu la raison, et Dubourg les fortifie dans cette idée, qui peut empêcher qu'ils ne devinent la vérité.

Mais sœur Anne vient d'apercevoir Frédéric à travers une des croisées du rez-de-chaussée; aussitôt elle court, elle pénètre dans l'appartement, puis aussi prompte que la pensée, s'élance dans les bras de Frédéric, repousse Constance qui était près de lui, et la regardant d'un air à la fois inquiet et jaloux, semble lui dire : C'est moi seule qui ai le droit d'être à cette place.

Tous les valets se sont arrêtés à la porte de l'appartement pour considérer ce tableau. Constance éprouve un affreux serrement de cœur en voyant sœur Anne dans les bras de son mari ; cependant elle conserve assez de force pour s'avancer vers ses gens et leur dire d'une voix tremblante : Eloignez-vous, mes amis ; cette infortunée n'a pas la tête à elle... mais nous saurons la calmer...

Les valets s'éloignent. Ménard est allé chercher Dubourg, auquel il a toujours recours dans les moments difficiles ; sœur Anne reste seule avec son fils, entre Frédéric et Constance.

La jeune muette semble vouloir s'attacher à Frédéric, qui n'a pas le courage de la repousser ; elle lui sourit, elle prend ses mains, qu'elle pose sur son cœur... puis lui présente son fils. Mais en même temps ses regards inquiets se reportent sur Constance, qui, assise à quelques pas, cache sa tête dans ses mains, ne pouvant supporter ce tableau, mais les pleurs l'étouffent : ils se font enfin un passage, elle sanglotte... Sœur Anne frémit... la douleur de Constance semble la toucher vivement. Frédéric ne peut plus se contenir ; il court se jeter aux genoux de Constance ; mais sans le regarder, elle le repousse doucement :

— Allez, allez, lui dit-elle, cette infortunée a plus de droits à votre amour... cet enfant est votre fils... Consolez la de tout ce qu'elle a souffert depuis que vous l'avez abandonnée... Je sais maintenant toute la vérité... Non, elle n'a point perdu la raison... elle a retrouvé son séducteur... le père de son enfant.

Frédéric est atterré. Pâle, tremblant, il reste aux genoux de Constance ; et, sœur Anne, les yeux fixés sur lui, paraît attendre ce qu'il va dire. Mais Frédéric saisit une main de Constance, il la couvre de larmes et de baisers ; à cette vue, un gémissement plaintif échappe à la jeune muette et elle tombe de nouveau sans connaissance sur le parquet.

Constance s'empresse de lui porter secours.

— Éloignez-vous, dit-il à Frédéric, votre vue lui fait trop de mal... Ah ! vous pouvez me la confier, je ne serai pas pour elle différente d'autrefois...

Frédéric ne répond rien, il sort éperdu ; il rencontre Dubourg et Ménard qui accouraient : La feinte est inutile, leur dit-elle, Constance a deviné la vérité... elle sait tout !...

— Puisqu'elle sait tout, dit Ménard, il ne faut plus rien lui cacher.

Constance prodigue à sœur Anne les soins les plus empressés. La jeune muette rouvre enfin les yeux. En apercevant l'épouse de Frédéric, son premier mouvement est de la repousser ; puis portant ses regards autour d'elle, c'est Frédéric qu'elle veut apercevoir. Constance lui présente son fils, qui tend vers elle ses petits bras. Sœur Anne paraît émue de la conduite de Constance ; elle la regarde avec moins de jalousie, mais tout son corps frissonne ; ses dents se choquent avec violence, ses yeux se ferment de nouveau, une pâleur effrayante couvre son visage.

Constance la fait transporter dans le pavillon. On la met au lit ; une fièvre ardente la consume, un délire réel s'est emparé de ses sens ; elle porte autour d'elle des regards inquiets, elle ne reconnaît plus personne, elle repousse même son fils.

— Pauvre petite ! ah ! je ne t'abandonnerai pas !... dit Constance, et elle passe toute la journée assise auprès du lit de sœur Anne ; ce n'est que sur le soir que, la voyant un peu plus calme, elle se décide à la quitter ; mais elle laisse auprès d'elle des domestiques assidus, et se promet bien de revenir souvent s'informer de son état.

Constance rentre dans son appartement, où Frédéric l'attendait. Mais combien ce jour qui les réunit est différent de ceux qu'ils passaient ensemble autrefois ! Constance garde le silence, mille sentiments l'agitent ; son sein palpite avec violence, mais elle tâche de cacher tout ce qu'elle souffre et de paraître calme devant son époux. Frédéric, ainsi qu'un criminel qui attend son arrêt, est immobile près de sa femme, dont la bonté lui fait plus vivement sentir ses torts. Il s'approche d'elle enfin, et n'osant lui parler, se jette à ses genoux.

— Que faites-vous ? lui dit Constance avec douceur ; mon ami, pourquoi vous mettre à mes genoux ?... vous n'êtes point coupable envers moi !... Ah ! c'est aux genoux de celle que vous avez trahie, abandonnée, qu'il serait plus juste de vous précipiter. Je n'ai pas le droit de me plaindre ; votre faute n'est que trop commune à bien des hommes. Vous avez connu cette infortunée avant de vous marier... elle est devenue mère... Mais, dans le monde, on ne verrait dans votre conduite rien que de fort naturel ! Bien loin de vous blâmer, on vous approuverait peut-être d'avoir oublié une femme qui ne pouvait pas être votre épouse. Cependant, je l'avoue, je ne vous jugeais pas semblable à ces étourdis qui se font un mérite des larmes qu'ils font répandre. Combien votre faute a eu des suites funestes !... Si vous saviez tout ce que cétte infortunée a souffert ! En proie à ce que la misère a de plus affreux, elle allait périr de besoin quand je l'ai secourue ; périr... avec votre fils... Ah ! Frédéric !

sentez-vous à quels remords vous auriez été livré?... Vous pleurez... Ah! mon ami, laissez couler vos larmes, j'aimerais mieux perdre votre cœur que de le croire capable d'insensibilité.

« Écoutez-moi ; vous avez retrouvé la mère de votre enfant, vous ne devez plus l'abandonner. Si vous vous en rapportez à moi, j'assurerai son sort... elle habitera dans une maison que je lui achèterai dans quelque riante campagne ; rien ne lui manquera. Son fils est charmant... j'aurais voulu lui servir de mère ; mais il serait affreux de la séparer de son enfant. Il recevra près d'elle une bonne éducation. Lorsqu'il sera grand, vous serez l'arbitre de son sort, et croyez bien que je ne trouverai jamais que vous faites trop pour lui. Voilà ce que je vous propose de faire pour celle que vous avez aimée... Mais... il est possible que ce plan ne vous convienne pas... Peut-être... en revoyant cette infortunée, avez-vous senti renaître l'amour qu'elle vous inspira autrefois... peut-être l'aimez-vous encore... Ah! Frédéric, je vous en conjure, soyez sincère... laissez-moi lire au fond de votre cœur ; pour vous rendre heureux, il n'est point de sacrifice dont je ne sois capable... Oui, mon ami, je saurai tout supporter... excepté la vue de vos regrets pour une autre. Si vous l'aimez... si elle vous plaît encore... je partirai, j'irai m'ensevelir au fond d'une de nos terres... vous ne me verrez plus, et vous serez libre de garder auprès de vous la mère de votre enfant. »

Constance ne put retenir davantage les pleurs qui la suffoquaient. Elle avait fait un long effort sur elle-même, mais tout son courage venait de l'abandonner en proposant à Frédéric de se séparer de lui.

— Moi te quitter! lui dit-il en la serrant dans ses bras. Ah! Constance! peux-tu croire que j'aie cessé un moment de t'aimer!... Non, je te le jure, toi seule possèdes mon cœur. Je sens mes torts ; je veux assurer le repos de sœur Anne, je le dois ; en la revoyant, pouvais-je ne pas éprouver une vive émotion!... Et cet enfant, oui, je l'aime, je veux faire son bonheur, et tu ne saurais m'en blâmer. J'approuve tous tes plans, tous tes projets ; je connais la bonté de ton cœur, la noblesse de ton âme. Ah! combien peu de femmes se conduiraient comme toi! Agis, ordonne : que sœur Anne s'éloigne, qu'elle parte dès demain...

— Demain!... oh! non, mon ami; l'infortunée est malade!... bien malade!... elle ne quittera ces lieux que lorsqu'elle sera entièrement rétablie. Tant qu'elle sera ici... tu éviteras de la voir ; ta présence ne peut que lui faire du mal... Tu ne la verras pas... promets-le-moi : c'est le seul sacrifice que je te demande.

— Ah! je ferai tout ce que tu m'ordonneras.

— Quand elle sera rétablie, alors je la conduirai moi-même dans sa nouvelle demeure, et je ne la quitterai qu'après être certaine que rien ne lui manquera.

Frédéric presse tendrement Constance dans ses bras ; sa bonté la lui rend encore plus chère. Une femme ne devrait jamais employer que de telles armes : les reproches, les plaintes, éloignent un mari ; la douceur, l'indulgence, finissent toujours par ramener un cœur.

Dans les bras de son époux, Constance retrouve le bonheur; il lui jure qu'il n'aime qu'elle, et elle croit à ses serments : pourrait-elle vivre sans son amour?

Le lendemain, de grand matin, Constance se rend au pavillon du jardin, et Frédéric va apprendre à Dubourg et à Ménard la noble conduite de sa femme.

— Elle ne ressemble pas à beaucoup d'autres, dit Dubourg; conserve-la précieusement! tu ne saurais trop l'aimer!... c'est un véritable trésor que tu possèdes.

— Il est certain, dit Ménard, que la conduite de madame de Montreville est digne d'une héroïne de Plutarque ; et après celle de Cunégonde, femme de l'empereur Henri II, qui mania un fer ardent pour prouver sa chasteté, je ne connais rien de plus beau dans l'histoire.

Sœur Anne est toujours dans un état alarmant ; elle ne reconnaît personne ; mais l'infortunée semble à chaque instant chercher quelqu'un et lui tendre les bras. Constance veille à ce qu'il ne lui manque rien, elle-même conduit près d'elle un médecin et place à côté de la malade une vieille domestique qui ne la quitte pas un moment. Constance prend ensuite le petit Frédéric sur ses bras et va le porter dans ceux de son époux.

— Aime-le bien, lui dit-elle ; c'est en faisant le bonheur de l'enfant que tu répareras le mal que tu as fait à la mère. Ah! je sens que je l'aime aussi comme s'il était mon fils. Dès que je l'ai vu. un secret pressentiment semblait me dire qu'il t'appartenait; et, bien loin de le moins aimer, cette idée me le faisait chérir encore davantage.

Frédéric embrasse son fils, qui souvent passe près de lui une grande partie du temps, car le pauvre petit ne reçoit plus de caresses de sa mère, qui est toujours en proie à un violent délire, et, pendant près de quinze jours, aux portes du tombeau. Pendant ce temps, Constance passe des journées et souvent des nuits entières dans le pavillon, ne s'en rapportant à personne pour les soins qu'il faut prodiguer à la jeune malade ; c'est elle qui la veille, qui la soutient dans les moments les plus cruels de son délire; elle surmonte la fatigue, elle ne sent pas ses peines, elle ne s'occupe que de sœur Anne; en vain Frédéric la supplie chaque jour de ménager sa santé, de prendre du repos.

— Laisse-moi la veiller, dit Constance! en lui prodiguant mes soins, il me semble que je répare une partie du mal que tu lui as fait.

Frédéric n'a pas un moment de tranquillité tant qu'il sait sœur Anne en danger; il brûle du désir de la revoir encore, mais il a promis à sa femme de ne plus se trouver en sa présence, et comment manquer à sa promesse après tout ce que Constance fait pour lui? Souvent il s'approche du pavillon où habite l'infortunée, il attend avec impatience que quelqu'un en sorte pour lui demander des nouvelles de sœur Anne; mais lorsque c'est Constance qui vient à lui, il cache une partie de ce qu'il éprouve, il craint de lui laisser voir tout l'intérêt qu'il prend à la jeune muette.

Grâce aux soins assidus de l'épouse de Frédéric, la jeune malade revient à la vie; son délire cesse, elle reconnaît son enfant, elle le presse de nouveau sur son cœur, et ne veut plus s'en séparer. Lorsque, pour la première fois, elle revoit Constance, tout son corps frissonne; mais bientôt, paraissant revenir à la raison, elle s'empare d'une main de sa bienfaitrice, et la couvre de baisers et de pleurs; elle semble vouloir lui demander pardon du mal qu'elle lui a fait.

— Infortunée, dit Constance en lui serrant tendrement la main, ah! je serai toujours la même pour vous, c'est à moi de tâcher de réparer vos malheurs... Je suis votre amie... votre enfant est le mien, désormais son sort et le vôtre sont assurés... ah! ne me refusez point, c'est une dette que l'on acquitte! Votre fils est charmant... son bonheur vous fera un jour oublier vos peines. Du courage... vous pouvez encore être heureuse.

Sœur Anne soupire, et ses regards semblent dire le contraire; Constance elle-même ne pensait pas qu'il fût possible d'oublier Frédéric, mais pour consoler les autres il est bien permis de mentir un peu. La jeune muette promène un moment ses yeux dans la chambre, mais bientôt, les ramenant sur sa bienfaitrice, elle paraît résignée, et semble lui dire : Je ferai ce que vous ordonnerez.

Madame de Montreville apprend à son époux que sœur Anne est sauvée, mais la convalescence doit être longue; le médecin a dit que la malade serait longtemps avant de pouvoir voyager, mais que le voisinage du jardin qui entoure sa demeure lui serait favorable pour essayer doucement le retour de ses forces.

Frédéric apprend avec joie que sa victime renaît à la vie; chaque jour le désir de la revoir, ne fût-ce qu'un moment, le tourmente davantage; un autre s'y joint encore : pendant que la jeune muette était bien mal, on lui amenait son fils, et il passait une partie de la journée avec lui. Il s'est habitué à le voir, il a connu les douceurs de l'amour paternel, et ce sentiment n'est pas de ceux que le temps ou l'absence affaiblit. Frédéric, qui n'ose laisser connaître à sa femme le désir qu'il éprouve de voir encore sœur Anne, ne craint pas de lui demander son fils.

— Mon ami, lui dit Constance, il fait maintenant la seule consolation de sa mère, voudriez-vous l'en priver? Plus tard, lorsque le temps aura un peu calmé ses peines, je ne doute pas qu'elle ne consente à vous l'envoyer quelquefois; mais en ce moment elle a besoin de l'avoir sans cesse auprès d'elle.

Frédéric se tait, il tâche de dissimuler ce qu'il éprouve, car Constance le regarde et semble vouloir lire dans le fond de sa pensée.

Sœur Anne recouvre lentement ses forces; ce n'est qu'au bout de plusieurs jours que, soutenue par le bras de Constance, elle descend dans le jardin avec son fils. Tout en conduisant la jeune convalescente, Constance jette autour d'elle des regards inquiets : elle craint d'apercevoir Frédéric; mais elle lui a dit que sœur Anne irait prendre l'air hors du pavillon, et c'est lui recommander de ne point s'offrir à sa vue. Frédéric sait aussi que sa présence ne peut que produire une sensation dangereuse pour la convalescente, et il reste enfermé dans son appartement.

Sœur Anne est plus calme, mais cette tranquillité semble plutôt la suite d'un profond abattement que d'une entière résignation; elle ne regarde plus autour d'elle, ses yeux sont constamment baissés vers la terre, elle ne les reporte que sur son fils; elle ne pleure plus, mais l'expression de ses traits annonce les souffrances de son âme; cependant ses forces reviennent, bientôt elle est en état de sortir seule avec son enfant pour se promener autour du pavillon.

Encore quelques jours, et madame de Montreville doit partir avec sœur Anne et son fils pour la terre dans laquelle elle veut les installer. Frédéric approuve le projet de sa femme, mais il brûle du désir de revoir celle qu'il a tant aimée, et qu'il n'est pas bien sûr de ne point aimer encore.

Il sait que tous les matins, au point du jour, sœur Anne va avec son fils s'asseoir dans un berceau peu éloigné du pavillon. Un matin il se lève, pendant le sommeil de Constance; le jour ne va

— Pardonne-moi ! (Page 178, col. 1.)

pas tarder à paraître, il ne peut résister au désir de revoir la jeune muette et son fils; il ne lui parlera pas, il ne se montrera pas à ses yeux, mais il la verra encore une fois. C'est le lendemain qu'elle doit partir, ce jour est donc le dernier qui lui reste pour satisfaire le désir qui le tourmente.

Frédéric s'est habillé sans bruit, il s'approche du lit où repose Constance; elle paraît agitée, mais ses yeux sont fermés; elle dort, il veut profiter de ce moment; il se hâte, il sort doucement de la maison... il est dans les jardins. L'aurore commence à peine à dissiper les brouillards de la nuit, tout repose encore... il marche précipitamment vers le berceau favori de sœur Anne... son cœur bat avec force... il lui semble être encore à ces moments de son premier amour, lorsque, arrivant dans le bois de Vizille, ses yeux cherchaient la jeune muette sur les bords du ruisseau où ils se donnaient rendez-vous.

Elle n'est pas encore dans le berceau, elle ne doit point s'y rendre avant un quart d'heure au moins; il s'assied sur le banc où elle a l'habitude de se placer, de là on aperçoit le pavillon dans lequel elle repose avec son fils... Frédéric a les yeux fixés sur cet endroit... son cœur est plein...

son âme renaît à ces émotions si douces qu'il éprouvait en contemplant la misérable chaumière de Marguerite... Dans ce moment il oublie tout ce qui s'est passé depuis ce temps, il attend avec impatience qu'elle sorte... qu'elle se montre... il lui semble qu'il va la voir encore, accourant vers lui, en conduisant son troupeau.

Le temps passe bien vite dans de tels souvenirs! Tout à coup la porte du pavillon s'entr'ouvre... un enfant paraît... c'est son fils : Frédéric est sur le point de courir l'embrasser, mais il se rappelle la promesse qu'il a faite à Constance. S'il s'approchait du pavillon il serait vu de sœur Anne, qui ne peut être éloignée de son enfant ; il faut au contraire éviter ses regards. Il passe derrière le bosquet, et là, caché par une épaisse charmille, il attend en tremblant qu'elle paraisse.

A peine a-t-il quitté le berceau, que la jeune muette sort du pavillon et prend son fils par la main. Frédéric ne la perd pas de vue; elle est vêtue d'une simple robe blanche, ses cheveux noués sans apprêt retombent sur son front, où se peignent la tristesse et la souffrance... elle sourit cependant en regardant son enfant, puis s'arrête, jette un regard dans le jardin, et soupire profondément.

Frédéric ne peut se lasser de la contempler; ce nouveau costume, sous lequel il peut la regarder à son aise (car en présence de sa femme il n'a point osé l'examiner), lui semble augmenter ses grâces et l'embellir encore. Elle s'avance de son côté... elle vient dans le berceau... il respire à peine... elle s'assied sur le banc... la voilà tout près de lui... quelques branches de feuillage les séparent, mais il entend ses soupirs, il peut compter les battements de son cœur. Comme elle paraît triste!... hélas! qui la consolera, maintenant? c'est lui qui cause ses peines, et il ne peut plus les faire cesser. L'enfant passe ses petits bras autour du cou de sa mère; il semble, par ses caresses, vouloir déjà dissiper ses ennuis; elle le serre sur son sein, et cependant ses larmes coulent encore... Frédéric n'est plus maître de lui... il entend ses sanglots... il oublie sa promesse, il ne voit plus que les pleurs de sœur Anne, qui retombent sur son cœur. Il écarte brusquement les branches qui le séparaient d'elle... il est à ses pieds, et embrasse ses genoux en s'écriant :

— Pardonne-moi!

En voyant Frédéric, sœur Anne a fait un mouvement pour se lever et fuir, mais elle n'en a pas eu la force; elle retombe sur le banc, elle veut détourner les yeux, un pouvoir invincible la force de les reporter sur son amant. Il est à ses genoux, il est suppliant : elle n'a pas le courage de le repousser; elle met son fils dans ses bras... bientôt elle-même presse Frédéric sur son cœur... En ce moment un cri part à peu de distance. Frédéric, troublé, effrayé, sort du bosquet, regarde de tous côtés... il ne voit personne, il revient vers sœur Anne... mais déjà elle a pris avec son fils le chemin du pavillon ; il veut la retenir encore... elle s'échappe de ses bras; ses yeux lui adressent un doux adieux ; elle vient de goûter un moment de bonheur, mais elle ne veut pas se rendre coupable envers sa bienfaitrice en restant plus longtemps auprès de Frédéric.

Sœur Anne et son fils sont rentrés dans leur demeure; Frédéric est seul dans les jardins : il est encore tout ému du plaisir qu'il a éprouvé en revoyant son amie, mais ce plaisir est mêlé d'inquiétude. Ce cri qu'il a entendu le tourmente. Il parcourt le jardin, il cherche de tous côtés, et ne rencontre personne. Il se persuade qu'il s'est trompé, ou que la voix partait de la campagne. Un moment il songe à sa femme. Si Constance l'avait aperçu!... mais il rejette cette idée, Constance dormait lorsqu'il a quitté son appartement. Il retourne vers la maison. Les domestiques se lèvent. Dubourg et Ménard descendent dans les jardins. Frédéric n'ose se rendre près de sa femme, il attend l'heure du déjeuner pour la revoir.

Frédéric se promène avec ses amis ; mais il est pensif, inquiet.

— Te chagrinerais-tu du prochain départ de sœur Anne? lui dit Dubourg ; mon ami, il est indispensable. Un homme ne peut pas demeurer sous le même toit avec sa femme et sa maîtresse, lors même que cette dernière ne lui est plus rien ; car la femme doit toujours craindre les rencontres, les accidents, les reconnaissances... et pour peu qu'elle aime son mari, elle ne dort pas tranquille.

— Certainement, dit Ménard, on ne peut pas vivre avec la chèvre et le loup. C'est comme si vous mettiez dans la même cage un serin et un pierrot ; ils finiront toujours par se battre. Ce n'est pas pour madame de Montreville que je dis cela : c'est un ange de douceur... et certes, l'autre petite femme ne lui dira jamais un mot plus haut que l'autre... Mais enfin... *naturam expellas furcâ, tamen usque recurret.* D'ailleurs, un philosophe grec a dit : Voulez-vous avoir l'enfer sur terre? logez avec votre femme et votre maîtresse.

— Eh ! monsieur Ménard, bien loin d'en avoir la pensée, je voudrais déjà que cette infortunée fût loin de ces lieux. Je sens trop... qu'il ne faut pas compter sur ses résolutions...

— Il n'y a qu'une chose au monde sur laquelle on peut compter : c'est une indigestion quand on va se baigner en sortant de table.

L'heure du déjeuner est venue : Constance paraît ; elle va, comme à l'ordinaire, embrasser son mari.

— Je m'étais trompé, elle ne sait rien, se dit Frédéric.

Cependant il croit remarquer que sa femme est pâle, que ses yeux sont rouges et gonflés, que sa main tremble dans la sienne. Il s'informe avec empressement de sa santé.

— Je n'ai rien, répond Constance ; je ne suis point malade... je ne souffre pas.

Mais le ton de sa voix semble démentir ses paroles.

La journée s'écoule. Frédéric voit avec surprise que Constance ne fait aucun préparatif pour son départ et celui de sœur Anne. Il se hasarde enfin à lui parler.

— J'ai changé d'avis, dit Constance en s'efforçant de cacher son émotion ; je ne vois pas pourquoi cette jeune femme quitterait cette maison... elle est si bien avec nous ! Sa présence ne peut vous déplaire... son absence, au contraire, pourrait vous causer trop de regret.

— Que dites-vous ? s'écrie Frédéric.

Mais Constance poursuit d'un ton froid, et sans avoir l'air de remarquer le trouble de son mari :

— Non, elle ne partira pas. Cela est inutile maintenant...

En disant ces mots, Constance s'éloigne et va s'enfermer dans son appartement. Frédéric ne sait que penser de cette nouvelle résolution de sa femme ; et le soir, par ordre de madame de Montreville, sa femme de chambre va annoncer à sœur Anne qu'elle continuera à habiter le pavillon, et qu'il n'est plus question de départ.

La jeune muette apprend avec étonnement cette nouvelle ; mais en secret son cœur ne peut être indifférent au bonheur de rester près de Frédéric. Elle s'étonne cependant que celle qui lui a prodigué tant de soins ne soit pas venue lui expliquer le motif de ce changement. Mais plusieurs jours se passent, et elle ne voit pas madame de Montreville. On a toujours les mêmes attentions pour sœur Anne et son fils, mais sa bienfaitrice ne revient plus visiter les habitants du pavillon.

Constance passe tout son temps dans son appartement ; elle n'adresse pas un mot à Frédéric ; mais ses traits sont abattus ; on voit qu'elle souffre et qu'elle fait tous ses efforts pour le cacher. Frédéric n'ose la questionner, ou, quand il le fait, elle lui répond toujours avec douceur :

— Je n'ai rien.

— Morbleu ! dit Dubourg, tout ceci n'est pas naturel !... Cette jeune femme a un fonds de tristesse !... Elle veut que l'autre reste ; je n'y comprends rien...

— Ni moi non plus, dit Ménard ; mais je pense, comme vous, que cela cache quelque mystère. Tertullien dit que le diable n'a point autant de malice que la femme, et je suis de l'avis de Tertullien.

CHAPITRE XXXI

CATASTROPHE

Sœur Anne et son fils habitent toujours le pavillon du jardin. La jeune muette n'en sort que rarement, et ce n'est que pour se promener dans les allées qui l'entourent. Elle n'approche plus de la maison ; elle craint de rencontrer encore Frédéric, quoique son cœur brûle toujours pour lui des mêmes feux.

Mais l'époux de Constance n'ose plus approcher du pavillon ; la conduite de sa femme, depuis le jour où il a pressé la jeune muette dans ses bras, ne lui laisse plus douter que ce ne soit elle qui ait poussé ce cri dont il a cherché en vain l'auteur. Si Constance l'a vu aux pieds de sœur Anne, que doit-elle penser de ses promesses ? Sans doute, maintenant elle ne se croit plus aimée uniquement. Souvent il est tenté de se jeter à ses pieds, de lui assurer qu'il l'adore toujours ; mais il faudra donc avouer qu'il a manqué à sa parole, et si sa femme ne le savait pas !... Dans cette incertitude Frédéric se tait, espérant, à force de soins, chasser les soupçons jaloux qui dévorent en secret Constance.

Madame de Montreville ne sort point de la maison ; elle ne va plus au jardin. Ses traits sont abattus, ses joues décolorées ; vainement elle tâche de sourire, la tristesse qui la mine perce dans toutes ses actions. Elle est toujours aussi douce, aussi bonne ; elle paraît sensible aux attentions de son mari ; s'apercevant qu'il ne va plus au jardin, souvent elle l'engage à s'y promener.

— Pourquoi veux-tu que je te quitte ? lui dit Frédéric ; puis-je être mieux ailleurs qu'auprès de toi ?

Constance lui serre tendrement la main, et se détourne pour cacher une larme. Elle a sans cesse devant les yeux la scène du bosquet; elle voit toujours son mari pressant sœur Anne contre son sein; elle ne croit plus posséder sa tendresse, et se persuade qu'il est malheureux de ne plus voir la jeune muette, mais que c'est pour son repos qu'il se sacrifie. Cette pensée cruelle livre son cœur à mille tourments d'autant plus pénibles qu'elle s'efforce de les cacher.

— Cela ne peut cependant pas rester comme cela, dit souvent Dubourg à Frédéric. Ta femme change à vue d'œil; la pauvre muette est d'une tristesse à fendre le cœur... Morbleu! si ces deux femmes restent ensemble, elles ne tarderont pas à périr de consomption.

— Que puis-je faire? le sort de sœur Anne n'est-il pas entièrement entre les mains de Constance? Lorsque je vais pour lui en parler, elle me ferme la bouche, ou déclare de nouveau qu'elle ne veut plus l'éloigner.

— C'est en effet fort embarrassant, dit Ménard, et si j'étais à la place de mon élève, je sais bien ce que je ferais!...

— Que feriez-vous? s'écrie Dubourg.

— Pardieu! je ferais comme lui, je ne saurais à quoi m'arrêter.

Un événement fort simple devait tout changer dans la demeure de Frédéric: un matin, le comte de Montreville, que la goutte a enfin quitté, arrive à la maison de campagne de son fils.

Dubourg, quoiqu'il ne sache pas que le comte connaisse sœur Anne, est satisfait de son arrivée, parce qu'il ne doute pas que sa présence ne force Frédéric à prendre un parti. Celui-ci est vivement troublé en voyant son père, avec lequel il n'a encore eu aucune explication. Lui dira-t-il la vérité? lui apprendra-t-il que la jeune muette habite sa maison?... Mais avant qu'il se soit trouvé seul avec le comte, Constance lui fait promettre qu'il ne parlera pas à son père de sœur Anne, car elle croit que le comte ignore la faute de son fils, et elle ne veut pas qu'il en soit instruit.

De son côté, le comte de Montreville est depuis longtemps inquiet sur le sort de la jeune femme qui lui a sauvé la vie. Son dernier messager lui a appris qu'elle a quitté la ferme pour se rendre à Paris; le comte, ne la voyant point, l'a fait inutilement chercher dans cette ville; il ne conçoit pas ce qu'elle peut être devenue.

En arrivant chez son fils, le comte est frappé de la tristesse et de l'abattement de Constance; il s'informe avec intérêt de la cause de ce changement; la jeune femme veut en vain lui donner le change, en prétextant une indisposition; le vieillard est observateur, il s'aperçoit qu'on lui cache un mystère, et se promet de le découvrir. Son fils est embarrassé près de lui, M. Ménard l'évite comme s'il craignait de recevoir encore quelque réprimande; Dubourg seul paraît charmé de son arrivée: tout semble annoncer qu'il se passe dans la maison quelque chose d'extraordinaire

Comme Constance sait que M. de Montreville a l'habitude, lorsqu'il vient à Montmorency, d'aller souvent lire dans le pavillon du jardin, elle se hâte de lui apprendre qu'elle y a logé une jeune femme et son fils, dont elle prend soin. Le comte n'en demande pas davantage; il est loin de se douter que cette jeune femme est celle qu'il cherche aussi depuis longtemps: ce n'est pas chez son fils qu'il croit la retrouver.

Le lendemain de son arrivée, le comte, suivant son habitude, se lève de grand matin et se dirige vers le pavillon du jardin; ce n'est que lorsqu'il est près d'y entrer, que, se rappelant ce que Constance lui a dit la veille, il s'éloigne, et va diriger sa promenade d'un autre côté. Mais à peine a-t-il fait quelques pas, qu'un enfant sort du pavillon et court vers lui; bientôt une autre personne s'est emparée d'une de ses mains qu'elle presse contre son cœur... Le comte de Montreville ne peut revenir de sa surprise en se retrouvant entre la jeune muette et son fils.

Sœur Anne avait aperçu de sa fenêtre le comte se dirigeant vers le pavillon; elle l'avait sur-le-champ reconnu; les traits de son protecteur étaient gravés dans sa mémoire; elle avait couru sur ses pas au moment où il allait s'éloigner.

La jeune muette témoigne au comte tout le plaisir qu'elle éprouve à le revoir: celui-ci est longtemps à pouvoir se remettre de son étonnement.

— Vous ici! lui dit-il enfin; et qui vous y a reçu? Savez-vous que la jeune femme qui vous a donné asile est l'épouse de Frédéric, de votre séducteur?

Sœur Anne lui témoigne qu'elle le sait, qu'elle a vu Frédéric, et que c'est Constance qui veut qu'elle habite ce pavillon.

Chaque instant redouble la surprise du comte. Ne pouvant obtenir de la jeune muette tous les éclaircissements qu'il désire, il brûle de voir son fils.

— Rentrez dans ce pavillon, dit-il à sœur Anne, vous ne tarderez pas à le quitter... vous n'y êtes restée que trop longtemps. Allez, pauvre enfant, je vous reverrai bientôt.

Sœur Anne obéit ; elle rentre avec son fils, que le comte ne peut s'empêcher d'embrasser tendrement.

Frédéric redoutait ce qui venait d'arriver; il tremblait que son père ne rencontrât sœur Anne, et se disposait à aller lui dire la vérité, lorsque le comte parut devant lui, son front sévère lui annonce qu'il n'est plus temps de le prévenir.

— Je viens de voir la personne qui loge dans le pavillon du jardin, dit le comte en regardant son fils attentivement ; je ne m'étonne plus de la tristesse, du changement que j'ai remarqués dans toutes les manières de votre épouse. Malheureux ! voilà donc la récompense de tant d'amour !... de tant de vertus !... Vous souffrez que celle que vous avez séduite loge sous le même toit que votre femme !

— Je ne suis point coupable, répond Frédéric, et il raconte à son père comment, pendant son absence, sa femme a recueilli la jeune muette et son enfant ; comme elle s'est attachée à cette infortunée, et tout ce qui s'est passé à son retour.

Le comte écoute en silence le récit de Frédéric.

— Ainsi donc, lui dit-il, votre femme sait tout !... elle n'ignore point que vous êtes le séducteur de cette jeune fille, le père de son enfant... et elle veut qu'elle continue d'habiter votre maison ?...

— D'abord, son intention était de l'éloigner... de la conduire elle-même, avec son fils, dans une de nos terres, où rien ne lui aurait manqué ; le jour du départ était fixé... je ne sais ce qui a pu la faire changer de résolution... elle ne veut plus que sœur Anne s'éloigne...

— Et vous n'en devinez pas le motif ?... Mon fils, cette conduite est trop extraordinaire pour ne pas être la suite de quelque raison secrète... Il n'est pas dans la nature qu'une femme qui aime, qui adore son mari, veuille garder auprès d'elle sa rivale, ou du moins celle qu'il a aimée, qu'il peut aimer encore. Mais Constance a une âme capable de tout sacrifier ; elle s'immolerait à votre bonheur !... Devez-vous le souffrir ? Ne voyez-vous pas le changement qui s'opère en elle ? Elle vous cache ses larmes, mais elle ne peut vous cacher sa pâleur, la souffrance qui altère ses traits charmants ; à chaque instant de la journée elle pense que vous êtes sous le même toit que la mère de votre fils, que vous pouvez la voir, lui parler...

— Ah ! mon père ! jamais, je vous le jure...

— Je veux bien vous croire ; mais la position de votre femme est cruelle. Dès demain votre victime ne sera plus sous vos yeux.

— Quoi !... mon père...

— Blâmeriez-vous ma résolution ?

— Moi ! oh ! bien loin de là... Non, je sens tout ce que je vous dois... je n'ai pas besoin de vous recommander cette infortunée... et... mon fils...

— Non, monsieur, je sais ce que je dois faire... les intentions bienfaisantes de votre épouse seront remplies... Et d'ailleurs pensez-vous que cette jeune femme me soit indifférente, que son fils n'ait aucun droit sur mon âme ?... Parce qu'il n'éprouve plus les passions brûlantes de la jeunesse, croyez-vous mon cœur glacé pour tous les sentiments ?... Laissez-moi rendre la paix, le repos à votre épouse... rendez-lui, s'il se peut, le bonheur, en redoublant près d'elle de soins et d'amour... C'est ainsi, Frédéric, que vous pourrez effacer votre faute, et me payer de tout ce que je veux faire pour sœur Anne et son fils.

Frédéric mouille de pleurs la main de son père. Le comte le quitte pour se rendre près de Constance ; il ne lui dit pas un mot concernant la jeune muette ; mais en la regardant il l'admire, et sent qu'il la chérit encore davantage. Constance ne sait à quoi attribuer ces marques d'amitié que le comte, ordinairement si froid, se plaît à lui prodiguer ; elle n'en devine pas la cause. Elle croit que le père de Frédéric ignore la faute de son fils.

Le comte a envoyé son domestique à Paris ; il lui a donné ses ordres pour que le lendemain, au point du jour, une voiture et de bons chevaux soient à la porte du jardin. Lui-même doit emmener sœur Anne ; il se rend au pavillon pour lui apprendre ce qu'il a résolu.

Ces fréquentes allées et venues font présumer à Dubourg que le comte a quelques projets.

— Nous aurons du changement dans la maison, dit-il à Ménard : puisse-t-il ramener le bonheur, le plaisir en ces lieux !...

— Il est certain que depuis quelque temps on n'est pas très gai, dit Ménard ; madame la comtesse soupire, mon élève est pensif, la jeune muette ne dit rien : vous-même, mon cher Dubourg, je ne vous reconnais plus.

— Eh ! comment voulez-vous que je sois gai lorsque je vois souffrir ceux que j'aime ? Malgré ma philosophie, je ne suis point indifférent aux peines de mes amis.

— C'est comme moi, je m'en occupe toute la journée.

— Oui; mais cela ne vous ôte pas l'appétit.

— Voulez-vous que je me rende malade pour les égayer?

— Vous n'en prenez pas le chemin!... vous devenez comme une boule!...

— Cet imbécile de cuisinier nous donne tous les jours du beefsteak; comment voulez-vous qu'on n'engraisse pas?...

— Je compte beaucoup sur l'arrivée du père de Frédéric; il a été au pavillon, il a vu sœur Anne, cela va changer, j'en suis certain...

— Ah! vous croyez que nous n'aurons plus de beefsteaks?

— Vraiment, monsieur Ménard, vous n'étiez pas né pour vivre en France; il vous fallait aller habiter en Suisse, où l'on mange toute la journée.

— Monsieur, je suis né pour vivre n'importe où; et quand vous faisiez le baron Potoski, vous saviez fort bien faire sauter notre caisse avec vos dîners de trois services... et je ne dirai pas de vous: *Quantùm mutatus ab illo*! parce que je vous ai remarqué hier à table... Monsieur a mangé tout le thon, et je n'en ai plus trouvé quand j'ai voulu y revenir.

— Le thon est très lourd, monsieur Ménard, cela ne vous vaut rien.

— Monsieur, je vous prie de ne plus vous mêler de ma santé, et de me laisser du thon à la première occasion. Vous verrez qu'à mon âge je ne pourrai pas me donner une indigestion si ça me fait plaisir!

Pendant que, dans la maison, chacun se livre à ses conjectures, le comte traverse le jardin et entre dans le pavillon. Sœur Anne habite le premier étage; il est déjà nuit lorsque M. de Montreville se dispose à lui apprendre ce qu'il veut faire. Il s'arrête un moment avant de monter auprès de la jeune femme que lui a sauvé la vie.

— Pauvre enfant, se dit-il, je vais l'affliger!... il faut l'éloigner de Frédéric... l'en séparer pour toujours... mais c'est un devoir que je dois remplir, et son âme est trop pure pour ne point sentir qu'il faut rendre le repos, la vie, à celle qui l'a sauvée, ainsi que son fils, des horreurs du besoin, et qui s'est plu à la combler de bienfaits.

Le vieillard pénètre dans l'appartement de la jeune muette ; à la vue du comte, sœur Anne se lève et court au-devant de lui; on lit dans ses yeux le respect, l'amour qu'elle ressent pour lui. M. de Montreville en est attendri; il la considère quelques minutes en silence; mais il sent qu'il doit se hâter de l'instruire afin qu'elle soit prête le lendemain au point du jour.

— Mon enfant, lui dit-il, je vous l'ai dit ce matin, vous ne pouvez, vous ne devez pas rester plus longtemps en ces lieux; votre présence y serait mortelle pour celle qui vous y a reçue; Constance chérit son époux, voudriez-vous lui ravir à jamais le repos, le bonheur?... Elle cache les tourments qu'elle éprouve; mais j'ai lu dans le fond de son cœur. Vous ne voudriez pas conduire au tombeau celle qui vous a conservé votre fils.

Sœur Anne, par un geste expressif, annonce qu'elle est prête à se sacrifier pour Constance.

— Eh bien! reprend le comte, il faut partir, il faut fuir ces lieux... les fuir dès demain au point du jour... sans voir votre bienfaitrice... Je me charge de lui témoigner tout ce que votre cœur vous inspire pour elle... Vous ne devez revoir personne de cette maison, cela est inutile; il en est une surtout... mais je n'ai pas besoin de vous faire sentir qu'il faut, au contraire, éviter avec soin de la rencontrer...

Sœur Anne est atterrée par ce discours. Partir si brusquement, sans y être préparée! s'éloigner sans le voir et pour jamais!... Elle sent son courage l'abandonner, deux ruisseaux de larmes coulent de ses yeux.

Le comte s'approche d'elle, il lui prend la main.

— Pauvre petite! lui dit-il, ce départ subit vous afflige... mais il le faut; dans une semblable position, chaque instant de retard est un crime. Je vous arrache de ces lieux... mais j'ai le droit d'être sévère. Du courage, pauvre enfant... c'est le père de Frédéric que vous avez sauvé du fer des brigands, c'est lui qui vous demande de vous sacrifier encore pour le repos de son fils.

Ces mots font sur la jeune mère tout l'effet que le comte en attendait; en apprenant qu'il est le père de son amant, elle tombe à ses genoux, et ses mains élevées vers lui semblent implorer son pardon.

— Relevez-vous, relevez vous, dit le comte en déposant un baiser sur son front; infortunée!... ah! que ne puis-je vous rendre le bonheur!... Du moins une existence aisée sera désormais votre partage, et le sort de votre fils est assuré. Je vais vous conduire dans une ferme que je vous donne; une jolie maisonnette en dépend, vous y demeurerez, je vous entourerai de gens fidèles qui vous aimeront tendrement. Là, vous élèverez votre fils, j'irai souvent partager votre retraite, et avant peu, je l'espère, le calme, la paix, seront rentrés dans votre cœur.

Sœur Anne écoute le comte, elle est prête à lui obéir ; elle n'espère plus goûter le bonheur, mais elle semble lui dire :

— Disposez de moi, je suis prête à suivre vos moindres volontés.

— Ainsi donc à demain, dit le comte ; au point du jour je viendrai vous prendre, je veux que nous partions avant que personne soit levé dans la maison ; une bonne voiture nous attendra à la porte du jardin. Faites tous vos préparatifs pour vous et votre fils... ils ne sauraient être longs, vous trouverez dans votre nouvelle demeure tout ce dont vous aurez besoin. Au revoir, chère enfant, du courage! au point du jour je serai près de vous.

Le comte s'est éloigné ; sœur Anne est seule, son fils dort toute la nuit, et c'est la dernière qu'elle doit passer auprès de Frédéric... Il faut partir... le fuir pour toujours. Cette pensée l'accable... elle est immobile sur une chaise près du berceau de son enfant... une seule pensée l'occupe... il faut s'éloigner de celui qu'elle désirait tant retrouver, de celui qu'elle idolâtre, qui dans le bosquet a paru l'aimer encore... il faut le fuir! mais le repos, la vie de sa bienfaitrice exigent ce terrible sacrifice.

Les dernières heures qui lui restent à passer dans la maison semblent s'écouler avec plus de rapidité!... Toute à ces pensées, elle ne s'est pas encore occupée des apprêts de son départ... Minuit sonne à l'horloge du village, et la jeune muette est encore sur la chaise, près du berceau de son fils, dans la situation où le comte l'a laissée.

Le triste son de la cloche la tire de sa rêverie : elle se lève, fait un léger paquet de quelques hardes ; ses apprêts sont bientôt terminés, il reste encore plusieurs heures de nuit. Cherchera-t-elle le repos?... non ; elle sait que ce serait en vain!.. mais quelle pensée fait battre son cœur?... tout dort dans la maison ; si elle profitait des derniers instants qui lui restent pour se rapprocher de lui. Elle ne veut pas le voir, elle sait que ce serait manquer à la promesse qu'elle a faite au comte et à ce qu'elle doit à sa bienfaitrice. Mais sans que Frédéric le sache, elle peut aller lui dire un dernier adieu ; elle sait où sont les fenêtres de son appartement, elle verra le séjour où il repose ; il lui semble qu'elle partira moins malheureuse, et que, dans son sommeil, Frédéric entendra ses adieux.

Sœur Anne ne balance plus : elle place sur un siège les paquets qu'elle vient de faire, puis pose dans la cheminée la lumière qui éclaire son appartement. Son fils dort d'un sommeil profond, elle le regarde... elle verse des larmes sur son berceau, elle pense qu'elle va bientôt l'éloigner de son père.

Aucun bruit ne se fait entendre, elle sort doucement du pavillon ; la nuit est obscure... mais elle connaît le jardin, ses pieds effleurent à peine la terre. Semblable a une ombre légère, elle fuit rapidement dans les allées qu'il lui faut parcourir, elle est enfin devant la maison. C'est sur la droite, au premier, qu'est l'appartement de Frédéric ; elle se met à genoux devant ses fenêtres ; elle tend ses bras vers lui... elle lui adresse ses derniers adieux !...

Baignée de larmes, soutenant sa tête sur une de ses mains, mais ne pouvant détourner les yeux du séjour où elle sait qu'il habite, sœur Anne se livre à son désespoir, à son amour, à ses regrets... depuis longtemps elle est sortie du pavillon... le temps s'écoule... elle ne peut s'arracher de cette place... il faut pourtant la quitter.

L'infortunée fait un dernier effort... elle se lève...elle s'éloigne le cœur brisé...elle marche en chancelant dans les allées, elle peut à peine étouffer ses sanglots... Tout à coup une lueur très vive brille dans le jardin, sœur Anne lève les yeux... elle ne conçoit pas d'où peut provenir cette clarté elle s'avance...la lumière devient plus éclatante... l'obscurité de la nuit a fait place à une effrayante clarté... c'est le feu dont les flammes éclairent les détours au jardin. A cette idée, saisie d'une terreur inattendue, sœur Anne ne marche plus... elle court... elle vole vers le pavillon... les flammes sortent en tourbillons des fenêtres du premier.

Un cri affreux s'échappe du sein de la jeune mère ; elle ne voit plus que son fils, qu'elle a laissé dans cet appartement ! son fils, que les flammes vont dévorer...

Dans son désespoir elle a retrouvé ses forces... elle est au pavillon, une fumée épaisse remplit l'escalier... une mère ne connaît aucun danger, il lui faut son enfant... elle monte... elle cherche... et ne trouve plus la porte, que la fumée lui dérobe et que ses mains tremblantes demandent en vain... enfin la flamme la guide... elle pénètre dans l'appartement... tout est en feu. .. un paquet de hardes avait roulé jusqu'à la lumière, la flamme s'était rapidement communiquée à tous les objets. Sœur Anne court au berceau que le feu allait atteindre... elle tient son enfant... elle veut sortir... elle ne voit plus par quel côté il faut se diriger... Déjà les flammes l'entourent... ses jambes sont meurtries... elle veut appeler, elle se sent mourir... En ce moment sa voix, cédant à un nouvel effort de la nature, a rompu les liens qui l'enchaînaient... l'infortunée tombe en prononçant distinctement : — Frédéric, viens sauver ton fils !...

Mais les flammes du pavillon ont été aperçues par les habitants de la maison, dont plusieurs ne pouvaient trouver le repos. Frédéric, effrayé, sort de son appartement en appelant de tous côtés. Chacun se lève, se hâte : — Le feu est au pavillon ! tel est le cri général. On y court ; mais Frédéric a devancé tout le monde, il a bravé la mort pour pénétrer jusqu'à sœur Anne ; il entre dans l'appartement peu d'instants après qu'elle a perdu connaissance ; d'un bras il l'enlève, de l'autre il tient son fils... il traverse les flammes... il est dans le jardin... il les a sauvés tous deux.

A la nouvelle du danger, tout le monde a suivi Frédéric. Constance n'a pas été la dernière a voler sur les pas de son époux. C'est elle qui reçoit sœur Anne dans ses bras, qui lui prodigue tous les secours et la fait transporter évanouie dans son appartement. Tout le monde entoure la jeune mère, dont le corps porte les empreintes du feu; mais son fils n'a point souffert, et on attend avec impatience qu'elle rouvre les yeux pour le lui présenter.

Enfin un soupir s'échappe de sa poitrine... ses yeux renaissent à la lumière... Constance lui présente son enfant... — Mon fils !... s'écrie sœur Anne en couvrant l'enfant de baisers.

Ces mots ont jeté tous les assistants dans la plus grande surprise. Ils écoutent encore, ils regardent sœur Anne, ils doutent s'ils ont bien entendu.

— O mon Dieu ! dit la jeune mère, ce n'est pas un songe... vous m'avez rendu la parole... Ah ! Frédéric ! je pourrai donc te dire combien je t'aimais...combien je t'aime encore! Ah! madame, pardonnez-moi...mais je sens que je ne jouirai pas longtemps de cet organe qui m'est rendu... Tout ce que j'ai souffert aujourd'hui a éteint mes forces... je vais mourir... mais mon fils est sauvé... Ah ! ne me plaignez pas !...

L'infortunée a fait un grand effort pour prononcer ces mots ; ses yeux s'éteignent, sa main se glace, déjà une pâleur effrayante couvre son visage. Frédéric tombe à genoux devant elle ; il baigne de ses larmes la main qu'elle lui abandonne. Le comte est abîmé dans sa douleur ; Constance cherche en lui montrant son fils à la rappeler à la vie. Chacun prend part à cette scène déchirante et celui qui n'a jamais versé de pleurs, Dubourg, en soutenant la tête de sœur Anne, ne peut retenir ses sanglots.

— Pourquoi me pleurer?..... dit sœur Anne en faisant un dernier effort; je ne pouvais être heureuse... mais je meurs plus tranquille... Gardez mon fils... madame... il est si bien dans vos bras!... vous serez sa mère... Adieu, Frédéric... et vous... son père... Ah ! pardonnez-moi de l'avoir tant aimé !...

Sœur Anne jette un regard sur Constance, qui presse le petit Frédéric dans ses bras, et ferme les yeux en souriant à son fils.

FIN DE SŒUR ANNE

SCEAUX. — IMP. CHARAIRE ET FILS.

www.ingramcontent.com/pod-product-compliance
Lightning Source LLC
Chambersburg PA
CBHW070413090426
42733CB00009B/1656

* 9 7 8 2 0 1 1 8 7 4 0 8 5 *